제2판

가족기업경영

남 영 호

형지사

제2판을 내면서

가족기업경영 초판을 출판한 지 꽤 시간이 지났음에도, 저의 게으름으로 이제야 2판을 출판하게 되어 독자들에게 미안하게 생각한다.

그런데 최근에 들어와 가족기업 특히 가업승계에 관한 관심이 나날이 높아지고 있음을 체감하고 있다. 이런 때에 2판을 출판하게 되어 매우 기쁘게 생각한다.

2판에서 보완된 주요 내용은 다음과 같다.

먼저 각부 끝에 소개된 사례연구의 기업을 4개 기업에서 3개 기업으로 축소하여 양보다 질적인 수준을 높이려고 노력하였다. 또한 5장 경영이론에서 특히 대리인 이론의 내용을 일부 수정하여 최신 이론에 적합하도록 보완하였다. 마지막으로 일부 소사례를 최신의 사례로 수정하였고, 독자들의 제안과 더불어 교재 전체의 내용을 맞춤법에 따라서 오자, 탈자 등을 수정, 보완하여 업그레이드시켰다.

끝으로 형지사의 유성열 사장님과 관계 임직원님께 깊은 감사를 드리며, 올해는 가족기업이 우리나라의 근간이 되는 해가 되길 기대해 본다.

2022. 2. 22

저자 남영호 쓰다.

머리말

이 책은 가족기업의 창업부터 성공적인 경영과 가업승계 그리고 장수기업에 이르는데 필요한 내용을 체계적으로 정리한 책으로, 저자의 가족기업론(2008년판)을 근간으로 하고 있다. 저자는 20여 년 전부터 가족기업을 강의하면서 형성된 강의노트와 논문 및 번역서, 그리고 각종 잡지나 언론사에 기고한 칼럼과 산업체와 대학 등에서 특강한 자료 등을 분석·정리하고, 여기에 새로운 내용을 첨가하여 본 저서를 완성하였다.

우리나라에 가족기업이 본격적으로 소개된 지 어언 20여년, 그러나 아직도 가족기업은 생소한 단어이며 주류 경영학이 아닌 것이 현실이다. 하지만 가족기업은 지구상에 인류의 역사가 시작되면서 자연발생적으로 생긴 엄연한 기업의 한 유형이다. 미국의 경우 2차 세계대전 후 가족기업은 색다른 유물로 간주되다가, 1980년대 말부터 가족기업에 대한 인식은 크게 바뀌었다. 초기 가족기업은 변호사, 공인회계사, 심리치료사, 재무 설계사, 그리고 일반경영자의 주요 관심사이었지만, 90년대 이후부터 가족기업 관련 학회나 협회, 그리고 연구자들이 추가되어, 실질적인 의미의 교육과 연구가 시작되었다. 이런 트렌드는 미국뿐만 아니라 유럽, 호주, 아시아 등 전 세계적으로 비슷한 추세이다. 가족기업의 영역은 초기 창업기업인 스타트업부터 시작하여 중소기업, 중견기업은 물론 대기업 그리고 재벌(콩글로머리트)에 이르기까지 매우 다양하다. 또한 가족기업은 제조업, 서비스업은 물론이고 농업부터 축산업, 수산업, 광업에 이르기까지 전 세계적으로 다양한 업종에 걸쳐 나타나고 있다.

가족기업은 동서고금을 막론하고 전 세계 대부분의 기업이 이에 해당되며, 모든 업종과 다양한 규모에 걸쳐 경영되는 어엿한 기업의 한 형태이다. 하지만 우리나라의 경우, 이에 대한 관심은 있지만, 무엇을 어떻게 접근하고 연구하여야 하는지를 안내하는 책자는 드물다. 본서는 내용적으로 어느 한 부분 특히 가업승계나 상속세(증여세), 그리고 장수기업에 한정되지 않도록, 방법적으로 사례나 우화의 수준에서 벗어나 참다운 대학교재가 되도록 노력하였다.

가족기업은 종합학문(interdisciplinary science)으로 경영학은 물론 심리학, 사회학, 사회복지학, 정치학, 법학 등이 융합된 학문이다. 본서는 종합학문인 가족기업의 본질과 성격을 제대로 이해하고 접근하는데 필요한 최신의 이론까지 언급하고자 노력하였으며, 크게 4부 12장으로 구성되어 있다. 먼저 제1부는 가족기업의 기본에 관한 것으로 가족기업의 정의와 특성, 가족기업의 시스템과 지배구조를 언급하였으며, 제2부는 가족기업의 창업과 경영으로, 가족기업의 창업과 경영이론, 가족기업의 자원과 갈등으로 구성되어 있다. 제3부 가업승계와 은퇴에는, 가업승계와 후계자 개발과 교육, 그리고 은퇴로 구성되어 있으며, 마지막 제4부 가족기업의 미래에는 장수기업과 컨설팅, 지속성장 경영과 가족기업의 미래가 포함되어 있다. 또한 각 부의 끝에는 가족기업의 국·내외 사례를 첨가하여 독자들의 관심과 흥미를 끌도록 노력하였다.

위와 같이 다양한 내용을 언급한 이 책은, 서구 특히 미국과 유럽, 호주의 문헌과 지금까지 저자가 연구한 논문, 각종 문헌과 사례, 그리고 언론 등에 인용된 내용을 많이 참조하였다. 따라서 저자의 독창적인 내용이나 이론보다는 아직도 번역이나 인용이 많아 편저로 보는 것이 맞을 지도 모른다. 또한 저자의 천학비재로 보완과 수정이 필요한 부분이 있다면, 미진한 모든 부분은 추후에 다시 보완할 것을 약속하고, 이런 기회가 생기기를 기원한다.

이 책을 완성하는 데에는 많은 분들의 도움과 지원이 있었다. 먼저 가족기업의 소개와 체계적인 이론구축에 처음으로 눈을 뜨게 해준 미국 조지아 주 Kennesaw State University, Family Enterprise Center의 Craig Aronoff, Joseph Astrachan, James Herbert, 그리고 가족기업 분야의 지평을 더 넓혀 준 호주 Bond University, Australian Center for Family Business의 Ken Moores, Justin Craig에게 이 자리를 빌려 감사드린다. 또한 저자의 강의와 토론에 기꺼이 동참해 준 건국대학교 경영학과 학부 학생들, 동 대학원의 석·박사과정 대학원생들, 그 동안 사례연구와 컨설팅에 협조와 조언을 해준 모든 분들에게 감사드린다. 그리고 이 책이 출판되는데 가장 큰 도움을 준 사람은 뭐니 뭐니 해도, 여러 가지로 부족한 저를 믿고 연구의 여건을 제공해 준 건국대학교와 사랑하는 가족이라 생각한다. 이들의 도움이 없었다면 이 책은 햇빛을 보지 못했을지도 모른다.

끝으로 이 책은 상업성이 높지 않음에도 불구하고 기꺼이 출판에 맡아 준 형지사의 유성열 사장님과 관계 임직원분들께 깊은 감사를 드린다. 우리나라의 전 국민에게 가화만사성(家和萬事成)이 널리 퍼져 가족기업이 발전하고 장수하는 날이 하루빨리 오기를 기원하며, 이제 그만 머리말을 쓰고 싶다.

2016. 8. 22.
저자 남영호 쓰다.

※ 이 책의 강의안(PPT)은 "한국가족기업경영연구소(www.familybiz.or.kr)"에 회원으로 가입 후 "COMMUNITY - 자료실"에서 무료로 다운로드 받으실 수 있습니다.

차 례

제3부 가업승계와 은퇴

제 1 부

가족기업의 기본

제 1 장 가족기업의 정의와 특성

학 습 내 용

가족기업은 다양한 정의가 있지만, 가족이 대를 이어 지배하는 기업을 말한다. 이 가족기업은 우리나라를 비롯한 전 세계에 걸쳐 분포되어 있다. 본 장은 가족기업을 소개하는 장으로, 가족기업의 정의, 역할, 특성 및 경쟁우위 등을 고찰하고자 한다.

제1절 가족기업의 정의

어떤 기업이 가족기업인가? 이에 대한 정의는 국가마다 그리고 학자마다 조금씩 다르며, 아직까지는 통일된 견해는 없는 것 같다. 여기서는 가족기업[1](family business, family-owned business, family-controlled business, family firm, family enterpriser)의 다양한 정의를 살펴보고 마지막으로 본 교재의 정의를 내리고자 한다.

1. 가족기업(家族企業)의 다양한 정의

미국의 LNT(2007)의 보고서에 의하면, 현재 전 세계적으로 사용되고 있는 가족기업(家族企業)의 정의는 약 60여 가지 이상이라고 주장하고 있다. 이중 가장 널리 인정받고 있는 정의 중의 하나는, '가족이 기업 소유권을 15% 이상 갖고 있으며, 기업에 전략적인 영향을 끼치며, 세대를 가로질러 기업을 영속적으로 유지하려는 욕구를 가진 기업'으로 여기고 있다.

Astrachan 등(2002), Klein 등(2005)은 "F-PEC"이란 측도를 사용하여 가족기업의 개념을 정의하고 있다. 여기서 F는 가족(family)인데, 가족기업에 큰 영향을 끼치는 중요한 변수를 가족으로 여기며, 구체적으로 P(power: 권력), E(experience: 경험), C(culture: 문화)의 3가지로 보고 있다. 권력은 가족구성원들이 기업의 소유권, 지배위원회, 경영 등에 참여하는 비율을 의미한다. 경험은 가족구성원들이 승계와 관련된 경험 정도와 기업에 공헌한 가족구성원의 수를 의미한다. 문화는 기업과 가족의 관습과 가치관의

1) 일본에서는 동족기업(同族企業)으로 불리기도 함.

공유 정도를 의미한다. 결론적으로 기업에 가족관여(family involvement)의 범위와 정도에 초점을 맞추어 계량적으로 정의를 내리고 있다.

Shanker와 Astrachan(1996)은 가족의 관여 정도에 따라 가족기업의 개념을 광의, 중간, 협의라는 세 가지로 나누어 고찰하고 있다. 먼저 광의의 개념은, 특정 가족이 기업에 대한 효율적인 전략적 통제권을 갖고 있으며, 해당 기업이 가족 내에서 여전히 존재하기를 원하는 기업을 말한다. 이 개념에 의하면 가족기업이란 가족구성원이 기업의 일상적인 업무에 직접 관여하는 것 보다, 대주주로서의 기업의 중요한 의사결정에 영향을 끼치는 기업을 포함한다. 중간의 개념은 광의의 개념을 모두 포함하되, 창업주나 후계자가 직접 해당 기업을 경영하는 경우를 의미한다. 즉 가족기업은 가족구성원 중 단 한 명이라도 기업의 경영을 포함한 일상적인 업무에 관여할 때 가족기업으로 인정한다는 것이다. 협의의 가족기업의 개념은 기업에 해당 가족의 복수 세대가 존재해야 하며, 해당 가족이 직접 기업의 일상 업무에 관여해야 하며, 한 명 이상의 가족구성원이 주요한 경영책임을 질 때 가족기업으로 인정한다(〈표 1-1〉 참조).

〈표 1-1〉 가족기업의 정의: 가족의 관여정도

광 의	중 간	협 의
• 전략적 방향의 효율적 통제 • 가족 내에 남아 있기를 원함	• 창업자/후계자가 기업을 경영 • 의결권주로 법적인 통제	• 복수 세대 • 가족이 직접 기업의 소유 및 경영에 관여 • 한 명 이상의 가족 오너가 기업의 경영책임을 짐
⬇	⬇	⬇
기업경영에 가족의 직접 관여 거의 없음	어느 정도 가족의 관여	기업경영에 가족의 관여 많음

자료 : Shanker, M. C. & J. H. Astrachan(1996), "Myths and Realities: Family businesses' contribution to the US economy-A Framework for assessing family business statistics", Family Business Review, 9(2), p. 109.

영국의 가족기업연구소(Institute for Family Business)는 2012년 중소기업조사를 하면서 가족기업을 다음과 같이 정의하고 있다. "가족기업이란 해당 기업을 설립하거나 인수한 사람 또는 그 배우자, 부모, 자식, 자식의 직계 상속인이 주식의 다수를 보유하고 있으며, 가족 대표 중 최소한 한 사람이 기업의 경영이나 관리에 참여하는 기업"으로 포괄적으로 정의하고 있다.

영국의 Westhead 등(1998)은 가장 전통적인 방법으로 가족기업을 정의내리고 있다. 첫째로, 단일 지배가족이 해당기업 소유권(ownership)을 50% 이상 갖고 있는가, 둘째로, 친·인척들이 해당 기업을 가족기업으로 인정하는가, 셋째로, 기업이 단일 지배가족의 구성원에 의해 경영되는가, 마지막으로, 기업을 소유한 단일 지배가족의 구성원들이 세대 간 소유권 승계 이전을 경험했는가. Handler(1989)는 〈표 1-2〉와 같이 소유권이라는 단일기준보다는 가족의 소유권과 경영권, 상호의존적인 하위시스템, 세대 이전, 기타 복수상황 등 다양한 측면에서 가족기업을 정의하고 있다.

〈표 1-2〉 가족기업의 정의: 다양한 상황

구 분		가족기업의 정의
(a) 가족의 관련성	Binder Hamlyn (1994)	이사가 친·인척일 경우
	Anderson & Reeb(2003, 2002)	창업주 가족이 현재 기업에 있을 경우
	Jörn Block (2010)	가족이 이사 지위를 가지고 있는 경우
(b) 상호의존적인 하위시스템(기업에 가족의 관련성)	Beckhard and Dyer (1983)	가족기업 시스템의 하위시스템은 ① 실체로서의 기업 ② 실체로서의 가족 ③ 실체로서의 창업자 ④ 이사회와 같은 관련 조직.
	Davis(1983)	가족기업의 기본 특성과 그 특이성을 규정 짓는데 적용되는 가족과 기업의 두 조직체 간의 상호관계이다.
(c) 가족 소유권/	Barnes and Hershon (1976)	소유권이 단일가족의 구성원이나 개인에게 주어져 있을 때

구 분		가족기업의 정의
의결권	Gomez-Mejia et al.(2003)	가족구성원이 의결권을 최소 5% 이상 갖고 있거나 통제하는 경우,
	Barth et al. (2005)	1인이나 한 가족이 기업의 지분을 최소 33% 소유하는 경우
	Miller et al. (2007)	가족구성원이 기업의 지분을 5% 혹은 그 이상을 가진 경우,
	Jörn Block (2010)	가족이 계속하여 기업의 지분을 가지고 있을 경우
(d) 가족에 의한 경영	Daily & Dollinger (1992; 1993)	성이 같은 사람(둘 혹은 그 이상)이 기업의 경영자로 등재된 경우/최고경영자가 오너와 관계가 있는 경우.
	Wang (2005)	가족구성원이나 창업주 가족구성원과 함께 기업경영에 활발히 관여하는 경우
(e) 세대간 소유권 이전	Churchill and Hatten (1987)	젊은 세대가 나이 많은 세대로부터 기업의 통제권을 이양받거나 이에 참여하는 경우.
	Ward(1987)	가족의 다음 세대에게 기업의 경영권과 통제권이 이전되는 기업.
	Handler(1989)	가족구성원이 기업의 주요한 의사결정과 승계에 관한 계획에 영향을 끼치는 경우
(f) 복수상황	Donnelley(1964)	최소한 가족의 두 세대가 밀접하게 관련되어 있을 때 그리고 이러한 관계가 가족의 목적과 이해관계 및 기업의 정책에 큰 영향을 끼칠 때
	Channon(1971)	최소한 두 세대가 기업을 통제하며, 의결권의 최소 5%는 여전히 가족이나 이해관계자에게 주어져 있고 가족구성원이 CEO일 경우
	Rosenblatt, de Mik, Anderson and Johnson (1985)	대다수 소유권이나 통제권이 단일 가족에게 주어져 있을 때, 둘 혹은 그 이상의 가족이 기업에 (때때로) 직접 관여하는 경우
	Reynolds(1995)	가족기업의 세 가지 유형은 다음과 같다. a) 개인기업 b) 소유권의 50%이상이 가족이나 친척에 의해 소유되며 가족이나 친척의 50%이상이 경영팀을 형성할 때 c) 소유

구 분		가족기업의 정의
		권의 50%이상이 가족이나 친척에 의해 소유되거나, 가족이나 친척의 50%이상이 경영팀을 형성하지 않을 때
	James (1999)	창업주가 은퇴 후 전임자의 자식들 한 명 혹은 그 이상에 의해 통제되거나 상속된 기업.

주 : Handler Wendy C.(1989), "Methodological Issues and Considerations in Studying Family Businesses", Family Business Review, 2(3), p.260/ Westhead Paul & Marc Cowling(1998), "Family Firm Research: The Need for a Methodological Rethink", Entrepreneurship Theory and Practice, Fall, 1998. p.34/ 고윤성·박선영(2013), "가족구성원의 경영참여와 가족기업 경영", 회계저널, 22(2), pp.108~109의 연구를 종합하여 재 작성한 것임.

이상과 같이 가족기업의 정의는 다양하게 나타나나, 일반적으로 미국에서는 '기업가(경영자) 스스로의 자유의사에 따라 가족기업인가 아닌가를 결정'한다(LNT, 2007). 한편 전형적인 가족기업은 최소한 2세대가 기업경영에 관여한 때로 보고 있다.

2. 우리나라의 가족기업(家族企業) 정의

우리나라는 산업화의 역사가 일천하여 대부분이 창업자를 중심으로 한 가족기업 형태로 발전하고 있다. 그러나 가족기업을 기업의 성장과정 중 한 형태로만 여기고 있는 것 같다.[2)] 결국 우리나라는 가족기업에 관한 연구가 짧으며, 가족기업에 대한 정의와 연구가 역시 초보단계인 것 같다. 따라서 대부분의 학자는 가족기업을 Shanker와 Astrachan(1996)이 주장한 협의의 개념으로만 여기고 있는 것 같다.

신유근(1984)은 가족기업(family business)이란 가족이 기업의 정책, 자본, 수익, 주주의 지분, 운영 등을 통제하는 기업으로 정의하고

2) 박기동(1981), 『한국 가족기업에 관한 연구』, 동아대학교 대학원 박사학위논문.

있다. 즉 가족기업을 가족이 주식을 소유하고 또 경영에 직접 참여하는 소유 중심 체제로 여기고 있는데, 이때 가족의 범위는 소유주를 중심으로 한 가족과 그 친족[3]을 포함하는 것으로 이해할 수 있다. 한편 곽수일(1990)은 가족기업을 협의의 개념으로 정의하고 소기업과 동의어로 여기고 있는 것 같다. 즉 30인 이하의 종업원을 가지는 중소기업 중에서 그 소유 형태가 개인소유의 형태를 띠고, 또 기업 목적이 이윤의 극대화라기보다는 아직 소유주의 일상생활의 필요를 충족시키는데 머무는 기업을 가족기업이라 칭하고 있다.

가족기업의 정의는 이상과 같이 다양하게 나타나나, 우리나라의 경우 Shanker와 Astrachan(1996)의 정의에 따르면, 대부분 중소기업은 협의의 개념을, 대기업은 광의의 개념을 적용할 때 가족기업으로 추정된다(남영호, 2001).

본서에서는 위의 다양한 정의를 토대로 하여 가족기업을 **"가족이 대(代)를 이어 지배하는 기업"**으로 정의하고자 한다. 여기서 대(代, generation)란 창업 세대(1세대)가 승계하여 2세대, 3세대 등이 리더십을 이전받은 경우를 가리키며, 지배(governance)란 가족이 기업에 대한 전략적 통제권을 가진 경우로, 예를 들면 창업주나 후계자가 직접 해당 기업에 관여하여 기업의 주요한 예산, 인사 등에 관여하는 경우를 의미한다. 그런데 전형적인 가족기업은 최소한 2세대가 기업경영에 관여할 때 가장 잘 나타난다.

---

3) 중소기업기본법시행령 제2조 5항에 의하면 "친족"이란 배우자(사실상 혼인관계에 있는 자를 포함한다), 6촌 이내의 혈족 및 4촌 이내의 인척을 말한다.

제2절 가족기업의 역사와 역할

1. 가족기업의 역사(歷史)

산업화 이전 서구에서는 사회활동과 경제활동이 하나로 통합되어, 대부분 가정(혹은 그 주위)은 집이면서 동시에 사업장이었다. 대부분 가족은 가족 농장이나 가내공업이라 불리는 집이나 혹은 집에 딸린 좁은 장소에서 제조, 매매, 무역 등을 행하였다. 이러한 가족과 경제의 통합은, 농노나 소작인, 그리고 귀족에 이르기까지 사회의 전 계층에 이르렀다(Aronoff and Ward, 1995).

그 후 산업화로 모든 경제조직체의 유형이 바뀌었고, 동시에 이는 가족기업에도 영향을 끼쳤다. 공장들은 전문화, 구조화되었고 가족의 범위를 벗어난 자본과 노동의 자원이 필요하게 되었다. 가족기업은 다른 경제조직체에 비해 그 명성을 잃게 되고 나아가 부정적인 의미로 사용되게 되었다. 즉 가족기업은 "엄마 아빠 회사(Mom and Pop)"이므로 이는 작고, 한계가 있으며, 끝없는 노력과 위험이 뒤따른다고 보았다.

2차 세계대전 후 기업가는 하나의 우상이 되었다. 많은 대학에서 경영대학이 우후죽순처럼 생겨났으며, 이러한 대학에서 성공을 꿈꾸는 많은 젊은이에게 기업경영에 필요한 전문적인 지식을 제공하였다. 이 때에도 여전히 가족기업은 색다른 유물로 간주하였으며, 특히 가족기업이 가족의 불화로 인하여 어려움을 겪게 될 때, 이에 대한 부정적인 시각은 최고조에 달하게 되었다.

그러나 현재까지도 가족기업은 그 숫자가 절대 줄지 않고 있으며, 이에 대한 세인의 관심 역시 점점 증가 추세에 있다. 어떤 가족기업은 성장에 필요한 자금을 자본시장을 통하여 조달하기도 하며(예: Ford), 사유재산을 더욱더 크게 성장시키기도 하며(예: Cargill or Miliken), 계속해서 신규기업을 창출하여 계속 성장, 발전하기도 한다(예: Wal-Mart). 미국의 경우, 록펠러의 South Improvement Company는 Standard Oil of New Jersey가 되었고, Richard Sears' Watch Company는 Sears Roebuck이 되었다. 최근에 Sam Walton은 미국에서 가장 빨리 성장하는 가족기업인 Wal-Mart를 세웠다(Gersick, et al., 1997). 한국의 경우, 정주영의 현대자동차공업사는 오늘날의 현대그룹이 되었고, 이병철의 삼성상회는 삼성그룹의 모태가 되었다.

지난 10년 동안, 특히 최근에 들어와 미국은 가족기업에 대한 인식은 크게 바뀌었다. 이를 반영하듯 가족기업에 대한 대중매체의 반응도 상당히 긍정적이며, 관련 잡지나 저널도 많이 잉태하게 되었다. Wall Street Journal과 Nation's Business에서는 정규적으로 가족기업에 관한 기사를 게재하고 있으며, 전문학술지인 Family Business Review, 계간지 Family Business Magazine, 그리고 월간지 Family Business Advisor, 이외에 대학, 회계사무소, 법률사무소, 금융기관 등에서도 가족기업과 관련되는 뉴스레터가 꾸준히 나오고 있다(Aronoff and Ward, 1995).

2. 가족기업의 역할(役割)

가족기업의 역할은 왜 가족기업이 국가나 사회에 필요한가를 설명하는 이론적 근거를 제시하고 있다. 미국의 경우 가족기업은 거대한 미국경제의 기초가 된다 해도 과언이 아니라고 한다. 누군가는 다음과 같이 말하였다. "만약 미국에서 가족기업이 미국경제의 기초가 아니라면 그것은 핵심적인 갈비뼈임이 틀림없다". 여기서는 가족기업의 주요한 역할 중에서 경제적 역할, 사회적 역할을 중심으로 살펴보겠다.

(1) 경제적 역할

미국에서 가족기업이 차지하는 경제적 역할은 조사기관마다 혹은 가족기업의 개념(광의 혹은 협의 등)에 따라 다르게 나타나고 있다. 먼저 아서 앤더슨 그룹과 중소기업협회 공동 조사에 의하면, 중소기업 중 가족기업이 차지하는 비중은 전체 중소기업 중 대략 60~70%를 차지하고 있다고 한다. 또한 이 조사에 의하면 가족기업이란 가족이 운영하는 기업을 의미하며, 가족기업이 미국경제에 차지하고 있는 비중이 GNP의 50%, 민간부문 노동력의 50%를 담당하고 있다. 지난 10년 동안 연간 약 60만 개 이상의 기업이 설립되었다. 이 중 대부분이 가족기업이며 GNP와 고용을 증가시킬 것으로 추측하고 있다.

Shanker와 Astrachan(1996)은 가족기업의 개념에 따라 가족기업의 경제적 역할은 매우 다르게 나타난다고 주장하고 있다. 먼저 가족기업의 수는 전미 기업 중 92%(광의)~18.3%(협의)가 가족기업이라고 주장하고 있다. GDP에 끼치는 영향력은 49%(광의)~12%(협의)까지, 신규직업 창출은 78%(광의)~19%(협의)까지 광범위하게 나타나고 있다. 가족기업이 미국경제에서 차지하는 위치는 다음과 같다.

- 가족 기업의 수: 2천만(전 미국 기업의 92%)~4백만(18.3%)
- Fortune지 선정 500대 기업 중 37%
- 가장 빨리 성장(신규 직업 창출의 78%~19%)
- 순수 투자 금액의 75% 이상이 30% 이상의 이익을 냄
- 대부분이 상속세를 위해 생명보험을 갖고 있다.
- 노동력의 59%~15%
- GDP의 49%~12%

한편 이탈리아의 경우 전체 기업의 93%가 가족기업이며, 노동력의 79%를 차지하고 있으며, 스페인은 75%가 가족기업이며(100대 기업의 17%), GDP의 65%를 가족기업이 담당하고 있다(Bellet et al.,

1998). 영국의 경우 전체 기업의 70%(상위 8,000대 기업의 76%), 중소기업의 71%가 가족기업으로 분류되었다(2012년 영국가족기업연구소). 독일의 경우 가족기업은 전체 기업의 60%, 노동력의 58%, GDP의 55%를 차지하며, 이를 중소기업의 관점에서 보면 중소기업의 97.3%, 매출액의 97.5%, 고용의 98.2%를 차지한다고 한다(독일중소기업연구소, 2006). 호주의 경우 모든 호주 기업의 75%는 가족기업이며, 노동력의 50%, GDP의 50%를 차지하며(Owens, 1994), 캐나다의 경우 모든 기업의 65~90%는 가족기업으로 추정되고 있다.[4] 한편 우리나라의 '가족기업'은 기업의 규모와 관계없이 전체 제조업의 약 85.44%를 차지하고 있다(박기동, 1981).

〈표 1-3〉 나라별 가족기업의 경제적 비중

나라	기업의 비중(%)	GDP(%)	노동력(%)
미국	95	40	60
이탈리아	93		79
핀란드	80	40~45	40~60
그리스	80		
사이프러스	80		
스웨덴	79		
스페인	75	65	
네덜란드	74	54	43
포르투갈	70	60	
벨기에	70	55	
영국	70		50 이상
독일	60	55	58
프랑스	60 이상	60 이상	45
호주	75	50	50

주: Tapies Josep & John L. Ward(2008), 「Family Values and Value Creation: The fostering of enduring values within family-owned businesses」, Palgrave Macmillan, p. 199.

위와 같이 전 세계적으로 보았을 때 가족기업은 모든 기업의 약

4) http://www.haskayne.ucalgary.ca/research/centres/research/centres/cfbme/

2/3에 해당하며, 어떤 나라는 이 비중이 훨씬 높기도 하다(예: 칠레: 90%, 멕시코: 80%). 이처럼 가족기업은 한 나라의 경제에서 차지하는 위상이 막강하므로 이의 생존은 그 나라 경제의 근간이라 하여도 과언이 아니다.

(2) 사회적 역할

가족기업의 사회적인 역할 역시 중요하다. Novak(1983), Jaffe(1991) 등은 "미국경제와 사회를 구축하는 기초가 되는 것은, 특정 개인이나 노동자도 아니요, 기업가나 기업도 아닌, 바로 기업을 창설하고 통제하고 운영하는 가족이다"라고 역설하였다. 가족기업의 또 다른 역할로 Hall(1988)은 여러 해 동안 민주주의와 왕조 사이의 갈등을 수용하기 위한 시도로, 가족에 의해 이루어진 실질적인 의미의 대중 서비스와 박애를 들고 있다.

가족기업의 지역사회에 대한 역할도 중요하게 대두되고 있다. Bellet 등(1998)은 가족기업의 창업자와 승계자는 가족과 지역사회의 유지를 위해 고도의 강한 책임감을 느끼고 있다고 주장하였다. 왜냐하면 가족은 안전한 사회를 구축하는 주춧돌이며 가족기업 역시 안전한 경제를 구축하는 데 중요하기 때문이다. 일반적으로 상장이 되어 있는 비가족기업은 단기 지향적인 투자를 선호하는 반면, 가족기업은 장기적인 투자를 지향한다. 따라서 가족기업은 사회를 많이 의식하고, 가족의 구성원은 기업과 기업을 둘러싼 지역사회를 위해 일하며, 심지어 기업의 손실과 큰 희생도 주저하지 않는다(Astrachan, 1988). 다시 말해 '화목한 가족이 튼튼한 기업을 만든다(Strong family creates strong businesses; 家和萬事成)'라는 불변의 진리를 잊지 말아야겠다.

제3절 가족기업의 특성

1. 창업(創業)의 엔진

가족기업은 가족(family)과 기업(business)의 복합어이므로 가족의 의미와 기업의 의미를 잘 파악하여야 가족기업의 특성을 제대로 알 수 있을 것이다. 초기 가족기업의 연구자들은 가족기업의 단점을 지나치게 강조하였지만, 최근에 들어와 장기적인 측면 중시, 높은 성과 등 가족기업 장점의 부각으로 인해 가족(family)을 창업(기업가정신)을 불태우는 산소로 재인식하게 되었다(Rogoff et al., 2003). 즉 치열한 경쟁에서 가족기업이 경쟁우위를 획득하기 위해 가족이 기업가를 어떻게 탄생시키고 양육하는지에 관심을 두게 되었다(Halyk, 2013). 남영호(1999)는 창업관점에서 보면 가족기업은 기업가정신을 바탕으로 하고 있으며 같은 분야에서 상호관련성을 갖고 있으므로 기업가정신은 거의 모든 가족기업의 출발점이며 핵심이라고 주장하기도 한다. GEM(Global Entrepreneurship Monitor) 보고서에 의하면 벤처기업 대부분은 창업단계부터 가족의 관여(family involvement)가 나타난다고 보고하고 있다. 구체적으로 계획단계에 있는 벤처기업의 63%는 가족펀딩(family funding)이 이루어지며, 모든 벤처기업의 85%는 직·간접으로 어느 정도 가족의 지원을 받고 있다고 한다. 결국 가족기업은 미래 세대에게 기업가적 문화(entrepreneurial culture)를 제공하며, 그들에게 기업가적 정신(entrepreneurial spirit)과 매우 유용한 지식을 전달하는 역할을 수행한다(Tapies J. & J. L. Ward, 2008). 결론적으로 가족기업이 창업의 엔진(engine room of entrepreneurship)이므로, 가족을 기업의 자원으로 인식하고 이 자원을 잘 활용하여야 기업이 제대로 성장할 것이다[5].

2. 규모의 다양성

가족기업은 규모(크기)가 매우 다양한데, 즉 창업 초기의 영세기업에 해당하는 소규모 가족기업(small family business)부터, 중규모 가족기업(medium family business) 그리고 대규모 가족기업(large family business)까지 다양하다. 먼저 소기업 특히 엄마·아빠 회사로 불리는 소상공인의 대부분은 소규모 가족기업(현재 우리나라의 소상공업을 소규모 가족기업으로 보면 될 것 같음)이며, 대규모 가족기업이란 규모가 매우 큰 가족기업, 예를 들면 세계 자동차 업계를 대표하는 포드, 푸조-시트르앵, BMW, 피아트(한국경제신문 2001. 3. 27), 그리고 소매업체의 대표 격인 Wal-Mart, 케이블 T.V의 대명사인 CNN 등이 이에 해당한다. 우리나라의 경우 삼성, 현대자동차, LG 등 소위 말하는 재벌그룹이 이에 해당한다고 볼 수 있겠다.[6] 참고로 포춘지 선정 500대 기업의 37%는 대규모 가족기업으로 알려지고 있다(Family Enterprise Center, 1998)(〈표 1-4〉 참조). 한편 중규모 가족기업이란 대규모 가족기업과 소규모 가족기업의 중간에 해당되는 기업으로, 우리나라의 경우 주로 중소기업의 중기업과 중견기업이 이에 해당된다고 볼 수 있겠다. 〈표 1-5〉에 의하면 전 세계적으로 대규모 기업, 중규모 기업 모두 가족에 의해 통제되는 가족기업이 제일 많으며, 중규모 기업일수록 이 비중은 커짐을 알 수 있다. 즉 기업의 규모가 작을수록 가족의 통제가 많아짐을 알 수 있다.

5) 안성영·남영호(2013), 중소규모 가족기업과 기업가정신의 특성에 관한 사례연구: 사례분석을 중심으로, 국제경상교육연구, 10(3), 25-48.

6) www.familybusinessmagazine.com

〈표 1-4〉 나라별 대기업 공개기업의 가족 통제 비율

나라	비율	나라	비율
멕시코	100	미국	30
홍콩	70	캐나다	30
그리스	65	호주	10
아르헨티나	65	독일	10
스웨덴	55	일본	10
이스라엘	50	핀란드	10
벨기에	50	대한민국	?

자료 : La Porta, Lopez-de-Salanes and Shleifer(1999)

〈표 1-5〉 기업의 규모별 통제집단(전 세계)

통제집단	대규모(%)	중규모(%)
가 족	35	53
공 개	24	11
정 부	20	16
기 타	21	20

자료: La Porta, Lopez-de-Salanes and Shleifer(1999)

3. 가족기업의 동태성

가족기업은 일반기업(비가족기업)에 비해 특이한 동태성(dynamics)을 갖고 있는데, 여기서는 특이성(characteristics), 과제(challenges), 사이클(cycles), 그리고 복잡성(complexities)으로 나누어 살펴보겠다.

1) 특이성(characteristics)

가족기업은 비가족기업과는 다른 특이성을 갖고 있는데, 높은 경영성과, 자금과 품질 중시, 재빠른 의사결정의 세 가지 측면을 보인다. 먼저 가족기업은 비가족기업에 비해 높은 경영성과를 나타내고 있다. 구체적으로 높은 마진과 주당순이익률, 주주수익률, 자기자본순이익률, 총자산이익률, 매출액 성장률, 순자산 성장률, 토빈 Q 등이 미국, 영국, 프랑스, 스페인 등에서 비교적 높게 나타나고 있다. 자세한 사항은 〈표 1-6〉을 참조하기 바란다.

〈표 1-6〉 가족기업과 비가족기업의 재무성과 비교

<table>
<tr><th>가족기업 대 비가족기업의 재무성과</th><th>연구에 사용한 표본</th><th>가족기업의 정의</th></tr>
<tr><td>·연간 주주수익률:
가족기업 16.6%; S&P 상장 기업 14%(가족기업은 S&P 기업의 1/3로 오인)</td><td>미국 상위 200대 가족기업의 주식 지표(1975-1995)</td><td>창업주의 가족이 최고경영진에 포함된 기업</td></tr>
<tr><td>·총주주수익률: 가족기업 76%; 비가족기업 9%</td><td>파리 주식거래소에 상장된 상위 250대 기업(1989-1996)</td><td>가족이 통제하는 기업</td></tr>
<tr><td>·수익률, 자기자본순이익률, 매출액성장률, 자산증가율: 가족기업이 모두 우수함</td><td>영국 상위 325대 기업(1980년대)</td><td>소유권 통제</td></tr>
<tr><td>·총자산이익률, 토빈 Q: 가족기업이 모두 우수함</td><td>포천지 선정 500대 기업(1982-1994)</td><td>5대 주주 중 1명이 가족이며, 소유주가 전문경영인이 아닌 경우</td></tr>
<tr><td>·매출액이익률: 가족기업(8.8%), 비가족기업(3.3%)
·자기자본순이익률: 가족기업(27%), 비가족기업(6%)</td><td>스페인의 104개 가족기업, 스페인 은행이 발표한 4,702개 기업(1991)</td><td>창업가문이 50%이상 지분을 가지며, 1명의 가족구성원이 최고경영진에 속하며, 매출액 기준 4천만 pesetas 이상인 기업(100ESP=약0.65 US$)</td></tr>
<tr><td><table><tr><th>항목</th><th>FB</th><th>NFB</th></tr><tr><td>자기자본순이익률</td><td>25.2%</td><td>15.8%</td></tr><tr><td>총자산이익률</td><td>7.6%</td><td>6.1%</td></tr><tr><td>총자본이익률</td><td>18.5%</td><td>12.6%</td></tr><tr><td>매출액이익률</td><td>5.4%</td><td>3.6%</td></tr></table></td><td>프랑스 상위 1,000대 기업 중 산업별, 규모별로 선정된 각 47개 기업</td><td>가족이 지배권을 가진 기업</td></tr>
<tr><td><table><tr><th>항목</th><th>FB</th><th>NFB</th></tr><tr><td>총자산이익률</td><td>5.4%</td><td>4.1%</td></tr><tr><td>총주주수익률</td><td>15.6%</td><td>11.2%</td></tr><tr><td>매출액성장률</td><td>23.4%</td><td>10.8%</td></tr><tr><td>순이익성장률</td><td>21.1%</td><td>12.6%</td></tr></table></td><td>S&P 500대 기업
(1992-2002)</td><td>창업가문이 최고경영진이나 중요한 주주로 활동하는 기업</td></tr>
</table>

자료 : Miller, Danny, Isabelle Le Breton-Miller(2005), 『Managing for the long run: lessons in competitive advantage from great family businesses』, Harvard Business School, pp. 14-15.

가족기업은 비가족기업과 비교해 차별화된 전략을 채택하곤 한다. 구체적으로 자금과 품질을 중시하여 비교적 보수적으로 자금을 운용하며, 장인을 우대하고 품질을 중요시해 전 세계적으로 명품기업 특히 명품 장수기업이 대부분 가족기업으로 나타나고 있다. 또한 가족기업은 보통 오너 중심의 기업으로 급격한 환경변화에 재빨리 적응하기 위하여 빠른 의사결정을 하고 있다. 즉 혁신적이며 기업가정신이 충만한 기업으로 알려져 있다.

2) 도전(challenges) 과 과제

가족기업은 비가족기업과 비교해 훨씬 다양하면서도 복잡한 과제와 문제점을 갖고 있다. 이를 가족기업 내·외부 과제와 경영상 과제로 나누어 살펴보면 다음과 같다.

(1) 내·외부 과제

〈표 1-7〉과 같이 가족 내부의 문제로는 가족경영자의 문제와 친족관계자의 문제로 나눌 수 있는데, 이 부분은 비가족기업이 직면하는 문제점과는 매우 다르다. 가족 외부의 문제로는 종업원에 대한 문제와 이해관계자에 대한 문제로 나눌 수 있는데, 이 부분은 비가족기업이 직면하는 문제와 크게 다르지 않으므로 중요하게 취급됐다. 그러나 사실 가족 내부의 문제는 비가족기업의 문제와 매우 다르나, 가족기업에서는 중요하게 다루지 않으면 안 되는 부분이다. 이에는 부자간의 세력다툼이나 가치관의 차이로 인한 갈등, 형제(남매)간의 후계자 선정이나 부(창업자)로부터의 인정 등으로 인한 갈등, 가까운 친척 간의 소유권 분할 등으로 인한 갈등 등 매우 다양하게 대두되는 문제이다. 이러한 가족 내부의 문제를 해결하는 방안으로 주로 심리적인 측면이 강조되고 있다. 부자간의 문제면 정직하게 부친의 능력과 업적을 인정하고 존경해야 한다거나 공격적인 태도를 보여서는 아니된다는 것들이 그것이다. 형제간이나 친척들의 문제는 주로 창업자의 강력한 지도력에 따라 해결된다. 즉 창업자를 중심으로 모든 구성원이 서로의 입

장을 터놓고 말할 수 있는 경로와 여건을 마련하여야 한다. 그리고 가족구성원들이 지닌 능력을 최대한 발휘할 수 있도록 하면서 이에 대처한 전문경영인 집단도 양성해야 한다.

〈표 1-7〉 가족기업의 문제점

〈가 족 내 부〉	〈가 족 외 부〉
가족 경영자	종 업 원
• 기업 지배(통제)의 유지 문제 • 후계자 선정 문제 • 가족 투자의 지속 문제와 개입 문제 • 가족그룹형성 문제 • 경쟁 문제	• 충성도에 대한 보상 문제 • 성장, 성공, 발전의 배분 문제 • 전문적인 직업관 문제 • 가족 승계의 연결 문제 • 이해관계자로서의 지분 문제
친 족 관 계 자	외 부 이 해 관 계 자
• 소득과 상속 문제 • 가족 간 갈등 문제 • 기업에의 관여 정도 문제	• 보수 • 시장, 제품, 공급, 기술의 영향 문제 • 세금 관계 문제 • 이해관계기관과의 관계 • 현 경영의 트렌드

자료 : Louis B. Barnes and Simon A. Hershon(1976), "Transferring Power in the Family Business", *Harvard Business Review*, July/August, 108.

[소사례] "성공한 유럽기업 비결은 가족경영"

뉴스위크 6개국 분석

유럽기업들의 성공 비결은 가족경영이다. 뉴스위크 국제판 최신 호(12일자)는 "유럽에서 성공한 대표적인 기업들은 대부분 소유주가 분명한 가족기업"이라고 커버스토리로 보도했다.

뉴스위크가 금융분석기관 톰슨 파이낸셜과 공동으로 1993~2003년 유럽 6개국 증시에서 주가 상승률을 분석한 결과 가족경영 기업들은 다른 기업에 비해 주가가 많이 올랐다.

독일 증시에서 콴트가가 이끄는 BMW를 포함해 가족기업들은 10년간 주가가 206% 뛴 반면 일반기업은 47% 상승에 그쳤다. 프랑스에서도 사노피-신데라보.로레알.LVMH 등 가족기업들의 주가는 같은 기간 203% 올랐지만, 일반 기업은 76% 상승했다.

지난 10년간 주가가 가장 큰 폭으로 뛰어오른 상위 10개 기업이 모두 가족기업들로 나타났다. 1위는 유럽 최대 디지털 방송기기 업체인 스위스 쿠델스키로 주가가 37배 뛰었다. 쿠델스키 그룹은 창업자의 2세인 안드레 쿠델스키가 최고경영자로 직접 경영하는 가족기업이다.

유럽 주가 상승률 상위 10개 사

(1993~2003년)

순위	기업	상승률(%)	소유주
1	쿠델스키	3727	스위스 쿠델스키가
2	사노피-신데라보	576	프랑스 베탕쿠르가
3	악시오나	373	스페인 엔트레카넬레스가
4	아데코	323	스위스 클라우스 야곱
5	세로노	320	스위스 베르타렐리가
6	TF1	270	프랑스 부이그가
7	로레알	259	베탕쿠르가
8	BMW	235	독일 콴트가
9	LVMH	207	베르나르 아르노
10	PPR(구찌)	175	프랑수아 피노

자료 : 뉴스위크 · 톰슨파이낸셜

2위는 로레알 그룹의 베탕쿠르 가문이 지분의 44%를 소유한 프랑스 제약회사 사노피-신데라보로 576% 상승률을 보였다. 10위 내의 스페인 건설회사인 악시오나, 세계 최대 인력서비스 회사 아데코 등도 특정 가문이 60% 이상 지분을 소유한 가족기업이다.

BMW · 루이뷔통 · 로레알과 같은 고가 명품 브랜드에서도 가족경영이 빛을 발했다.

BMW는 1997년 로버사를 인수한 뒤 심각한 부진을 겪는 위기를 소유주인 콴트가의 개입으로 극복하는 등 전문 경영인 체제와 오너 경영이 결합돼 안정적인 기업경영을 할 수 있었다는 것. 또 LVMH의 아르노가는 브랜드의 명성을 지켜나가는 데 큰 책임감을 느끼고 있다는 것이 성공 요인이 됐다고 잡지는 전했다. 뉴스위크는 "가족경영자들이 엔론과 같은 무책임과 비리를 견제할 수 있는 독립적인 이사 역할을 할 수 있다"라고 지적했다.

(자료 : 중앙일보 2004.04.12)

(2) 경영상의 과제

일반적으로 가족기업의 경영은 비가족기업의 그것보다 훨씬 어렵고 힘들다고 여기고 있다. 그 이유는 비가족기업의 경영상의 문제 외에 다음과 같은 추가적인 문제가 있기 때문이다. 구체적으로 경영자의 확보 및 훈련, 가족 종업원과 비가족 종업원의 동기관리, 소유자 중심의 생산 및 판매관리, 소유권 확보로 인한 자금관리, 소유권 중심의 분배 및 배당정책 등이 그것이다.

3) 사이클(cycles)

가족기업은 단계별 성장과 이에 따른 과제가 각각 다르게 나타나고 있다. 보통 창업 후 5년까지는 급속한 성장을 하는 단계로 기업의 규모는 소규모이지만 역동적이고 성공에 관한 관심이 큰 단계이다. 2단계는 업력 10~20년 정도로 성숙한 기업으로 기업의 규모가 어느 정도 대규모이며 조직구조는 복잡하여 통제와 안정의 욕구가 필요한 단계이다. 3단계는 업력 20~30년 정도의 기업으로 전략적 쇄신이 필요하며 기업에 대한 정체감과 새로운 것에 관한 관심이 필요한 단계이다. 또한 이 3단계를 모두 지나면 보통 승계(succession)를 해야 하는 단계에 도달하게 된다. 이때 가족기업이 직면하게 될 이 승계는 가장 중요하면서도 어려운 단계이며, 피할 수 없는 과제이다. 가족기업의 '창업 → 성장 → 승계'라는 이런 사이클이 효율적으로 잘 이루어져야 장수기업이 될 수 있을 것이다.

〈표 1-8〉 가족기업의 사이클

	1단계	2단계	3단계
업력	0~5년	10~20년	20~30년
과제	급속한 성장	성숙	전략적 쇄신 필요
기업, 오너, 모티베이션	소규모, 다이내믹 성공에 대한 관심	대규모 복잡, 통제와 안정의 욕구	정체 새로운 관심사 추구

4) 복잡성(complexities)

Neubauer & Lank(1998)는 가족기업은 기업 조직 중에서 가장 복잡한 조직이라고 주장하였다. 가족기업은 비가족기업(일반기업)의 관리(Management), 오너(Owners), 이사회(Board of Directors) 이외에 가족(Family)이란 주요한 요인이 하나 더 있는 복잡한 조직이다. 더구나 이 가족은 기업의 관리, 오너, 이사회에 모두 직·간접으로 영향을 끼치므로, 이런 복잡한 조직구조를 제대로 이해하여야 가족기업의 본질을 알 수 있을 것이다. 이에 대한 자세한 사항은 2장 가족기업의 시스템을 참조하기 바란다.

제4절 가족기업의 경쟁우위

1. 가족기업의 도전(挑戰)

앞에서 살펴본 것처럼 가족기업은 일반기업(비가족기업)과는 여러 측면에서 다르며, 비가족기업과 비교해 경영 역시 훨씬 어렵고 많은 도전과 과제를 내포하고 있다. 예를 들면 가족기업은 평생 여러 가지 위험을 감수하면서 오로지 기업을 위해 일을 해 왔으므로, 기업과 운명을 같이하며 스스로 기업과 가족을 위해 책임을 진다. 또한 가족의 일은 바로 기업의 일로 직결되는 경우가 많다. 그러나 비가족기업의 경영자는 보통 짧은 기간만 기업과 주주를 위해 일을 한다. 또한 승진, 보수 등에 의해서만 개인적인 이득을 취할 수 있다(〈표 1-9〉 참조).

〈표 1-9〉 가족기업과 비가족기업의 비교

	가 족 기 업	비가족기업(일반기업)
경영자의 관심	평생을 기업을 위해 몸을 바치며 개인적 위험도 감수한다.	고용계약에만 한정되어 있다.
운 명	기업과 운명을 같이 한다.	한 기업과 운명을 같이하는 경우는 거의 없다.
시 간	가족구성원은 무한정 기업을 위해 시간을 보낸다.	경영자는 정해진 짧은 시간 동안만 기업을 위해 일한다.
기업의 실패	기업이 실패하면 가족구성원 특히 기업의 상층부에 속하는 구성원들은 개인적으로 큰 충격을 입는다.	개인적으로 큰 충격을 입는 경우는 거의 없다.
도중 하차 가능성	관리직에 있는 가족구성원이 중간에 그만둘 가능성은 작다.	경영자가 그만둘 가능성은 아주 크다.
개인적인 이득	조직의 성장, 승계, 직무창조, 그리고 가족의 부의 창조 등에서 오는 자부심이다.	승진, 보수 인상 등이다.
조직의 성과	관리적인 보수와 관련되어 있다.	특별한 경영자가 얻는 것과는 직접적인 관계가 약하다.
의사 결정	비록 세대가 지남에 따라 감소하는 추세이나 집권화 경향이 강함	점점 참여적이며 팀 위주임
내부 통제 시스템	비공식적인 경향이 강함	공식적인 경향이 강함
승 계	비록 계획되어 있다 하더라도 겉으로 드러난 문제임; 경쟁자는 가족구성원 사이에서, 갈등은 기업의 장과 상속자 사이에서 주로 생길 수 있음	이는 갈등과 경쟁을 나타냄, 그러나 주주가 승계의 질서정연함을 모니터함
책 임	가족구성원이며 동시에 경영자인 그는 스스로 가족에 대한 책임을 짐	경영자는 주주에 대한 책임을 짐
갈 등	이는 동태적이며 순환의 성격을 띰: 가족 내의 갈등은 훗날 기업의 의사결정에 영향을 끼치며, 이는 차례로 가족의 동태성에도 영향을 끼침	이는 시간이 지남에 따라 갈등의 충격을 추적할 수 있는 성격을 띰
종 업 원	비가족종업원은 기업 내에서 상향 이동이나 개인적인 성장 기회가 한정되어 있음을 인지함	종업원은 승진이나 의사결정에의 참여가 동등한 기회가 주어져 있음; 이는 내부통제일 때 나타남
가족이나 개인의 일	가족의 일은 직접 기업에, 기업의 일도 직접 가족에게 영향을 끼침	종업원 개인의 일은 직무성과에 영향을 끼침, 그 충격은 기업보다는 개인에게 더 큰 영향을 끼치는 것 같음

자료: Morris Michael H., R. O. Williams, J. A. Allen & Ramon A. Avila(1997), "Correlates of Success in Family Business Transitions", *Journal of Business Venturing*, 12, p. 388.

특히 가족기업은 능력도 부족하고 경륜도 없거나 짧은 사람이 단지 가족구성원이라는 이유 하나로 핵심적인 지위에 등용될 때, 비가족구성원으로서 오랫동안 근무해온 고참 직원들은 직장생활에 대한 회의에 빠지게 되고 급기야는 다른 회사로 이직하게 될 수도 있다. 많은 가족기업에서 나타나는 이러한 현상, 즉 단지 가족 구성원에게만 최고의 지위까지 허용되는 경우 몇 가지의 부정적인 결과를 가져올 수 있다. 첫째로, 잠재적인 리더의 저수지가 극도로 제한된다. 둘째로, 가족구성원에게만 승진의 기회가 주어진다는 사실을 비가족 구성원들이 깨달았을 때 오랫동안 근무해온 가족기업에 대하여 실망할 것이다. 셋째로, 가족구성원과 비가족 구성원에게 다르게 적용되는 경력개발(CDP), 보상체계, 교육훈련, 채용 등에 대해 큰 충격을 느낄 것이다.

다시 말해 가족구성원만 편애하는 경향인 네포티즘(nepotism)이 가족기업에서 큰 관심사이며 해결해야 할 큰 도전이며 동시에 과제이다. 성공적인 "횃불 이어받기(passing-of-the-torch)", 즉 안정적이고 성공적인 가업승계로 지속적인 가족기업의 성장이 가족기업의 가장 큰 도전이다. 이런 성공적인 가업승계는 기업 측면과 아울러 지역사회에도 크게 이바지한다. 따라서 비가족기업에서는 나타나지 않고 가족기업에만 나타나는 네포티즘을 잘 이해하고, 이것이 기업경영에 긍정적으로 작용하도록 하여 가족기업의 도전을 잘 극복하는 것이 중요하다.

가족기업은 가족기업만이 갖는 특별한 과제 때문에 여러 가지 도전을 받고 있다. 이를 구체적으로 살펴보면 다음과 같다. ① 일반적으로 많은 가족기업은 개인기업이며 소규모이다. 따라서 대규모 기업보다 자금 능력이나 경영의 전문가가 부족하여 타 기업에게 매각되는 경우가 흔하게 나타나고 있다. ② 가족 자체가 걸림돌이 될 수 있다. 보통 가족이 일정 규모 이상 클 경우, 가족기업에서 발생하는 이익을 가족기업 자체에 재투자하기보다는 이익을 수확하여 가족구성원끼리 나눠 가지려는 경향이 강하다. 나아가 형제간이나 세대 간의 경쟁, 일(work)과 가정(home)이 뒤섞이어 자존심이나 질투심 같은 인간적인 감정이 격화될 때는 문제가 더욱더 커질 수 있다. ③ 일반적으로 가족기업은 승계계획, 전략계획, 갈등관리, 그리고 가족 자체의 계획 등 다양한 문제에 봉착하게 된다. 따라서 많은 가족기업의 구성원들은 가족기업의 미래에 대한 명확한 비전이나 목표가 결핍되어 어려움에 직면하곤 한다(Aronoff & Ward, 1996; Family Enterprise Center, 1998).

결국 가족기업이 직면하는 다양한 도전은 가족기업의 경쟁우위와 단점을 잘 파악하여 가족기업의 특성에 적합한 방안을 수립하여 이를 실천에 옮기는 것이 가족기업의 지속가능한 방안이 될 수 있겠다.

2. 가족기업의 경쟁우위

1) 가족기업의 경쟁우위(장점)

가족기업은 위와 같은 도전과 과제를 안고 있지만, 다른 기업(비가족기업)과 마찬가지로 경쟁우위(장점)와 단점을 모두 갖고 있다. 개인들은 가족기업에서 근무하기를 원하는데, 여기에는 몇 가지의 이유가 있다. 대기업과는 달리 가족기업은 더 많은 기회, 믿음, 양립 가능성, 통제, 그리고 더 많은 융통성을 갖고 있다. 많은 가족기업이 성장하여 성공하는 이유로 다음과 같은 3가지를 들 수도 있다. 첫째로, 가족기업은 기업경영에 간섭하는 주주의 방해에서 벗어날 수 있다. 둘째로, 가족기업의 구성원들은 장기이익을 위해 단기이익을 포기하려는 의지가 강하다. 셋째로, 가족기업은 제한되지 않은 방법으로 다양한 기회와 도전에 반응할 수 있는 융통성이 허용된다.

Davis(1983)는 가족기업의 장점을 다음과 같이 언급하고 있다. ① 작업장에서의 끈끈한 우애 유지—가족기업은 다른 기업과는 달리 각 개개인의 관심과 배려를 최고도로 유지할 수 있다. ② 장기적인 측면 중시—가족기업은 단기적인 성과(1년의 성과)를 중시하는 기업 경영자(전문경영자)와는 달리 장기적인 성과를 중시한다. ③ 질을 강조—

가족기업은 고객에게 가치와 품질을 제공하는 전통을 오래도록 유지할 수 있다.

2) 가족기업의 단점

Davis(1983)에 의하면 가족기업의 단점으로 자본에의 접근이 제한적임, 가족과 기업의 분리가 어려움, 격리/고립, 환경 적응이 느림, 비공식조직, 주관적인 인사관리(친척이나 혈연, 지연의 등용), 가족 간의 불화, 온정주의적 경영, 재무 문제, 승계 문제 등을 들고 있다(Family Enterprise Center, 1998). 이러한 단점을 극복하지 못하면 가족기업은 실패하거나 소멸하는데, 한 연구에 의하면, 대부분의 가족기업은 설립 후 10년 이내에 소멸하며, 단지 약 ⅔만이 2세대로 승계된다고 한다(Ward, 1987). 어떤 한 조사에 의하면 가족기업의 평균 수명은 24년이며, 이는 아이로니컬하게도 가족기업 설립자의 평균 재직기간과 거의 일치한다는 사실이다.

〈표 1-10〉은 가족기업의 장·단점을 요약한 것이다. 그런데 우리나라의 경우 가족기업의 단점은 많이 알려져 있으나, 이의 장점인 경쟁우위는 간과해 오고 있는 것이 사실이다. 가족기업은 일반기업(비가족기업)과 마찬가지로 동전의 양면처럼 장단점 모두 갖고 있다. 따라서 지속가능한 가족기업이 되기 위해서는 가족기업이 가진 단점을 극복하고 경쟁우위를 기업경영에 잘 접목해 효율성을 극대화해야겠다.

〈표 1-10〉 가족기업의 장·단점

장 점	단 점
① 장기이익 추구 ② 행동이 훨씬 독립적 ·주식시장으로부터 압력이 낮음(없음) ·위험의 양도가 적음(없음) ③ 자부심의 근원으로서 가족문화 ·안정성 ·뚜렷한 정체성/관여/모티베이션 ·연속적인 리더십 ④ 어려울 때 회복력이 빠름 ·이익을 기꺼이 회복하려 함 ⑤ 덜 관료적임 ·융통성이 큼 ·재빠른 의사결정 ⑥ 재무적 이익 ·대성할 가능성이 큼 ⑦ 기업을 더 잘 이해함 ·가족구성원에 대한 조기 교육	① 자본시장에의 접근이 적어 성장을 저해할 수 있음. ② 조직이 혼란스러움 ·혼란스러운 조직구조 ·명확하지 않은 직무의 배분 ③ 네포티즘(혈연주의) ·경영자로 적합하지 않은 가족구성원의 채용 ·불공평한 보수체계 ·뛰어난 전문경영인의 도입이 어려움 ④ 가족구성원 간의 치열한 분쟁 ·가족 분쟁이 기업으로 흘러 듦 ⑤ 온정주의/독재주의의 일상화 ·변화에 대한 저항이 큼 ·비밀이 많음 ⑥ 재무적인 위험 ·회사 돈만 축내는 가족구성원 ·공헌과 보상의 불균형 ⑦ 불합리한 승계 문제

자료 : Manfred F. R. Kets de Vries(1993), "The Dynamics of Family-Controlled Firms: The good and The Bad News," Organizational Dynamics, winter. In Aronoff Craig E., Joseph H. Astrachan and John L. Ward, eds., 「Family Business Handbook Ⅱ」, Marietta, GA, Business Owner Resources, 314.

주요용어

가족기업의 정의, 가족기업의 경제적 역할, 창업의 엔진, 가족기업의 동태성, 네포티즘, 가족기업의 경쟁우위, 가족기업의 과제.

생각하기

1. 가족기업의 정의가 다양하며 아직 통일된 정의가 없는 이유는 무엇일까?

2. 가족기업은 인류의 역사가 시작되면서부터 나타났다고 한다. 그러나 오늘날에 이르기까지 가족기업이 체계적으로 연구가 되지 않다가, 최근에 들어와 이에 관심을 가지는 사람이 많아지고 있다. 그 이유는 무엇이라 생각하는가?

3. 네포티즘은 가족기업의 단점이지만 관리만 잘하면 장점이 될 수도 있다고 한다. 이에 동의하는가? 동의한다면 어떻게 하면 네포티즘이 가족기업의 장점이 될 수 있을까?

참고문헌

고윤성 · 박선영(2013), "가족구성원의 경영참여와 가족기업 경영", 회계저널, 22(2).

곽수일(1990), "가족경영형 소기업의 육성방향", 재경춘추, 1990.6, 통권 제70호.

남영호(2000), "가족기업의 이사회에 관한 연구", 중소기업연구, 22(2).

남영호(2001), "가족기업은 무엇을 준비하여야 하는가?", 건국대학교 사회정책연구소, 14집.

남영호(2009), "가족기업의 연구동향과 과제", 중소기업연구, 31(3).

박 기동(1981), 『한국 가족기업에 관한 연구』, 동아대학교 대학원 박사학위논문

사공일과 존스(1981), 「경제개발과 정부 및 기업가의 역할」, 한국개발연구원.

신유근(1984), 「한국기업의 특성과 과제」, 서울대학교 출판부.

안성영 · 남영호(2013), "중소규모 가족기업과 기업가정신의 특성에 관한 사례연구: 사례분석을 중심으로", 국제경상교육연구, 10(3).

Aronoff, Craig E. and John L Ward(1995), "Family-Owned Businesses: A Thing of the Past or a Model for the Future?", *Family Business Review*, 8(2), www.kennesaw.edu/fec/fbr95.htm.

Aronoff Craig E. & John L. Ward(1996), 『Family Business Governance: maximizing family and business potential』, Family Business Leadership Series, No. 8, Marietta, GA.: Business Owner Resources.

Astrachan, J. S.(1988), "Family firm and community culture", *Family Business Review*, 1(3).

Astrachan, Joseph H. and John L. Ward(1996), eds., 「Family Business Handbook Ⅱ」, Marietta, GA, Business Owner Resources,

Astrachan, J. H., S. B. Klein, K. X. Smyrnios(2002), "The F-PEC Scale of Family Influence: A Proposal for solving the family business definition problem", *Family Business Review*, 15(1).

Barnes, Louis B. and Simon A. Hershon(1976), "Transferring Power in the Family Business", *Harvard Business Review*, July/August.

Bellet, William, Barbara D. R. K .Z. Heck, P. Parady, J. Powell & N. B. Upton(1998), "Family business as a field of study: Task force of international family business program association", The Cornell university family research institute, http://nmq.com/fambiznc/ntprovs/orgs/cornell/articles/real/ifbpa.html.

Danco, Leon (1975), 「Beyond Survival: A Guide for the Business Owner and His Family」, The University Press.

Davis, Peter(1983), "Realizing the Potential of the Family Business," *Organizational Dynamics*, 12(1).

Denise E. Fletcher(2002), 「Understanding the Small Family Business」, Routledge Studies in Small Business.

Donnelley, Robert G. (1964), "The Family Business", *Harvard Business Review*, Jul/Aug, 42(4).

Family Enterprise Center (1998). 『Family Business Academy Course Materials』, Unpublished, Family Enterprise Center of Coles College of Business, Kennesaw State University, Kennesaw, Georgia.

Gersick K. E., J. A. Davis, M. M. Hampton & Ivan Lansberg(1997), 『Generation to Generation: Life Cycles of the Family Business』, Harvard Business School Press.

Handler Wendy C.(1989), "Methodological Issues and Considerations in Studying Family Businesses", *Family Business Review*, 2(3).

Jaffe, D. T.(1991), 「Working with the one's you love: Strategies for a successful family business」, Berkeley, CA, Conari Press.

Klein, S. B., J. H. Astrachan, K. X. Smyrnios(2005), "The F-PEC Scale of Family Influence: Construction, validation, and further implication for theory", Entrepreneurship Theory and Practice, May.

Laird Norton Tyee(2007), "Laird Norton Tyee Family Business Survey: Family to Family 2007", Laird Norton Tyee/Oregon State University.

Levinson, Harry(1971), "Conflicts that Plague Business", Harvard Business Review, March-April.

Manfred F. R. Kets de Vries(1993), "The Dynamics of Family-Controlled Firms: The good and The Bad News," Organizational Dynamics, winter. In Aronoff Craig, Morris Michael H., R. O. Williams, J. A. Allen & Ramon A. Avila(1997), "Correlates of Success in Family Business Transitions", *Journal of Business Venturing*, 12.

Nam, Young-Ho, James I. Herbert(1999), "Characteristics and key success factors in family business: The case of Korean immigrant businesses in Metro-Atlanta", *Family Business*

Review, 12(4).

Novak, M.(1983), "Business faith, and the family", *Loyola Business Forum*, 4(1).

Rogoff, E.G., Kay, R., & Heck(2003), "Evolving Research in Entrepreneurship and Family Business: Recognizing Family as the Oxygen that Feeds the Fire of Entrepreneurship, *Journal of Business Venturing*, Vol.18.

Shanker, M. C. & J. H. Astrachan(1996), "Myths and Realities: Family businesses' contribution to the US economy-A Framework for assessing family business statistics", *Family Business Review*, 9(2).

Tapies Josep & John L. Ward(2008), 「Family Values and Value Creation: The fostering of enduring values within family-owned businesses」, Palgrave Macmillan.

Trow, Donald B. (1961), "Executive Succession in Small Companies", *Administrative Science Quarterly*, 6(2).

Ward John L.(1987), 『Keeping The Family Businesses Healthy』, San Francisco: CA., Jossey-Bass.

Westhead Paul & Marc Cowling(1998), "Family Firm Research: The Need for a Methodological Rethink", Entrepreneurship Theory and Practice, Fall.

https://www.gov.uk/government/uploads/system/uploads/attachment__data/file/313957.(Research into Family Businesses, Department for Business, Innovation & Skills).

제 2 장 가족기업의 시스템

학습내용

가족기업은 가족과 기업의 복합어이므로 이 둘을 모두 고려한 경영을 하여야 한다. 이 장에서는 가족과 기업의 이질적인 성격과 이에 따른 우선순위, 그리고 이 장의 핵심인 3차원시스템과 더불어 보웬의 가족시스템이론을 고찰하고자 한다.

제1절 가족기업 = 가족 + 기업

1. 가족과 기업의 차이

가족기업은 가족과 기업이란 단어의 복합어로 볼 수 있다. 그런데 가족과 기업은 여러 측면에서 근본적으로 다르다. 먼저 가족의 1차적 기능은 가족구성원의 보호와 양육에 있지만, 기업의 1차적 기능은 재화나 용역의 생산, 분배와 관련이 있다. 가족은 균등과 사랑(love)을 목표로 가족구성원의 발전을 도모함에 반하여, 기업은 각자의 장점을 기초로 하여 성장과 이익(profit)을 목표로 하고 있다. 다시 말해 가족은 구성원의 능력의 차이가 있음에도 불구하고 그들을 최대한 개발하고, 또한 그들에게 동등한 기회와 보수를 지급하려고 노력한다. 반면 기업은 종업원의 능력과 적성에 따라 적재적소에 배치하여 기업의 생존과 이윤을 극대화하려고 노력한다. 또한 가족은 조화[1]와 구성원의 단란을 추구하며 상대적으로 비공식적인 규칙에 따라 움직이나, 기업은 비개인적인 관계가 중요하게 여겨지며 공식적인 규정과 평가 기준에 의해 운영된다. 따라서 가족은 감성적 시스템(emotional system)이며, 기업은 합리적 시스템(rational system)이라 할 수 있다(〈표 2-1〉 참조).

1) 펜실베이니아대 와튼 경영대의 프리드먼(Friedman) 교수는 '인간의 삶은 크게 일(기업), 가정, 자신, 그리고 자신이 속한 지역사회 등 네 가지 영역으로 구성되는데, 각각의 영역이 서로 분리된 것이 아니라 얼마든지 겹칠 수 있다'. 면서 '균형이 아닌 조화를 추구해야 한다'고 말하고 있다.(조선일보 2015.5.2.-3).

〈표 2-1〉 가족과 기업의 차이

기업(Business): $	가족(Owner): ♡
장점을 기초	균등
수익/ 성장	사랑
개인성	단란
경쟁	조화
리더가 필요	부모가 리더, 자식은 리더가 아님
소유권은 획득	가족 구성원의 상속권
고용은 획득	상속은 균등
합리적 시스템 (Rational system)	감성적 시스템(Emotional system)

자료: Family Enterprise Center(1998). 『Family Business Academy Course Materials』, Unpublished, Family Enterprise Center of Coles College of Business, Kennesaw State University, Kennesaw, Georgia.

〈그림 2-1〉 가족과 기업의 관심사

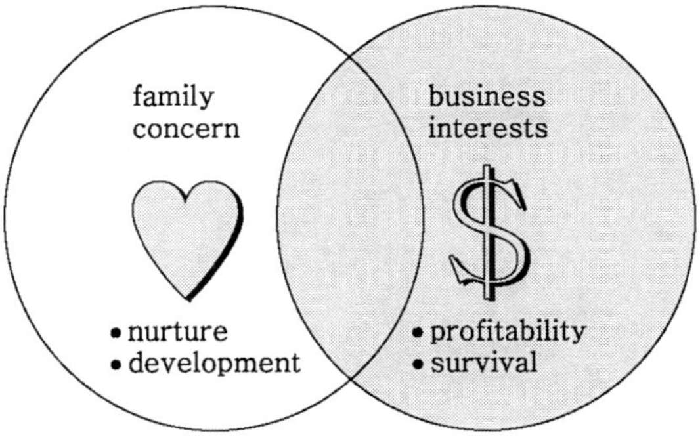

2. 가족과 기업의 경계

상호 이질적인 가족과 기업으로 구성된 가족기업이 성공적인 기업이 되기 위해서는 두 가지의 경계를 존중하고 잘 지켜야 한다. 두 가지의 경계란 하나는 가족(family)과 기업(business)의 경계이고, 다른 하나는 소유권(ownership)과 경영권(management)의 경계를 의미한다(Koenig, 1999).

1) 가족(家族)과 기업(企業)의 경계

가족과 기업 간의 경계를 지키는 것은 매일 매일 일상적으로 필요하다. 이는 가족기업 구성원들이 겪고 있는 두 세계 간의 어려움과 갈등을 미리 방지하기 위해서다. 많은 가족은 일터에서는 프로가 되어야 한다고 생각한다. 한 예로 회사에서 자식이 사장인 그들의 부모를 부를 때 "아빠" 혹은 "엄마"라고 불러 사람들을 당혹스럽게 만들고 있다. 이 경계는 사무실에 예고 없이 들어와 가정의 일을 논의하는 것을 방지하기 위한 것이다. 개인적이며 그럴싸한 가족에 관한 정보의 유출을 미리 막자는 것이다. 회사 돈으로 개인의 일에 뻔뻔스럽게 사용하지 못하도록 하자는 것이다. 결론적으로 가족구성원에게 신성불가침은 허용되지 않는다는 것이다.

다시 말해 기업에서 일하는 가족구성원들은 비가족구성원과 똑같이 취급돼야 한다는 것을 의미한다. 단지 가족구성원이라고 해서 비가족구성원과는 다른 책무, 보수, 스트레스, 기회 그리고 특권 같은 것이 주어져서는 아니 되며, 또한 이들을 가져서도 안 된다는 것이다.

일반적으로 가족과 기업의 경계는 집에서는 놀랄 정도로 잘 되고 있다. 보통 회사의 일은 집으로 가져오지 않는다. 이는 기업이 가정생활을 빼앗는 것이 아니라는 말이다. 예를 들어 일요일과 공휴일에 "너는 일하지 않지?"라는 말은 "너는 일요일은 가족을 위해 100% 봉사하는 날이지?"라는 의미이다.

이처럼 가정생활과 회사생활 간의 중요한 경계가 잘 지켜지기 위해서, 가족들은 가능한 한 이들을 분리하고 유지하기 위한 훈련을 하며 살아가야 한다. 기업은 기업이며 가족은 가족이다(Business is business, family is family). 이는 서로에게는 각각의 시간과 장소가 있으며, 경계란 모든 사람이 알고 있는 것을 단지 강화하는 것뿐이다.

사람들은 무엇을 어디서 이야기해야 하는지, 언제 이야기하여야 하는지, 그리고 누구와 이야기하여야 하는지를 알고 있다. 이것은 우선순위이며, 분별이며, 예절이며, 적당한 것이며, 상식이다. 가족과 기업의 경계를 지키는 것은 가정생활과 직장생활을 모두 극대화하는데 도움을 준다.

또한 이런 경계는 크고 단단한 벽돌 벽이 아니라는 것을 인식할 필요가 있다. 이는 작고 동그란 투과성의 점으로 이루어져 있다. 가족이 기업에 힘을 빌려주든지, 반대로 기업이 가족에 힘을 빌려주는 일은 있어서는 안 되며 그렇게 하여도 아니 된다는 말은 난센스이다. 가족기업의 아름다움은 사랑하는 사람과 같이 자기들이 좋아하는 것을 함께하는 즐거운 경험, 그 자체이다. 이 가족과 기업 두 세계의 상호이득은 그들에 있어서 부러운 보수이다.

〈그림 2-2〉 가족과 기업의 경계

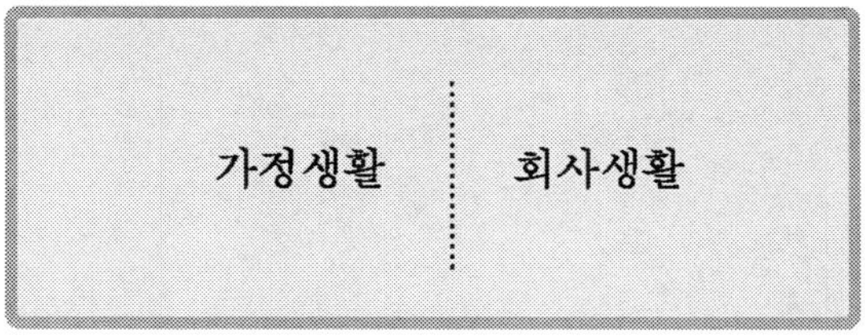

2) 소유권(所有權)과 경영권(經營權)의 경계

두 번째의 경계는 소유권과 경영권에 관한 것으로 이는 명확한 특징을 지니고 있다. 소유권은 사랑(love)에 관한 것이고, 경영권은 재능(talent)과 기술(skill)에 관한 것이다. 소유권은 당신은 누구인가에 관한 것이며, 경영권은 당신이 할 수 있는가에 관한 것이다. 소유권은 성씨가 누구인가에 관한 것이며, 경영권은 성과에 관한 것이다. 소유권은 주어지는 것이며, 경영권은 획득되는 것이다. 소유권은 가족구성원이며, 경영권은 교육, 훈련 그리고 경험이다. 소유권은 올바른 것을 하는 것이며, 경영권은 바르게 일을 하는 것을 말한다. 소유권은 승계, 세대를 위한 큰 그림이며, 경영권은 큰 그림의 실행에 대한 모든 것을 의미한다.

〈그림 2-3〉 소유권과 경영권의 경계

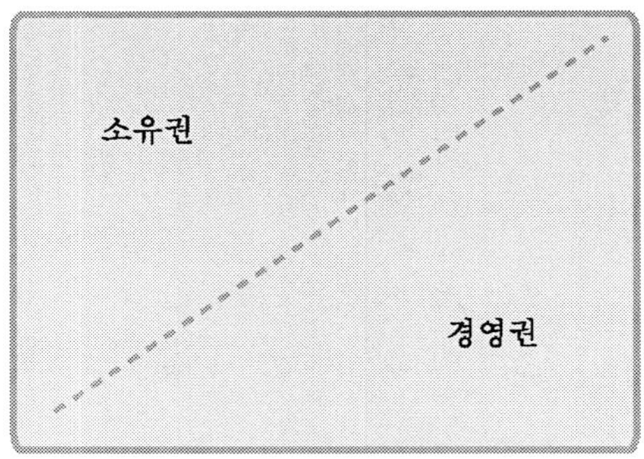

자료 : Koenig Neil N. (1999), p. 18.

이러한 경계는 단지 누군가가 무엇을 소유하고 있으므로 그것을 경영하고, 경영해야 하고, 심지어 어떻게 경영하는가를 안다는 것을 의미하는 것은 아니다. 이것은 가족기업을 소유한 3세대나 그 후의 세대에게 적합한 말이다. 이 단계에 해당되는 기업의 경우, 원로경영자뿐만 아니라 비가족 전문가들도 기업경영에 참여한다는 것은 상식이다. 이때는 보통 사외이사가 포함된 전문적인 능력을 갖춘 이사회를 구성한다. 가족은 경영과는 별도로 소유와 관련된 문제를 다루기 위해 이사회에 참가한다.

많은 가족은 경영의 밖에서 영향을 끼치기도 한다. 왜냐하면 가족들은 기업 내부의 문제가 외부에 알려지는 것을 원하지 않기 때문이다. 좀 더 거창하게 보면 이는 거대한 믿음의 요소이다: "*너는 가족 이외에 믿을 만한 사람이 있는가? 이것이 우리 가족이 모든 핵심 지위에 있는 이유이다.*" 나는 가끔 다음과 같은 두려움에 도전을 받고 있다. 가족구성원이 경영에 대한 재능, 교육, 훈련, 전문성 등을 갖고 있다면 가장 좋을 것이다. 그러나 가족 중 누구도 이 어렵고 복잡하고 도전적인 기업이라는 조직을 경영할 수가 없다면, 기업을 완전히 믿고 맡길 수 있는 외부 전문가를 고용할 필요도 있다. 기업에 대한 이러한 소유권과 경영권의 경계를 관찰할 책임은 가족도 갖고 있는데, 이는 미래 세대를 위해서라도 신중하게 고려해야 할 사항이다.

〈표 2-2〉 가족과 기업 사이의 관계정립을 위한 몇 가지 조언

가족과 기업 사이의 관계정립을 위한 몇 가지 조언
• 가족은 기업의 소유권 목적과 목표에 관한 역할을 수행한다. • 가족의 소유권은 기업의 자산으로 본다. • 기업은 가족 구성원의 충성심과 생산성에 의해 이익을 얻는다. • 가족의 가치관과 사명은 기업의 자원이 될 수 있다. • 공유된 가족역사는 기업문화에 영향을 미친다. • 기업은 공유된 경제적 운명 때문에 가족을 하나로 만든다. • 개인 간의 역할 중복은 강렬함과 긴장감 넘치는 기업관계를 창출한다. • 기업계획과 개인의 가족계획은 중복되기도 한다.

자료: Whiteside, M., C. E. Aronoff, J.L. Ward(1993), How families work together, *Family Business Leadership Series*, No. 4, Business Owner Resources, p.7.

3. 가족지향성

1) 가족지향성의 의미

가족지향성(family orientation: FO)은 개인이 가족에 대하여 어떻게 인지하고, 어떻게 관계를 형성하고, 가족의 가치에 대해 어떤 생각을 하고 있는가를 의미한다. 다시 말해 개인이 가족기업 개별구성원의 비전, 관여, 의도 등에 어떻게 영향을 끼치는가를 설명하는 것이다. 일반적으로 모든 가족구성원은 가족기업의 관여 정도와는 관계없이 가족지향적이라고 여기고 있다. Lumpkin 등(2008)은 보통 개인들이 가족에 대하여 느끼는 5가지 속성(전통, 영속성, 충성심, 안전, 상호의

존)의 수준에 따라 가족지향성은 결정된다고 여기고 있다.

2) 가족지향성의 속성

Lumpkin 등(2008)은 가족지향성(FO)의 속성을 전통(tradition), 영속성(stability), 충성심(loyalty), 안전(security), 그리고 상호의존(interdependency)의 5가지로 분류하고 있다. 〈표 2-3〉에서처럼 먼저 전통에는 가족의 역할, 습관과 관습, 가족이 공유하고 있는 전통에 대한 것이다. 영속성에는 가족구성원의 안정에 대한 것으로 변화에 대한 저항이나 잘못된 행동에 대한 제재 등이다. 충성심은 가족으로서 의무와 책임에 대한 것으로 가족의 단란을 최우선으로 여긴다. 안전은 가족구성원의 안정과 공정으로 지속가능성에 대한 것이며, 마지막으로 상호의존은 가족구성원끼리의 서로에 대한 의존과 응집 및 지원 등이다.

Nordqvist & Zellweger(2010)은 가족기업의 기업가지향성(EO)을 언급하면서 이의 측정은 기업보다 가족(family)을 분석수준으로 하여야 한다고 주장하였다. 즉 가족의 기업가지향성(FEO: family entrepreneurial orientation)을 측정하여야 한다는 의미이다. FEO는 가족지향성(FO)의 5가지 속성에 지속성(persistence), 효율성(efficiency), 명성(reputation) 등이 추가되면 기업가적 성과를 측정하는 데 도움이 된다고 보고 있다.

〈표 2-3〉 가족지향성의 속성

속 성	특 성
전통	• 역할/ 역할 정체성 • 습관과 관습 • 공유된 역사 • 공유된 의미 • 유산
영속성	• 항상성 • 예측가능한 상호작용 패턴 • 규칙-지배, 경계 • 영속성, 변화에 대한 저항 • 받아들일 수 없는 행동에 대한 제재

속 성	특 성
충성심	• 의무와 책임에 대한 인식 • 관여에 대한 인식 • 가족의 단란을 최우선 • 책무에 대한 인식
안전	• 안전, 보호 안전 • 보호 • 공정성, 호환 • 믿을만함
상호의존	• 서로에 대한 의존 • 응집 • 가까움, 감성적 끈 • 가족구성원의 지원

자료: Lumpkin, G. T., Wendy Martin, Marsha Vaughn(2008), "Family Orientation: Individual-Level Influences on Family Firm Outcomes", *Family Business Review*, 21(2), p.131.

제 2 절 가족과 기업의 우선순위

가족기업에서 기업과 가족 중 무엇을 우선순위로 두면 좋을까? 이에는 기업을 우선순위로 두는 경우, 가족을 우선순위로 두는 경우, 어느 것도 우선순위로 둘 것인지 정하지 않았거나 정할 수 없는 경우, 기업과 가족 둘 다 우선순위로 두는 경우 등 다양하게 나타난다.[1]

1. 기업을 우선순위로 두는 경우

이는 가족기업에서 기업이 모든 것을 지배하는 걸로 생각하는 경우이다. 특히 창업 세대의 경우 이런 생각을 많이 가진다. 창업은 많은 시간과 노력 그리고 온갖 노력과 정열을 쏟아야 한다. 모든 것을 희생

2) Koenig Neil N.(1999), *op. cit*, pp. 3-16.

하고 낮이고 밤이고 가리지 않고 오직 회사 일만 생각하고 일해야 한다. 창업자는 자기가 하는 일을 사랑하며, 일벌레(workaholic)이다.

이런 경우 문제는 가족이 피해를 본다는 것이다. 특히 결혼 초기나 혹은 자식이 어리면 더욱더 그렇다. 가족과의 대화 주제는 오로지 사업에 관한 것뿐이다. 이것도 창업자가 가족과 함께 저녁을 먹을 만큼 일찍 들어올 때 한해서다. 가족의 생일파티, 결혼기념일, 휴일이나 휴가의 경우 대화의 주제는 여러 가지로 다양하지만 오로지 사업에 관해 이야기만 한다. 급기야 어린 자식들이나 배우자는 울음을 터뜨린다. "*빌어먹을 사업 외에는 할 말이 없어? 사업 말만 들어도 진절머리가 난단 말이야. 당신은 인생에 있어서 사업 외에 아는 것이 없단 말이야? 당신은 룸메이트에 불과해. 나는 완전히 생과부야.*"

아이들과의 관계 역시 좋지 않게 나타난다. 창업자는 아이들을 진정으로 사랑하지만, 자식들을 위해 무언가를 해줄 수 없음을 탄식하기도 한다. "*아이들은 나보다는 잘돼야 해*" 그러나 결국 창업자는 아이들에게 낯선 사람이 되어 버린다. 심지어 어떤 아이들은 이렇게 말하기도 한다. "*나는 아빠 얼굴도 잘 몰라. 우리 아빠는 매일 늦게 들어오거든. 아빠는 많은 것을 알고 있고 아주 재미있는 사람이야. 그러나 아빠는 집에 있을 때도 일 외에는 아무것도 좋아하지 않고, 오직 일만 생각하고 일만 걱정하고 염려해*".

2. 가족을 우선순위로 두는 경우

두 번째로 가족을 최우선순위로 두는 경우이다. 즉 경영하는 사업체는 가족을 의미한다고 보는 것이다. 기업을 기업답게 경영하는 것은 중요한 의제가 아니며, 기업을 가족처럼 정으로, 충동적으로, 그리고 보호적으로 경영하는 것을 선호하는 경우이다.

가족을 최우선순위로 두는 이런 기업은 곳곳에서 쉽게 찾을 수 있다. 가족구성원은 그들의 능력이나 교육수준 그리고 자격과는 관계없이 가족구성원이라는 이유 하나로 채용된다. 리더십은 상속권, 출생순서, 그리고 개성에 따라 결정된다. 아이들은 가족기업에 필요한 적절한 교육·훈련을 많이 받도록 요구되지 않는다. 가족구성원에 대한 보수는 그들이 어느 정도 성과를 냈는가에 의해 결정되는 것이 아니라, 그들의 신분이 누구인가에 따라 정해진다. 그들은 종업원은 단지 종업원에 불가하며, 종업원들의 관심사인 연금이나 퇴직금 같은 것은 별로 관심도 없고, 단지 가족의 확대로 해석한다. 비 가족 종업원들은 계획, 의사결정이나 사고의 영역에 거의 포함되지 않는다. 그들은 기업의 재무성과 같은 것에는 관심도 없다. 자주 가족들은 종업원과 지역사회 주민들로부터 "*자기들끼리 다 해 먹는다*"라는 비난을 듣고 당황해하기도 한다.

이런 가족들은 열심히 일함, 로얄 패밀리, 지역에서의 명성, 성실 등의 말에 만족하기도 한다. 또한 그들은 품질, 속도, 가격, 그리고 편리성 등에 관심 많은 고객을 상대해야 하고, 무자비할 정도로 합리적이고 잔인할 정도로 공격적인 국제기업을 경영해야 하는 차세대의 엄마·아빠가 되는 고통을 견뎌야만 한다고 믿고 있다.

3. 어느 것도 우선순위로 두지 않는 경우

이것은 가족도 기업도 모두 강조하지 않는 경우로 가족기업에서 최악의 상황에 해당한다. 창업자가 젊은 열정으로 창업한 초기 단계에는 이런 경우는 거의 찾아볼 수 없다. 보통 제1세대 말과 제2세대에는 흔히 있는 일이다.

먼저 제1세대 창업자에 흔히 나타나는 유형으로 가족과 기업 중에서 뚜렷한 우선순위가 없는 경우이다. 수십 년 동안 열심히 일했기 때문에 그는 끊임없는 경쟁, 변하는 노동력, 제출할 보고서, 컴퓨터, 근심걱정, 두통 등으로 시달리고 있다. 그는 너무 오랫동안 모든 일을 다 해왔기 때문에 피곤함에 쌓여 있고, 더구나 자기를 이어 일을 할 능력 있고 준비된 사람이 필요하나 현재는 없는 경우이다. 왜냐하면 그는 현재 단지 파트타임으로 일하고, 흐리멍덩하게 경영하고, 나아가 반 정도 은퇴한 상태이기 때문이다. 그는 결코 일 외에 다른 것을 생각할 시간을 가져본 적이 없다. 그는 집에서나 혹은 레저로 만족할 만한 일을 찾지 못하였다. 그에게 자식들은 이방인이고 자식 또한 자기를 그렇게 대한다. 그에게는 배우자도 낯선 사람이고 배우자 역시 그렇게 대한다. 나이나 건강, 더구나 몸이 야위어간다는 것에 대한 스스로의 판단 때문에 사업체나 그 지방에서의 영향력 역시 서서히 줄어들고 있다. 그는 오랫동안 열심히 일했기 때문에, 그의 업적은 컸던 반면에 가정은 그 반대였다. 그의 가정생활은 엉망이 돼 버렸고 사업 역시 쇠락의 길을 걷고 있다.

가족과 기업 둘 다 우선순위에 두지 않는 이런 최악의 경우는 제2세대에서도 나타난다. "*할아버지는 상인, 아버지는 플레이보이, 손자는 거지*"라는 말이 있다. 2세대는 능력이 있어서가 아니라 단지 "*창업자의 아들이나 혹은 후손이라는 신성 불가침권*" 이유로 회장이나 최고경영자(CEO)가 되었다. 그는 낙하산식 인사까지 하였으므로, 몇몇 사람은 그를 좋아했지만, 대부분의 비가족 종업원들은 그를 존경하지 않았다. 이 제2세대는 플레이보이로 가족끼리 만나면 항상 언제나 언성이 높아졌다. 첫 번째 아내는 둘 다 어렸지만 할 수 없이 결혼해야만 했고, 두 번째 아내는 여행과 보석을 좋아하는 전리품이었고, 세 번째 아내는 자유분방하며, 화려하고 선정적이며 천박한 여자였다. 그는 첫 번째나 두 번째 아내와의 사이에 태어난 자식들을 거의 만나지 않으려 했고, 세 번째 부인 역시 이를 허락하지 않았다. 이런 제2세대는 악마 같은 웃음을 지으며 말하기를, "*알다시피 나의 시간과 돈의 90%는 술과 여자를 위해 사용했고, 나머지 10%는 이미 고갈됐어*". 그래도 그는 여전히 형제간에 거만하고 감정적으로 가깝지 않고 가족기업의 발전이나 관심사에는 흥미가 없다. 그러나 그도 할머니나 아줌마처럼 올바른 일을 하면 매력적인 사람으로 바뀔 수 있다.

4. 가족과 기업 둘 다 우선순위로 두기: 가족과 기업의 균형

여기에 해당되는 사람들은 가족과 기업은 같은 운명이므로, 균형 잡힌 삶이 되도록 필사적으로 노력하며, 나아가 가족과 기업 모두 성공하기를 열렬히 원한다. 이런 가족들은 소위 말하는 세상에 알려지지 않은 영웅들(unsung heroes)이다. 그들은 어느 한쪽에 치우친 불균형의 삶에 대해 과감히 저항한다. 그들은 가족은 가족을 의미하며, 나아가 가족은 기업을 의미하기도 한다고 믿는다.

그러나 이런 생각하는 가족이라도 실천하기는 쉽지 않다. 그들의 가치관과 삶의 갭이 있다면, 나아가 균형 잡힌 삶을 위해 장기적인 이익을 추구한다면, 이런 가족들은 쉽게 유혹에 빠져들게 된다. 그들은 부지런히 사업체를 사업체답게 경영한다. 그들은 기업의 목적을 달성하고, 기업의 가치관에 따라 운영한다. 그들은 편리성, 원가, 속도, 품질 등 고객이 원하는 것을 알고 있으므로, 고객을 위해 그들은 종업원 중에서 최고로 능력 있는 경영 팀을 비공식적으로 만들기도 한다. 그들은 자사의 기업 문화에 최고로 잘 맞는 신입사원을 채용하고 높은 경영성과를 낼 수 있도록 이들을 잘 교육하기도 한다. 그들은 기업이 나아가야 할 방향을 알고 또한 어떻게 하면 거기에 도달할 수 있는지도 안다(전략적 계획). 그들은 자금과 기술을 유효 적절히 사용할 줄 알고 또한 그들과 협력자에게 적절히 보상하기도 한다.

이런 가족들이 기업을 기업처럼 경영하는 한 그들은 그들의 가족을 최고의 우선순위에 둔다. 그들은 가족을 위해 시간을 같이 보낸다. 어린이는 받기를 원하고 창업기업은 자금을 원하는 것처럼, 가족은 같이 보낼 시간이 필요하다는 것을 알고 있다. 이런 가족들은 서로가 데이트할 시간이 있어야 하는 커플이다. 그들은 매일 대화를 나누며, 아이들 학교 행사에도 참석하고, 스포츠 경기도 같이 관람하며, 짬을 내어 어린아이들과 같이 놀기도 하고, 같이 책도 읽고, 좋은 밤을 같이 보내기도 한다. 이런 가족들은 필요할 때 서로를 도와주기 위해 시간을 내는 확대 가족이다.

그런데 가족기업에 있어서 이러한 이중 우선순위를 완벽히 해낼 수 있는 가족은 거의 없다. 어려움, 난관, 성장 고통 그리고 갈등 등은 어느 조직체에도 항상 있는 일이며 불가피하다. 그 어떤 가족이라도 완벽하게 모든 것을 해낼 수 있다고 믿지는 아니한다. 그러나 이런 가족기업은 크고, 넉넉하고, 효율적이며, 훌륭한 그 무엇을 갖고 있는데, 가족 구성원들은 자기들이 가진 능력을 충분히 발휘하고 시간과 정열을 온통 다 쏟아붓는다. 훌륭한 가정생활과 직장생활 모두를 원하는 가족들은 좀 더 편안하고, 좀 더 재미있고, 좀더 쉽고, 좀더 나은 가정생활을 하고자 노력해야 한다.

"균형 잡힌 삶을 산다는 것은 참으로 어려운 일이다. 나는 하루 24시간 일주일 내내 사무실에 있어도 내가 원하는 일을 다 하지 못한다. 알다시피 나는 일을 사랑한다. 그러나 나는 가정생활도 좋아하므로 힘들지만, 이 모든 것을 하고자 노력한다. 나는 친구 같은 훌륭한 아내도 있고, 두 아이도 예쁘고 귀엽다. 나는 집에 있을 때가 제일 행복한 시간이다. 가능한 한 나는 오후 6시에 퇴근하려고 힘쓴다. 저녁을 같이 먹고 놀다가 침대에 아기들을 재운다. 그 후는 완벽한 우리 부부만의 시간이다. 우리 부부는 하루 30분 정도는 가능한 한 같이 걷기도 하고 음악을 듣기도 한다. 주말이면 밖으로 나와 둘만의 시간을 보낸다. 이런 모든 일은 가치 있는 일이지만 전혀 쉽지는 않다. 내가 걱정하는 것은 이것이 균형 잡힌 나의 생활을 어지럽히지는 않는가 하는 것이다. 만약 무언가가 잘못되었다면 이를 해결해야 하겠지. 그러나 내가 믿는 것은, 이런 균형 잡힌 일을 할 수 있다는 것이다."

창업2세 사장(36세)

제 3 절 가족기업의 3차원 시스템

1. 2차원 시스템

일반적으로 가족기업의 시스템은 2차원 시스템(Ibrahim & Ellis, 1994)과 3차원 시스템(Gersick 외, 1997)으로 크게 나누어진다. 2차원 시스템은 가족기업을 가족(family)과 기업(business)으로 양분하고 이의 이질성을 고찰한 경우이다. 즉 가족기업을 가족과 기업의 복합어로 인식한 경우이다. 그런데 이 두 가지는 추구사항이 달라 어려움을 겪게 되는 경우가 종종 발생한다. 그러므로 가족기업은 서로 다른 이런 두 시스템의 성격을 잘 이해하여 "가족은 기업처럼, 기업은 가족처럼" 경영하여 상호 조화와 균형을 유지할 필요가 있다(남영호, 2001).

〈표 2-4〉 가족시스템과 기업 시스템의 비교

갈등의 영역	가족 시스템	기업 시스템
목 표	가족 구성원의 발전	기업의 이익, 수익, 능률, 성장
관 계	개인적인 관계 관계를 가장 중요시함	반개인적 혹은 비개인적 두 번째로 중요시 여김
규 칙	비공식적 기대	문서로 만들어진 공식적인 규칙, 흔히 상벌의 기준으로 사용
평 가	그들이 누군가인가에 따라; 노력 정도; 절대적인 사랑	성과와 결과에 따라; 종업원은 승진과 해고 가능
승 계	사망이나 이혼으로	은퇴나 승진 혹은 이탈

자료: Dyer, W. Gibb(1992), 「The Entrepreneurial Experience」, Jossey-Bass Publishers, p. 147.

〈그림 2-4〉 가족기업의 2차원 시스템

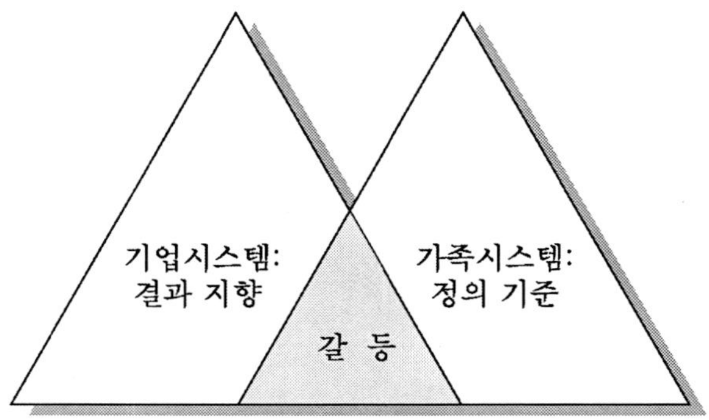

자료: Ibrahim A. Bakr & Willard H. Ellis(1994), 『Family Business Management: Concepts and Practice』, Kendall/Hunt Publishing Company, p. 124.

2. 3차원 시스템

보편적으로 인정받는 가족기업의 시스템은 3차원 시스템으로 일컬어지고 있다. 이는 앞의 2차원 시스템의 주요 요소인 가족(家族)과 기업(企業)에다가 소유권(所有權)을 별도로 떼어내어 설명한 것이다. 소유권을 하나의 주요한 구성요소로 취급한 것이다. 왜냐하면 가족기업인지 아닌지를 결정하는 주요한 변수 중 하나가, 소유권 즉 지분을 누가 얼마나 갖고 있는가이며, 아울러 이는 승계문제와 밀접한 관련성을 띠기 때문이다. 소유권(ownership)에는 이사회(board of directors)와 주주총회(shareholder meetings)가 이에 속한다. 가족 차원에서는 가족계획을 위한 가족위원회(family council)와 가족회의(family meeting)가 이에 속한다. 기업 차원에서는 일반적인 기업(비가족기업)처럼 경영개발을 위한 경영개발팀(management development team)이 이에 속한다(Gersick 외, 1997).

〈그림 2-5〉 가족기업의 3차원 시스템

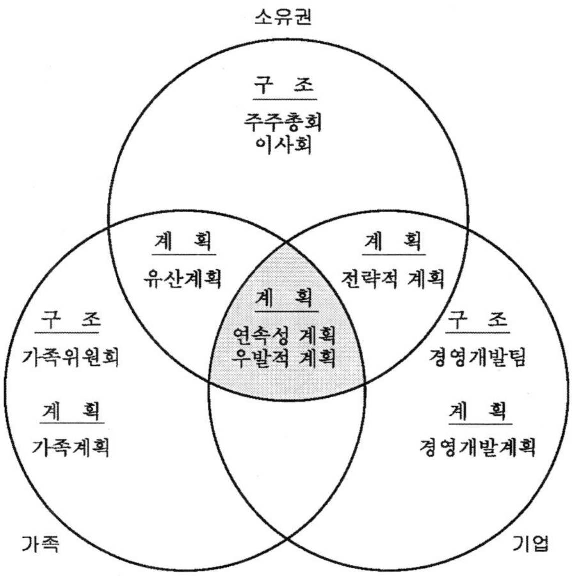

자료: Gersick 외(1997), p. 226.

또한 각 차원의 리더는 소유권의 측면은 이사회 의장(Chairman of the Board)이, 가족의 측면은 감성경영자(Chief Emotional Officer)가, 그리고 기업의 측면은 최고 경영자(Chief Executive Officer)이다(Family Enterprise Center, 1998). 따라서 가족기업은 감성적이며 주관적인 가족의 관점과 합리적이며 객관적인 기업의 관점을 잘 조화(harmony)시켜 가족기업의 의사결정 능력을 증진하고 좋은 전략을 수립, 이를 실행에 옮겨야겠다(Lane, 1993).

나아가 각 차원의 관심 사항을 개별적인 관점에서가 아니라, 이를 상호 유기적으로 그리고 전체적으로 고려할 때 가족기업의 성장, 발전은 가능하리라 추정된다. 이러한 3차원 시스템의 입장에서 가족기업을 고찰할 때 비로소 우발적(contingency)인 어려움에 대한 대비뿐만 아니라, 기업의 영속성(continuity)도 보장할 수가 있을 것이다.

최근에 들어와 Moores(2009), Barbera(2013)는 3차원 시스템의

구성을 경영자와 종업원, 소유권, 그리고 가족으로 새롭게 재정립하고 있다. 이 그림에 의하면 어떤 개인도 서로 중첩되는 원 안에 형성되는 7가지 중 어느 한 곳에 속하게 된다. 〈그림 2-6〉에 의하면 Gersick 외의 3차원 시스템과 유사한데, 가족과 소유권은 동일하고, 기업을 경영자와 종업원으로 바꾸어놓고 있다. 따라서 종업원 지주(employee owners)나 경영자 지주(manager owners), 가족 경영자(family managers)나 가족 종업원(family employees)이란 명칭이 새로 언급되고 있다. 그리고 이 중 가족 오너는 주주 중에서 특이한 계층에 속하며(Anderseon & Reeb, 2003), 좀더 특이한 것은 가족과 기업에 대해 가족 오너에 의한 강력한 정체성이 존재한다는 것이다. 그러므로 다른 기업과 마찬가지로 가족기업 오너는 기업의 욕구충족에다가 가족구성원의 현재와 미래의 욕구도 만족시켜주어야 한다.

〈그림 2-6〉 가족기업의 3차원 시스템(2)

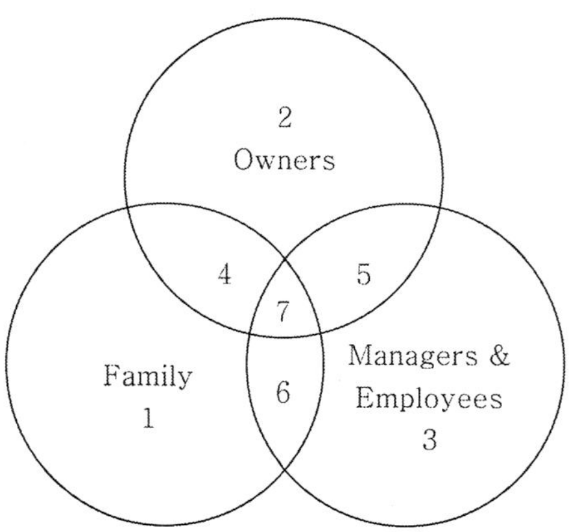

1. Only family members
2. Only owners
3. Only employees/managers
4. Family owners
5. Employee/manager owners
6. Family employees/managers
7. Family owners and employees/managers

자료: Barber(2013), p. 18.

제 4 절 가족시스템이론

1. 가족시스템이론

가족시스템이론(family systems theory)은 가족을 감성적인 삶(emotional life)의 덩어리(block)로 여기고, 가족구성원 간의 복잡한 상호작용을 이해하려는 인간 행동에 관한 이론이다. 가족시스템에서 가족(family)은 개별 가족구성원들이 모인 집단으로, 개인보다 더 높은 집단을 의미한다. 개인보다 더 높은 집단의 시스템(higher-order system)인 가족은 더 낮은 하위시스템(lower-level subsystems/예: 가족구성원)을 변화시키거나 상호 조정의 기회를 주어, 가족의 개별구성원들이 유지 가능한 변화를 가져올 수 있도록 도와준다(Poza, 2007). 즉 가족 내에서 개개인인 가족구성원은 어떻게 상호작용하고 서로에게 영향을 미치는지를 강조하는 이론이다. 상호관련성에 대한 이러한 특성은 최근 10년 동안에 많이 나타났는데, 이는 가족이 시스템으로써 어떻게 움직이는가에 관한 것으로 전반적인 신사조이다.

가족시스템이론은 의학박사인 보웬(Murray Bowen), 멕골드릭(M. McGoldrick), 브라운(F. H. Brown) 등이 상호의존적인 가족생활의 복잡 미묘한 동태성을 분석하여 개발시킨 이론이다. 특히 보웬은 가족기업에 특별히 적용되는 가족 시스템 이론의 개척자 중 한 사람인데, 이 이론은 일반시스템이론에 근간을 두고 있다. 일반 시스템이론이 적용되는 근본원리인 system approach의 특징은 ① 상호작용 혹은 상호의존(interaction or interdependency) ② 과정중시 혹은 흐름중시(process or flow oriented) ③ 시너지 효과(synergy effect) 등이다.

가족시스템이론의 중심 사고는 일반시스템이론과 마찬가지로 조직 전체(wholeness) 즉 가족을 상위의 개념으로 중하게 여기는데, 이는 가족은 그 자체로 고유한 구조, 믿음, 그리고 관계의 유형을 가진 완전하고 유일한 단위(unit)라는 것이다. 즉 가족은 관계된 개인인 가족구성원의 집합체가 아니라, 감성적으로 의미 있는 단위이며, 전체는 가족을 이루는 개개인의 합보다 큰 것으로 보는 것이 가족시스템 이론의 중심원리이다. 하위시스템인 각 개개인의 행동과 성질은 동시에 상위 시스템인 가족시스템에 영향을 끼치고, 반대로 상위 시스템인 가족 집단 역시 하위시스템인 각 개개인에게 영향을 미친다. 나아가 가족 내의 패턴은 과거 세대들의 패턴으로부터 나오며, 이는 미래 세대들의 기본토대가 될 것이다. 또한 이 이론에 의하면, 어떤 가족구성원의 특별하거나 불규칙한 행동이 복잡한 가족 조직 내의 문제에 관련될 수 있다고 한다. 이러한 접근방법은 가족 군(family group)을 개방적이고 동적인 시스템으로 작용한다고 본 것이다. 각각의 가족은 특이한 스타일, 문화적 요구, 역할 관계, 그리고 규칙을 갖고 있거나, 스트레스를 취급하고 감정을 표현하는 가족 나름대로 방법을 갖고 있다고 여긴다.

1950년대 초반부터 연구가 시작된 가족시스템이론은 의학, 사회복지학, 심리학 등에서 많은 연구가 이루어져 왔다. 가족은 가족의 공유된 세계관이나 태도, 가족 문화, 가족의 외부 환경과의 관계, 가족이 놓인 사회적 환경, 학습 등에 의해 영향을 받는다는 것이다.

2. 보웬의 가족시스템 이론의 주요 내용

먼저 보웬의 가족시스템이론을 요약하면 다음과 같다(황영훈, 2001).

① 가족은 시스템이다(가족은 하나의 단위이다).

② 가족시스템은 규칙, 패턴, 메시지, 가족구성원의 개별행동에 대한 기대치 등을 다른 사람에게 이전시킨다.

③ 개별 가족구성원과 가족은 행동을 서로 배울 수 있고, 이전된

메시지에 의해 또 다른 패턴을 개발할 수도 있다.

④ 긴장과 고민을 통해 개별 가족구성원은 가족으로부터 배운 행동이나 패턴을 발판으로, 또 다른 행동을 배우기도 하고 이를 활용하기도 한다(의도적인 자기분화와 성숙이 없다면).

위의 가족시스템이론을 근간으로 하여 기업에 관여하는 가족에게 유용하게 적용할 수 있는 몇 가지의 기본적인 개념들, 예를 들면 삼각관계, 자기분화, 가족 구조, 경계, 출생순서, 그리고 감정의 단절 등을 살펴보고자 한다(가계도도 여기에 포함되나 이는 7장 갈등관리에서 언급함). 각 개념은 개인의 자기(self)에 관한 것에서부터, 둘 또는 세 사람 사이의 관계, 핵가족 내의 관계, 세대 간의 관계, 사회와 성원 사이의 관계까지 범위를 확장하며 각각의 특성을 설명하고 있다(Whiteside 등, 1993).

1) 삼각관계 : 불편한 관계 안정시키기

삼각관계(triangulation)는 세 사람 사이에 나타나는 관계 형태로 모든 가족, 모든 사회적 집단 내에서 일어나는 기본적 과정이다. 세 사람은 가장 안정된 상태를 만드는 가장 작은 수이다. 이와 달리 두 사람의 관계를 지나치게 밀착시키거나 소원해서 불완전한 상태가 되기 쉽다. 이때 두 사람 사이의 관계에서 불안의 정도가 높아지면 제삼자나 제 삼의 물질을 끌어들여 삼각관계를 형성한다(황영훈, 2001). 보웬은 보통 갈등관계에 놓여있는 두 사람은 다른 한 명을 끌어들여 세 사람의 관계를 형성한다고 주장하였다. 삼각관계는 부부, 남매, 부모-자식, 가족구성원과 비가족구성원 사이에서 발생한다. 예를 들면, 부부관계에 긴장이 생길 경우, 가장 불편한 사람 중 한 사람은 아마도 큰 잘못 없는 제삼자인 자기 자식일지도 모른다. 왜냐하면 당사자인 부부는 제삼자인 자식에게 불평, 불만을 토로함으로써, 어느 정도 긴장을 줄일 수 있기 때문이다. 이것이 바로 "삼각관계"이다. 그 후 부부간의 갈등은 줄어들고, 이 갈등은 부모-자식이라는 두 사람에게 전이될 것이다. 그러나 그가 끌어들인 그 아이는 자신의 부모 중 한 명과 협력함으로써 갈등에 반응한다. 다른 부모는 실망과 절망을 겪을지라도. 이러한 방법으로 본래 아웃사이더였던 제삼자인 자식은 다음에는 어느덧 내부자인 갈등의 당사자가 되어 버린다.

삼각관계는 또한 형제, 자매 관계인 남매에서도 쉽게 찾아볼 수 있는 보편적인 경우이다. 가족기업에서 고용되지 않은 자식은, 아버지는 나(혹은 다른 남매)의 능력이나 잠재력을 인정하지 않는다고 생각하며, 향후 기업에 종사할 남매와 충돌이 일어날 수도 있다고 생각한다.

또 다른 경우, 부모님 간의 해결되지 않은 갈등은 자식들의 갈등으로 표출될 수도 있다. 만약 정년퇴직을 목전에 둔 부모님이 퇴직 후의 새로운 자신들의 역할이나 계획에 대해 의견의 일치를 보지 못한다면, 그들은 논쟁을 늦추는 방법으로 자식들에 대한 불만으로 방향을 일시 선회하기도 한다. 이럴 때 가장 능력 있는 자식을 기업 밖으로 몰아내고, 부모와의 충돌에 정면으로 맞설 낙제생이나 반역자를 남겨, 자식들 사이에서 갈등을 불러일으키기도 한다.

삼각관계는 부모와 며느리 관계에서도 쉽게 찾아볼 수 있다. 직장에서 아버지와의 충돌로 불편한 아들은 이 문제를 집으로 가져와 아내에게 털어놓는다. 이 문제는 이것으로 사업상의 논쟁이 아니라 가족의 문제가 되어 버린다. 그 결과 며느리는 문제아로 비난을 받는다. "*며느리는 너무나 어려워. 그 아이는 기업에 대해 늘 불평하고 있어.*" 부모는 며느리가 아들의 감정을 반영하고 있다는 사실을 인식하지 못하고 투덜댄다. 만약 아들이 보수가 낮다고 느꼈기 때문에 발생한 며느리의 불평은 오히려, "*며느리는 낭비가 너무 심해*"라는 비판을 받을 수 있다. 이러한 과정은 본래 긴장을 완화하고 긴장과 노여움으로부터 피할 탈출구를 제공한다. 중요한 것은, 삼각관계는 이해당사자들의 의견 차이를 해결하기 위해 양 당사자끼리 직접 부닥치는 경우를 막는다는 사실이다. 비록 모든 가족이 이런 삼각관계를 만들지는 않더라도,

이러한 유형들은 가족이 변화에 직면하거나 갈등을 겪을 때는 더욱더 견고해지고, 평온의 시기에는, 더욱더 유연해진다. 견고한 삼각관계는 사람들에게 문제에 대한 그들의 공헌을 변화시키거나 인식할 필요성을 접하지 않도록 한다. 그들은 또한 의미 있는 변화를 허락할 해결책을 발견하기 위한 선택을 제한한다.

가족구성원은 삼각관계를 장점으로 바꿀 수 있다(〈표 2-5〉 참조). 매개자 역할을 하는 가족구성원은 다른 두 관계자에게 영향력을 행사하여 그들의 관계를 견고하고 강하게 할 수 있다. 보통 매개자의 역할은 여자 특히 어머니, 딸, 혹은 할머니들이 주로 담당한다. 예를 들면, 아들이 어머니에게 아버지가 직장에서 자기 생각을 억누르고 있다고 불평할 때, 어머니는 다음과 같이 말할 것이다. "*그래, 난 네가 아버지 때문에 너무 신경 쓰고 예민해서 한다는 것을 알아. 아버지와의 관계에 약간의 변화가 필요하겠군. 난 네가 아버지에게 분명하게 너의 뜻을 밝히고 나아가 아버지의 생각을 충분히 들을 만큼 능력이 있다고 생각한다.*" 그 후에 사장인 아버지는 아내에게 불평한다. "*나는 우리 아들이 신규 사업을 운영하는데 실망했어. 그 아이는 말끝마다 당면한 문제를 해결하는데 별 도움이 안 되는 엉뚱한 생각하고 있어.*" 그러나 어머니는 아들에 대한 아버지의 메시지 일부를 전하는 대신에, '*당신의 사려 깊은 지도만 있다면 아들은 도움을 받아 잘 할 수 있을지도 몰라요*'라고 남편에게 제안한다. 이것은 아버지가 아들에 대하여 다시 한번 생각하게 하는 것으로, 구체적인 방법으로 아들의 관심거리를 갖고 접근해 보라고 귀띔까지 해준다. 이는 아들에 대한 아버지의 바람직한 역할이 무엇인지 일깨워주고, 이를 실행에 옮기도록 격려해 주는 셈이다. 이러한 방법으로 부자지간의 문제를 직접 해결할 수 있도록, 어머니는 안정적이며 건설적인 방법을 동원하여 도와주고 뒷받침까지 한다.

〈표 2-5〉 삼각관계를 장점으로 바꾸는 방법: 중개자 역할

"중개자" 역할을 위한 몇 가지 팁들
• 타인의 비밀을 가지지 마라. • 갈등을 해결하는 데 다른 사람들이 해야 할 일보다는, 자신이 해야 할 역할에 초점을 맞춰라. • 서로 계속해서 이야기하면서 다른 두 관계자를 격려하라. • "나"로 시작하는 말을 사용하라. • "나"로 시작하는 말을 사용하기 위해 다른 사람을 북돋우는 질문을 하라. • 자신을 표현하기 위해 건설적인 방법으로 다른 사람을 대하고 격려하라.

2) 자기분화

자기분화 혹은 자아분화(differentiation of self)는 개인 내면의 심리적인 면과 개인의 특성이 타인과의 관계를 통해 어떻게 그리고 얼마나 독립적으로 기능할 수 있는가를 설명하는 것으로, 가족시스템 이론의 핵심 개념이다. 자기분화의 내적 측면은 감성적인 느낌(feeling)과 사고(thinking)를 구별할 수 있는 능력을 말하는데(황영훈, 2001), 보웬의 가족시스템 이론의 핵심이다. 즉 감성과 이성을 구별할 줄 아는 정도를 의미하는데, 여기서 감성은 감정이나 느낌으로, 만족감이나 안도감뿐만 아니라 공격, 화, 그리고 슬픔 등의 상태까지 포함한다. 또한 이성은 지적인 과정으로 사고하고 추론하고 반응할 능력과 더불어 사람들에게 논리, 지각, 이성에 따라 자신의 삶을 지배할 수 있는 능력까지 포함한다.

가족기업은 때와 장소 혹은 이슈 등에 따라 이런 감성과 이성의 구별이 뛰어난 차별화된 사람이 필요하다. 이런 사람을 "자기분화가 된(differentiated) 사람"이라 하는데, 바로 감성적인 느낌(feeling)과 지적인 사고(thinking)를 구별할 능력이 뛰어난 사람을 말한다. 적당한 때에 느낀 감정을 표현하고 승낙하고 인지함으로써, 사람은 감성과 이성의 차이를 깨닫게 되고, 나아가 어떤 실제상황과 특정인의 진솔한

감정적인 반응 등을 분석할 수도 있다.

자기분화가 된 사람은 다른 사람을 잘 의식하며 유사하게 자기분화가 된 사람들과의 인간관계를 즐긴다. 그러나 자기분화가 된 사람은 감성이나 이성을 그대로 받아들이지 않는다. 이런 사람은 독자적인 삶의 목표를 남길 정도의 많은 에너지를 갖고 있다.

반대로 자기분화가 거의 안 된 사람들, 즉 감성(emotion)과 지성(intellect)이 뒤섞이어 뒤죽박죽된 사람들은, 느낌이나 이성의 세계에 빠지게 된다. 흔히 감성에 의해 지배받는 사람들은 아마 그들의 삶을 기능적으로 해결해 나가는 데 큰 어려움이 뒤따를 것이다. 그들은 인간관계의 모든 초점을 끊임없이 사랑과 인정을 구하는 데 맞출 것이다. 이러한 사람들은 "너무 감성적"이어서 감정 세계의 함정에 빠지기 쉬울 것이다. 반면에 지성에 의해 지배받는 사람들은 이성의 세계에 빠져든다. 이러한 사람들은 "너무 이성적"이 되어 일상적인 삶의 사건에 반응하는데 융통성이 없거나 자기감정의 표출 방법이 미숙하여 다른 사람과의 인간관계가 나빠지게 된다. 그런데 이 개념은 모든 개인은 감성이나 이성의 한 극단에 놓이는 것이 아니라, 자기분화라는 높고 낮은 양극단 사이의 연속선상의 어느 지점에 속한다는 것을 의미한다.

어느 개인이 높은 수준의 자기분화를 성취하였을 때, 그 사람은 가족에 의해 제공된 감정적 친밀감과 편안함을 즐길 뿐만 아니라 개인적 삶의 목표를 설정하고 달성하는 데 더 완전해질 수 있다.

자기분화와 관련되는 개념으로 "감정적 성숙(emotional maturity)"이란 말이 있다. Fredda Herz에 의하면, 감정적으로 성숙한 사람은 '자신과 타인의 경계선이 분명하며 자신의 행동이 다른 사람의 행동에 끼치는 반응을 인식하는 사람'으로 정의하고 있다.

또한 감정적 성숙은 사람의 능력을 다른 사람과 관련된 개인 자신의 책임으로써 묘사하고 있다. 자기-책임의 실패는 다른 사람들의 요구를 묵묵히 따르는 것으로부터 다른 사람들의 기대를 배반하는 것까지 않은 형식을 취할 수 있다. 예를 들면 끊임없이 다른 사람을 돕고 누구도 다치거나 화내는 일 없도록 확실하게 하는 사람은, 자기 자신뿐만 아니라 자기 자신의 의견과 아이디어를 표현할 필요에 대한 책임을 지는 것에 실패한 경우이다. 반면에 개인적 관계를 무시할 때까지 일만 하는 사람은 다른 사람과의 감정적 관계, 휴식, 기분전환에 대하여 그 자신 책임을 다하지 않은 경우이다.

감정적 성숙은 여러 세대를 거쳐 단계를 형성한다. 가족 구성원들은, 그들 자신의 사고와 감정을 시험하고 이것들이 어떻게 자신의 행동에 영향을 끼치는가를 확인함으로써, 이러한 유형을 발견하고 이를 자신의 장점으로 전환할 수 있다. 더욱더 감정적으로 성숙한 반응은 화난 감정대로 행동하지 않고, 오히려 내가 이렇게 행동한다면 타인은 어떻게 반응할 것인가에 대한 의식 있는 결정을 함으로써 화의 감정을 인정하고 존중하는 것을 의미한다.

〈표 2-6〉 감정적 성숙의 단계

감정적 성숙의 단계
• 아주 곤란한 상황일지라도 잠시 멈춰 서서 생각해 보라. • 어려운 상황을 자신이 어떻게 느끼는지 잘 살펴보는데 모든 힘을 기울여라. • 나의 감정의 중요성을 인지하고, 이를 다른 사람에게 솔직히 알려라. • 나의 감정들이 어떻게 나의 행동들에 영향을 미치는지 살펴보아라. • 나의 행동을 체크하라: 이것이 내가 정말로 행동하기를 원하는 것인지를. • 내가 이 상황에서 어떻게 행동하고 싶은지를, 다른 사람을 책망하지 말고 선택을 하라.

3) 가족구조(가족 내 의사소통)

가족 시스템의 또 다른 차원인 가족구조(family structure)는 가족구성원들이 다른 가족구성원들과 대화하는 방법에 대한 것이다. 본질적으로 가족 구조는 서로 관련된 가족 패턴이 어떻게 조직되는지에 대한 방법이며, 가족구성원 개개인이 감정적으로 다른 사람과 연결된 정도를 반영한 것이다. 이와 함께 이것은 가족 관계를 통제하는 "사회적 네트워크"를 포함한다.

가족 시스템 이론가 미뉴친(Salvadore Minuchin)에 의하면, 가족 구조는 "가족 구성원들의 상호작용으로 이루어져 있으며 가족구성원들의 보이지 않는 기능을 요구하는 조직"으로 보고 있다. 반복되는 업무의 처리는 이 유형이 언제, 어떻게, 그리고 누구와 관련되는 지와 이러한 유형이 시스템을 지지하도록 만든다. 이 개념은 약간 추상적으로 보일는지 모르지만, 가족 구조는 가족구성원이 어떻게 함께 일하는가와 이때 나타나는 문제를 어떻게 해결할 것인지에 대한 중요한 사항을 포함하고 있다.

예를 들어 어느 기업의 사장인 아버지는 사업에 관한 것은 그의 아들과만 이야기하고, 단지 감정적 문제에 관해서만 딸과 논의한다. 어머니는 개인적 건강이나 행동의 이슈에 대해 다른 사람들의 이야기를 듣곤 한다. 그러나 향후 계획이나 기업 문제에 대한 어머니의 충고는 무시된다. 부모의 나이와 관계없이 아이들은 그들 부모의 건강에 대한 토의는 가능한 한 숨긴다. 이것이 바로 같은 주제에 대해 서로 다른 의사결정의 결과를 낳는 단적인 예이다. 아버지와 어머니는 건강 문제에 관해 장시간 토론을 할 것이다. 그러나 그들은 같은 주제인 자신들의 건강에 대해서는 자식들의 관심이나 질문을 무시할 것이다. 부모는 비록 자신의 건강이 아이들에게 있어서 분명히 중요한 고려사항임을 알면서도, "너희들은 우리 건강에 관해 걱정할 필요가 없단다."라고 이야기한다.

만약 가족 구조가 너무나 완고하다면, 개개인은 구속이나 좌절을 느끼거나 혹은 반항할 것이다. 스트레스를 받는 동안, 가족 구조는 중요한 의사소통의 방해를 받을 것이다. 구제책의 하나로 개개인의 가족구성원들은 가능한 한 다른 가족구성원과의 일 대 일(1:1) 관계에 있어서 신뢰를 많이 얻도록 하면 될 것이다. 이러한 관계는 개개인의 의사소통과 의사결정, 그리고 필요한 변화를 성취할 수 있도록 함으로써,

가족구조를보다 더 좋게 하는 데 도움이 될 수 있다.

가족이라는 조직 내에서도 가족구성원들은 기업과 마찬가지로 공식적인 역할과 비공식적인 임무를 수행한다. 공식적인 역할(formal roles)이란, 가족구성원의 출생순서, 남녀, 부모-자식 혹은 남편-아내 등의 관계로, 개개인들이 다른 사람들에 행하는 공식적인 지위에서 나오는 다양한 역할을 말한다. 비공식적인 역할(informal roles)이란, 나이나 성별 등이 아니라 그들 개개인이 가족 내에서 그 자신이 가지고 있는 개성, 행동 방법이나 특별한 스타일에 의해 행하는 역할을 말한다. 어떤 역할이든지 간에, 비공식적인 역할을 포함한 부모의 역할, 아이들의 역할, 배우자의 역할, 성(性)의 역할, 남매의 역할 등은 가족의 일에 큰 영향을 미친다. 또한 이런 역할의 인식은 잠재적인 충돌을 피할 수도 있다. 예를 들면 성인이 된 아이들이 그들의 배우자와 기업 정보를 나누는 것을 금지하는 것은 결혼생활에 불신을 초래할 수 있다고 경고하는 사람도 있다. 왜냐하면 이는 자식이 부모와 배우자 중 어느 한쪽을 편들도록 강요하는 것과 같다고 보기 때문이다.

일반적으로, 규정된 기준이나 의사결정에 반항적인 면을 보이는 가족구성원은 소위 말하는 "말썽꾸러기(black sheep)"이다. 어릿광대, 중재자, 공로자, 말썽꾸러기, 옹호자, 방관자, 사회학자, 종교인 등은 모두 가족 환경 내에서 개인 구성원의 행동에 영향을 끼치는 역할을 수행할 것이다. 가족 내에서 다른 역할과 마찬가지로, 이러한 비공식적인 역할은 일반적으로 가족의 동태성에서 나오곤 한다.

일반적으로 말썽꾸러기의 비공식적인 역할은 인정을 잘 받지 못하나, 두 가지 측면에서 유용할 수 있다. 첫째로, 비공식적인 역할은 역할 수행자가 자신의 가족구성원의 일반적인 공식역할과는 다른 개인적인 정체성을 지킬 수 있도록 도울 수도 있다. 예를 들면, 가족회의에서 다른 가족구성원과는 달리 말썽꾸러기는 불만을 쉽게 토로할 것이다. 이때 만약 다른 가족구성원들이 이러한 비공식적인 역할에 귀를 기울이고 그들을 이해하고 객관적으로 바라본다면, 그들 역시 진지하게 역할을 수행해야 하겠다는 반응을 보일 것이다. 둘째로, 이러한 비공식적인 역할의 시험은 때때로 가족구성원이 낡은 유형을 버리고 새로운 것을 시도하도록 용기를 북돋아 주게 될 것이다. 그 결과 가족관계 내에서 예측은 줄어들고, 잠재적으로 많은 가능성이 발견되고, 의사결정 시보다 큰 집단 효과와 창의성을 가져올 것이다.

4) 경계(가족 외 의사소통)

경계는 외부세계에 대한 가족 구성원들의 감정적인 거리를 결정하는 보이지 않는 장벽으로 가족구성원을 제외한 외부인과의 의사소통을 말한다.

미뉴친(Minuchin)의 연구에서 기술된 것처럼, 가족은 다양한 응집력(cohesiveness)의 정도를 보여준다. 어떤 가족은 감정에 의존하고 이에 매료되거나 "폐쇄적이어서" 개인적 경계를 잃기도 한다. 이런 가족의 경우, 개인 간의 경계는 더 희미해지고 덜 명확해지는 반면, 가족과 바깥세상 사이의 경계는 폐쇄적이고 더욱더 견고해진다. 이런 가족을 폐쇄적인 가족(enmeshed families)이라 부르는데, 이 가족은 각 개개인의 활동은 다른 구성원들에게 알려지고 논의되려는 경향이 강하며, 광범위한 분야에서 가족구성원 서로에게 의지한다. 모든 구성원은 특히 삶의 중요한 결정을 할 때 다른 가족 구성원들로부터 조언을 구하려고 한다.

반면에 개방적인 가족(disengaged families)은 가족구성원 개개인은 독립적이고 사생활 중심이며, 개인주의적이다. 구성원들은 다른 가족구성원들과 정보를 거의 나누지 않으며, 다른 사람의 사상, 의사결정, 또는 행동에 대해 간섭하는 것을 피한다. 이러한 가족의 경우, 개인들 간의 경계는 더 명확하지만 가족과 바깥 세계 사이의 경계는 더 희미해진다. 구성원들은 가족기업 이외의 다른 기업에서 일하는 가까운 친구가 있을 것이다. 그들은 아마도 폐쇄적인 가족 구성원들보다도 가까이 있는 외부 사람으로부터 충고를 얻거나 그들과 함께 어울려

즐겁게 지낼 것이다. 감정의 단계는 폐쇄적인 가족의 경우 극도로 높지만, 개방적인 가족은 낮다.

〈표 2-7〉 행동유형에 따른 가족패턴(경계를 중심으로)

폐쇄적인 가족이 행하는 유형

- 충성심과 소속감을 장려함
- 상호의존을 권장함
- 감정이입을 계발함
- 같은 관심사 가짐
- 대부분 시간을 함께 보냄
- 상대방의 장점을 대변함
- 상대방의 약점을 막아줌
- 서로의 느낌을 설명함
- 구성원이 서로를 이해하는 척함
- 자주적인 탐구는 저지함

개방적인 가족이 행하는 유형

- 차이를 인정함
- 개인의 독립심을 장려함
- 개별적인 관점을 존중함
- 자립심을 계발함
- 대부분 시간을 각자 보냄
- 각자의 느낌이나 소망을 경시
- 명확한 주제에 대한 의사소통 단절
- 친밀한 접촉 피하기
- 감정이입적인 반응 자제하기
- 서로의 말을 잘 듣지 않음

극도로 폐쇄적인 가족이나 극도로 개방적인 가족은 그 어느 쪽도 "건전한(healthy) 가족"은 아니다. 단지 몇몇 가족만이 양극단 중 하나에 속하는 불건전한 가족일 것이며, 대부분 가족은 양극단 사이 어딘가에 놓일 것이다. 너무나 폐쇄적인 가족은 개인 구성원의 자율적인 탐험이나 새로운 기술의 숙련 등은 저하될 것이다. 반면에 극도로 개방적인 가족은 강력한 독립 의식을 가졌지만, 상호 필요할 때 도움을 요청하거나 상호의존적인 능력이 부족한 구성원을 발생시킬 것이다.

대부분의 많은 가족은 아이들의 나이나 부모 삶의 단계 등에 따라 폐쇄적인 가족과 개방적인 가족 모두를 경험한다. 예를 들면, 아주 어린 아이들을 가진 가족은 더 폐쇄적인 가족이며, 아이들이 성장함에 따라 더욱더 개방적인 가족으로 바뀔 것이다. 때때로 어떤 가족 구성원들은 기업에서 단순히 상호작용하고 각자 서로에게 점점 더 의존하게 됨을 발견한다. 왜냐하면 직장과 가정에서 그들의 삶이 많은 경우에 서로 중첩됨을 알았기 때문이다. 이는 기업에서 함께 일하는 가족을 폐쇄적인 가족의 끝에 놓이게 하려는 경향이 있음을 알았기 때문이다.

5) 출생순서 : 가족의 배치

출생순서(birth order)란 태어난 순서로, 같은 자식이라도 태어난 순서가 다르면 능력이나 다양성이 차이가 남을 의미한다. 같은 부모로부터 태어난 남매(형제 · 자매)는 가족시스템의 특별한 하부 시스템 중 하나로, 유년 시절의 감정이 지속되는 구조를 갖추고 있다. 가족 시스템 접근법에 따르면, 같은 남매라는 지위로 태어난 사람은 공통적인 특성을 가질 경향이 강하다고 주장한다.

임상 심리학의 선구자인 Walter Toman에 의하면, 첫 번째로 태어난 아이는 특별하게 보이며, 대단한 관심을 받고, 책임과 리더 역할을 하도록 교육받는 경향이 있다고 한다. 보통 첫째 아이는 배려가 깊고 밑의 동생들을 보호하는 경향이 강하다. 반면 막내 아이는 마지막으로 태어났기 때문에 자기들 역시 특별하다고 생각한다. 그들은 보통 다른 사람들의 동료이므로, 다른 사람들을 이해하는 것을 배우며 자란다. 그들은 바깥 세계보다 안쪽에 초점을 맞추는 경향이 강하다. 그들은 다른 형제 · 자매가 가족을 책임지고 있으므로, 더욱더 자유로운 삶을 시도할 것이다. 비록 그들은 경쟁하지만, 나이 많고 힘 있는 누군가에게 어떻게 양보해야 하는지를 그들은 안다.

중간에 태어난 아이들은 때때로 파악하기가 어렵다. 그들은 만족이나 인정을 받기 위해 가족 밖에서 바라보거나, 주목을 받기 위해 가족 내에서 어떻게 노력해야 하는지를 배우려는 경향이 강하다. 중간에 태어난 아이들은 출생 순서상 양 끝에 놓인 두 특별한 형제·자매(막내와 첫째)와 경쟁을 해야 하므로, 그들은 필요한 자원을 얻거나 주목을 받기 위해 협상하는 기술을 배우게 된다. 독신인 아이는 가족 내에서 아주 특별하다. 그들은 어른과 상호 작용하는 데 익숙해져 있으므로, 가끔 권한을 가진 사람의 주의를 끈다. 그들은 제한된 자원을 나누거나 형제 · 자매간의 문제해결 등의 경험 없이 자란다. 비록 그들은 자급자족하는 방법을 계발한다고 하더라도, 다른 사람들과 협력하거나 공동으로 일하는 기회는 거의 얻어보지 못한다. 가족기업에서, 무남독녀 또는 외아들은 다음 세대의 경영에 대한 책임을 함께 나눌 형제·자매 없이, 기업 내의 역할에 관해 별다른 선택권이 없음을 느끼며 성장할 것이다.

이처럼 출생 순서(birth order)는 기업경영에 필요한 다양한 개성과 여러 가지 유형을 육성할 수 있으므로, 가족기업의 자산이 될 수 있다. 예를 들면, 첫째 아이는 강력한 리더십을 제공할 것이며, 중간에 태어난 아이는 건설적으로 협상하는 자질을 제공할 것이며, 막내 아이는 재능 있는 혁신자가 될 가능성이 크다. 그러나 이 출생순서에 대해서는 학술적으로 그리고 체계적으로 검정이 끝나지 않았으므로, 기업 현장에 적용할 때 신중을 기하여야 한다.

6) 감정의 단절 : 연고의 부정

모든 사람은 어릴 때는 자신의 부모에게 종속되어 있으며, 성인이 되면 다양한 방법으로 부모의 곁을 떠난다. 아이들이 점차 성장하여 부모의 지원과 보호에서 벗어날 만큼 자급, 자족한다면, 그들은 건전하고 의식적인 방법으로 부모에게서 독립하게 되어 부모-자식 관계의 인연은 느슨해지기도 한다. 또 다른 경우에 사람들은 이러한 인연에서 고립되거나, 물러나거나, 도망침으로써 갑작스럽게 이 관계를 단절시키기도 한다. 이것은 분리 과정을 통한 아이들의 욕구를 해결하지 못하고, 가정의 어버이로서 역할의 중요성을 부인하게 만든다. 이를 감정의 단절(emotional cutoff)이라고 한다. 개인이 이런 과정을 취급하는 방법은 세대를 통해 공명할 수 있다.

미국 사회가 때때로 감정의 단절을 "성장"이나 독립을 향할 필요 과정으로 잘못 이해하고 있는데, 이는 사실과는 정반대이다. 감정이 나빠 집을 떠난 사람은 집을 떠나지 못한 사람만큼 의존적이다. 과거로부터의 단절이 강렬하면 할수록, 부모 집에서 경험했던 것처럼 자신의 대인 관계에서 똑같은 가족 문제를 경험할 사람이 더 많을 것이다. 때때로 가족구성원과의 단절은 더욱 큰 가족 문제의 징후일 수 있다. 이런 경우에, 한 개인은 이 문제에서 발생하는 모든 긴장에 대한 초점이나 목표가 된다. 어떤 관점에서 보면, 이런 사람은 가족이나 사회의 규칙을 깨뜨렸다고 볼 수 있지만, 단절한 자신만이 전적으로 책임이 있는 것은 아니다. 게다가 그 개인은 모든 구성원이 느끼고 그들의 부정적인 느낌을 부지중에 실행할 때 느끼는 불편함과 근심·걱정에 대한 피난처가 된다.

주요용어

가족기업=가족+기업, 가족과 기업의 경계, 가족 지향성(FO), 가족과 기업의 우선순위, 가족기업의 3차원 시스템, 보웬의 가족시스템이론, 삼각관계, 자기분화, 가족구조, 경계, 출생순서, 감정의 단절.

생각하기

1. 성공적인 가족기업이 되려면 어떻게 경영되어야 할까? 이를 가족기업 = 가족 + 기업의 관점에서 생각해 보자.

2. 가족기업의 3차원 시스템에는 어떤 것이 포함되는가? 또한 이들의 각각의 관계를 비가족기업과 비교해 보자.

3. 보웬의 가족시스템이론을 재음미해보고, 이를 가족기업 현장에서 한번 적용해 보자.

4. 지속가능한 가족기업의 방안을 "자기분화"의 관점에서 논의해 보자. 또한 자기분화가 잘 된 사람이 되려면 어떤 교육훈련이 필요할까요?

참고문헌

남영호(2001), 가족기업은 무엇을 준비하여야 하는가, 사회정책연구, 14권.

황영훈(2001), "Bowenian Family Therapy", 「강의록: 부부 및 가족치료 세미나」, 서울여자대학교.

Barbera, F.(2013), *Financing, firm size & productive efficiency: The effect of family ownership*, Bond University, Dissertation.

Dyer, W. Gibb(1992), *The Entrepreneurial Experience*, Jossey-Bass Publishers.

Family Enterprise Center(1998). "Family Business Academy Course Materials", *Unpublished, Family Enterprise Center of Coles College of Business*, Kennesaw State University, Kennesaw, Georgia.

Gersick K. E., J. A. Davis, M. M. Hampton & Ivan Lansberg(1997), 『Generation to Generation: Life Cycles of the Family Business』, Harvard Business School Press.

Ibrahim A. Bakr & Willard H. Ellis(1994), *Family Business Management: Concepts and Practice*, Kendall/Hunt Publishing Company.

Koenig Neil N.(1999), *You can't fire me, I'm your father*, Hillsboro Press.

Lane, Sam H.(1993), *Family Business at the Crossroads*, Proceedings of the 1992, Family Firm Institute Conference, Boston, MA..

Lumpkin, G. T., Wendy Martin, Marsha Vaughn(2008), "Family Orientation: Individual-Level Influences on Family Firm Outcomes", *Family Business Review*, 21(2).

Moores, K.(2009), "Paradigms and theory building in the domain of business families", *Family Busines Review*, 22(2), 167-180.

Nordqvist, M., T. M. Zellweger(2010), *Transgenerational Entrepreneurship: Exploring Growth and Performance in Family Firms Across Generations*, Edward Elgar Publishing Limited.

Poza E. J.(2007), 『Family Business』, Thomson South-Western.

Whiteside, M. F., C. E. Aronoff, & J. L. Ward(1993), 『How families work together』, *Family business leadership series*, No.4, Business Owner Resources.

제3장 가족기업의 지배구조

학습내용

지배구조는 누가 기업을 통제하고 지배하는가에 대한 것으로 가족기업에서도 역시 중요한 주제이다. 가족기업의 지배구조에는 가족위원회(가족회의)를 중심으로 한 가족의 지배구조와 이사회를 중심으로 한 기업의 지배구조로 이원화할 수 있다. 이 장에서는 가족과 기업의 지배구조를 고찰하고 마지막으로 사외이사와 가족이사회의 중요성도 살펴보고자 한다.

제 1 절 가족기업의 지배구조

1. 가족기업 지배구조의 개념

일반적으로 기업의 지배구조는 기업의 성장과 가치창조를 위해 다양한 이해관계자들과 기업 간에 이루어진 명시적, 묵시적 계약관계를 규정하고 관리하는 메커니즘(조동성, 2000, 574쪽)을 말한다. 가족기업의 지배구조도 이와 맥락을 같이한다고 볼 수 있다. 가족기업 역시 직면한 다양한 문제를 원만히 해결하여 이를 좀 더 성장 발전시키고 나아가 지속성을 보장하기 위해서는 지배구조가 중요하다. 그런데 대부분의 가족기업은 효율적인 지배구조의 부재로 고통을 받고 있다. 이로 인하여 수많은 이해관계자 집단끼리 감정싸움으로 인해 전략적 계획이 혼란에 빠지거나, 여러 해 동안 법정관리로 묶여 있거나, 자산을 탕진하거나 혹은 파멸로 치닫는 가족기업들이 많이 나타나고 있다. 가족기업이 겪는 이런 복잡한 문제는 효율적인 지배구조로 상당수 해결할 수 있을 것이다.

왜냐하면 효율적인 지배구조는 첫째로, 장래 기업이 나아갈 방향을 제시하며, 둘째로, 기업경영 가치관(values)의 표현과 더불어, 마지막으로 기업의 정책(policies)을 안내하기 때문이다. 이를 위해 적시(right time), 적재(right things)에 적합한 인재(right people)를 배치하여 우수한 지배구조가 구축되도록 하여야겠다.

보통 기업의 지배모형은 주주의 수(numbers)와 활동성(activism)에 의해 분류하기도 한다. 가족기업의 지배모형의 성격을 살펴보면, 주주의 수는 상대적으로 적지만 주주의 활동이 아주 적극적이다. 반면 일반기업(공개기업)의 지배모형은 주주의 수는 많지만, 상대적으로 주주의 활동이 소극적이다. 따라서 가족기업의 지배모형은 통제모형(control model)이라 하며, 일반기업(공개기업)의 지배모형은 시장모형(market model)이라 하기도 한다. 각 지배모형의 특성은 〈표 3-1〉을 참고하기 바란다.

가족기업의 지배구조는 가족의 지배구조와 기업의 지배구조로 이원화될 수 있는데, 가족의 지배구조는 가족위원회와 가족회의, 기업의 지배구조는 이사회가 이에 속한다. (Family Enterprise Center, 1998). 나아가 가족과 기업의 지배구조의 관심 사항을 개별적인 관점에서가 아니라, 이를 상호 유기적으로 그리고 전체적으로 고려할 때 가족기업의 성장, 발전은 가능하리라 여긴다. 즉 가족기업의 지배구조를 가족기업 전체의 틀 안에서 고려할 때 비로소 우발적인 어려움에 대한 대비뿐만 아니라, 지속가능한 가족기업의 영속성(continuity)도 보장할 수 있을 것이다.

〈표 3-1〉 가족기업 지배구조의 특성

	시장모형(일반공개기업)	통제모형(가족기업)
강조	• 주주의 이익	• 기업의 이익
주주	• 많으며, 분산되어 있음 • 재무적인 것에 관심 • 단기적인 관점	• 적으며, 집중되어 있음 • 재무 이외의 것에 관심 • 장기적인 관점
시장개방	• 효율적인 시장을 달성하기 위함	• 적극적인 오너 관여로 제한된 요구
경영자	• 대리인	• 집사(책사)
이사회 관심	• 모니터링 • 보수	• 자문 역량 • 기업의 정체성

자료: Ken Moores, Justin Craig(2009), Professionalising Family Businesses, Bond University, 강의안 중에서.

2. 가족기업 지배구조의 주요 임무

1) 가족기업 지배구조의 영역별 임무

일반적으로 가족기업의 목표는 건강한 가족과 튼튼한 기업을 유지하는 것이다. 이를 위한 초석으로 좋은 지배구조가 필요하다. 좋은 지배구조는 뚜렷하면서도 초점이 다른 두 가지가 있는데, 가족기업의 지배구조는 가족과 기업이 그것이다(남영호, 2000b). 먼저 가족의 초점은 가족구성원이 가진 공유된 일련의 정체성과 임무뿐만 아니라, 오너의 최고의 바람에 대한 의견일치를 구하는 것이다. 이러한 역할을 충족시키는 최고의 방법은 가족회의를 개최하거나, 대가족의 경우 가족위원회나 가족협의체를 구성하는 것이다. 기업의 초점은 가족 주주와 다른 주주를 위한 경영을 하거나 주주나 경영진에게 위탁된 목표를 직접 챙기는 것이다. 이를 위한 최고의 방법은 능력 있고 경험 많은 사외이사가 포함된 활발한 이사회를 조직하는 것이다.

앞 장에서 살펴본 것처럼 가족기업의 3차원 시스템은 창업자인 가족, 소유권의 이사회, 그리고 기업 경영자의 삼차원으로 구성되어 있다. 이를 가족기업의 지배구조의 관점에서 고찰하면, 첫째로, 가족의 지배구조에 해당되는 가족위원회와 가족회의는 기업의 창업자이며 오너인 가족(family)에서 찾을 수 있을 것이다. 가족의 임무는 가족의 가치관/임무/비전의 수립, 가족구성원 간의 원활한 커뮤니케이션, 가족구성원의 교육/관계, 가족구성원의 갈등이나 말썽 조정/해결 등의 임무를 주로 책임진다. 둘째로, 기업의 지배구조에 해당되는 이사회(board of directors)는 경영 승계, 배당금의 분배, 기업 윤리, 가족/기업 관계, 이사회의 구성/선발, 그리고 경영성과의 검토 등의 임무를 책임진다. 마지막으로 기업 문화 형성, 기업의 전략 수립/실천, 일일 운영, 고용관계, 보상, 기업과 지역사회와의 관계 등의 임무는 주로 기업 경영자의 임무이다.

그런데 이런 각자의 임무와 책임은 이사회, 경영자, 그리고 가족이 각각 개별적으로 분리되어 독자적으로 수행하는 것이 아니라, 상호 유기적으로 주요 책임과 부수적인 책임을 져야 한다. 특히 지배구조의 핵심인 가족과 이사회의 영역이 중복되는 부분은, 이를 동시에 그리고 조화롭게 잘 조정·관리하여야 우수한 가족기업이 될 수 있다. 배당정책, 주주 상환 정책, 이사 선발 및 평가, 가족기업 목표 및 윤리, 가족 고용 정책 및 승계 등이 그것이다. 예를 들면, 가족구성원의 입사는 오너인 가족이 주도하여야 하나, 이사회의 동의를 구하여 결정하는 것이 좋다. 배당정책 역시 가족이 토론을 주도하여야 하나, 이사회는 가족의 결정에 대한 검토와 반응을 보이면 된다. 반면 이사 선발 및 평가의 경우, 이사회가 의사결정을 주도하여야 하며, 이의 선택에 영향을 줄 가족의 의견도 청취하여야 한다.

2) 가족기업의 진화와 지배구조

가족기업은 일반기업과 마찬가지로 진화하며 성장·발전한다. 첫 번째 단계는 가족기업의 창업단계로 주로 기업가정신이 충만한 한 두 명의 소수 창업가가 창업하며 생존과 성장이 주요 관심사이다. 좀 더 성장하면 상속계획과 더불어 리더십의 이전이 이때 나타난다. 두 번째 단계는 남매협력단계로 이들 간의 팀워크로 가족의 지배권을 유지하는 것이 중요한 단계이다. 주로 경영은 전문적인 지식을 갖춘 전문경영자에 의한 지배구조가 일반적이다. 세 번째 단계는 가족왕국단계로 가족의 전통, 가족문화, 가족비전 등의 수립이 중요한 단계이다. 이때는 주로 지주회사에 의한 지배구조가 일반적이다.

〈표 3-2〉 가족기업의 진화와 단계별 지배구조의 이슈

소유권 단계	주주의 주요이슈	경영의 주요이슈	경영권 단계
1세대 창업자	• 리더십 이전 • 승계 • 보험 • 상속(증여) 계획	• 생존 • 성장	1단계 창업
2세대 남매협력	• 팀워크 유지 • 가족 지배권 유지 • 승계	• 전문경영시스템 • 전략활성화	2단계 전문경영자화
3세대 가족왕국	• 기업자본할당 • 주주유동성 • 가족전통/가족문화 • 가족갈등해결 • 가족참여/역할 • 가족비전/미션 • 기업과 가족의 관계	• 자원할당 • 해외투자 • 기업문화 • 승계/리더십 • 투자 • 전략 • 주주관계	3단계 지주회사

자료: Ken Moores, Justin Craig(2009), Professionalising Family Businesses, Bond University, 강의안 중에서.

제 2 절 가족의 지배구조: 가족회의와 가족위원회

가족의 지배구조에는 가족계획을 위한 가족위원회(family council)가 중요하다. 가족위원회는 기업과 관련된 가족의 관심사를 논의하기 위하여 가족의 구성원 중 기업에 직·간접으로 관여하는 사람으로 구성되며, 이에는 가족회의(family meetings)도 포함된다(Aronoff C. E. & Ward, 1996). 훌륭한 가족이 튼튼한 기업을 만든다고 한다. 여기서는 훌륭하고 전통이 있는 명문(名門) 가문이 되기 위해 가족이 해야 할 몇 가지 방안 즉 가족계획, 가족회의, 가족위원회 등을 중심으로 살펴보고자 한다.

1. 가족계획

가족계획은 미래에 대한 가족의 통찰력을 제공한다. 하지만 이를 위해서는 가족의 과거를 뒤돌아보고 이를 거울삼아 미래를 계획하여야 한다. 이에는 가족계획에서 가장 중요한 네 가지 즉 가족의 역사, 비전, 가족사명서, 그리고 행동계획 등이 이에 포함된다.1)

① 가족의 역사

기록과 이야기로부터 가족의 역사를 창출한다는 것은 가족위원회를 위한 최고의 초기 프로젝트이다. 가족의 역사로는 연대기, 그림, 가공물, 그리고 가족의 원로들과 인터뷰한 비디오테이프나 사진 등은 유용하다. 이는 특이한 가족의 정체성을 높이 찬양하고 선조들의 유산을 다시 기억하기도 하며, 새로운 가족구성원과 어린 후손들을 교육하는 데도 매우 좋은 방안이 될 수 있다.

② 가족의 비전

비전은 가족이 미래에 나아갈 바람직한 방향으로 이는 가족구성원이 미래를 꿈꾸는 데 도움을 주며, 가족과 기업이 직면한 현실을 토대로 미래에 가족과 기업은 어떻게 하여야 성장하는지를 보여준다. 즉 가족구성원들이 함께 의미 있는 것을 구축하고 나아가 지역사회에 가족의 비전을 널리 퍼뜨리는 기회로 삼아야 한다. 이 과정은 가족구성원에게 현재의 역할과 압력으로부터 5년 혹은 10년 후를 예상하도록 한다. 이는 가족계획의 공식화된 부분이기도 하다.

③ 가족사명서

가족사명서(family mission statement)는 왜 가족이 사업에 관여하는지를 포함하여 가족철학을 상술한 것으로 가헌(家憲: 가족헌법)

1) Gersick K. E., J. A. Davis, M. M. Hampton, I. Lansberg(1997), *Generation to Generation*, Harvard Business School Press, pp. 243-244.

과 가훈(家訓) 등도 포함된다. 이에는 가치관, 지역사회에 대한 역할, 개인의 개발, 자선활동, 미래 가족의 비전 등이 포함되어 있다. 대가족의 경우 가족위원회에 가족사명서가 기술되어 있는데, 위원회에 관여하지 않는 다른 가족구성원과 토론하고 의견을 주고받기도 한다.

④ 행동계획

이 행동계획은 가족계획의 마지막 단계로, 가족구성원을 위한 여러 가지 활동이나 프로그램이 포함된다. 예를 들면 가족기업 이슈에 대한 세미나, 갈등해결 과정, 리더십 훈련, 기업 교육, 가족을 위한 행동 규약 개발, 분쟁 해결을 위한 과정 수립, 갈등의 해결, 심각한 문제를 경험한 가족구성원을 위한 상담사나 의사소통의 개선, 그리고 오락(휴가와 소풍 등) 등을 효율적으로 개발하기 위한 명확한 단계 등이다. 이 중에서도 다른 가족구성원을 자극하며 가장 중요한 행동은, 가족구성원이 적극적이며 지속해서 가족위원회에 참가하는 것이다.

〈표 3-3〉 가족기업의 비전과 임무(예)

어느 가족의 비전과 임무

비 전

우리 가족의 비전은 훌륭한 가족과 튼튼한 기업, 그리고 우수한 지역사회를 만드는 데 있다. 이를 위해 우리 가족은 개인이 아닌 팀으로 함께 일하는 즐거움을 맛보며, 능력 있고 경쟁력 있는 개인 개발에 핵심 가치관을 가진 강력하며 응집력 있는 가족을 만들고자 최선을 다한다.

임 무

우리 가족의 임무는, 강력하면서도 견고한 가족 조직을 형성하기 위하여 아래 4가지 사항을 근간으로 한 가족의 핵심 가치관을 구체화하고 증진하는 데 있다.

- 가족 비공식모임
- 교육과 개발
- 가족과 기업 모두의 전통 의식
- 권리의 반환에 대한 관여

(자료: 크레이그 아라노프, 존 워드 지음, 남영호 역(2000), 『가족기업의 지배구조』, 명경사, 48쪽.)

〈표 3-4〉 가족사명서: 사례

1. 우리는 가족 소유의 기업을 갖고 있음을 큰 기쁨으로 여겨야 한다.
2. 기업은 기업답게 가족은 가족답게 경영되어야 한다.
3. 우리 가족구성원은 정해진 능력을 갖추고 있다면 누구든 언제든지 기업경영에 참여를 할 수 있다.
4. 우리는 뛰어난 능력과 훌륭한 교육적인 배경을 가진 가족구성원을 우리의 리더로 삼으며, 그 리더를 중심으로 가족과 기업의 전통과 문화를 고수한다.
5. 가족의 단합과 화합을 실현하기 위하여 이사는 투표로 선발한다.
6. 기업의 의사결정은 이사회에서 이루어지며 이사회의 구성은 가족회의에서 결정한다.
7. 이사들은 가족의 리더로 기업을 책임지고 훌륭하게 경영하여야 한다.
8. 가족구성원은 상호 비밀의 원칙에 따라 기업경영에 필요한 의견을 이사들에게 개진할 수 있다.
9. 그러나 위의 모든 사항보다도 가장 중요한 것은 우리 가족구성원의 사랑과 화합이다.

자료: Aronoff C. & J.L.Ward (1992), Family business succession: The final test of greatness, Family business leadership Serie, No.1 Business Owner Resources, pp.12-13/ Aronoff & Ward 저, 남영호 역(2000), pp.29-32를 참조하여 재구성.

〈표 3-5〉 미쓰이 가(三井家)의 가헌(1900년)

一. **동족친밀**: 친족 간에는 서로 친밀한 정으로 대할 것. 만약 이에 반하여 친족 간에 서로 싸우면 결국에는 전체 가문이 멸망할 수 있다는 것을 명심해야 한다.

二. **동족제한**: 동족은 함부로 범위를 넓히지 말 것. 물건은 각각 한도가 있으니 많기를 탐하면 분란이 발생함을 깊이 생각할 것. 신가헌 제1장은 이 가훈에 기초한다.

三. **근검절약**: 근검으로써 집안을 부하게 하고 사치로써 몸을 망하게 한다. 이를 동족의 번영과 자손 영속의 근본으로 삼는다.

四. **동족협찬**: 혼인을 하거나 부채를 지거나 채무보증을 할 때는 반드시 먼저 동족의 협의를 거칠 것. 미쓰이 동족회는 이에 의해 제정된다.

五. **적금분배**: 매년 총수입의 일정부분을 떼어서 적립하여, 동족의 각 집에 등급에 따라 분배하며, 또한 다른 집안으로 시집간 자에게도 분배해 준다.

六. **은퇴규정**: 사람은 평생 천직을 다해야 하며 어쩔 수 없는 사정 이외에는 결코 한지로 물러나서 안일을 탐하지 말 것.

七. **회계통일**: 본 점에서는 각 지점의 회계 보고를 모아 잘 감사하고 통일을 도모함으로써 분란이 생기지 않도록 할 것.

八. **인재등용**: 사업 경영의 중심은 준수한 재목, 전도유망한 인재를 등용하여 각자의 특기를 발휘하게 하는 데 있으므로, 낡은 인재를 도태시키고 신진 인물을 고용할 것.

九. **전려(專勵)가업**: 오로지 한뜻으로 나가지 않으면 업적을 이룰 수 없으며,

우리 집안의 가업을 잘하는 것으로도 집안을 일으키고 입신하기에 충분하다. 그러므로 결코 타 업종에 뜻을 빼앗기지 말 것.

十. **업무습득**: 스스로 그 길에 통달하지 않으면 다른 이를 통솔하지 못하니, 자제가 말단에서부터 해야 할 업무를 습득시켜 차츰 숙달되면 지점에 나가서 실전에 부딪히게 해야 한다.

十一. **과단감행**: 결단력은 만사에 필요하나 장사에서는 특히 그러하다. 예를 들어 한순간의 손실을 참고 잘라내는 것이 질질 끌다가 큰 손실을 만드는 것보다 낫다.

十二. **동족상계**: 동족은 서로 타일러 잘못을 범하는 일이 없도록 애써야 한다. 그러나 만약에 옳지 않은 행위를 하는 자가 생기면 동족 간에 협의하여 처분한다.

十三. **의용봉공**: 생을 신국(神國)에 맡긴 자는 신을 숭앙하고 임금을 공경하고 나라를 사랑하여, 신민의 본분을 다하겠다는 것을 평상시의 마음가짐으로 삼는다.

(자료: 무타가쿠 지음, 김영철 옮김(2002), 「오너 사장학」, 일빛, 330-332.)

2. 가족회의

1) 가족회의의 개념 및 특성

가족기업의 문제 중 하나로 대두되는 것이 세대 간, 남녀 간, 계층 간, 구성원 간의 커뮤니케이션이다. 이로 인한 갈등을 해결하기 위하여 가족회의(family meetings)나 가족위원회(family council)가 주로 적용된다. 특히 소규모 가족기업의 경우 정기적인 가족회의를 통하여 기업과 관련된 주요 사항을 의사소통하며, 가족구성원 모두에게 기업에 동참할 기회를 주는 것이 좋다. 나아가 이런 가족회의는 가족사명서, 가족교육, 가족공동 휴가, 자선활동, 가족역사, 장학기금 구축 등과 같은 문제를 해결하기 위한 출발점이기도 하다(Aronoff & Ward, 1992). 가족구성원으로서 함께 일하고 함께 계획하는 출발점이 바로 가족회의(家族會議)이다. 모든 가족은 가족회의로부터 이득을 얻을 수 있는데, 예를 들면 가족휴가를 계획하거나 가족자원에 대한 예산을 세울 때도 가족회의가 필요하다. 가족회의는 가족이 사회적 관계를 유지하거나 과업을 달성하는데 필요한 것을 도와주는 중요한 역할을 수행한다. 가족이 함께 목표를 공유하고, 문제를 토론하고, 기업에 대해 배우고, 가족의 정체성과 가족의 가치관 및 전통을 주기적으로 준비할 수 있는 것이 가족회의이다.

2) 가족회의의 목적과 역할

가족회의의 첫 번째 목적은 계획, 문제해결, 그리고 의사결정 등에 가족을 참여시킬 구조를 만드는 데 있다. 가족기업의 최고의 자원은 건전한 가치관(values)을 가진 가족(family)이다. 그런데 모든 가족기업은 가족구성원들의 다양한 다른 욕구와 기대치 등의 해결을 위한 도전에 직면하게 된다. 가족구성원의 수가 증가함에 따라, 가족회의 혹은 가족위원회는 의사결정과 중요한 가족 이슈를 논의하기 위한 효율적인 도구이다. 이런 가족회의는 가족시스템의 한 부분이며 모든 사람의 복지를 위한 가족의 관심사를 반영한 것이다.

가족회의나 가족위원회는 지배에 대한 가족의 명확한 욕구를 나타내는 것이며, 가족회의는 건강한 가족(strong family)과 튼튼한 기업(strong business)을 구축하는 데 도움이 된다. 가족회의는 저녁 식사 때의 비공식 대화에서부터 가족위원회의 정규회의에 이르기까지 다양하다.

Aronoff와 Ward(1992)는 가족회의의 좋은 점을 다음과 같이 설명하고 있다. ① 건강한 가족 구축 ② 튼튼한 기업구축 ③ 미래소유권의 계획 ④ 가족참여의 계획 ⑤ 부(富)의 원천적인 관리 ⑥ 승계과정의 공개 ⑦ 가족의 전통과 역사의 보존 ⑧ 기업의 전문경영화 ⑨ 가족과 이사회 사이의 관계관리 ⑩ 갈등인지와 이의 해결.

3) 참석대상

가족회의의 참석자는 어른과 가까운 친척만으로 제한하는 것이 좋다는 주장이 있으나, 10대, 배우자, 심지어 파트너까지 포함한 모든 가족구성원이 가족회의에 참석하는 것이 바람직하다는 주장이 일반적이며 설득력을 얻고 있다. 이 주장은 가족기업이 이들 모두에게 영향을 주기 때문이라는 것이다.

많은 가족기업 관련 전문가들은 다음과 같은 이유로 가족 구성원들 모두가 가족회의에 참석하는 것을 권장하고 있다. 첫째로, 무엇보다도 먼저 가족계획이나 이슈를 인지한 사위(며느리)나 파트너들도 가족기업에 관한 좀 더 현실적인 내용을 알고 싶어 한다. 둘째로, 가족회의에 참석하는 모든 사람에게 가족의 전통, 비전, 역사, 의사결정 과정 등을 알리므로, 참석자 모두는 가족회의가 기업에 좀 더 친숙하게 될 계기가 된다. 셋째로, 다음 세대와 사위(며느리)들도 가족기업에 대한 새로운 관점을 받음으로써 기업을 이해하여 가치 있는 공헌을 할 수 있다. 나아가 회의가 제대로 이루어진다면 젊은이들은 기업에 대한 자신의 견해를 피력하거나 가치관을 정교하게 할 수 있는 기회가 되기도 한다. 그들의 참여는 가족의 미래와 기업의 미래에 활력소이다 (Danco, 1981).

〈그림 3-1〉 가족회의의 참석 범위와 조화

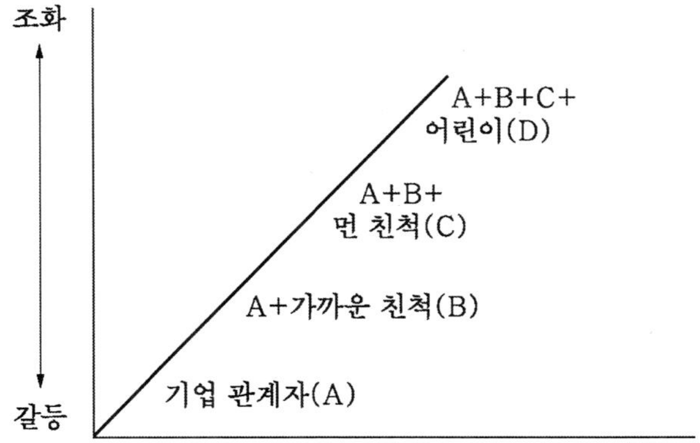

자료: Family Enterprise Center (1998)

가족회의에 참석하는 사람은 시간이 지남에 따라 자체적으로 문제를 해결할 수 있도록 해야 한다. 따라서 첫 가족회의는 어른과 가까운 친척이 참석하여 회의에 대한 계획을 의논하는 것이 현명하다. 이렇게 함으로써 본격적인 회의에 대한 몇 가지 규칙을 미리 제정할 수 있고, 나아가 무질서하고 어려운 과제를 논의함으로써 사위(며느리)나 젊은 이들이 추후 가족회의 참석을 싫어하는 계기도 줄일 수 있다.

4) 회의의 주재

가족회의는 가족구성원 특히 다음 세대들에게 리더십 기술의 훈련과 리더십의 기반을 넓히는 좋은 장소이며 기회이다. 동시에 이 회의는 다음에 기업이나 가족을 이끌 후손들에게 가족구성원을 이해할 기회를 제공하기도 한다. 이런 점에서 본다면 이 회의를 조직하고 주재하는 일은 구성원들이 윤번제로 하는 것이 좋을 것 같다. 윤번제 리더십의 역할은 기업의 리더와 가족의 리더는 반드시 동일인이라야 한다는 것을 의미하지 않는다. 즉 가족회의의 리더는 반드시 기업의 사장이나 가족 중 나이 많으신 원로가 아니라는 것이다.

때로는 가족회의를 촉진할 컨설턴트나 전문가를 활용하는 것이 좋을 때도 있다. 왜냐하면 그들은 공통된 가치관과 균형 이룬 토론을 하는데 필요한 커뮤니케이션 기법을 훈련받은 사람들이기 때문이다. 예를 들면, 이슈를 요약하고 과정을 시작하기 위하여 가족기업 컨설턴트를 데려오는 때도 있다. 이렇게 함으로써 가족구성원의 짐을 들어주기도 한다. 가족회의를 누가 주재하든지 간에, 목표는 가족구성원이 기업과 관련된 미래의 가족 관계를 규정하고 철학을 개발하는 등 주제와 관심사를 넓히는 데 있다.

5) 의제(회의 안건)

회의 안건이 좋아야 구성원들의 참여가 잘 되고 가족의 의사소통이 효율적으로 이루어진다. 가족회의의 효과성은 회의 내용에 의해 측정되는 것이 아니라, 오히려 힘이 한 곳으로 모였는지 혹은 참여가 잘되는지 등에 달려 있다. 두세 명의 가족구성원이 함께 일하는 경우 가족 전체의 상호 관심사에 대한 의제 자체를 제안하는 것도 좋은 방법이다. 이 과정에서 중요한 주제가 강조되기도 하고 새로운 의제가 창출되기도 한다.

주요 의제는 기업의 경영성과, 소유권과 지배구조, 가족구성원의 보수 관리, 가족구성원의 경력관리, 승계계획과 전문경영 문제, 가족계획 및 가족 관계, 교육훈련 등이다. 이런 회의를 통하여 위원회를 개발하거나, 여러 지위의 구성원을 선발하거나, 투자와 관련된 정보를 공유하는 가족도 있다.

6) 가족회의의 계획

가족회의의 최종목적은 전문화(professionalism)와 관여(participation)에 있다. 회의는 의제, 의장, 그리고 총회 등이 구조화된 전문적인 태도로 개최된다는 협약이 이루어져야 한다. 전문적이며 잘 계획된 회의는 전문적인 행동을 잉태하며, 토론을 위한 구조를 제공하며, 성과를 향상하기 때문이다.

첫 가족회의는 가족과 기업의 전반적인 사항에 집중되어야 한다. 즉 누가 기업을 창업했는가, 왜 가족구성원이 기업에 참가해야 하는가, 참여한다면 언제 해야 하는가 등이다. 여기서 최고령의 가족구성원은 특별한 이야기를 할 기회를 얻는다. 기업의 발전에 핵심적인 역할을 한 다른 가족구성원도 기회를 얻는다. 이때 사진, 필름, 비디오, 스크랩북, 비망록, 제품 카탈로그 등이 활용된다. 이 첫 번째 회의의 성과는 가족기업을 둘러싼 가치관, 경험 등을 완전히 이해하는 데에 있다.

두 번째 회의의 초점은 운영이다. 가족구성원에게는 재무 관점에서의 기업의 역사, (요약) 매출액, 경쟁 집단과의 이익 비교, 현 기업의 개략적 전략 등이 설명된다. 성장이나 합병이 고려된다면 재투자에 관한 토론이 있어야 한다. 이때 운영을 책임지고 있는 비가족 경영자의 프레젠테이션은 가치가 있다.

비가족 경영자에게서 듣는 기업과 가족의 이익은 가족회의에 상당히 도움이 된다. 비가족 경영자는 주요 주주인 다음 세대들을 만날 기회를 얻으며, 상호 협력을 구축할 기회를 개발하기 시작한다. 가족기업에서 비가족 경영자가 가지는 가장 큰 관심사는 오너와의 불확실한 관계이다. 이 회의로 인하여 비가족 경영자는 기업에 대한 가족의 관심사를 잘 이해할 기회를 얻게 된다. 이 첫 번째, 두 번째 회의 때에 질문과 토론은 공개적으로 하는 것이 좋다. 모든 가족구성원이 기업 배경에 대해 자세히 모르기 때문에, 어떤 질문이나 토론은 남부끄러운 점도 있지만 그래도 공개적으로 하는 것이 좋다.

7) 가족협약

가족이 가족회의를 긍정적으로 인식한 후, 가족회의의 초점은 '우리는 무엇을 해야 하는가'에서 '우리는 어떻게 해야 하는가'로 바뀐다. 공식적인 가족 협약(family agreements)을 활용하면 몇 가지 이점이 있다. 첫째로, 가족협약은 일반적인 규칙을 근간으로 한 일관성을 고무시킨다. 둘째로, 가족 조화를 지원한다. 그리고 셋째로, 공유된 미래 비전을 달성하여 가족 효과성(family effectiveness)을 증가시킨다. 기업의 관점에서 볼 때, 가족협약은 가족의 과업을 완성하기 위한 정책을 창출하는 것이다. 또한 이는 개인적 신뢰에서 제도적 신뢰로 이동하도록 가족을 도와준다. 협약 개발은 중요한 첫 단계이지만, 효율적인 가족협약은 변화하는 가족과 기업 환경에 적응하기 위해 수정과 검토가 필요하다.

가족협약은 비공식적인 가족편지(family letter)에서 정교한 가족헌장(family constitution)에 이르기까지 다양하다. 예를 들면, 가족헌장에는 신입회원의 자격이 자세히 언급되어 있다. 이상적으로, 가족협약이나 가족헌장은 기업의 초기에 개발되는 것이 좋다. 그래야만 토론과 결정의 권한이 가족의 어느 한 사람에게 집중되지 않게 된다.

다음에는 가족협약에서 자주 강조되는 필수적인 주제인 가족행동, 갈등해결, 가족교육, 가족단합대회, 그리고 우선순위를 설명하고자 한다.

① 가족 행동(family behavior)

기업과 관련한 가족구성원 개개인의 행동은 종업원이나 주요 이해관계자집단(고객이나 공급자 등) 그리고 다른 가족구성원에게 영향을 끼치며, 나아가 갈등의 근원이 되기도 한다. 가족구성원 개개인의 행동 결과는 기업에 심각한 법적 그리고 공중관계에 영향을 끼치기도 한다. 또한 이는 종업원의 도덕성에도 위협적인 요소가 될 수도 있다.

② 갈등해결(conflict resolution)

가족협약이 아무리 잘 되어 있다 하더라도, 대부분의 가족기업은 개인 관계, 관여된 가족구성원이 해결하기 어려운 기업행동이나 미래계획 등으로 심각한 갈등에 직면하게 될 것이다. 심지어 감정이 고조되고 결국 심각한 갈등이 나타나 도저히 치유될 수 없게 될 지경에 놓이게 될 수도 있다. 이러한 점에서 보더라도 갈등해결을 위한 프로그램은 절대적으로 필요하다. 갈등해결을 위한 좋은 계획은 민감한 이슈에 참여, 동의를 바탕으로 한 갈등-해결 메커니즘, 신뢰 관계를 구축하기 위한 갈등의 중요성 강조 등이 포함되어 있어야 한다. 중요한 이슈에 대하여 가족이 의견 불일치를 보이더라도 이를 해결할 구조로 되어 있을 때, 그들은 좀 더 신뢰 관계를 구축하게 될 것이다.

③ 가족 교육

가족이 기업에 참가하는 경우 중요한 성공 요소는 가족구성원의 교육과 개인적 개발에 관한 관심이다. 가족교육을 위해 가족회의의 한 부분에 정규적인 교육활동을 첨가하는 기업도 있다. 어떤 가족들은 이런 주제를 공부하기 위해 기업 세미나에 참석하곤 한다. 또 다른 가족들은 다른 지역의 가족기업 오너를 그들 자신의 세미나에 초청하여 원탁회의나 토론회 등을 통하여 아이디어나 해결책을 찾으려고 노력하기도 한다. 많은 가족은, 가족구성원이 의사결정이나 계획에 관여하기 전에 이런 교육을 받는 것이 좋다고 여기고 있다. 가족계획과 기업계획에 가족교육을 자연스럽게 포함한 기업도 있다.

④ 가족 단합대회(family unity)

성공적인 가족기업을 만들기 위해서는 항상 열심히 일만 한다고 해서 되는 것은 아니다. 여기에도 역시 재미와 즐거움이 뒤따라야 한다. 그래야 가족이 한마음 한뜻으로 단합하고 가족 관계도 돈독하게 된다. 이를 위해 함께 사회활동이나 레크리에이션을 함으로써 가족 구성원끼리의 관계, 우정, 커뮤니케이션 등을 원활하게 할 수도 있다. 특히 기업에 직접 근무하지 않는 구성원은 이런 모임에 참석함으로써 다른 가족구성원과 똑같은 위치에 놓여있다는 것을 느낄 수 있을 것이다. 많은 가족은 가족 전용 콘도, 하계 피서지, 주말농장 등을 구입하기도 하고, 혹은 정규 휴가 때는 '오락시간'을 정례화하기도 한다. 어떤 가족들은 가족 휴가나 방학, 그리고 종교적인 의식 등은 가족구성원을 위해 필요하며, 이때 회사나 집안일 등 골치 아픈 일은 절대로 언급하지 않는다는 내용을 가족협약에 명시해 놓은 예도 있다.

⑤ 우선순위

위와 같은 가족협약 프로그램을 개발하는 데는, 가족과 기업의 복잡성이나 규모 등에 따라 다르지만 보통 수년이 걸릴 수도 있다. 그러므로 이를 실제 적용하기 위해서는 가족 나름대로 우선순위를 만들어 놓아야 할 것이다.

예를 들어, 가족이 공식적인 가족회의를 개최하거나 제안된 규약을 개발하기 위해 위원회를 열거나 혹은 교육 프로그램에 참석하는 일 중에서 한 가지를 선택해야 할 경우가 있을 것이다. 이때 무엇을 먼저 선택할 것인가는 각 가족이 놓인 상황에 따라 다를 것이다. 매년 가족은 몇 개의 주요한 활동을 선택할지도 모른다. 이 과정은 주의 깊게 모니터 돼야 하며 부수적으로 가족회의도 검토돼야 한다.[2)]

---

2) Carlock, R. S. & J. L. Ward(2001), *Strategic planning for the family business*, Palgrave, pp. 80-91.

8) 가족회의의 진화

가족회의는 기업의 나이, 규모, 소유권의 상태 등에 따라 진화한다. 진화는 보통 창업단계, 남매협력단계, 그리고 가족왕국단계의 3단계로 변화한다. 먼저 가족기업의 초기인 창업단계의 경우(1단계), 가족회의는 핵가족으로만 구성되어진다. 부모가 자주 가족구성원의 참여, 리더십의 교체 및 승계와 같은 의제를 낸다. 때때로 가족들은 창업세대에게 물러나라고 요구하기도 한다.

두 번째로, 남매협력단계(2단계)를 들 수 있다. 이때는 둘 혹은 그 이상의 가족구성원이 기업을 함께 경영하고 소유하는 단계이다. 이때 가족회의의 초점은 팀 구축이며, 가족조화(family harmony)가 주요 이슈이다. 이 단계에 가족교육과 전문경영인 제도를 도입하려는 기업도 있다.

〈표 3-6〉 기업의 성장에 따른 가족회의의 진화

기업의 성장단계	참 여 자	메커니즘	주요 이슈
창업단계 (제1단계)	핵가족간의 비공식 가족회의	난로가 잡담 혹은 연합회의	가족구성원의 참여, 승계, 리더십의 교체, 가족구성원의 기능계발
남매협력단계 (제2단계)	2세대 가족구성원과 그 배우자	난로가 잡담, 연합회의 혹은 지배위원회	팀 구축, 공동의 목표 개발, 상호 관심사 구축, 가족조화, 가족교육
가족왕국단계 (제3단계)	기업에 적극적(소극적)인 사촌, 사위, 며느리, 기타 친척 등을 포함한 일련의 3세대 구성원	지배위원회	자본의 배분과 유동성과 같은 주주의 이슈; 기업에 대한 가족관여 육성; 가족의 전통과 역사; 가족 프로젝트

자료: Aronoff & Ward(1992), p.31과 Aronoff & Ward 저, 남영호 역(2000), 89쪽을 참조하여 재구성.

마지막 세 번째로, 가족왕국단계(3단계)를 들 수 있다. 이 단계에 가족의 참여는 3세대 혹은 그 이상으로 사촌, 사위, 며느리, 기타 친척

등 많은 구성원으로 이루어져 있다. 이 단계의 가족은 종족이나 씨족의 형태를 띠게 되며, 기업의 유동성과 같은 주주 문제에 초점을 맞춘다. 이때 가족회의는 가족의 전통이나 가족의 역사에 초점을 맞추어 기업에 직접 관여하지 않는 구성원까지도 가족의 정체성을 이해하고 나아가 기업에 관심을 기울이도록 하는 데 있다.

[소사례] 미국 대가족 모임 크게 는다

9·11 이후 "돈보다 가족 중요" 3代 100여 명이 주말 함께 즐겨

워싱턴 DC에 사는 제임스 후드(Hood·71) 씨는 지난 30년 동안 가족 재회모임(family reunion)에 빠진 횟수가 두 차례뿐이다. 작년 여름 노스캐롤라이나 주에서 열린 행사에선 그를 포함한 118명이 참석했다. 그의 형제·자매 11명의 3대가 모인 숫자다. 우리 식으로 말하자면 '대가족 모임'이라고 해도 무방할 듯하다. 미국 항공국에서 근무하다 은퇴한 그는 "가족 구성원들이 서로 어울리며 사랑하는 법을 배운다"고 말했다. 보통 연례행사로 열리는 가족 재회 모임이 요즘 미국에서는 학교나 직장을 쉽게 빠질 수 있는 '정당한 사유'로 급부상하고 있다. 그만큼 대가족 모임의 횟수가 과거보다 빈번해지고, 소중하게 여겨지고 있다는 얘기다. 한 TV 아침 방송의 앵커는 오는 9월 노동절 때 자신들의 대가족 모임을 생방송으로 진행하겠다고 발표해 화제를 뿌리기도 했다.

작년에는 7,200만 명의 미국인들이 대가족 모임에 참석한 것으로 추정된다. 미국여행산업협회가 2002년 4월 한 여론조사에 따르면, 지난 3년 동안 3명 중 1명꼴로 가족 모임 참석을 위해 여행했다. 이 가운데 절반은 매년, 4분의 1은 2~3년에 한 번꼴로 참석했다. 대가족 모임에 참석하는 데 먼 거리는 핑계가 되지 않는다. 참석자의 34%는 800㎞ 이상을, 34%는 240~800㎞를 여행했다. 대가족 모임은 통상 친인척 수백 명씩이 모이는 대규모 행사다. 금요일부터 일요일까지 3일간 내리 행사를 하는 것이 최근의 풍속도다. 행사는 다양하다. 금요일 저녁엔 대개 풍성한 저녁을 먹으며 담소를 나눈다. 토·일요일 일정은 완전히 열려 있다. 장기 자랑, 행운의 추첨, 조상 기리기, 올해의 훌륭한 가족 시상, 주최 도시 여행, 댄스파티, 배구 등 운동 시합….

50개 주를 돌아가며 모임을 만드는 가족들도 있고, 조상의 뿌리를 찾는 테마를 갖는 사람들도 있다.

'리유니언 매거진(Reunion Magazine)'은 대가족 모임을 위한 각종 정보를 전문으로 제공해 주는 잡지다. 편집장인 에이스 와그너(Wagner)는 '대가족 모임: 놀이와 게임' '대가족 모임 교범' '대가족 모임 원전' 등 저서를 냈다. 이 잡지는 성공적인 대가족 모임을 위한 십계명을 가르친다. ▲숫자를 파악하라 ▲가족의 욕구에 신경 써라 ▲날짜는 6~8개월 전에 통고하라 ▲팀을 짜라 ▲웹사이트나 소식지를 만들어라 ▲비용을 분담하라 ▲기념물을 만들어라 ▲음식에 신경 써라 ▲재미있게 해라 ▲아이들을 놀려라 등이다. 대가족 모임 총무를 맡은 텔마 존스(Jones)는 "가족들만이 나눌 수 있는 공동언어와 농담을 주고받으며 가족의 성원으로서 자신이 누구인지를 확인할 수 있어 좋다"고 말했다.

(자료: 조선일보, 2003년 4월 19일)

3. 가족위원회

가족위원회(family council)는 기업과 관련된 가족의 문제를 토론하기 위하여 주기적으로 함께 모이는 각 집안의 대표들로 구성된 집단을 말한다. 구체적으로 각 집안의 대표들은 주로 기업에서 직접 일을 하지 않거나 지분을 갖고 있지 않은 가족구성원으로, 대부분 가족 오너의 배우자와 자식들이다. 이런 가족위원회는 가족의 조직적 계획과 전략적 계획을 수행하는 위원회로, 여기에서 주로 가족의 가치관, 정책, 그리고 미래의 방향을 결정하기도 한다(Jaffe, 1991, p. 122). 보통 가족위원회는 가족회의의 마지막 단계인 가족왕국단계(3단계)에 이른 경우로, 자세한 구체적인 내용은 앞의 가족회의와 상당수 중복된다.

가족위원회의 근본적인 목적은 가족구성원이 기업에 대해 가진 가치관, 욕구, 기대치를 개발하고 가족의 장기적인 관심사를 지켜줄 정책을 개발하기 위한 포럼을 제공하는 데 있다. 가족위원회의 장기적인 목적은 전 가족구성원에게 주도권을 제공하고 나아가 건강한 가족을 만드는 데 있다. 가족위원회는 가족구성원들의 가이드라인의 구축과 위원회 임무를 설명하는 헌장인 가헌(家憲)을 문서화시키기도 한다.

이러한 가족위원회를 개최하는 데에는 다음과 같은 네 가지의 중요한 이유 때문이다. 첫째로, 가족위원회는 기업 소유권과 경영권에 대한 권한과 책임에 관하여 가족구성원을 교육할 수 있다. 둘째로, 가족위원회는 가족과 기업의 경계를 뚜렷이 밝히고 기업경영이나 소유권에 직접 관여하지 않는 가족에게 기업에 관한 소식을 접할 기회를 제공해 준다. 셋째로, 가족위원회는 친척들이 기업에 대하여 함부로 말하지 않도록 하며 그들의 관심사를 토론할 적절한 기회를 제공해 준다. 넷째로, 가족위원회는 가족계획과 공유된 비전을 만들 기회를 제공한다. Lane(1993)은 가족위원회의 특별한 책임을 다음과 같이 주장하고 있다. ① 기업의 현황을 외부에 전달, ② 특별한 의사결정에 정보를 제공, ③ 기업을 뒤에서 뒷받침한다.

가족위원회를 구체화하기 위하여 놀이를 위한 가족의 공동재산, 가족교육 프로그램 등을 만들거나 가족구성원의 공유된 관심사를 다룰 가족사무실(family office)을 열기도 한다. 이외에도 모든 가족구성원에게 창업의 분위기를 촉진하거나 혹은 가족기업에 필요한 기금마련을 위한 벤처기금 등을 마련하기도 한다(Aronoff & Ward, 1992).

성공적인 가족위원회를 위해서는 다음과 같은 것들이 필요하다.

① 회의일정표를 만들고 이를 지켜라.

② 가족위원회에 관심을 가져라.

③ 명확한 리더와 책임을 구축하라.

④ 편안한 분위기에서 회의하되 너무 비공식적으로 되지 않도록 하라.

⑤ 다른 하위그룹(예: 1세대와 2세대, 친가와 처가, 남자와 여자 등)을 활용하여 융통성과 창의성을 발휘하라.

⑥ 처음부터 외부 전문가(시설)를 활용하라.[3)]

4. 가족총회

가족총회(family assembly)는 우리나라의 문중 회의와 비슷한데, 가족기업과 직·간접으로 관계되는 모든 구성원, 즉 남녀노소 구분할 것 없이 모두 모여 회의를 하는 조직이다. 가족총회가 성공적으로 효과를 보기 위해서는 다음과 같은 사항을 염두에 두고 준비하여야겠다.

① 가족총회는 가족위원회와 연계하여 개최
② 전 가족구성원이 모두 참여할 때 유효함
③ 가족총회는 교육, 커뮤니케이션, 가족 유대를 위한 수단
④ 최소한 1년에 한 번 이상 전 가족구성원이 참여하는 것이 좋음

5. 가족의 참여

가족기업에서 가족은 종업원, 오너, 경영자, 그리고 이사회의 근원이다. 가끔 경영자는 기업의 계속 성장을 위해 새로운 기회를 잡기 위한 기업계획 과정을 리드하기도 한다. 이때 가족의 적극적인 참여는 기업의 계획과정에 강력하면서도 큰 영향을 끼친다. 가족의 참여는 기업에 대한 가족 관여의 실질적인 증거이며, 가족관여를 유지하기 위한 중요한 기구이다. 만약 모든 사람이 긍정적으로 기업에 관여한다면, 기업은 가족관여(family commitment)를 달성하게 되는 것이다.

계속된 소유권의 유지와 성공적인 기업의 경영성과 모두는 장기간에 걸쳐 가족의 관여가 있어야 한다. 〈그림 3-2〉는 가족과 기업 모두에 관여할 가능한 기회 전부를 요약한 것이다. 이 그림에서 나타난 바와 같이 가족과 기업 시스템에서 의미있는 역할이 많이 있다는 것을

---

3) Gersick K. E., J. A. Davis, M. M. Hampton & I. Lansberg(1997), *op. cit.*, pp. 237-242.

알 수 있다. 하지만 가족구성원들은 전반적인 분위기가 좋지 않거나 혹은 나쁘므로 경영에의 참여를 꺼린다는 것은 흔한 일이다.

참여에 대한 조직의 긍정적인 효과와 임파워먼트(empowerment)는 기업경영이란 관점에서 볼 때 기본에 속한다. 어느 정도의 참여를 장려하는 조직은 의사결정을 잘 할 수 있으며, 의사결정 시 큰 도움을 받을 수 있다. 나아가 지난 30년 동안의 정치적, 사회적 변화 역시 개인의 삶과 의사결정에 큰 영향을 끼쳤다는 사실을 묵과해서는 아니 될 것이다. 예를 들면 최고 경영자에게 집중된 권한과 의사결정의 전통적인 조직 모델은 이미 과거의 것이 되어 버렸다.

오늘날 이러한 변화는 가족과 기업에도 그대로 적용이 된다. 늘어난 참여로 나타난 이득의 한 예로(기업의 경우), 임파워먼트가 다음 세대의 공헌과 성취에 좋은 기회를 제공한 사실을 들 수 있겠다. 간단히 말해 집에서도 자기의 재능을 발휘할 수 있다는 것이다. 모든 가족구성원에게 참여를 공개함으로써 관여를 증가시키고 동시에 힘없는 사람을 줄일 수 있게 된다. 따라서 많은 차세대의 가족구성원들은 좋은 경험을 할 수 있게 된다. 바람직한 구성원의 참여로 가족기업의 생존을 보장하게 된다.

여기서 가족의 참여는 두 가지로 나누어 볼 수 있겠다. 하나는 가족시스템과 기업시스템의 적극적인 관여이며, 나머지 하나는 공유된 의사결정을 말한다. 첫 번째의 차원인 관여는 미래 가족기업의 발전을 위해 더 많은 가족구성원이 참여하는 것을 말한다. 〈그림 3-2〉에서 본 것처럼 차세대들이나 사위들은 기업의 관여를 종업원의 역할 정도로 보기 시작한다. 능력 있는 가족의 참여는 이들에게 일련의 소유권을 늘리거나, 혹은 가족과 기업이 어떻게 운영되는가를 좀 더 배우는데 도움이 된다.

〈그림 3-2〉 가족의 기업에의 참가

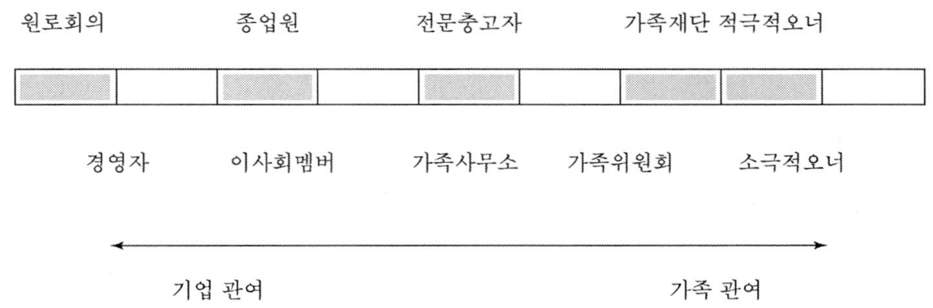

자료: Carlock, R. S. & J. L. Ward(2001), p. 71.

두 번째의 참여 차원은 의사결정 과정에 가족의 역할이 증대되는 것을 말한다. 이는 가족, 소유권, 지배, 그리고 기업의 이슈 등의 의사결정에 대한 공유된 권한과 책임을 말한다. 가족 협약(family agreement)에 대한 검토와 수정은 가족이 책임을 공유할 수 있는 활동의 한 예이다. 적극적인 관여가 가족참여의 첫 번째 단계라면, 이는 기업 가족을 위해 긍정적인 힘을 창출하는 의사결정을 공유하는 것을 말한다. 이 두 차원 모두에서 가족참여를 지원하는 프로그램 개발은 의사결정의 질을 높이고 동시에 집단 의사결정에 가족참여를 허용하는 것을 의미한다.

여기에서는 갈등, 공정성, 가족회의, 그리고 가족협약 개발 등을 다룬다. 가족회의와 가족협약은 많은 다세대 가족들이 그들의 공유된 미래를 보호하는 데 사용하는 도구이다. 특히 가족회의를 강조하고자 한다. 왜냐하면 가족회의는 가족의 관여와 공유된 의사결정 모두를 활성화하기 때문이다.

1) 참여 지원 여건 조성

모든 가족에 있어서 가장 중요한 이슈는 가족참여로 인한 갈등과 가족 관계의 영향을 이해하는 것이다. 가족기업의 갈등은 참여의 부족과 더불어 가치관, 목표, 비전 등과 관련된 개인적 차이를 건설적으로 극복할 기회가 제한되었다는 사실을 너무나 많은 가족은 인정하지 않는다는 것이다.

가족이 성장하고 복수 세대가 기업과 이해관계가 있게 될 때, 가족의 참여를 높인다는 것은 점점 더 도전적인 것이 된다. 나이 든 가족구성원들은 일반적으로 창업자와 가까이 지내게 되어 경험을 쉽게 할 수 있다. 일반적으로 그들은 창업 초기부터 비전을 공유하며, 출발부터 기업에 대하여 배울 기회를 얻게 된다.

기업에서 직접 일을 하거나 주식을 소유하고 있는 후세대 가족구성원들은 개인적 관심사에 동기부여되어질 수 있다. 나이든 집단과 젊은 집단들이 함께 모이면 가족기업에 대한 배울 기회를 얻게 되며, 가능한 관여를 개발하고, 가족과 기업의 미래 성공에 대해서도 이바지할 수 있게 된다.

그러나 불행하게도 가족이 참여와 탐구를 높일 환경을 조성하지 않는다면 이러한 일들은 일어나지 않는다. 가족 갈등과 공정한 과정에 관한 토론은 가족이 참여를 제한하기보다는 쉽게 할 수 있는 환경을 조성하는 것이 무엇보다도 중요하다는 것을 잘 말해주고 있다.[4)]

4) Carlock, R. S., J. Ward(2001), Strategic planning for the family business, Palgrave, 71-75.

[소사례] 땅콩리턴(회항)사건

땅콩리턴(회항)사건

대한항공 조양호 회장의 장녀인 조현아 전 부사장이 2014년 12월 5일 뉴욕발 대한항공 1등석에서 마카다미아를 봉지째 가져다준 승무원의 서비스를 문제삼으며 난동을 부린 데 이어, 이륙을 위해 활주로로 이동 중이던 항공기를 되돌려 수석 승무원인 사무장을 하기(下機)시키면서 국내외적으로 큰 논란을 일으킨 사건이다. 이 사건은 12월 8일 언론을 통해 공개되면서 땅콩리턴, 재벌가 갑질 논란을 촉발시켰다. 특히 게이트를 떠난 항공기가 다시 게이트로 돌아오는 램프리턴에 대한 항공법 저촉 여부 등으로 국제적으로도 큰 논란이 됐다.

그러나 이러한 논란에 대한항공은 조 부사장을 옹호하는 것은 물론 책임을 승무원에게 떠넘기는 사과문을 발표해 논란을 더욱 가열시켰다. 결국 12월 10일 조 부사장은 대한항공 부사장직에서도 물러났고, 조양호 회장과 함께 대국민 사과를 발표했지만 실제로는 증거 인멸 시도 등이 알려지면서 사태는 계속 확산됐다. 이후 참여연대가 조 전 부사장을 항공법 및 항공보안법 위반 등으로 고발하면서 국토교통부와 서울서부지방검찰청의 조사가 시작됐다. 이후 2015년 2월 12일 1심 선고공판에서 조현아 전 부사장은 위계에 의한 공무집행방해죄만 무죄로 인정되고 나머지 혐의가 모두 유죄로 인정되어 징역 1년의 실형을 선고받았다.

대한항공에 미친 여파: 대한항공은 경복궁 여학교 밀집 지역에서 7성 호텔을 건설할 계획을 가지고 있었다. 박근혜 정부는 이 사건으로 인해 대한항공과 관련된 법안을 처리하기 어렵게 되었다. 새누리당 고위 당직자는 이런 분위기에서 법안 처리는 어렵다는 의견을 내었다. 호텔 설립이 무산될 경우, 조현아 부사장은 본인이 맡은 호텔 사업 부분에 큰 손해를 입게 된다.

2014년 12월 17일 국토교통부는 중간 수사결과를 발표하면서 대한항공의 존 F. 케네디 국제공항과 인천국제공항을 연결하는 노선의 3주간의 취항금지 조치와 14억 4천만 원의 벌금을 고려하고 있다고 밝혔다.

(자료: 네이버 지식백과에서)

제3절 기업의 지배구조: 이사회

가족기업의 이사회는 기업의 지배구조의 핵심 중의 하나로, 기업의 자원이며 미래의 위기에 대비한 일종의 보험이다. 또한 이사회는 기업의 최고의사결정 기관인데, 일반적으로 가족기업은 네포티즘, 잘못된 승계나 상속으로 인한 불화와 같은 단점을 갖고 있으므로, 이런 단점을 장점으로 바꾸는 데는 이사회가 큰 역할을 수행한다고 보고 있다. Ward(1991)는 이사회 특히 활동적인 이사회의 존재는 기업의 생존과 번영에 가장 필수적인 단일변수라고 주장하고 있다. 여기에서는 가족기업 이사회의 유형 및 역할, 이사회의 구조, 사외이사의 유용성 등을 살펴보겠다.

1. 가족기업 이사회의 역할 및 유형

1) 관점에 따른 이사회의 역할

기업의 지배구조와 관련하여 이사회의 역할은 다양한데, Corbetta와 Salvato(2004)는 이를 크게 두 가지로 분류하고 있다. (1) 이사회의 핵심 역할에 대한 관점(대리인, 모니터링, 책임 등 포함), (2) 자원의 공급(전략, 서비스, 합법적인 역할 포함).

첫 번째의 이사회의 핵심 역할은 관점 즉 대리인 이론과 집사이론에 따라 다르게 여기고 있다. 먼저 대리인 이론(agency theory)은 소유와 경영의 분리로 나타난 이해관계자의 갈등을 언급한 것이다. 따라서 이사회의 근본적인 역할은 오너의 이익을 보호하기 위하여 대리인의 행동을 "모니터"하는 것으로 보고 있다. 이사는 그들의 통제 기능을 수행하는데, 예를 들면, CEO와 기업의 전략실행을 모니터링, CEO 승계계획, CEO와 최고경영자의 보수평가 등이다. 반면에 집사이론(Stewardship theory)에 의하면, 경영자와 종업원의 동기부여는 개인의 목표에 따라서가 아니라, 개인의 목적과 조직의 목적이 일치하는가에 따라 결정된다고 여긴다. 즉 집사이론에 의하면 이사회의 근본적인 역할은 대리인이론의 모니터링보다는 서비스와 자문으로 보고 있다.

두 번째의 이사회의 역할은 자원의 공급으로 여긴다. 이 관점은 자원의존방법(resource dependence)과 주주접근방법(stakeholder approach)으로 나누어진다. 먼저 자원의존방법은 이사회를 기업 성공에 핵심적인 자원을 통제할 능력의 유무로 판단하며, 나아가 이사회를 이런 자원에 접근할 기구 중의 하나로 여긴다. 구체적으로 이사회는 기업에 중요한 4가지 역할, 즉 (1) 자문, 카운슬링, 노우-하우, (2) 합법성, 명성, (3) 외부조직과 기업 간의 정보 전달을 위한 채널 구축, (4) 기업 외부의 중요 인사로부터 지원 혹은 우선 관여 등을 수행한다고 여긴다. 반면에 주주접근방법은 전통적인 방법으로 이사회 구성원의 역할로, 주주가 기업 성공의 핵심적인 자원을 공급하며, 주주가 기업의 대표성을 띤다고 여기고 있다. 이는 핵심적인 주주들이 기업 성공에 필요한 의견일치를 구축하여, 기업의 능력이 잘 나타나도록 한다고 여기고 있다. 그러므로 이사회는 갈등관계에 놓여있는 이해 당사자들이 중재되는 곳이며, 동시에 응집력이 필요할 때 생기도록 해주는 장소이기도 하다.

2) 유형에 따른 이사회의 역할

Ward(1991)는 이사회의 존재 이유를 개인기업(private company)과 공개기업(public company)으로 나누어 고찰하고 있다. 그에 따르면 먼저 개인기업은 CEO를 효율적으로 도와주거나, 기업의 목적과 정책 수립, 경영 의사결정을 돕거나, 주주를 대표하는 것 등으로, 공개기업은 주주를 보호하거나, 위기에 찬 기업을 구제, 종업원의 연금 보호, CEO 선발 등을 위해 이사회가 존재한다고 보고 있다(〈표

3-7〉 참조). 개인기업은 기업의 목적과 소유권의 관점에서 보았을 때 가족기업과 유사하다. 특히 중·소규모 이 중에서도 소규모 기업의 경우 개인기업과 가족기업을 같다고 보아도 무방하므로(Timmons, 1994), 가족기업의 존재 이유는 개인기업의 그것과 동일한 것으로 추정할 수 있겠다.

〈표 3-7〉 기업별 유형에 따른 이사회의 존재 이유

항 목	개인기업 (가족기업)	공개기업
CEO를 효율적으로 도와줌	1	-
기업의 목적과 정책 수립	2	-
경영 의사결정을 도움	3	-
주주를 대표함	4	-
종업원의 연금을 보호	5	3
주주를 보호	6	1
이사회 의무 수행	7	-
위기에 찬 기업을 구제	8	2
CEO 선발	9	4
기업의 이미지와 신뢰제고	10	-
기업보호	11	-
중재자로서 역할	12	-
주주에게 보고	13	-
필요악	14	-

주: 숫자는 중요도 순위임
자료: Ward(1991), p. 48

이사회의 역할은 기업규모나 각국의 제도, 그리고 이사회의 유형에 따라 다르게 나타난다. 이사회의 유형은 보통 구성원의 자격, 이사회에 할당된 과업과 이러한 과업을 실천하기 위한 이사회의 관여 정도 등에 의해 결정된다.

3) 이사회의 유형[5)]

① 가족 이사회

가족 이사회(family board)는 기업의 지분(소유권)을 가진 가족구

5) 남영호(2000), "가족기업 이사회에 관한 연구", 중소기업연구, 22(2), 137-164를 요약 정리한 것임.

성원으로 이루어진 이사회이다. 가족 이사회는 주로 지분은 갖고 있으나 현 기업에서 직접 일을 하지 않는 가족구성원(보통 은퇴한 창업주로 가족이사회의 의장임)과 현 기업의 사장 및 부사장 등으로 구성되어 있다. 보통 가족 이사회는 소규모 가족기업에 많이 나타나며, 대규모 가족기업의 경우 가족 이사회는 일반 이사회보다 상위의 계층에 속한다. 또한 가족 이사회는 이사이며 오너인 가족구성원과 종업원인 가족구성원과의 경계를 명확하게 하는데 적용되기도 한다.

Lane(1993)은 가족 이사회의 특별한 역할과 책임을 다음과 같이 주장하고 있다. ① 팀으로서 함께 일하는 가족의 성공 및 기업 자체의 성공에 대해 궁극적인 역할과 책임을 지며, ② 기업경영의 과정을 모니터하며 기업경영에 대한 책임, ③ 기업의 전반적인 비전을 제공하며, ④ 가족자산에 대한 집사의 역할을 수행, ⑤ 채용, 해고, 훈련, 그리고 보상 등을 포함한 가족 개개인의 의사결정에 대한 역할과 책임, ⑥ 적절한 승계계획에 대한 역할과 책임, 마지막으로 ⑦ 가족이 원하는 응집력의 정도를 결정하는 역할 등이다.

② 자문 이사회

자문 이사회(advisory board)는 사외이사와 부장급 이상의 비 가족구성원, 그리고 기업의 자문역 등으로 구성된다. 이는 법에 따른 강제적인 규정으로 설치된 것이 아니라, 기업의 필요 때문에 전문지식을 갖춘 구성원으로 이루어져 있다. 이 자문 이사회는 주요 의사결정의 권한을 외부인과 공유하기를 꺼릴 때 주로 나타나는데, 소규모 가족기업의 경우 많이 존재한다. 이 자문이사회는 일반적으로 이사회에 앞서 회의가 이루어지는데, 기업의 로열층으로서 일반적인 정보를 기업에 제공하며, 가족 외부인과 가족기업에 관해 토론하기도 한다. 그런데 이들의 자문은 객관적이나 법적인 책임은 전혀 지지 않는 특징을 갖고 있다(Neubauer & Lank, 1998). 가끔 가족 이사회와 자문 이사회가 모두 있는 가족기업의 경우 함께 만나 장기계획과 전략을 논의하기도 한다.

이 자문 이사회의 특별한 역할은 다음과 같다(Lane, 1993; Neubauer & Lank, 1998). ① 가족을 위한 건전한 이사로서 해야 할 역할을 수행, ② 전문가가 없는 영역에서 최고경영자를 컨설팅하거나 도우며 ③ 위기 때 큰 영향력을 행사 ④ 외부로부터 필요한 정보를 획득하여 최고경영자에게 제공하기도 한다.

③ (일반) 이사회

가족기업의 이사회는 비 가족기업의 이사회와는 약간 다른 역할을 수행한다. 즉 가족과(이나) 주주를 보호하거나, 가족과 기업의 임무와 문화를 개발 및 보존, 최고경영자의 임면, 전반적인 기업경영의 통제 및 장기 전략 수립(Nash, 1988; Ward & Handy, 1988), 승계 업무, 재무자원의 유용성 보장, 기업경영의 모든 측면의 모니터링, 오너와 모든 이해관계자에게 보고 등의 역할을 수행한다고 보고 있다. 때에 따라서는 가족기업의 이사회는 경영진의 역할을 수행하기도 한다(Neubauer & Lank, 1998).

Aronoff와 Ward(1996)는 이사회의 기능을 크게 핵심 역할 5가지로 나누고 있다. 즉 지배가 효율적으로 잘 되고 있는가에 대한 감시, 기업정책과 전략에 대한 모니터링, 경영에 대한 충고와 자문, 승계계획 감시, 마지막으로 가족구성원에 대한 교육 및 지원 등이다.

2. 가족기업 이사회의 구조

이사회의 구조는 크게 소유주와 사외이사의 수, 이사회 회의 수, 관여 시간, 가족기업 활동이나 위원회의 참여, 이사들의 보수, 이사들의 책임 범위, 이사 직위 기간 등에 따라 다양하게 구성되어진다(Ward, 1991). 여기서는 이사회의 규모, 이사회의 조직, 이사회의 횟수 등을 중심으로 고찰하고자 한다.

1) 이사회의 존재여부

Corbetta와 Tomaselli(1996)의 연구에 의하면 이탈리아의 경우 88%(가족기업:74%, 비가족기업: 69%), 스페인의 경우 69%가 이사회가 존재하고 있었다. 이사회의 존재여부는 기업규모와는 관계가 낮았으나, 기업의 경쟁력과 아주 높은 상관관계를 나타내고 있었다(상관계수 0.712). 이사회의 역할은 이사회의 유형이 무엇이든지 간에 기업의 성장과 발전에 유용한 역할을 수행하며, 특히 오너경영자에게 권한이 집중된 우리나라의 경우(한국경제신문 1997. 8. 19.) 가족기업 경영의 단점을 극복하기 위한 수단으로 이사회의 유용성은 매우 크다 하겠다.

2) 이사회의 규모 및 회의 횟수

이사회의 규모는 나라마다 기업마다 다르게 나타나고 있다. 작게는 2명에서 많게는 16명까지 다양하나 보통 6~7명이 주류를 이루고 있다. 특별한 이유가 없는 한 가족기업 이사회의 적합한 크기는 6~7명을 이상적으로 보고 있다(Neubauer & Lank, 1998). 한편 Ward와 Handy(1988), Schwartz와 Barnes(1991), 그리고 Corbetta와 Tomaselli(1996) 등의 연구에 의하면 기업의 크기와 이사회의 크기는 상관관계가 있음이 입증되었다.

이사회의 회의 횟수는 미국의 경우 조사자(혹은 년도)에 따라 매우 다르게 나타나고 있다. 전문 컨설팅 기관인 Arthur Andersen 등(1997)이 조사한 바에 의하면 연 1~2회 개최가 제일 많았고, Ward와 Handy(1988)의 연구에 의하면 평균적으로 연 4회 개최하며 1회 시간은 4시간이 제일 많았다. 한편 이탈리아의 경우 6회 이하가 제일 많으며 평균 1회의 회의 시간은 2.5시간으로 나타났다. 스위스의 경우 이사회의 횟수는 적게는 1~2회부터 많게는 12회 이상까지 매우 다양하다. 즉 매달 만나는 기업도 있으며 분기별 혹은 계절별로 회의를 개최하는 예도 있다고 추정할 수 있겠다.

따라서 이상적인 이사회의 횟수는 가족이 이사회에 부여한 역할이나 기업의 건강 정도 등을 고려하지 않고는 일률적으로 규정하기 어렵다. Neubauer와 Lank(1998)는 이사회의 역할이 광범위할수록, 경제 사정이 좋지 않을수록 이사회의 횟수는 증가하는 걸로 보고 있었다.

3) 이사회의 조직

일반적으로 가족기업의 이사회는 보통 가족구성원만으로 구성된 경우, 사외구성원만으로 구성된 경우, 그리고 가족구성원과 사외구성원의 혼합으로 이루어진 경우 등 3가지이다. 이 중 가족구성원만으로 이루어진 이사회는 가족기업의 단점인 의사결정의 독단과 횡포 등이 나타날 가능성이 크므로 배제하고 있다. 두 번째의 사외구성원(가족 이외의 구성원)만으로 이루어진 이사회는 앞의 가족구성원만으로 이루어진 경우와는 정반대로 책임경영과 기업에 관한 관심의 결여 등이 나타날 가능성이 커 역시 배제하고 있다.

일반적인 이사회의 조직은 세 번째의 가족구성원과 사외구성원의 혼합으로 이루어진 경우로, 사외구성원에 가족이사가 일부 포함되어 있을 때 가족 CEO는 훨씬 만족하는 경향을 띠고 있었다. 이에는 다시 순수 이사회와 혼합형 이사회로 나눌 수 있다. 순수 이사회(pure board)는 독립적인 사외이사 + CEO로 구성되며 보통 창업기에 이상적인 조직이다. 혼합형 이사회(mixed board)는 사외이사 + 소수 주요 주주 + CEO로 구성된 이사회이다.

이사회의 조직은 나라마다 조금씩 상이한데, 먼저 미국의 경우 이사회는 보통 6명으로 구성되며 이 중 사외이사 3명, 사내이사 3명{CEO 1명, 다른 경영자 1명(혹은 2명), 전담 변호사나 은퇴 경영자 1명}으로 구성되어 있었다. 사외이사의 주요 배경으로는 다른 회사의 사장(52%), 다른 회사의 원로 경영자(17%), 은퇴한 경영자(21%), 그리고 변호사나 컨설턴트 혹은 학자를 포함한 전문가(21%)로 주로 구성되어 있었다(Ward & Handy, 1988). 스위스의 경우 가족과 사외구성원의 혼합형태(79%)가 대부분이며, 이탈리아의 경우 주로 주주나 경영자(주로 가족구성원으로 이루어짐)로 구성된 사내이사(60%)와 1명 이상(⅔는 이에 해당)의 사외이사(40%)로 구성되어 있었다. 대기업이나 업력이 오래된 기업의 경우 사외이사가 존재하는 것은 일반적인 현상으로 보고 있었다(Corbetta & Tomaselli; 1996).

3. 사외이사와 가족이사회

1) 사외이사의 역할과 유용성

Ward와 Handy(1988)는 가족기업 이사회의 역할을 사내이사와 사외이사로 나누어 고찰하고 있다. 사내이사와 사외이사의 가장 큰 차이점은 그들의 역할에 대한 기대에 있다. 사내이사가 있는 CEO는 이사들을 자원(resource)보다는 의무(obligation)로 여기는 경향이 있다. 여기서 말하는 의무란 다른 사람에게 보이기 위해서나 어떤 요구 예를 들면 법률적인 요건의 충족 등을 의미한다. 구체적으로 법률 사항의 충족(46%), 충고와 자문(23%) 등을 사내이사의 주요 역할로 들고 있다. 반면 사외이사가 있는 CEO는 두 가지의 가장 큰 목적, 즉 충고와 자문, 그리고 책임과 의무를 들고 있다. 따라서 사외이사의 경우 이사회의 순수한 역할을 주로 수행하는 걸로 볼 수 있다. 구체적으로 충고와 자문(47%), 경영에 대한 책임(21%) 등을 사외이사의 주요 역할로 들고 있다(〈표 3-8〉 참조).

일반적으로 가족기업의 사외이사는 가족만의 독자경영으로부터 탈피, 기업에 대한 타인의 이해와 지원, 신뢰성, 새로운 관점의 아이디어와 통찰력 제공 등의 이유로 매우 유용하다고 여겨지고 있다(Family Enterprise Center, 1998). 그러나 사외이사의 가치에 대한 학설은 다양하게 나타나고 있다. 먼저 Ford(1988)는 사외이사에 대하여 부정적인 관점을 견지하고 있다. 즉 사외이사는 좁은 시야에다가 전문적인 지식이 결핍되어 있으므로 비효율적이라고 주장하고 있다. Schwartz와 Barnes(1991)는 사외이사의 역할을 장단점으로 구분하여 설명하고 있다. 먼저 장점으로는 객관적이고 편견에 치우치지 않으며, 경영에 대한 책임, 접촉의 네트워크 그리고 장기적인 관점 등을 들고 있다. 단점으로는 전문성의 부족 등으로 일상 업무에 치우치거나 가족갈등이나 매우 특별한 문제는 소극적인 점 등을 들고 있다.

〈표 3-8〉 이사회의 유형에 따른 이사회의 역할

항 목	사내이사	사외이사
법률사항의 충족	46%	14%
사외이사에 대한 이미지	12%	3%
충고와 자문	23%	47%
방향 제공	8%	11%
경영에 대한 책임	10%	21%
갈등해결	1%	1%
승계계획	0%	2%

자료: Ward & Handy(1988).

한편 Danco와 Jonovic(1981), Ford(1988) 등은 사외이사의 유용한 기능 두 가지를 들고 있다. 즉 중재자 혹은 중매자로서의 역할과 후계자를 선발하는 데 도움을 주는 역할 등을 들고 있다. Aronoff와 Ward(1996)에 의하면 사외이사는 가족기업의 특별한 자원이며, 이사회에 대한 투입이 많으면 많을수록 가족기업은 더 많은 것을 얻을 수 있다고 주장하였다. 그러나 Ward와 Handy(1988), Schwartz와 Barnes(1991) 등의 실증 연구에 의하면, 사외이사는 가족 구성원 간 중재(매)자의 역할 그리고 후계자 선발 등의 경우 거의 도움이 되지 않았다. 이런 어려운 문제에 직면하였을 경우 사외이사보다는 가족구성원, 가족의 친구, 컨설턴트 등이 더욱더 유용한 역할을 하고 있었다.

따라서 사외이사는 가족 자체의 긴장과 가족구성원 사이의 갈등(예를 들면 승계문제) 등이 있을 때, 일반적인 가정과는 달리, 적극적으로 관여하기보다는 조용히 쳐다보는 관망자의 역할을 하는 것 같다.

우리나라의 경우 비슷한 결과가 나타나고 있는데, 증권거래소가 실시한 "기업지배구조에 관한 실태조사"(한국경제신문, 2000. 11. 30)에 의하면 경영자가 제출한 의안에 대한 사외이사의 찬성률은 99.3%이나 이들의 이사회에 대한 참석률은 66.0%로 매우 저조하게 나타나고 있었다. 즉 우리나라의 경우 아직도 사외이사는 거수기의 역할에 불과하였다. 나아가 서구의 CEO가 이사회의 역할을 지적한 것 중에서 "승계계획에 대한 역할"은 매우 드물다는 것이다. 결국 가족기업이 어려울 때 사외이사를 포함한 이사회의 "분쟁의 해결이나 활동적인 중재자의 역할"은 거의 나타나지 않고 있다는 사실이다. 따라서 효율적인 이사회를 위해서는 이사들이 보고사항의 단순한 청취보다는 핵심 업무에 많은 시간을 보내게 하도록 이사회와 의제를 구조화하는 것이 중요하다.

2) 성장단계별 사외이사의 역할

Whisler(1988), Aronoff와 Ward(1996) 등은 기업의 성장단계에 따른 사외이사의 역할을 설명하고 있다. 이들의 연구 결과를 요약하면 다음과 같다. 첫째로, 소규모 창업기업의 경우 사외이사는 미미한 역할을 수행한다. 둘째로, 소규모 기업이 성공적으로 성장 기업이나 남매협력 단계에 도달했을 경우 활발하게 일하는 이사회가 필요하다. 이 단계의 이사회는 기업이 급속히 성장하는 데 꼭 필요하리라 기대되는 사외이사가 포함된 아주 활동적인 이사회를 말한다. 셋째로, 전문경영자가 경영하는 기업의 경우, 기업의 성장에 따른 복잡한 의사결정의 증가로 인하여 이사회의 규모도 커진다. 어떤 대규모의 가족기업들은 이 단계에서 가족 지주회사의 이사회나 청년이사회를 만들기도 한다.

일반적으로 이상적인 이사회의 진화형태(evolutionary pattern)는 순수형 - 혼합형 - 지주회사(holding Company)의 진화단계를 거친다(〈표 3-9〉 참조). 일반적으로 이사회는 경영권이 1단계인 창업의 단계에는 순수 이사회(독립적인 사외이사 + CEO)로 구성되며, 전문경영자가 경영하는 2단계에는 사외이사가 포함된 혼합형 이사회(사외이사 + 소수 주요 주주 + CEO)로 구성되며, 지주회사의 형태를 띠는 3단계에는 혼합형 혹은 지주회사로 구성된다.

3) 가족이사회의 역할과 중요성

앞에서 살펴본 것처럼 가족기업 이사회의 유형은 일반기업의 이사회와는 다르게 나타난다. Voordeckers 등(2007)은 벨기에의 중소규모 가족기업 이사회의 유형을 가족이사회(family board), 사내이사회(inside board), 사외이사회(outside board)로 나누고, 이들 이사회의 중요도와 이사회의 조직에 영향을 끼치는 요인을 고찰하였다.

〈표 3-9〉 가족기업의 진화에 따른 사외이사의 조직

소유권단계/ 경영권단계	1단계 창 업	2단계 전문경영자화	3단계 지주회사
1세대 창업자	순수형	혼합형	
2세대 남매협력	순수형	혼합형	혼합형
3세대 가족왕국(사촌)	순수형	혼합형	지주회사

그 결과는 다음과 같다. 첫째로, 중소규모 가족기업의 이사회 유형 중에서 사외이사와 가족이사회의 존재와 이들 간의 비교가, 사내이사회와 사외이사회의 비교보다 더 중요함을 알아내었다. 둘째로, 가족기업 이사회의 유형에 영향을 끼치는 요인으로는 가족의 특성과 목적임을 알았다. 즉 CEO의 권력, 세대교체, 그리고 가족기업의 목적 등이 이사회 조직의 중요한 결정요소라는 의미이다. 셋째로, 나아가 중소규모 가족기업 이사회의 구조에 영향을 끼치는 요인으로는 대리인에 관한 관점(agency considerations)보다는 자원 의존, 부가된 가치 등이라고 보고 있다.

결론적으로 가족기업의 경우 유용성의 논란은 있지만, 사외이사와 더불어 가족이사회의 중요성을 재인식하여야겠다. 즉 가족기업 규모의 대소를 떠나 현 기업에서 직접 일을 하지 않는 가족구성원(보통 은퇴한 창업주로 가족이사회의 의장임)과 가족기업을 물려받은 현 기업의 사장 및 부사장 등으로 구성된 가족이사회가 중요함을 알 수 있다.

제 4 절 경영권 방어수단

1. 차등의결권 제도

차등의결권(superior voting rights) 주식이란 주주 평등 의결권 행사 원칙인 1주 1의결권의 예외로, 의결권 행사에 차등을 두는 주식을 의미한다. 복수의결권주식은 차등의결권주식의 한 종류로 1주에 부여된 의결권 수에 따라 복수의결권, 부분의결권, 무의결권으로 구분한다(김상신, 2021). 벤처기업의 혁신성장을 도와주는 수단 중 하나인 차등의결권주식은 미국의 대표적 기술혁신기업인 구글이 2004년 차등의결권주식 발행으로 창업자의 지배권을 유지하며 상장에 성공한 이후 신산업분야 기술혁신기업의 차등의결권주식에 관한 관심과 수요가 높아졌다(최수정 외, 2019).

우리나라는 주주 평등의 원칙에 따라 서로 다른 의결권을 부여하는 차등의결권 주식은 허용하지 않고 있다. 차등의결권 제도를 도입하면 주식의 종류마다 각각 다른 수의 의결권을 갖게 돼 1주당 10표나 100표의 의결권을 가질 수 있다. 그렇게 되면 적은 지분을 가지고도 상당한 비율의 의결권을 행사할 수 있어 회사의 지배구조에 막강한 영향력을 행사할 수 있게 된다. 또한 차등의결권 제도는 대표적인 경영권 방어 수단이기도 하다.

〈 표 3-10〉 차등의결권주식의 종류

기 준	명 칭	내 용	사 례
의결권 수	복수의결권	1주에 2개 이상의 의결권 부여	구글, 페이스북
	부분의결권	1주에 1개 미만의 의결권 부여	버크셔 헤서웨이
	무의결권	주식에 의결권을 부여하지 않음	이익배당우선주(한국)
보유기간 · 주식 수	기간부의결권	보유기간이 길수록 의결권 수를 많이 인정	프랑스 이중의결권 (double voting right) 제도
	상한부의결권	보유주식 수의 일정 한도까지 의결권을 인정	미 인디애나주 주식취득법
	체감부의결권	보유주식 수가 증가함에 따라 단계별로 의결권 수가 체감	독일 주식법 제134조

주: 이익배당우선주는 배당이 없으면 의결권이 부활한다는 점에서 완전한 무의결권주라고 할 수는 없음.

자료: 진익 · 윤희호(2019), 미국 차등의결권제도 현황과 한국에의 시사점, NABO산업동향&이슈(2019.3)/김상신(2021), 재인용.

차등의결권제도란 대주주 주식에 더 많은 의결권을 주는 제도로 OECD 회원국 34개국 중 19개국[6])이 허용하는 경영권 보호 수단이나 국내에는 도입되지 않은 제도이다. 우리나라 상법(369조 1항)은 '1주 1의결권(議決權) 원칙'을 고수하고 있다. 하지만 선진국들은 이 원칙을 탄력적으로 적용하고 있다. 구체적으로 미국, 영국, 프랑스, 일본 등 많은 국가에서 특히 비상장회사의 차등의결권주식 발행과 차등의결권주식을 보유한 기업의 상장을 허용하고 있다. 2004년 Google의 상장 이후 Facebook, Yelp, Linkedln, Zynga 등 미국 실리콘밸리의 대표적 기술혁신기업이 창업자의 지배권을 유지하며 상장을 하면서 차등의결권주식 제도가 창업자의 혁신을 이어나가는 제도로 주목받고 있다. 특히 2019년 유니콘 기업 수 세계 4위 국가인 인도가 차등의결권주식을 보유한 기업의 상장을 허용함으로써 유니콘 기업 수 세계 1위부터 4위까지 모두 차등의결권

6) 허용: 미국, 영국, 일본, 프랑스, 네덜란드, 스위스, 스웨덴, 노르웨이 등
불허: 한국, 오스트레일리아, 오스트리아, 벨기에, 체코, 독일, 이탈리아, 등.

을 보유한 기업의 상장을 허용하게 되었다(최수정 외, 2019). 미국 구글의 창업자들은 주당 10개의 의결권을 가진 클래스 B 주식을 갖고 있어 전체 의결권의 60%를 행사하고 있다[7].

차등의결권 제도 도입에는 찬반 이론이 존재한다. 찬성하는 이들은 국내 자본이 외국자본과 비교해 역차별 규제를 받고 있다고 주장한다. 자본시장이 개방되고 외환위기 이후 외국인 투자와 적대적 인수합병(M&A) 규제가 완화됐지만, 국내 자본에 대해서는 의결권 제한, 출자총액 제한 등 각종 규제를 하고 있다는 것이다. 나아가 기업공개 이후 경영권 안정과 자금조달 문제를 해결하는 데 도움이 되며, 단기이익보다는 창업자가 지향하는 기업의 핵심적 발전 방향을 유지하여 창업정신 및 가치를 유지할 가능성이 있다고 여긴다. 또 의결권 행사 방식을 1주 1표를 선택할지, 차등의결권 제도를 채택할 것인지는 주주들이 결정할 문제로 이를 금지하는 것은 시장의 위축, 자원배분의 왜곡, 나아가 시장의 효율성을 떨어뜨리는 규제라는 지적도 한다.

차등의결권 제도 도입을 반대하는 쪽에서는 이 제도가 기존 경영진과 지배 주주의 경영권을 보호하는 반면 주주들의 이익을 침해하는 제도라고 주장한다. 나아가 무능한 기존의 지배 주주와 경영진의 교체가 봉쇄됨에 따른 대리인비용이 증가하며, 방어권 남용이 악용되어 기업경영과 지배구조 투명성이 저해될 수 있다고 주장하기도 한다(김상신, 2021).

7) 2003년 SK에 대한 소버린 펀드의 경영권 위협, 2006년 KT&G와 칼 아이컨의 경영권 분쟁, 2015년 삼성물산과 제일모직의 합병에 대한 엘리엇매니지먼트의 반기 등으로 국내에도 차등의결권을 도입해야 한다는 의견이 다시 나오고 있음.

2. 기타 제도

1) 시차임기제

시차임기제(classified board, staggered board)는 이사진의 임기를 분산시켜 선임함으로써 인수기업이 과반수의 주식을 매수하였다 하더라도 이사 모두를 교체할 수 없도록 하여 기업의 경영권 장악을 지연시키는 방법이다. 시차임기제가 기업의 가치에 미치는 영향에 대해서는 기업 가치에 부(負)의 영향을 미치기도 하고, 반대로 정(正)의 영향을 미친다는 연구결과가 존재한다.

2) 초다수결의제

초다수결의제(super-majority voting)는 현행 상법상 이사의 선임해임 때 필요한 출석 주주의 2/3 이상과 발행주식 총수의 1/3 이상의 특별결의 요건보다 더 가중된 결의요건을 정관에 담아 경영진의 퇴출을 어렵게 만들어 적대적 M&A를 적극적으로 방어하는 제도이다. 초다수결의제는 보통 기업 가치에 부(-)의 영향을 미치는 것으로 보고되고 있다.

3) 황금낙하산

황금낙하산(golden parachute)은 적대적 M&A를 방어하는 대표적인 수단 중 하나로, 인수대상 기업의 최고경영자가 인수로 인하여 임기 전에 사임하게 될 경우를 대비하여 거액의 퇴직금, 저가에 의한 주식매입권, 일정 기간의 보수와 보너스 등을 받을 권리를 사전에 고용계약에 기재하여 안정성을 확보하고, 동시에 기업의 인수 비용을 높이는 방법이다. 선행연구의 결과에 의하면 황금낙하산 제도는 기업 가치에 정(+)의 영향을 미치기도 하고 반대로 부(-)의 영향을 미치기도 하는 것으로 보고된다. 또한 황금낙하산과 포이즌필(적대적 M&A

움직임이 있을 때 기존 주주들에게 시가보다 싼 가격에 지분을 살 수 있는 권리를 주는 것)은 서로 보완적인 수단이라는 증거를 발견하였다.[8)]

8) 이철수 외(2011), “경영권 방어수단을 도입한 기업의 재무적 특성 연구”, 대한경영학회지, 24(3), pp. 1711-1735.

주요용어

가족기업의 지배구조, 가족의 지배구조, 기업의 지배구조, 가족회의, 가족위원회, 이사회, 가족이사회, 사외이사, 차등의결권, 포이즌필

생각하기

1. 우리나라 가족기업의 지배구조와 서구의 가족기업의 지배구조를 비교해 보자.

2. 서구의 가족기업의 지배구조에서 흔히 나타나는 가족회의, 가족이사회가 우리나라에는 잘 도입되지 않은 이유는 무엇일까?

3. 가족회의, 가족이사회가 우리나라 가족기업 현장에 적용되면 어떤 현상이 나타날까요?

4. 전 세계에서 가족기업의 지배구조가 제일 잘 된 기업을 찾아 그 기업의 지배구조를 알아보자.

참고문헌

김상신(2021), 『복수의결권제도 도입이 벤처기업 연구개발투자에 미칠 영향 분석』, KOSBI 중소기업포커스, 제21-02호, 2021.1.25., 중소기업연구원.

남영호(2000), "가족기업 이사회에 관한 연구", 중소기업연구, 22(2).

남영호 역(2000b), 『가족기업의 지배구조』, 명경사.

이철수·김영환·정성창·송동엽(2011), "경영권 방어수단을 도입한 기업의 재무적 특성 연구", 대한경영학회지, 24(3), 1711-1735.

조동성(2000), 『21세기를 위한 경영학』, 서울경제경영.

최수정 외(2019), 『벤처기업의 차등의결권주식제도에 관한 연구』, 중소기업연구원.

Aronoff Craig E. & John L. Ward(1992), "Outside Directors: How They Help You", In Aronoff Craig E., Joseph H. Astrachan and John L. Ward, eds., *Family Business Sourcebook 2*, 232-233, Marietta, GA.: Business Owner Resources.

Aronoff C. E. & John L. Ward(1996), *Family Business Governance: Maximizing Family and Business Potential*, Business Owner Resources, Marietta, G. A.. Arthur Andersen/Mass Mutual/ Kennesaw State University /Loyola University Chicago(1997), 「American Family Business Survey '97」.

Carlock, R. S. & J. L. Ward(2001), *Strategic planning for the family business*, Palgrave.

Corbetta Guido, Salvatore Tomaselli(1996), "Boards of directors in Italian Family Businesses", *Family Business Review*, 9(4).

Corbetta, G. C. A. Salvato(2004), "The Board of Directors in Family Firms: One Size Fits All?", *Family Business Review*, 17(2), 119-134.

Danco. K(1981), From the Other Side of the Bed, Cleveland: University Press.

Family Enterprise Center (1998). "Family Business Academy Course Materials", *Unpublished, Family Enterprise Center of Coles College of Business*, Kennesaw State University, Kennesaw, Georgia.

Ford R. H.(1988), "Outside directors and the privately owned firm", Entrepreneurship Theory and Practice, Fall.

Gersick K. E., J. A. Davis, M. M. Hampton & Ivan Lansberg(1997),

Generation to Generation: Life Cycles of the Family Business, Harvard Business School Press.

Jaffe D. T.(1991), *Working with the one's you love: Strategies for a successful family business*, Berkeley, CA: Conari Press.

Lane, Sam H.(1993), "Family Business at the Crossroads", *Proceedings of the 1992 Family Firm Institute Conference*, Boston, MA..

Lumpkin, G.T., W. Martin, M. Vaughn(2008), "Family orientation: Individual-level influences on family firm outcomes", *Family Business Review*, 21(2), 127-138.

Nash John M.(1988), "Boards of Privately Held Companies: Their Responsibilities and Structure", *Family Business Review*, 1(3).

Neubaur Fred, and Alden G. Lank(1998), *The Family Business: Its Governance for Sustainability*, Routledge. Reidel.

Schwartz Marc A., and Louis B. Barnes(1991), "Outside Boards and Family Business: Another Look", *Family Business Review*, 4(3).

Timmons Jeffry A.(1994), 『New Venture Creation』, IRWIN.

Voordeckers Wim, Anita Van Gils and Jeroen Van den Heuvel(2007), "Board Composition in Small and Medium-Sized Family Firms", *Journal of Small Business Management*, 45(1), 137-156.

Ward John L. & James L. Handy(1988), "A Survey of Board Practices", *Family Business Review*, 1(3).

Ward John L.(1991), "*Creating Effective Boards for Private Enterprises*", Jossey-Bass Publishers.

Whisler Thomas L.(1988), "The Role of the Board in the Threshold Firm", *Family Business Review*, 1(3).

사례연구(1)

◆ 사례 1

"그녀는 여전히 어린 여동생에 불과해"

마틴 슈미트(Martin Schmidt)는 Schmidt Works이라는 건축관련 사업체(사무실, 공장 등을 건축)를 경영하는 2세대 오너이다. 그는 50대말이며 최근에 자기 딸 도로시(Dorothy)의 거취에 관심을 가지게 되었는데, 딸 도로시는 아버지가 경영하는 사업체에 입사하기를 바라고 있다. 둘째 아들 로버트(Robert)는 4년 전에 입사하여 열심히 일하고 있으며, 후계자로 이미 지목받고 있다. 장남은 아버지와의 불화로 집을 떠나 먼 곳에 살고 있으며, 아내는 경영에 직접 관여하지 않고 있다.

아버지 마틴은 딸 도로시가 자기 회사에 입사할 정도의 능력과 준비는 되고 있다고 생각하고 있다. 딸은 아이비리그의 대학을 나와 MBA도 갖고 있으며, 현재 다국적기업에서 일을 잘하고 있는 재원이다. 그런데 딸 도로시의 입사에 대해 아버지는 "도로시는 능력도 있고, 예쁘고 귀여운 내 딸이지만, 도로시가 다른 사람을 리드하고 지시를 내리는 것을 한 번도 본 적이 없으므로, 만약 입사한다면 부하 직원이 그녀의 말을 들을지 걱정되네".라고 말씀하셨다.

둘째 아들 로버트도 이 회사는 "도로시의 적성에 맞는 좋은 회사가 아니야"라면서 아버지의 의견에 동조하였다. "여동생 도로시는 건축분야의 업종에서 일한 적이 없어. 여기는 육체적으로 고단하고 거친 노동자를 다루어야 하는 공사판이야. 여린 내 동생이 이런 일을 잘 견뎌낼지 걱정이야". "나는 오빠로서 여동생을 보호하고 싶어. 또한 여동생을 공사판에 데리고 다니면서 일일이 가르칠 정도의 시간도 없어. 이 사업체에 입사하겠다는 여동생의 아집이 나를 화나게 해".

한편 도로시는 "나는 아버지의 사업체에 가족구성원의 한 사람으로서 입사하기를 항상 원했어. 내가 입사한다는 사실이 받아들여지길 원해. 단지 내 앞에 놓여있는 유일한 문제는 아버지와 오빠가 나를 심각하게 여긴다는 거야. 내가 전문적인 아이디어를 내면, 그들은 듣기만 하고, 논의도 하지 않고 던져버렸어. 나는 좌절감에 빠져 있으며, 내가 믿을 것은 아무것도 없으며, 희망도 없어".

(자료: Poza, E. J.(2007), Family Business, Thomson South-Western, pp. 105-106)

✤ 토론

1. 가족기업은 가족구성원이 힘을 합쳐 경영하는 기업이나, 가족구성원 간의 의견 충돌은 심각한 문제를 초래할 수도 있다. 이런 문제를 사전에 해결하는 방안은 무엇일까?

◆ 사례 2

최우수 지배구조 기업: 독일의 머크 사

머크(Merck)사는 1668년 창업된 독일의 글로벌 의약, 화학기업으로 현재 12대가 소유하고 있음. 머크사는 전체 가문 250여 명 중 130명이 주주(70%)이며, 전문경영체제임. 머크사는 세계에서 가장 모범적인 지배구조로 가족기업 상 수상(2009). 머크사의 지배구조는 가족총회, 가족이사회, 파트너위원회로 구성.

(1) 가족총회(family assembly)
 -구성: 130명의 가족주주로 구성
 -기능: 가족이사회의 이사 선출, 기업의 소유권 구조 결정
(2) 가족이사회(family board)
 -구성: 가족총회에서 선출된 13명의 가족 대표로 구성
 -기능: 머크사의 최고 의사결정기관, 미래 비전과 전략 결정.
(3) 파트너위원회(partner's assembly)
 -구성: 가족 5명, 사외이사 4명
 -기능: 주식회사의 이사회 역할

347년 된 매출 16조 원의 세계 최장수기업의 생존비결

올해로 창립 346주년을 맞는 독일 머크(Merck KGaA)는 세계에서 가장 오래된 제약·화학 기업이다. 1668년 창업자인 프리드리히 야코프 머크가 독일 중남부 헤센주(州)의 소도시에 있던 작은 약국 하나를 인수한 게 효시가 됐다. 머크는 현재 '얼비툭스(항암치료제)' 같은 의약품부터 코팅제, 기능성 소재 등 5만5,000개가 넘는 제품을 생산하며 전 세계 66개국에서 연 매출 111억 유로(약 16조 원, 2013년 기준)를 올리는 글로벌 기업으로 성장했다.

최근 한국머크의 사업 점검차 방한한 프랭크 스탄겐베르그 하버캄프 박사는 머크의 지분 70.3%를 소유하고 있는 지주회사 이머크(E. Merck KG)의 회장이자 머크가(家) 일족을 대표하는 협의체인 가족위원회 회장이다. 하버캄프 회장은 300년이 넘는 역사를 가진 머크의 장수 비결에 대해 "후손에게 돈이 아니라 가치를 물려주는 문화 덕분"이라고 말했다.

-지주회사인 이머크와 운영회사인 머크의 관계에 관해 설명해 달라.

"지주회사 이머크는 머크의 직계 후손 및 그들과 혼인 관계로 맺어진 배우자 및 그들의 후손 150여 명이 출자한 합자회사다. 150여 명의 파트너는 총회를 열고 자신들의 이해관계를 대변해 줄 5년 임기의 가족 대표 10여 명을 뽑아 가족위원회를 구성한다. 가족위원회는 다시 파트너위원회 멤버들을 선출하는데, 머크 가문의 후손들 가운데 5명, 제약·화학 등 머크의 주요 사업 분야에 정통한 외부 전문가 4명 등 총 9명을 뽑는다. 이렇게 구성된 파트너위원회에서 머크의 최고경영자(CEO), 최고재무책임자(CFO) 등 최고경영진 5명을 뽑는다."

-지배구조가 좀 복잡하다.

"기업에 대한 가문의 통제력은 계속 유지하되 소유와 경영을 엄격하게 분리하기 위해 고안한 구조다. 머크의 일상적인 비즈니스는 전문경영인에게 전적으로 일임한다. 인수합병(M&A)이나 사업부 매각과 관련한 결정도 그 규모가 1억 유로를 넘지 않는 한 머크가(家) 사람들 누구의 간섭도 받지 않고 머크 최고경영진이 재량껏 결정한다. 하지만 머크 최고경영진에 대한 선임·해임 권한은 이머크의 파트너위원회가 가지고 있다. 경영에 대한 관리 감독을 통해 가문의 통제력을 유지하기 위해서다. 그룹의 전체 전략 수립처럼 중대 사안에만 파트너위원회가 관여하는 것도 같은 맥락이다. 1억 유로가 넘는 대규모 M&A처럼 그룹 전체의 전략을 바꿀 수 있는 문제에 대해선 반드시 파트너위원회의 승인을 받아야 한다."

-소유와 경영을 분리하면 경영자가 주주의 이익에 반하는 의사결정을 내릴 수도 있다.

"머크의 최고경영진 5명은 머크 가문과 혈연관계가 전혀 없지만 마치 '입양'된 가족처럼 대우한다. 이를 위해 머크 최고경영진 5명은 머크가 아닌 이머크에 속하게 했다. 즉, 월급을 주는 주체가 머크의 모회사인 이머크다. 전 세계 3만8,000여 명의 머크 직원들과 고용주가 다르다. 이들 5명은 가족위원회 회장인 나와 파트너위원회 회장과 함께 자신이 내린 업무 결정에 대해 무한 책임을 져야 한다. 특히 재임 기간에 자신이 직접 관여한 결정에 대해서는 회사를 떠난 이후로도 5년까지 책임을 져야 한다. 이렇게 제도를 운용하기 때문에 외부에서 영입된 비(非) 머크가 사람들이라도 오너와 같은 처지에서 더 장기적인 관점을 가지고 의사결정을 한다. 감히 말하지만, 머크의 지배구조는 세계에서 가장 우수하다고 자부한다."

-머크가(家) 사람 중 일선 경영에 참여하고 싶은 사람들은 어떻게 채용하나.

"현재 머크 가문의 일원이 머크 회사의 신입사원이나 중간 관리자로 고용되는 일은 거의 없다. 이들이 머크에서 일할 수 있는 유일한 길은 다른 회사에서 자신의 능력을 인정받은 후 머크의 고위 직급에 지원하는 방법뿐이다. 지원했다고 다 뽑아주는 것도 아니다. 엄격한 평가 과정을 거쳐 가문의 일원이라는 후광 없이 자신의 능력만으로도 충분히 승부할 수 있다는 사실이 객관적으로 입증된 일족에게만 일할 자격을 준다."

-머크가 346년이나 장수할 수 있었던 원동력은 무엇인가.

"언제나 회사의 이익을 가문의 이익보다 먼저 생각해 온 가치관이 주효했다. 이런 가치관은 우리, 즉 머크가(家) 사람들은 회사를 소유한 게 아니고 후대를 위해 신탁 관리를 맡은 사람들일 뿐이라는 믿음을 가족구성원 모두가 공유하고 있어서 가능하다. 이런 믿음 때문에 우리는 분기별 실적에 연연하지 않고 언제나 세대를 뛰어넘어 장기적으로 생각하는 시각을 견지할 수 있었다. 당장 돈을 버는 데 급급하기보다는 다음 세대가 물려받을 가치와 유산을 키우는 데 더 큰 무게를 둔다."

경영자들에게 들려주고 싶은 메시지가 있다면….

"유럽에서 꽤 유명한 유제품 전문 가족기업 한 곳에 관해 이야기를 하고 싶다. 창업자의 나이가 90세가 넘었는데도 그는 경영 일선에서 물러나지를 않았다. 심지어 70세가 넘은 아들조차 은퇴했고 손자마저 회사를 떠날 준비를 하고 있는데도 말이다. 아흔도 넘은 창업자의 독단이 심하다 보니 회사가 잘될 리 만무했다. 그 집안에서 유일하게 행복해하는 사람은 창업자의 증손자뿐이라는 우스갯소리까지 나돌았다. 많은 가족기업에서 오너들이 나이를 한참 먹었는데도 계속 경영 일선에 남아 있으려는 우를 범하곤 한다. 아무리 훌륭한 사람도 10년, 길어야 15년 정도 최고 위치에 있다 보면 창의성이 메말라 간다. 그 이후로는 더는 회사에 도움을 주기 힘들다. 장기 집권하면 기업에 나쁜 영향을 줄 수 있다."

(자료: DBR(동아비즈니스리뷰) 151호(2015년 4월 15일자) 하버캄프 회장과의 인터뷰)

✣ 토론

1. 독일의 머크 사는 글로벌 의약, 화학기업으로 업력이 300년이 훨씬 넘는 장수가족기업이다. 머크 사의 지배구조를 다시 한번 음미해보자.

2. 우리나라의 글로벌기업(재벌)의 지배구조와 머크 사의 지배구조를 비교해 보자. 머크 사의 지배구조에서 우리나라의 기업이 배울 교훈은 무엇일까?

◆ 사례 3

세계에서 가장 오래된 여관의 명가:

호시료칸(Hoshi Roykan)

717년 불교 승려 타이초오 대사는 사사키리 젠고로오라 불리는 나무꾼의 안내를 받아 옛 도읍 나라 가까이에 있는 하쿠 산의 꼭대기에 올랐다. 1년간 혹독한 수행을 하던 타이초오는 어느 날 꿈속에서 하쿠 산 산신으로부터 인근 마을 아와즈에 병을 고칠 수 있는 온천이 있으니 그 마을을 찾아 온천을 뚫으면 온천은 영원히 마르지 않을 것이라는 말을 들었다. 타이초오가 그 온천을 찾아내 목욕을 하자 근육의 피로가 싹 가시고 정신이 맑아졌다. 타이초오는 제자인 나무꾼 젠고로오의 둘째 아들 가료오로 하여금 그곳에 온천 여관을 짓도록 지시하여, 서기 718년에 호시료칸(法師旅館)의 영업이 시작되었다. 아와즈 온천의 신통력이 널리 알려지자 아픈 사람과 장애인들이 사방에서 몰려들었다. 창업자 가료오는 치유력과 동시에 불교를 포교하여, 여관은 불교와 함께 번창해 나갔다.

호시료칸의 목욕탕에 공급되는 온천수는 인근 화산 지역에서도 흔히 볼 수 있으며, 온천수가 나오는 지역은 지반이 약한 곳이다. 그곳은 대개 용암이 흐르고 증기가 분출하며 뜨거운 물이 흐르는 위험한 지역이다. 호시료칸도 여러 번 심한 홍수 피해(767년、1897년、1983년)를 입었으며, 폭설 피해도 여러 번 입기도 했다. 몇 차례인가 화재를 당해 건물이 일부 소실되어 적자를 기록한 일도 있었는데, 1881년과 1961년에 그 피해가 제일 컸다. 호시 가 사람들은 큰 재난을 당해 얻은 경험으로 간단한 경영원칙을 마음에 새기게 되었다. 현재 46대 젠고로오는 그것을 다음과 같이 간단하게 말하고 있다. "불을 주의하라. 물에서 교훈을 얻어라. 자연과 친화하라."

호시료칸의 성공과 장수는 분명히 호시 가의 헌신적인 노력에 기인한다. 이는 또한 일본 경제력의 주체로서 가족기업이 지닌 중요성을 말해주기도 한다. 호시료칸은 당연히 서비스 기업이므로, 제조업과 비교하기 어렵지만, 오랜 전통, 가문에 대한 자부심, 근면한 근로윤리로 경제가 어려울 때도 헤쳐나갈 수 있는 동기를 지닌 가족기업이었다. 나무꾼의 아들 가료오가 초대 젠고로오였고, 1300년이 지난 지금은

46대 젠고로오가 가업을 잇고 있다.

호시(法師) 가(家)의 상속은 젠고로오의 장남이 가업을 잇는다는 간단한 원칙을 따르고 있다. 만약 장남이 그 자리를 거부하거나 장남의 능력이 부족하다고 판단될 때, 또는 다른 아들이 없을 때는 사위에게 계승권이 넘어간다. 사위는 본래의 자기 집안 족보에서 빠지고 아내의 족보에 오르게 되므로 큰 희생을 치르는 셈이다. 사위는 혈연 없이 입양된 아들이라고 하지만, 처가의 신분과 경제적 지위를 갖게 되며 가업을 승계하게 된다. 소위 말하는 데릴사위제이다. 이런 제도가 어떻게 가족기업을 구하게 되는지 호시 가는 잘 보여주고 있다. 44대 젠고로오의 아들은 아기 때 죽었다. 결국 사위가 입양되어 45대 젠고로오가 되었는데, DNA만 제외하고는 모든 면에서 호시 가 사람이 되었다. 능력 없는 사람을 후계자로 세우거나 사업의 영속성이 깨지는 것을 감수하는 대신, 바깥에서 경영자를 영입하는 데릴사위 제도는 기업 가문을 존속시키고 발전시키는 일본의 오랜 전통이 되었다.
호시 젠고로오와 같은 가족기업의 경영자는 자주 독선적인 의사결정을 내리기 쉬운데, 이런 결정은 1980년대 말과 같은 결과로 연결될 수 있다. 당시 젠고로오는 여관과 본관 맞은편, 정원의 맞은편에 여러 층으로 된 호텔 객실을 짓겠다는 결정을 내릴 때 누구와도 협의하지 않았다. 결국 새 건물은 건축학적으로 정원과 조화를 이루지 못하고 본관의 전망을 망쳐놓았다는 지적을 받았다. 가족은 물론 외부 인사 중에도 이 분야의 전문가가 적지 않았다. 젠고로오가 가족이나 믿을 만한 이사, 하다못해 외부 인사와 먼저 상의했더라면 착공 전에 다른 대안을 고려할 수도 있었을 것이다. 지금의 젠고로오는 후계자를 서둘러 사무실로 데려온 데는 이런 경험이 여러모로 작용했던 것 같다. 또 적어도 12년간 가족이 아닌 전문경영인을 데려와 매일 여관 운영에 조언을 구했다. 현 지배인은 더 훌륭한 다른 여관에서 좋은 보수로 근무하다가 호시료칸으로 와서 4년째 일하고 있다. 가족 소유는 그대로 유지하면서 이런 전문경영인의 채용이 훌륭한 가문을 지키는 방법이라 생각하고 있다.

호시 가는 한 걸음 더 나아가 경영철학을 새롭게 하려고 레제노끼앙(Les Henokiens)의 회원이 되었다. 프랑스에 본거지를 둔 이 협회는 적어도 200년 이상의 역사를 갖고 있으면서 창업자 후손이 주식의 과반 이상을 소유하는 대주주이거나 경영권을 가진 가족기업을 회원으로 하는 단체이다. 회원사들은 매년 자신들에 영향을 미치는 사안을 주제로 토론하며, 가족 임원인들이 시야를 넓히고 혜안을 얻을

수 있는 기회를 제공한다. 호시료칸은 모든 업종을 망라하여 레제노끼앙 회원사 중 가장 오래된 기업이다. 호시가 그렇게 오랫동안 가업을 성공적으로 유지할 수 있었던 것은 과업 하나하나에 단순한 원칙을 견지했고, 책임적 가치관을 지니고 있었으며, 거기에 더해 가문에 전해 내려오는 가풍이 있었기 때문이다.

호시 사람들은 전통과 핵심 가치를 바탕으로 다양한 전략을 구사해서 앞에 놓인 도전을 극복하려고 노력하였다. 영감을 얻기 위해 호시 사람들은 604년에 쇼토쿠 태자가 만든 천황교칙에 눈을 돌렸다. 그것은 17개 조로 된 사회 행동 준칙인데, 여러 세기에 걸쳐 호시 가의 사명선언문(mission statement)과 같은 역할을 담당했다. 호시 가가 추구했던 주요 가치, 즉 종업원에 대한 태도, 정직, 지역사회에 대한 의무 등을 만들어낸 원칙은 아래와 같다.

-다른 사람에게 예의를 지켜라.
-결정은 공정하게 하라.
-권선징악의 원칙에 따라 살라.
-개인적 의무와 공공 의무를 함께 지켜라.
-신뢰는 인생의 근본이다.
-사람들의 뜻을 파악하고 일하라.
-다른 사람들에게 영향을 미치는 의사결정은 한 사람의 판단에 따르지 말고 먼저 관계자들과 상의하여 결정하라.

(자료: 윌리엄 오하라 지음·주덕영 옮김(2007), "세계 장수기업 세기를 뛰어넘은 성공", 예지(Wisdom Publishing), pp.52-68.)

✣ 토론

1. 훌륭한 호시 가문을 46대, 1,300여 년 동안 지켜온 비결은 무엇일까?

제 2 부

가족기업의 창업과 경영

제 4 장　가족기업의 창업과 기업가정신

학습내용

대부분의 창업은 가족기업으로 출발하는데, 가족기업 창업의 3요소와 유의사항을 살펴보고 마지막으로 가족기업과 기업가정신을 고찰하고자 한다. 이 장에서는 가족기업의 기업가정신은 일반기업의 그것과 무엇이 다른지 살펴보고, 이를 토대로 가족기업의 창업과 성장에 도움을 주고자 한다.

제 1 절 창업(創業)의 정의와 유형

1. 창업의 정의

창업은 기업(대부분 중소기업)의 창업으로서, 이는 주어진 목표를 달성하기 위해 기업이라는 새로운 조직을 일으켜 세우는 모든 행위를 말한다. 즉, 재화나 용역의 생산 혹은 판매를 위하여 창업자가 새로운 아이디어와 다양한 경영자원을 동원하여 새로운 기업활동을 창조하는 행위를 말한다(Davidson & Wiklund, 2001). 그러나 최근 들어 새로운 기업의 설립뿐만 아니라 사내벤처, 심지어 기존 기업의 승계까지도 창업의 영역에 포함하기도 한다. 참고로 우리나라 「중소기업창업지원법」에 의하면 창업의 개념을 다음과 같이 정의하고 있다. "중소기업 창업이란 새로이 중소기업을 설립하는 것을 말하는데, 제조업, 광업, 건축, 엔지니어링 기타 기술 서비스업, 정보처리 기타 컴퓨터운용관련업, 기계 및 장비 임대업을 새로이 게시하는 것을 말한다". 그러나 포괄승계, 형태변경, 폐업 후 동종사업 계속 등은 「중소기업창업지원법 시행령」 제2조의 규정에 따른 창업의 범위에 해당하지 않은 것으로 보고 있다.

이런 사항을 종합하여 본 교재에서는 가족기업 창업에 초점을 맞추어, "기업가정신을 갖춘 가족구성원이 내·외부 환경으로부터 얻은 사업 아이디어로 사업의 목표를 세우고 난 후 적절한 사업 기회에 물적, 인적자원을 투입하여 재화나 용역(서비스)을 생산 또는 제공하는 업(業)을 시작하는 것"으로 정의하고자 한다.

2. 창업의 유형

창업의 유형에는 특성별, 형태별, 업종별, 종류별, 그리고 연령별 등 다양한 구분이 가능하다. 여기서는 창업에 대한 대표적인 유형인 기존 기업의 인수와 신규 창업, 승계창업, 그리고 연령별 창업에 대해 살펴보고자 한다(이광조 외, 2006).

1) 인수 창업

어떤 사업을 할 때 가장 안전하고 신속한 방법은 기존 기업을 인수하여 창업하는 방법이다. 인수 창업은 좋은 입지 조건이나 종업원과 공급자 등이 이미 확보되어 있으며, 생산 준비기간이 단축될 수 있으며, 금융거래 등이 이미 이루어져 있어 수익이 즉시 발생할 수 있는 유리한 점이 있다. 그러나 기존 시설 및 생산설비의 노후 및 진부화, 부적합하거나 무능한 직원의 존재, 기업 입지의 부적합 등으로 생산성 및 수익성의 둔화가 발생하는 불리한 점도 있다. 따라서 현재의 가족기업을 매각하려는 이유를 정확히 분석, 검토하여야 한다. 즉, 대(對)고객 관계, 입지 및 상권분석, 생산능력, 노사관계, 시중의 평판, 인수가격, 창업자의 관리능력 등 기업 인수의 타당성 분석을 자세히 검토, 실시하여야 한다.

2) 신규 창업

새로운 아이디어와 왕성한 기업가정신으로 새로운 기업을 설립하는 것이 창업의 가장 대표적인 방법이다. 신규 창업은 기업의 본질을 임의로 정할 수 있고, 마음에 드는 기계설비나 최신 장비의 도입, 입지 혹은 상권 임의선정, 원재료나 고객의 임의선정, 종업원의 인사관리 재량, 임의의 시장 선택 가능 등의 유리한 점이 있다. 그러나 손익분기점 예측의 불확실성, 입지, 건물, 장비, 원재료, 직원 채용 등의 문제, 유통 경로 및 시장확보 문제, 신규고객 창출 문제, 적용할 회계 시스템 및 통제 방법, 열심히 일만 해야 하는 어려움 등의 불리한 점도 있다. 따라서 가족기업의 신규 창업 시 업종 선택부터 출발하여 자금 문제를 포함한 아주 치밀한 창업추진단계를 주도면밀하게 시행하기 위한 타당성 분석을 하여야 한다.

3) 승계 창업

기존 기업의 승계는 흔히 제2의 창업으로 불리는 것인데, 창업자의 고령이나 불의의 사고로 인한 공석을 이어받기 위하여 이루어지는 것을 말한다. 흔히 후계자는 창업자의 가족 내에서 나올 수도 있고(이를 전형적인 가족기업이라 칭함), 기업 내·외부의 전문경영자에게서 나올 수도 있다. 가장 바람직한 후계자는 어디서부터 나오는가가 아니라 어떤 능력의 소유자가 후계자인가가 훨씬 더 중요하다. 후계자가 창업자의 자식이든 혹은 전문경영자이든 기업을 이끌어나갈 전문적인 지식과 식견을 가진 자가 누구인가를 잘 고려하여 승계전략을 수립하여야 할 것이다. 독일의 경우 승계창업을 제2의 창업으로 부르며 승계창업이 매우 활발히 이루어지고 있다. 이는 품질을 중시하는 독일의 특성에 따라 철저한 현장실습을 통해 사업과 경험을 체험하고 사업에 필요한 노하우를 전수받은 다음 해당 사업이 적성에 맞는지를 결정하는 창업, 즉 노하우 전수 창업이기 때문이다.

4) 가족기업 창업

가족기업 창업이란 가족을 중심으로 이루어지는 창업 형태이다. 식당 등 음식료업이나 슈퍼마켓 등과 같이 일손이 매우 필요한 분야를 비롯하여 일반제조업이나 서비스업뿐만 아니라 벤처기업에서도 신뢰 문제 등의 이유로 가족구성원들이 창업과 경영에 동참하는 예를 많이 볼 수 있다.

전 세계적으로 창업 대부분은 가족기업 창업인데, 이는 보통 소규모 창업 즉 소규모, 소자본으로 창업하는 소상공인 창업으로 SOHO(small office home office), 1인 창조기업, 소규모 인터넷 비즈니스 등이 여기에 포함된다. 또한 가족기업 창업은 다양한 나이(부모와 자식)의 가족구성원들이 모여 창업하는 경우가 많다. 나아가 앞의 승계창업 역시 가족기업 창업에 포함된다.

제 2 절 가족기업 창업의 3요소와 유의사항

1. 가족기업 창업의 3요소

창업은 가족기업에서도 여러 세대를 거쳐 성공하는지 혹은 성과가 나타나는지를 결정하는 핵심이다(Nordqvist & Zellweger, 2010). 기업을 창업하려면 고려해야 할 구성요소가 많으나 기본적으로 창업자, 아이디어 그리고 경영자원은 반드시 필요하다. 이를 보통 일반기업 창업의 3요소라 칭하는데(남영호 외, 2013), 가족기업의 창업에는 창업자, 아이디어, 그리고 경영자원에 큰 영향을 끼칠 가족(family)이 있음을 인지하고 있어야겠다.

1) 창업자

창업자(entrepreneur)는 가족기업의 설립자로서 창업을 주도적으로 계획하고 창업에 따른 모든 재정부담과 위험을 책임지는 사람이다. 가족기업의 창업은 대부분 개인기업이나 혹은 소유와 경영이 분리되지 않은 소유경영자로 구성된 법인기업의 형태를 띠고 있다. 따라서 이들 기업의 창업은 창업자의 개인적인 속성에 크게 영향을 받는다. 즉, 창업자가 가진 기업가정신(entrepreneurship)이 창업의 성패를 좌우한다고 하여도 과언이 아니다.

2) 아이디어

창업의 경우 무엇을 생산 혹은 판매하여 수익을 극대화할 것인가가 중요한데, 이에 해당하는 것이 아이디어(idea)이다. 아이디어는 아이템을 의미하기도 하는데, 이는 기업의 내부목표와 외부의 환경변화, 그리고 고객의 욕구 등을 잘 고려하여 전략적으로 추진되어야 한다. 이러한 아이디어는 현장경험, 신상품의 발명, 취미, 우연한 발견 등에서 나타난다. 또한 아이디어는 혁신으로부터 나오는데, 피터 드러커(P. Drucker)에 의하면, 혁신의 원천을 기대하지 않았던 경우, 불일치 과정을 기반으로 한 혁신, 산업이나 시장의 구조변화, 인구통계학적 요인, 인식이나 의미의 변화, 새로운 지식이나 욕구의 변화, 정부의 규제나 경쟁자의 압력 등의 7가지 요인을 들고 있다.

3) 경영자원

창업의 목표를 달성하는 데 필요한 요소 중의 또 다른 하나가 경영자원이다. 경영자원에는 자금, 시설, 종업원, 점포(혹은 공장용지), 기계장비, 정보, 지식 등 다양하나, 가족기업의 창업에는 가족(family)이 가장 중요하다. 가족구성원이 한마음 한뜻으로 화합하고 서로 의지하고 믿을 때 가족은 자원이 되지만, 불신으로 가득하여서 서로 미워하고 불협화음이 자주 발생하고 갈등이 고조되면 가족은 부채가 됨을 깊이 인식하여야 한다.

〈그림 4-1〉 가족기업 창업의 3요소

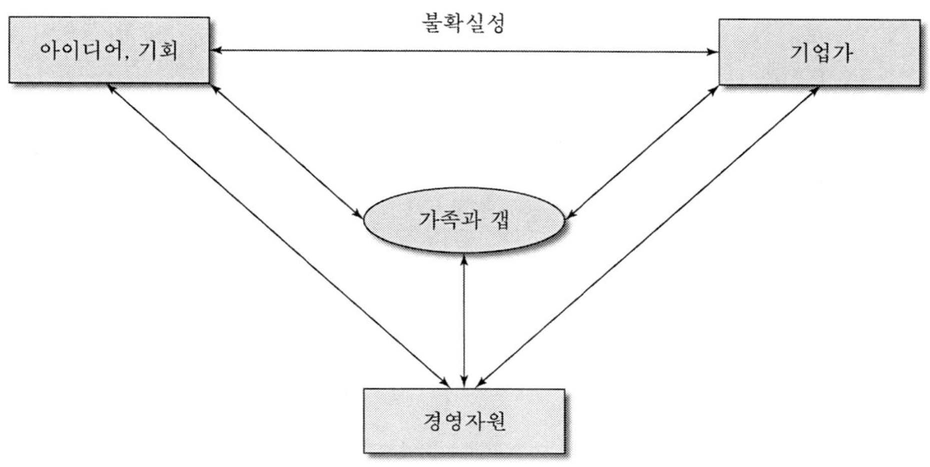

2. 가족기업 창업 시 가족의 중요성과 유의사항

1) 가족(family)

창업은 빠르게, 극적으로 그리고 막강한 힘을 가진 불(fire)과 같다고 여긴다. 그런데 이 불은 산소가 있어야만 타오르는데, 창업은 재무자원, 인적자원, 교육, 경제상황, 그리고 가족의 산소 역할을 한다. Rogoff & Heck(2003)은 가족을 창업의 불을 지피는 산소의 근원(family as a source of oxygen for the entrepreneurial fire)으로 여기고 있다. 결국 가족기업 창업의 경우, 가족은 일반기업 창업의 3요소인 창업자, 아이디어, 경영자원의 원천이 되며 이의 중요성은 크다고 할 수 있겠다.

2) 창업에서 가족의 중요성

창업 활동에서 가족이 중요한 이유는 크게 3가지로 설명할 수 있겠다(Bird, 2014). 첫째로, 창업 활동을 할 때 가족은 매우 다양한 형태로 창업 팀에 관여한다. 가족구성원 간의 매우 강한 친밀한 유대관계는 다른 어떤 형태의 창업 팀보다 가족을 가깝게 묶어 놓고 있다. 가족구성원끼리 상호 정서적으로 친밀하며 공통의 의견일치를 보임은 가족을 하나로 묶는 데에 중요하며, 나아가 조직을 지배하는 문화적 가치관, 가족과 일터의 연계, 관행의 이전 등이 가족에겐 뚜렷이 나타난다. 또한 가족은 상호의존과 의무, 신뢰를 나타내는 사회적 자본의 원천이기도 하다. 가족구성원끼리 서로 단합과 협력을 해야 한다는 생각은, 가족을 잠재적 기업가를 지원하는 고도로 동기부여된 집단으로 만들기도 한다. 이 결과 가족 내의 무형의 사회적 자본이 무보수 가족노동(unpaid family labor), 재무적 지원, 지식 등으로 기업가에게 흘러간다. 그러나 창업 활동에서 가족은 다양한 관점으로 인하여 갈등의 원천이 되기도 한다. 특히 때때로 개개인의 기업 가치관과 목표가 집단적인 가족의 목표와 대립하기도 한다.

둘째로, 가족은 가족기업 뿐만 아니라 개별 기업가에게도 영향을 줄 잠재력 있는 다양한 자원을 제공한다. 선행 연구에 의하면, 자기고용 가족 구성원(self-employed family members)은 지식, 재무자원, 시장과 공급자 그리고 우수한 기술에 접근하는 방법 등을 다른 가족 구성원에게 전달한다고 한다. 가족구성원은 노동의 중요한 원천이며 보수를 받든 안 받든(무보수) 고용될 수 있다. 마지막으로 자기고용 가족구성원은 그들의 창업 태도와 가치관을 다른 가족 구성원에게 보여줌으로, 그들(다른 가족구성원)에게 경력에 대한 고무적인 인상을 남기기도 한다.

셋째로, 많은 학자에 의하면 가족기업은 가족과 기업이 가족 영향력에 의해 서로 얽혀있다고 주장한다. 복수의 가족구성원과 가족 관계로 이루어진 가족기업은 기업에 가족의 영향력이 그대로 이전되기도 한다. 이러한 가족의 영향력은 가족기업이 가진 몇 가지 특이한 특성 때문에 확대된다. ① 가족기업은 특이한 지배구조, 인적자원, 전략적 목표를 가진 조직이다. ② 일반적으로 가족기업은 색다른 자원들, 기업문화로 이루어져 있으며, 이로 인한 가족기업 내에 일반기업과는 다른 목표와 행동이 나타난다. ③ 가족의 영향력 때문에, 가족의 사회적 맥락은 다른 가족 구성원들의 욕구를 만족시켜주기 위한 색다른 가치관과 우선순위를 유도하기도 한다.

3) 창업 팀으로서 가족

Schumpeter(1934)에 의하면 기업가는 경제개발을 주도하고 경제질서나 시장균형을 파괴할 특별한 능력과 재능을 가진 개인적인 영웅으로 묘사되고 있다. 하지만 상당수의 많은 기업은 한 명 이상에 의해 창업되고 경영된다. 한 예로 미국의 경우 모든 기업의 50%는 팀에 의해 창업되며, 스웨덴의 지식기반 산업의 65.8%는 창업 팀에 의해 출발하여진다.

이런 결과는 창업은 집단적인 행동으로, 동업자, 종업원, 투자자, 자문가, 혹은 무보수 근로자와 같은 사람들과 팀을 이루어 같이 일하는 것에 깊은 관심을 보인다는 의미이다. 미국의 창업 팀에 관한 연구에 의하면 비슷한 인구동태학적인 특징을 기반으로 강력한 네트워크(친족, 혹은 배우자)를 형성한다고 한다. 비슷한 사회문화적 특징을 가진 친족과 파트너, 그리고 이들의 높은 동족애는 서로서로 높은 친밀감을 발휘한다고 한다(Ruef, 2010).

미국, 유럽을 비롯한 대부분 국가에서는 지난 몇 년 동안 가족의 구성과 가족 관계에 많은 변화를 직면하였다. 즉 가족의 구성과 가족의 평균 구성원의 수는 감소하였으며, 가구의 수도 줄어들었다. 반면 사업장에서 여성 고용은 증가하였고, 가족구성원의 역할도 약간 변하였다. 더구나 아이들과 10대들은 가족기업에서 일하는 것을 꺼리며, 가족 밖의 다른 곳에서 일자리를 찾고 있다. 세대 간의 가족 관계와 사회적 유대관계도 약해졌고, 다세대 가구도 급격히 감소하고 있는 추세이다(Aldrich & Cliff, 2003).

전반적으로 이러한 가족의 변화는 기업가가 필요한 경우 가족 내의 인적, 재무적 자원의 획득이 더욱 어려워졌으므로, 자원 이동성(resource mobilization)에 부정적인 영향을 끼친다. 이런 인구동태학적인 변화는 가족의 영향력이 신규 사업의 출현, 스타트 업(start-up)의 결정뿐만 아니라 가족기업에서 가족의 구성과 기업가적 성과 등에 큰 변화를 나타냄을 보여주고 있다.

가족 시스템에는 강한 가족 시스템과 약한 가족 시스템이 있다. 약한 가족 시스템은 개인주의가 강하고 개인이 가족보다 우선순위를 가지는 국가에서 나타난다. 이와는 정반대로, 강한 가족 시스템은 가족 구성원 간의 강력한 유대관계와 개별 가족구성원 간의 가족의 중요성을 깊이 인식하는 국가에서 많이 나타난다. 가족 시스템의 이러한 변화는 기업가가 자기 가족에게 기대할 수 있는 가족 지원의 양에도 영향을 끼친다(Bird, 2014).

4) 가족기업 창업 시 유의사항

가족기업은 가족이나 가까운 친·인척끼리 마음을 모아 창업을 하는 경우이다. 따라서 일반기업(비가족기업)의 창업과는 다소 다른 측면이 존재한다. 여기서는 가족기업 창업 시 유의사항을 알아보고자 한다.

첫째, 가족기업은 가족과 기업이라는 서로 이질적인 두 조직체의 집합체이다. 예를 들면 가족은 감성 시스템으로 사랑을 추구하는 반면, 기업은 합리적 시스템으로 이윤극대화를 목표로 하고 있다. 결국 서로 다른 이런 두 시스템의 성격을 잘 이해하여 조화와 균형을 유지할 필요가 있다.

둘째, 가족기업의 창업은 가족구성원으로 이루어진 경우가 허다하다. 예를 들면 부부관계, 부모자식관계, 장인(장모) 사위관계, 형제나 남매관계, 아저씨 조카 관계 등이다. 이들은 모두 가정에서는 매우 가까운 사이이나 기업에서는 그렇지 못한 관계가 될 수도 있다. 따라서 무엇보다도 중요한 것은 구성원 간의 신뢰(trust)를 구축하는 것이 필요하다. 이 신뢰가 무너지면 최악의 경우 법정에서 만날 수도 있음을 명심하여야 한다.

셋째, 가족기업의 창업 시 창업 팀원은 대부분 매우 가까운 사이이다. 따라서 서로를 존경하고 서로를 위하는 분위기가 필요하다. 왜냐하면 일터에서는 사장과 종업원 관계, 혹은 종업원과 종업원 관계이지만 집으로 돌아가면 모두가 한 식구이기 때문이다(남영호 외, 2013).

넷째, 가족기업 창업은 세대를 가로지른 기업가정신의 이전이 중요하다. 세대를 가로지른 기업가정신의 이전(transgenerational entrepreneurship)은 가족이 세대를 가로질러 경영에 필요한 기업가적, 재무적, 사회적 가치의 새로운 흐름의 창조에 영향을 주며, 가족이 활용할 기업가적 마인드를 개발하는 과정으로 여기고 있다(Nordqvist & Zellweger, 2010).

가족창업 성공 7계명

- 업종 선택에서부터 점포 운용의 모든 일을 합의를 통해 결정하라.
- 각자의 능력이나 적성에 맞춰 역할을 분담해 시너지 효과를 내라.
- 인건비 부담이 크고 근무시간이 긴 업종이 가족창업에 유리하다.
- 화기애애하고 가족적인 분위기로 고객들에게 신뢰감을 주어라.
- 금전적인 부분은 투명하게 공유하고 수익배분을 명확히 하라.
- 공과 사는 확실히 구분하고 서로 예의를 지켜라.
- 장사가 안될 때를 대비해 무분별한 가족 합류는 자제하라.

(자료: 강병오, 창업 망설여진다면 가족 손 잡아라, 신용사회, 2010. 5월호, p. 83.)

3. 창업의 절차

창업의 절차는 창업 준비절차, 입지선정절차, 그리고 개업 준비절차 등 다양하나 편의상 창업의 준비절차를 중심으로 살펴보고자 한다.

창업은 쉽지 않고 성공확률 역시 높지 않다. 따라서 성공적인 창업을 위해서는 철저한 준비와 체계적인 절차가 필요하다. 일반적으로 다음과 같은 창업의 예비과정인 준비절차가 필요하다(이석규, 1995).

첫째, 왜 창업을 하는가에 대한 창업자(기업가) 자신의 창업 목적과 사명이 명확하여야 한다. 창업의 목적과 사명에는 사업을 시작하는 이유, 사업의 목표, 그리고 사업의 윤리강령 등이 포함되어야 한다. 한 조사에 의하면 창업의 목적으로는 '돈을 벌기 위해'가 제일 많고 그다음이 '독립심을 성취하기 위해'이며 '사회적 책임을 달성하기 위해서'는 가장 작은 비중을 차지하고 있었다.

둘째, 내부능력 및 외부환경의 분석이 이루어져야 한다. 먼저 내부능력으로는 창업자의 기업가정신 및 능력의 강·약점, 창업자 및 창업팀의 강·약점, 필요 자금을 포함한 각종 경영자원에 대한 분석이 이루어져야 한다. 외부환경의 분석으로는 창업기업이 직면하게 될 외부환경의 기회와 위협에 대한 요인을 규명하고 이에 대처하는 것을 말한다. 분석대상인 외부환경으로는 일반환경과 과업환경으로 나눌 수 있다. 일반 환경으로 PEST(정치적 환경, 경제적 환경, 사회문화적 환경, 기술적 환경) 등 모든 산업에 걸쳐 간접적으로 영향을 끼칠 환경이 이에 속한다. 과업환경에는 고객, 경쟁자, 공급자, 수요자, 진입 장벽 등 특정산업이나 특정기업에만 직접 영향을 끼칠 환경이 이에 속한다.

셋째, 창업 아이디어의 탐색과 선별이다. 창업 아이디어를 탐색하는 방법은 욕구 탐색법과 제품 탐색법으로 크게 나뉜다. 욕구 탐색법은 아직 충족되지 않은 욕구를 찾아 그러한 욕구를 채울 수 있는 재화나 용역을 생산하거나 판매하는 사업을 시작하는 것을 말한다. 제품 탐색법은 현존하는 제품이나 미래에 나타날 제품의 용도나 기능을 조사해 기존의 제품과 같거나 혹은 기존의 제품에 변형을 가해 새로운 제품을 생산하는 아이디어를 얻는 방법을 말한다. 이러한 아이디어를 내는 구체적인 방법으로는 트리즈, 여섯 색깔 모자, 유추, 배합, 브레인스토밍, SCAMPER, 구조적 분석법 등이 있다.

넷째, 창업 아이디어의 타당성 분석이다. 다수의 창업 아이디어 중 몇 개의 아이디어가 선별되면 이 아이디어들의 타당성을 종합적으로 분석해야 한다. 타당성 분석이란 선별된 아이디어를 최종적으로 선택할 것인지 기각할 것인지를 결정하기 위해 시장성, 기술성, 경제성, 그리고 공익성 등을 분석하는 것을 말한다. 시장성 분석은 주로 시장의 조건, 수요분석, 공급분석, 미래수요, 시장점유율 등을 분석한다. 기술성 분석은 사업 아이디어의 기술적 타당성과 원가계산, 판매 및 일반관리 등의 관리적 측면, 기타 생산 공정과 기술에 관한 사항을 분석한다. 경제성 분석은 시장성 분석과 기술성 분석의 결과로 준비된 모든 자료를 토대로 제안된 사업 아이디어의 위험과 경제적 가치를 분석하게 된다. 즉, 현금흐름표, 추정재무제표, 손익분기점, 내부수익률, 수익성 지수 등을 분석한다. 마지막으로 공익성 분석은 사업 아이디어가 국가 경제에 미치는 기여도 또는 지역사회에 대한 기여도를 분석한다.

다섯째, 사업계획서의 작성이다. 창업 아이디어에 대한 타당성 분석이 끝나고 최종적으로 창업 아이템이 선정되면 이에 대한 구체적인 사업계획을 수립하고 이를 추진한다. 사업계획서는 구체적인 사업계획과 실행계획을 의미하는데 사업의 추진 방향과 성공 여부를 결정하는 매우 중요한 과정이다. 사업계획은 창업 방법, 회사의 형태를 정하고, 업종과 제품/서비스, 시장 현황에 대한 조사 및 타당성 분석 결과를 토대로 마케팅 계획, 운영 계획, 자금 계획 및 수익성 계획 등을 수립해야 한다. 즉 기업을 신규 창업할 것인지, 인수 창업을 할 것인지, 혹은 프랜차이즈 체인 창업을 할 것인지의 창업 방법을 결정한다. 또한 회사의 형태를 개인기업으로 할 것인지, 회사기업으로 할 것인지에 대한 각각의 장단점 등을 자세히 검토하여야 한다. 보통 이러한 일은 창업 팀이 구체적인 사업 일정, 사업계획, 자금 계획, 인력계획 등을 수립한다.

4. 가족기업 창업 지원제도: 증여

창업자금에 대한 증여세 과세특례는 18세 이상인 거주자가 중소기업을 창업할 목적으로 60세 이상인 부모로부터 현금 등을 증여받아 창업하는 상황에 해당한다. 최대 30억 원의 증여재산가액에서 5억 원을 공제하고, 10%의 낮은 세율이 적용돼 증여세를 줄일 수 있다. 이후 부모가 사망하면 증여 당시 가액을 상속 재산가액에 가산하여 상속세로 정산하게 된다(조병선 외, 2015).

〈표 4-1〉 창업자금에 대한 증여세 과세특례 요약

<table>
<tr><th>구 분</th><th colspan="2">내 용</th></tr>
<tr><td>대 상</td><td colspan="2">18세 이상인 거주자가 중소기업을 창업할 목적으로 60세 이상의 부모(증여 당시 부 또는 모가 사망한 경우 부 또는 모의 부모도 포함)로부터 양도소득세 과세대상이 아닌 재산을 증여받은 경우</td></tr>
<tr><td rowspan="4">요 건</td><td>창업의 요건</td><td>· 창업자금을 증여받은 날로부터 1년 이내 중소기업을 창업할 것
· 증여받은 날로부터 3년이 되는 날까지 창업자금을 모두 사용할 것</td></tr>
<tr><td>창업자금의 요건</td><td>증여받은 창업자금이 양도소득세 과세대상에 해당하지 않을 것</td></tr>
<tr><td>증여자의 요건</td><td>직계존속으로서 60세 이상의 부모가 증여할 것</td></tr>
<tr><td>수증자의 요건</td><td>거주자로서 18세 이상인 자녀가 증여받을 것</td></tr>
<tr><td>세액계산</td><td colspan="2">증여세 과세가액에서 5억원을 공제하고 증여세 세율 10% 적용</td></tr>
<tr><td>신 청</td><td colspan="2">증여세 과세표준 신고기한까지 창업자금 특례신청 및 사용내역서를 납세지 관할 세무서장에게 제출하여야 하며, 신고기한까지 특례신청을 하지 아니한 경우에는 적용불가</td></tr>
</table>

자료: 신재열 외(2016), 『2016 상속세 및 증여세 실무해설』, 영화조세통람, p.1129.

[소사례] 가족의 힘! 성공시대 연다

가족(家族)창업이 늘고 있다. 가족끼리 힘을 합치면 자금 부담도 덜 수 있고, 서로 믿을 수 있어 업무 효율도 높아진다.

◆ 퓨전 포장마차 김태준 · 박형석 씨

퓨전 포장마차 피쉬앤그릴(www.richfood.net) 경기 이천점의 김태준(34) 씨와 박형석(27) 씨.

작년 상반기까지 매형 김 씨는 PC방을, 처남 박 씨는 보세 옷 가게를 했다. 사업은 괜찮은 편이었지만, 직원 관리 등으로 골치를 앓다가 작년 9월 뜻을 모아 공동창업을 했다. 퓨전 포장마차는 밤샘 일이 많아 체력적인 뒷받침이 절대적이다. 따라서 김 씨는 오후 4시부터 자정까지, 박 씨는 저녁 8시부터 마감 시각인 새벽 4시까지 담당한다. 처남·매부지간이라 믿고 맡길 수 있다. 김 씨는 "창업비용은 점포(20평) 보증금 5,000만 원을 포함, 총 1억 2,000만 원이며 월평균 매출 1,500만 원에 이익은 매출의 30% 수준"이라고 말했다.

◆ 오빠는 배달, 동생은 주방

이승찬(38) 씨와 여동생 승미(32) 씨는 2002년 말 비슷한 시기에 직장을 그만뒀다. 내 사업을 해보겠다는 생각에서였다. 하지만 막상 창업하려니 자금이 부족했다. 직장생활 10여 년간 모아둔 돈은 고작 각각 5,000만 원 안팎. 그래서 승찬 씨가 먼저 동업을 제의했고, 승미 씨도 흔쾌히 수락했다. 2003년 5월 경기 수원 정자동에 1억원을 투자해 프랜차이즈 업체인 '콤마치킨'(www. commacmc.com) 점포를 냈다. 콤마치킨은 밀가루 대신 쌀가루로 튀긴 라이스 치킨이 메뉴의 80% 이상을 차지한다. 주방은 승미 씨가, 홀과 배달은 승찬 씨가 맡고 있다. 저녁 피크타임에는 막내동생 승순(29) 씨가 아르바이트로 도와준다. 창업 1년 10개월째인 현재 월평균 매출은 1,700만 원 선. 재료비와 임대료, 기타 잡비를 제외한 순이익은 500만 원 정도 된다고 귀띔했다.

◆ 온 가족이 총출동

대기업을 12년간 다니다 명예퇴직 후 과자류 유통업에 손을 댔다가 3년 만에 실패했던 이종문(49) 씨. 그는 작년 11월부터 경기 고양시 덕양구에서 배달 전문 패밀리 레스토랑 '조이스'(www.ijoys.com)를 운영하며 재기(再起)를 노리고 있다. 12평짜리 가게에선 이 씨와 아내가 주방을, 군대 제대한 아들(23)이 배달을, 휴학 중인 딸(20)은 전화주문을 맡는다. 이 씨는 "창업비용으로 점포(12평) 보증금 및 권리금 4,000만 원 등 총 7,800만 원이 들었다"라면서 "창업 5개월째인 요즘 월 평균 매출은 2,100만 원대, 순익은 500만~600만 원 정도"라고 말했다. 강병오 FC창업코리아 대표는 "외식업처럼 육체적인 힘도 많이 드는 업종은 가족창업이 장점"이라며 "하지만 이익 배분 등에 대한 공사(公私) 구분을 잘해 두는 것이 필요하다"라고 조언했다.

(자료: 가족의 힘! 성공시대 연다, 조선일보, 2005년 3월 13일)

[소사례] 역시 믿을 건 가족뿐

"역시 믿을 건 가족뿐이죠.", "피는 물보다 진하잖아요." 최근 세계 경영계는 가족경영 기업의 경쟁력에 주목하고 있다. 독일의 금융분석 전문업체인 톰슨 파이낸셜의 조사 결과에 따르면 독일, 프랑스 동유럽의 가족경영 기업 주가는 지난 10년 동안 206%나 상승, 47% 상승에 그친 비(非)가족경영들을 압도했다. 미국에서도 포천 500대 기업 중 3분의 1을 차지하는 가족경영 기업들이 실적과 생산성에서 비가족경영 기업을 앞서는 것으로 조사됐다. 이처럼 가족경영 기업이 새삼 주목받고 있는 가운데 창업 시장에서도 '가족창업'이 새로운 트렌드로 떠오르고 있다. 가족창업은 그동안 바람직하지 않은 기업형태로 여겨져 왔다. 그러나 명예퇴직 등이 확산하고 소자본 창업 붐이 일면서 최근에는 가장 보편적인 창업 형태의 하나로 자리 잡고 있다. 창업 전문가들도 가족창업이 신뢰와 사랑을 바탕으로 시너지 효과를 기대할 수 있다는 점에서 긍정적인 면이 크다고 보고 있다. 부부 창업, 부자창업, 형제창업 등의 다양한 가족창업 실전 사례를 살펴본다.

• 가장 흔한 가족창업의 유형이 바로 부부 창업이다. 전북 전주시 완산구에서 LG패션 TNGT매장을 운영하는 박장근(49) 원현옥(49) 부부는 아내가 시작한 창업에 남편이 자기 일을 그만두고 합류한 경우다. 전주의 명동이라 할 수 있는 고사동에 젊은 남성을 위한 전문 매장이 부족하다는 사실에 착안한 원 씨가 남성복 가게를 낸 것은 지난해 10월. 그러나 혼자 매장을 운영하는 것은 생각만큼 쉽지 않았다.

여성으로서 남성에게 적합한 상품을 추천하는 데에도 한계가 있었다. 원 씨는 약국을 운영하던 남편을 설득하기 시작했고 결국 올해부터 남편 박장근 씨도 매장 일에 뛰어들게 됐다. 여성 고객들에게는 남편이 남성의 관점에서 안내해주고 의류구매에 익숙하지 않은 남성 고객에겐 원 씨가 여성으로서 좀 더 편안하게 상대한다. 또 카운터 관리나 개별 매출 등록 등 세부적인 관리도 원 씨의 몫이다. 남편 박 씨는 매장홍보나 매출 정산 등의 비교적 굵직한 일을 처리한다. 부부가 힘을 합친 덕분인지 고객들의 반응이 좋아 박 씨 부부는 약국 수입의 4~5배에 이르는 매출을 올리고 있다.

• 부부 창업은 특히 손이 많이 필요한 외식업종에서 일반적이다. 놀부보쌈 방화점을 운영하고 있는 이지용(33) 신은영(33) 부부는 부부창업의 성공적인사례로 꼽힌다. 아내 신씨는 주방일을 총괄 담당하고 있고 남편 이씨는 카운터와 홀, 고객관리에 대한 전반적 업무를 담당한다. 각자 잘 할 수 있는 부분으로 업무를 분담한 것이다. 이씨는 "외식창업을 결심하는 데 있어 손맛이 좋은 아내가 든든한 버팀목이 됐다"며 "가끔 생각이 다를 때도 있지만, 서로 업무가 분담되어 있기 때문에 상대방의 의견을 존중해 주며 일 할 수 있다"고 말했다. 직원 15명에 대한 세심한 배려도 아내 신씨의 몫이다. 특히 젊은 부부 사장이라 20대 초반의 직원들과 자연스레 어울릴 수 있어 전 직원이 가족 같은 분위기로 일할 수 있다는 것도 장점이다.

• 아버지와 아들 혹은 어머니와 딸이 조화를 이뤄 창업에 진출하는 예도 늘고 있다. 부모의 경험과 자본, 신세대 자녀의 아이디어와 적극성이 시너지 효과를 기대할 수 있기 때문이다. 신길동에서 자동차 외형복원전문점 '세덴' 남부점을 운영하는 정춘섭(57) 범채(31) 부자는 아버지 정 씨가 지난해 1월에 창업하자 아들도 직장을 관두고 사업에 합류한 경우다.

아버지는 고객을 접대하고 견적을 산출하는 등 가게의 전반적 업무를 담당하고, 아들은 실제 자동차 외형을 복원하는 기술 파트를 담당한다. 경험과 기술이 결합에 창업 1년만인 지난해 12월 40평 점포로 확장할 정도로 사업은 성장세다. 정 씨는 "나이 때문에 온종일 차량과 씨름하기가 쉽지 않던 터에 아들이 합류, 다른 직원들도 해결하지 못한 기술적 문제를 척척 풀어낼 때는 뿌듯하기 그지없다"라고 말했다.

• 최은정(29) 면홍(27) 남매는 젊은 세대들에게 인기가 높은 천연 아이스크림 전문점 '떼르드글라스' 중랑점을 운영하고 있다. 최 씨 남매가 창업하게 된 것은 신발가게를 운영하던 아버지가 업종 변경을 계획하면서부터. 최면 홍시는 신발가게 자리에 아이스크림 전문점을 낼 것을 적극적으로 주장했고 누나인 은정 씨와 함께 지난해 8월 가게를 열었다. 최면 홍시는 "일반 점원이나 아르바이트생을 고용했을 때보다 훨씬 신뢰할 수 있다"라며 "가장 좋은 것은 믿고 가게를 맡길 수 있다는 점"이라고 말했다.

〈가족창업 5계명〉

첫째, 가족 간의 팀워크와 신뢰를 중시하라.
둘째, 가족 간의 업무 분담으로 인건비를 최소화하라.
셋째, 상대방을 위해 자기 관리를 철저히 하라.
넷째, 실패를 두려워하지 말고 최선을 다하는 자세를 견지하라.
다섯째, 잘 모르는 것은 전문가와 의논하라.

(자료 출처: 한국창업개발연구원, 2004. 5. 18.)

제 3 절 가족기업과 기업가정신

1. 기업가정신

1) 기업가

기업가(entrepreneur)란 기업을 지배하고 경영하는 주체로서 다양한 관점에서 논의되어 오고 있다. 초기에는 기업가의 개념을 '위험감수성'에 바탕을 둔 기업가의 행동에 초점을 두었으며, 최근에는 기업가의 행동 중에서 적응력을 강조한 연구들과 혁신과 성장에 바탕을 둔 과정 중심적 연구들이 주류를 이루고 있다. 그러나 슘페터(Schumpeter, J. A.)의 등장으로 혁신의 개념이 강조되어 창의적 능력을 중요시하게 되었다. 즉 기업가란 창의성, 권위, 통찰력 등으로 신결합을 수행함으로써 동태적 과정을 창조하는 경제발전의 중심적 존재로 인식되어야 한다는 것이다(남영호, 1996).

기업가라는 말이 학문적으로 사용된 것은 18C 초 프랑스의 Richard Cantillon이 영어의 'between-taker' 또는 'go-between'에 해당하는 개념으로 사용한 데서 비롯되었다고 한다. 기업가의 개념은 학자들에 따라 다양하게 보고 있다. Jean B. Say는 기업가는 ① 노동력, 자본 및 토지 등 생산요소의 결합자이며, ② 우수한 판단력, 불굴의 정신, 탁월한 계산력 등의 특수한 성격과 능력의 소유자, ③ 감독 및 관리의 기술을 가진 자라고 주장하고 있다. H. Mintzberg는 기업가를 위험부담자, 혁신자, 자본제공자, 자본과 아이디어의 결합자 등으로 보고 있다. P. Drucker는 기업가와 경영자를 구분하는 것은 잘못이라고 주장하면서, 기업가란 그들이 공급하는 제품은 반드시 수요를 창출한다고 자신하는 사람들로서 경제성장을 위해서는 소비자보다 훨씬 더 중요한 역할을 하는 사람들이라고 주장하였다. 또한 경영자의 고유업무 일부분을 기업가정신이라 칭하고 있다.

2) 기업가정신

일반적으로 기업가 정신(Entrepreneurship: 企業家精神, 起業家精神)은 창업가 정신(創業家精神)으로 불리기도 하는데, 기업가가 외부환경 변화에 민감하게 대응하면서 항상 기회를 추구하고, 그 기회를 잡기 위해 혁신적인 사고와 행동을 하고, 그로 인해 시장에 새로운 가치를 창조하는 일련의 활동 과정을 말한다.[1]

1) Entrepreneurship의 본질적인 의미상 가장 정확한 한글 표기는 바로 창업(創業). 즉, 업(業)을 만드는(創), 무(無)에서 유(有)를 만드는, 탄생의 의미를 담고 있는 창업가 정신이 가장 적절한 한글 표기라고 주장하기도 한다.

기업가정신의 개념은 다양한데, 이는 기업가정신에 대한 개념의 관점이 기업가의 기능 또는 활동을 나타내는지, 기업가의 행위를 나타내고 있는지, 기업가의 성격을 나타내고 있는지, 또한 기업가의 능력을 나타내고 있는지에 따라 학자들마다 정의가 제각기 다르기 때문이다.

가장 대표적인 기업가정신의 정의로 유명한 슘페터(Schumpeter, 1934)가 처음으로 "혁신은 이미 존재하는 것들의 새로운 조합"이라는 개념을 도입하고(조형래, 2012) 혁신적, 창조적 파괴라고 정의하였다. Dollinger(1995)는 위험과 불확실성의 조건으로 수익과 성장을 목적으로 하는 혁신적 경제조직의 창출이라고 하였으며, Hisrich & Peters(1992)는 기업가의 심리적인 정신상태가 아니라 기업가에게 필요한 능력 자체라고 했고, Gartner(1985)는 새로운 조직의 창출이라고 했다. Stevenson(1983)은 "통제할 수 있는 자원에 구애받지 않고 기회를 추구하는 것"으로서 다양한 영역에서 등장하는 기회를 발견하고 추구하는 기업가정신의 실천적 핵심을 강조하고 있으며, Timmons(1994)는 기업가정신은 "기회에 초점을 맞추고 총체적 접근방법과 균형 잡힌 리더십을 바탕으로 하는 사고, 추론 및 행동 방식"이라고 정의함으로써 기업가정신은 다양한 대상과 상황에도 적용이 될 수 있다고 한다. 한편, 남영호(1999)는 기업가정신을 정의보다는 특성의 관점에서 "창의적이며 혁신적인 아이디어와 전략적 사고로 국민경제의 발전을 위한 노하우를 가진 기업가의 경영활동 과정"으로 정의하고 있다.

3) 기업가정신의 특성

기업가정신의 특성에 대하여 Stevenson(1999)은 ① 전략적 성향(Strategic Orientation) ② 기회의 추구(Commitment to Opportunity) ③ 자원의 통제(Control of Resources) ④ 자원의 확보(Commitment of Resources) ⑤ 경영구조(Management Structure) ⑥ 보상정책(Compensation Policy)을 들고 있다. Timmons(1994)는 기업가정신의 세 가지 핵심 요소로서 ① 기업가 및 팀 ② 기회 ③ 자원을 제

시하고 있으며 Venkataraman(1997)은 기업가와 기회가 기업가정신의 가장 중요한 두 개의 축이라고 하며 기업가는 자신의 특성에 맞는 기회를 선택하고 자원을 확보해 가는 과정에서 기업가정신을 유발한다고 강조한다.

Miller(1983)는 기업가지향성(entrepreneurial orientation: EO)이 강한 기업의 특성을 "제품과 시장의 혁신을 추구하고 어느 정도의 위험을 감수하며 진취적으로 대응하여 경쟁자의 기선을 제압할 수 있는 기업"이라고 정의하고 있다. 이를 근거로 하여 기업가지향성을 위험감수성(risk-taking), 혁신성(innovativeness), 진취성(proactiveness)의 세 가지 개념을 제시하였고 여러 학자가 이에 동의하고 있다. Zahra(2007)에 의하면 많은 가족기업의 공통적 특성으로서 혁신성, 위험감수성, 진취성과 같은 기업가적 지향성 요소들이 나타나고 있다고 한다.

한편, 앞의 Miller(1983)의 이론에 기반을 두고 Stevenson & Jarillo(1990), Lumpkin & Dess(1996)는 기업가지향성을 시장 내에서 경쟁자들과 차별화할 수 있도록 혁신적인 새로운 서비스를 개발, 제공하기 위한 의사결정 활동과 실행 프로세스로 정의하였다. 이를 근간으로 하여 기업가정신의 특성을 진취성(proactiveness), 위험감수성(risk-taking), 혁신성(innovativeness), 자율성(autonomy), 그리고 공격성(competitive aggressiveness)의 5가지로 분류할 수 있겠다.

위의 기업가정신의 특성 5가지는 개별적인 것처럼 보이지만 상호 관련된 것처럼 활동한다. 특히 경제사회 전반의 혁신성과 창의성을 강조하고 있는 "창조경제(creative economy)"는 그 본질에 있어서 기업가정신과 일맥상통하고 있다고 할 수 있겠다(안성영·남영호, 2013).

4) 기업가정신의 역할과 중요성[2)]

기업가정신은 새로운 과학지식을 제품과 서비스로 실물화함으로써 과학과 산업을 연결하는 데 있어 매우 효과적인 수단이 된다. 즉 새로운 과학적 지식을 사업화하여 기업을 창업하고 새로운 제품과 서비스를 시장에 내보내는 역할을 한다. 이러한 기업가적 행위는 국가 경제에 큰 영향을 미친다(정대용, 2011).

세계은행이 발표(2007)한 보고서 '세계 각국의 기업가정신과 기업형성(Entrepreneurship and firm formation across countries)'에 의하면 기업가정신을 함양하는 국가는 경제를 성장·발전시키며, 공식부문에 대한 시장참가자들의 참여를 장려하며, 우수한 사회 지배구조를 창출하는 데 긍정적 영향을 뚜렷하게 미친다고 한다. 이는 기업의 시장진입에 대한 장애가 적고 부정이 없으면 기업의 시장진입과 등록률이 높아진다는 사실에 근거한 것이다. 또한 기업가정신을 함양하는 국가는 이에 상응하는 정도의 경제성장과 공식부문의 확대를 가져올 수 있을 것으로 기대된다. 즉 기업의 신규등록률로 측정한 기업가정신은 경제성장과 양(+)의 관계가 있으며, 이는 경기확장 국면에서는 기업가정신이 제고될 수도 있음을 시사하기도 한다(중소기업연구원, 2007).

GEM(global entrepreneurship monitor)[3)] 연구모델에 의하면 일국의 경제성장은 1/3이 기성기업, 1/3이 창업 활동, 1/3이 상호작용 및 다른 요인에 의해 이루어진다고 보고 있다. 또한 G7 국가의 창업 활동과 경제성장 간의 상관관계는 0.77로 보고 있다.

Peters와 Waterman 등은 기업가정신이 국가 경제와 기업을 재생시키는 관건이 됨을 역설하고 있다. 즉 국제경쟁력을 강화하는 데 기업가의 역할이 크다고 주장하고 있다. Stoner 등은 기업가는 ① 경제

2) 남영호 외(2013), 전게서, pp. 36-37.
3) GEM(Global Entrepreneurship Monitor)은 글로벌 기업가정신 연구라고도 하는데, 1999년 미국의 Babson College와 영국의 London Business School의 교수들이 중심이 되어 총 10개국으로 출발, 현재 64개국이 참가하여, 국가별로 창업 활동 수준과 그 특성을 결정하는 요인을 규명하고 있다.

성장 ② 생산성 증대 ③ 혁신적인 기술, 제품 및 서비스의 증대 ④ 고용기회의 증대 등에 중요한 공헌을 하고 있다고 주장하고 있다.

2. 가족기업과 기업가정신

기업가정신과 가족기업은 역사 이전부터 존재하였다. 고고학자들은 세계 각처에서 선사시대에 가족구성원들이 벤처창업, 상업활동, 기업활동 등에 관여한 다양한 증거를 발견하였다. 이처럼 기업가정신과 가족기업은 기나긴 역사가 있음에도 불구하고, 미국의 학계에서조차 최근에 이에 관한 연구가 관심을 끌게 되었다(Aronoff & Cawley, 1990). 기업과정신과 가족기업의 연구영역은 독자적인 영역이지만 중복되는 영역도 많이 존재한다. 이는 두 부분의 학문적인 관점이나 성격에서 찾아볼 수 있다(남영호, 1999).

1) 연구의 역사 및 배경

미국을 기준으로 한 연구의 역사를 살펴보면 다음과 같다. 먼저 기업가정신은 경제성장, 혁신 등을 강조한 경제학(Schumpeter, 1934; Baumol, 1968)에서 시작되었다. 주요 연구대상은 오너의 관찰에 의한 창업 과정과 평가가 주이다. 그 후 1970년대 초 학자들에 의한 다양한 연구가 시작되었다. 주요 연구대상은 기업가정신의 교육, 컨설팅 등이었다. 그러나 관심과 연구기법의 부족으로 어려움을 겪어 오다가, 1980년대 들어와서 본격적인 연구가 시작되었다.

한편 가족기업은 초기 가족기업 컨설턴트에 의해 주도(재무 컨설턴트, 가족전문치료사)되었다. 구체적으로 1950, 60년대는 규범적인 연구(기업가정신 연구와 일치)가 주를 이루었고, 1988년에 가족기업 전문저널인 "Family Business Review"의 탄생으로 본격화되었다.

연구 배경을 살펴보면, 기업가정신과 가족기업 모두 학제적(inter-disciplinary)이며 종합적인 관점에서 연구가 이루어지고 있다. 먼저 기업가정신은 주로 심리학, 사회학, 인류학, 경제학에서 연구가 이루어지고 있으며, 특히 경영학적 관점에서는 조직행위론, 마케팅, 재무관리, 전략경영 등에서 연구가 이루어지고 있다. 한편 가족기업은 주로 심리학, 사회학, 경제학, 법학, 가정관리에서 연구가 이루어지고 있으며, 특히 경영학적 관점에서는 조직론(OB, OT), 전략경영, 재무관리, 세법, 시스템이론 등에서 연구가 주로 이루어지고 있다.

2) 가족기업과 기업가정신의 관계

앞에서 살펴본 것처럼 가족기업과 기업가정신은 독자적으로 출범하였지만, 최근에 들어와 서로 유사하게 접근하고 있는 것 같다. 나아가 가족기업과 기업가정신의 관계(연결)를 조사해 보면 두 가지의 다른 주제가 나타난다. 하나는 과정으로서 가족의 역할에 대한 특이한 측면과 기업가정신의 성과에 관한 것(entrepreneurial family)이며, 또 다른 하나는 가족기업이란 조직에서 기업가정신의 중요성(entrepreneurial family business)이다. 대부분의 창업은 가족기업의 창업임은 틀림없는 사실이다. 그러므로 창업에 중요한 기업가지향성(entrepreneurial orientation: EO)은 가족기업에서 특별한 의미가 있지만, 실제는 모든 사항에서 그렇지 않으므로 가족기업과 기업가정신에 대한 올바른 이해가 필요하다.

첫째로, 가족기업은 EO의 분석수준을 기업이 아닌 가족으로 보아야 한다. 왜냐하면 가족기업은 세대를 가로질러 경영되므로, 분석수준은 기업보다는 가족이 되어야 한다고 보고 있다. 이는 entrepreneurial family에 관한 것으로 Chang 등(2009), Irava 외(2010)는 기업가정신의 영향에 "가족(family)"을 첨가하기도 하였고, Carter 외(2003)는 기업가정신의 분석수준을 기업(firm)에 한정한다는 것은 제한적인 연구에 불과하다고 주장하기도 하였다.

나아가 Martin & Lumpkin(2003)은 차세대가 기업에 관여하면 자율성, 위험감수성, 공격성 측면에서 EO는 감소함을 발견하였다. 결론적으로 창업 세대는 기업가적 지향성에 동기부여가 많이 되어 있지만, 세대가 지남에 따라 기업가지향성(EO)은 가족 관심사로 대체되고 점차 가족지향성(FO)은 증가하여 EO와 갈등관계에 놓이게 된다고 주장하였다. 결국 가족기업의 EO측정은 기업보다 가족(family)을 분석 수준으로 하여야 한다는 의미이다(Nordqvist & Zellweger, 2010).

둘째로, EO를 제대로 이해하고 측정하기 위해서는 새로운 관점이 필요하다. Nordqvist 등(2008)은 EO와 관련된 이중성을 언급하고 심층 사례연구를 한 결과, 가족기업은 위험감수성, 공격성은 덜 중요하며, 대신 자율성, 혁신성, 진취성은 좀 더 중요하며 이는 장기성과를 위해 큰 의미가 있다고 주장하였다. Llach & Nordqvist(2010)의 연구에 의하면 가족기업은 비가족기업과 비교해 좀 더 혁신적이지만, 급격한 혁신은 꺼림을 알아내었다(Blok 등, 2013).

나아가 위험감수성은 기업가정신의 핵심 요소이지만, 가족기업은 오히려 위험을 회피하려는 경향이 강하다. 또한 자율성의 측면에서 가족기업은 이미 결정된 조직구조와 과정을 갖고 있으므로, 내부 자율성(의사결정이 이미 결정되는 과정에 의해 이루어짐)은 낮지만, 외부 이해관계자 집단에 대한 외부자율성(외부 이해관계자 집단과의 독립성)은 높은 편이다(Nordqvist & Zellweger, 2010).

셋째로, EO의 수준이 최고로 높을 때는 한 세대보다는 2세대가 기업에 관여할 때이며, 단순한 혈연관계보다는 부부가 기업경영에 관여할 때라고 보고 있다(Michael-Tsabari N. 등, 2014). EO의 관점에서 고찰하였을 때, 모든 측면에서 기업가지향성이 강할 필요는 없다. 일반적으로 기업가지향성이 높고 강한 기업은 장기적으로 볼 때 성공적인 기업이 될 가능성이 크지만, 성공적인 가족기업은 오히려 공격성, 위험감수성은 낮게 나타나고 있다. 즉 기업이 창업하여 성장할 때는 모든 측면에서 EO의 수준이 높으면 좋지만, 다양한 세대에서 모두 높은 수준의 EO를 유지할 필요는 없다는 의미이다(Nordqvist & Zellweger, 2010).

Martinez 등(2011)은 기업과 가족의 내부적 동태성(internal dynamics)의 이해야말로 가족기업의 성패를 결정짓는 핵심이라고 주장하였다. 나아가 Michael-Tsabari N. 등(2014)은 가족의 자원과 역량의 중요성을 올바로 이해하고 전략적 우선순위를 반영하여 가족기업을 연구할 경우, 분석단위로 기업(business)-가족(family)의 동태성을 잘 활용하는 것이 중요하다고 언급하고 있다.

3) 가족기업의 성장단계별 기업가정신

일반적으로 가족기업은 비가족기업과 비교해 빨리 성장하는데(혹은 비가족기업만큼 성장), 가족은 신제품 출시, 신시장 개척 등의 과업을 실행할 때 예상하기 어려운 사내기업가정신(intrapreneurship)을 갖고 있기 때문이다. Hoffer와 Charan(1984)은 창업 CEO 체제에서 전문경영인 체제로 성공적으로 전환하는 모델을 제시하면서, 창업 CEO가 경영하는 기업의 특징으로 ① 집중화된 의사결정 체계, ② 창업 CEO에 과도한 의존, ③ 관리기술 및 인재교육 소홀, ④ 가족주의적 분위기의 4가지를 들고 있다. 이러한 특징들은 소규모 신생기업의 초창기에는 긍정적으로 작용했을지라도, 일정 시점 이후에는 장애 요인으로 전락하게 된다는 점을 강조하였다(이윤진 · 송재용, 2007). 아래에 Miller(2015)가 주장하는 가족기업의 성장단계별 기업가정신을 창업기, 성장기, 혁신기의 세 가지 유형으로 나누어 고찰해 보자.

① **창업기**(founding phase): 가족기업의 창업기에는 네포티즘, 보수주의, 사랑하는 사람에 대한 감정 등 가족을 중심으로 한 창업으로, 잠재적인 외부투자자들이 외면하기도 한다. 그러나 대부분은 창업 초기에는 자금조달을 내부적으로 많이 하며 외부인은 어떤 역할도 하지 못하는 경우가 많다. 대부분의 소규모 벤처들은 가족구성원들이 함께 일하면서 시작한다. 너그러우면서 상황을 이해하는 가족자금(family financial capital)과, 동기부여되고 기꺼이 도와주려는 가족 노동력이

창업 초기에 많이 나타나는 "새로움에 대한 두려움"을 상쇄할 수 있을 것이다. 결국 가족기업은 이러한 요인으로 인하여 비가족기업과 비교해 장수한다고 여겨진다.

② **성장기**(growth phase): 가족기업의 성장기에는 가족 문제와 가족 경비에 너무 집착되어 기업의 성장에 필요한 투자는 잘 하지 않는다는 지적을 받고 있다. 그러나 많은 가족기업은 장수하는 경향이 강한데, 현 기업의 발전뿐만 아니라 심지어 미래 세대를 위해서도 기꺼이 투자한다. 가족은 보물(treasured asset)이며, 비가족기업에 희귀한(없는) 인내자본(patient capital)을 갖고 있으며, 기업의 미래를 보장하기 위해 온당한 요구를 하기도 한다. 또한 가족기업은 고객, 공급자, 지역사회 등 이해관계자집단과 좋은 관계를 유지하고 명성을 얻기 위해 노력도 한다. 이러한 모든 자원, 즉 현금고갈에 대한 적절한 대비, 기업에 대한 투자, 그리고 명성이 가족기업의 성장에 도움이 될 것이다.

③ **혁신기**(innovation and renewal): 가족기업의 혁신기에 가족은 보수적이라 위험을 꺼리므로 혁신과 쇄신에 방해가 된다고 여긴다. 그러나 많은 가족기업은 불확실한 환경에서도 투자하려고 한다. 또한 가족기업은 구성원들의 교육에도 투자하여 이직률이 낮고 지식자본의 잠식이 작은 것으로 나타나고 있다. 그들은 인내 투자자(patient investors)이며 혁신에 대한 성과를 기다릴 줄도 안다. 이것이 가족기업이 가진 장점이다. 나아가 안정된 산업에서 기업을 경영하는 가족들은, 좀 더 도전적인 젊은 가족구성원들이 신규 사업을 창업하기를 바란다. 오래된 기존의 기업들은 새로운 기업을 창업하기를 원하는 젊은 구성원들이 창업하는데 필요한 재무, 인적자원, 지식, 명성 등을 제공하기도 한다. 소유권과 경영권의 분리로 오래된 기존 기업과 신규기업을 차단하여, 신규기업의 성장은 물론 나이든 구성원들에게 많은 가족의 유산을 지급하는 장점도 된다.

[소사례] '애견계 에어비앤비', 공동창업 부부의 힘!

부부는 인생의 동반자다. 부부가 함께하면서 서로 가진 생각을 공유하면 시너지 효과가 난다. 금연과 다이어트 등 건강을 위한 노력도 부부가 함께하면 성공률이 높아진다는 연구 결과도 있다.

창업도 마찬가지다. 부부가 공동 창업해 성공한 경우가 많다. 이들은 동료로서 늘 함께 다니며 사업에 대한 의견을 나누고, 동반자로서 서로를 칭찬하거나 위로한다.

• 애견을 사랑한 한 부부 역시 서로의 생각을 공유하면서 사업을 성공적으로 이끌었다. 각각 벤처캐피털인 GRP와 미디어 업종에서 일하던 아론 허쉬호른(Aaron Hirschhorn)과 그의 아내 카린(Karine Hirschhorn)은 미국 로스앤젤레스(LA)에 거주하는 평범한 부부였다.

이들은 매번 휴가 때마다 애견 두 마리를 데리고 다니는 게 고민이었다. 애완동물 이동장에 넣어야 하며 대중교통 이용하기도 불편했다. 이들 부부는 한번은 애견 두 마리를 친구 집에 맡기고 짧은 여행을 다녀왔다. 여행 후 다시 만난 애견의 표정은 행복해 보였다. 마치 멋진 휴가를 보낸 듯했다. 이때 부부는 주인이 휴가를 간 동안 애견도 안락한 장소에서 휴가를 보내는 아이디어를 떠올렸다.

도그베케이(DogVacay)를 공동 창업한
아론 허쉬호른(오른쪽), 카린 부부.

부부는 벤처캐피털 달러쉐이브클럽으로부터 600만 달러(한화 약 67

억 원)를 투자받아 2012년 3월 애견 보호인 중개서비스 '도그베케이'(DogVacay)를 설립했다. 도그베케이는 애완견 보호소를 이용하는 대신 애견이 보호인의 집에서 편히 쉴 수 있게 중개한다.

이 서비스는 애견계의 에어비앤비(Airbnb · 숙박 공유업체)로 불리며 현재 미국 등에서 큰 인기를 얻고 있다. 현재 도그베케이 서비스를 이용할 수 있는 도시가 전 세계 3,000곳에 달할 정도다.

애견 보호인은 스스로 요금을 책정한다. 서비스에 등록할 때 산책, 털 빗겨주기 등 가능한 추가 서비스를 적고 요금을 차등해 받는다. 평균적으로 애견 한 마리를 하루 맡기는 비용은 30달러 정도다. 도그베케이는 이 가운데 15%를 수수료로 가져간다. 이런 사업 운영 방침에 대한 것은 부부가 함께 논의해 결정했다.

최근 부부는 벤처캐피털 벤치마크, 안드레센 호로비츠 등의 투자자들로부터 2,200만 달러를 모금하는 데 성공했다. 이 투자금으로 사업 영역을 더욱 확장할 계획이다. 도그베케이가 인기를 끌면서 이들 부부의 자산은 1억 달러 정도로 뛰었다.

모드클로스(ModCloth)를 공동 창업한 에릭 코거(왼쪽), 수잔 그렉 부부.

• 13년 전 한 캠퍼스커플이 대학 기숙사에서 만든 인터넷 쇼핑몰이 연간 매출액 1억 달러가 넘는 대형 의류업체로 성장한 예도 있다.

2002년 미국 카네기멜론대학교에 재학 중이던 수잔 그렉(Susan Gregg-Koger)은 인터넷 쇼핑몰 '모드클로스'(ModCloth)를 창업했다. 최신 정보기술(IT)을 몰랐던 수잔은 창업 과정에서 같은 대학에 다니던 남자친구 에릭 코거(Eric Koger)의 도움을 받았다.

사업 등록 과정에서도 남자친구 코거의 역할이 필요했다. 당시 17세였던 수잔은 회사를 설립할 수 없는 나이였기 때문에 당시 18세였던 에릭이 대신 최고경영자(CEO)를 맡았다.

모디클로스는 이들이 2006년 대학 졸업 후 본격적으로 사업에 뛰어든 뒤 급속히 성장했다. 사회망관계서비스(SNS)를 통해 소비자와 소통하며 판매할 제품을 생산하는 전략이 주효했다. 이들은 웹사이트에 샘플 디자인을 보여주고 회원들의 투표를 통해 생산할 제품을 선정했다. 이러한 아이디어는 두 사람이 함께 사업에 대한 의견을 공유하면서 나온 것이었다.

투표를 통해 생산된 제품은 판매하자마자 큰 인기를 끌었다. 현재 모드클로스의 직원 수는 400명이 넘는다. 두 사람은 쇼핑몰의 성공 이후 결혼에도 골인했다. 수잔은 현재 모드클로스에서 최고제작책임자(CCO)를 맡고 있다. 코거 부부의 자산은 1억 달러 정도로 평가받는다.

(자료: 헤럴드경제 2015.02.17.)

주요용어

가족기업의 창업, 가족기업 창업 시 가족의 역할, 기업가지향성(EO)의 속성, 가족기업의 기업가지향성, 가족지향성(FO)

생각하기

1. 가족기업의 창업 시 가족의 역할과 중요성을 생각해 보자.

2. 비가족기업의 경우 분석단위로 기업을 고려하는데, 가족기업은 가족(family)과 기업(business)을 모두 고려하여야 한다고 한다. 그 이유는?

3. 창업기업과 승계기업의 기업가지향성은 다를까요? 다르다면 무엇이 다를까요?

4. 기술혁신형 가족기업이 성공하는 데 필요한 사항을 기업가정신의 관점에서 논의해 보자.

참고문헌

김종관(1994), 「경영조직에서의 기업가정신과 그 영향요인 및 성과와의 관계」, 부산대학교 대학원 박사학위논문.

김지희(2001), 『Family Business 가족기업 창업 및 경영론』, 삼성출판사.

남영호 외(2013), 『대박창업 성공경영』, 건국대학교출판부.

남영호(1999), "기업가정신과 가족기업", 벤처경영연구, 제2권 제1호.

남영호(1996), 기업가정신과 창의성, 사회과학연구 제6집.

남영호(1994), "기업가정신이란 무엇인가?", 사회과학연구 제4집.

박상용 · 김연정(2004), "벤처기업 CEO의 기업가정신, 구성원의 임파워먼트와 벤처조직 유효성의 상호관계", 벤처경영연구, 제7권 제3호.

아마하이드 외, 지용희 · 오세종 옮김(2001), 『하버드창업가이드』, 21세기북스.

안성영 · 남영호(2013), "중소규모 가족기업과 기업가정신의 특성에 관한 연구: 사례연구를 중심으로", 국제경상교육연구, 10(3).

이광조 · 남영호 외(2006), 『대박창업 성공경영』, 건국대학교 출판부.

이민화 · 이현숙 옮김(2013), 『기업가정신』, 동서미디어.

이상석 · 고인곤(2004), 『기업가정신과 창업』, 학현사.

이석규(1995), 『창업 및 사업성 검토』, 다산출판사.

이왈수 역(H. H. Stevenson & D. E. Gumpert)(1985), 경영인과 기업가정신, SHB, Jul-Sep.

이윤진 · 송재용(2007), "코스닥 상장 벤처기업의 창업 CEO교체에 영향을 미치는 요인에 관한 연구", 벤처경영연구, 10(3), 1-21.

이한검(1994), 『경영학의 에센스』, 형설출판사.

정대용(2001), 『중소 · 벤처경영론』, 삼영사.

조경동(2006), 『소자본 기업창업론』, 형설출판사.

조병선 · 조봉현 · 최봉길 · 이윤생 · 유용관(2015), 『100년 기업으로 가는 길』, 경제법률사.

조형래(2012), "기업가지향성과 조직문화가 기업성과에 미치는 영향에 관한 연구" 국제경상교육연구, 제9권 제4호.

중소기업연구원(2007), "기업가정신 제고를 통한 창업 활동", 국내외 중소기업 정책동향(2007. 10. 8).

중소기업청(2004), 「창업성공 · 실패사례에서 배운다」.

중소기업청, 소상공인진흥원(2012), 창업다이어리.

한국무역협회, 국제무역연구원(2014), 『한국의 창업여건 국제비교 및 시사점』, Trade Brief 2014. 2.14, No. 6.

Aldrich, H. E., & Cliff, J. E(2003), The pervasive effects of family

on entrepreneurship:
toward a family embeddedness perspective. *Journal of Business Venturing*, 18(5), 573-596.

Aronoff, Craig E. & Cawley, M. B. (1990), "Family business: a new wave for business school", In C. A. Kent(ed), *Entrepreneurship education*, 123-134, New York: Quorum Books.

Bird, M.(2014), Th*e Impact of the family on entrepreneurial outcomes: The role of social embeddedness*, Dissertation, Stockholm School of Economics.

Block J., D. Miller, P. Jaskiewicz, & F. Spiegel(2013), "Economic and technological importance of innovations in large family and founder firms: an analysis of patent data", *Family Business Review*, 26(2), 180-199.

Brockhaus, Robert H.(1994), "Entrepreneurship and family business research: comparisons, critique, and lessons", *Entrepreneurship Theory and Practice*, Fall, 25-38.

Davidsson, P. & J. Wiklund(2001), "Levels of analysis in entrepreneurship research: current research practice and suggestions for the future", *Entrepreneurship Theory and Practice*, 25(4), 81-100.

De Massis A., F. Frattini, & U. Lichtenthaler(2012), "Research on technological innovation in family firms: present debates and future directions", *Family Business Review*, 25(1), 10-31.

Dyer, W. Gibb and Wendy Handler(1994), "Entrepreneurship and family business: Exploring the connections", *Entrepreneurship Theory and Practice*, Fall, 71-83.

Garter, William B.(1990), "What are we talking about when we talk about entrepreneurship?", *Journal of Business Venturing*, 5, 15-28.

Hoy, Frank and Trudy G. Verser(1994), "Emerging business, emerging field: Entrepreneurship and the family firm", *Entrepreneurship Theory and Practice*, Fall, 9-23.

Lant T.K. & S.J. Mezias(1990), "Managing discontinuous change: A simulation study of organizational learning and entrepreneurship", SMJ, 11.

Lopez-Fernandez, M Concepcion, Ana M Serrano-Bedia, and Marta Perez-Perez(2015), "Entrepreneurship and family firm research: A Bibliometric analysis of an emerging field", *Journal of Small*

Business Management, Forthcoming.

Lumpkin, G. T. and G. G. Dess(1996), "Clarifying the Entrepreneurial Orientation Construct and Linking It to Performance," *Academy of Management Review*, Vol. 21, No.1,.

Lumpkin, G. T. and G. G. Dess(2001), "Linking two dimensions of entrepreneurial orientation to firm performance: the moderating role of environment and industry life cycle", *Journal of Business Venturing*, 1695), 429-51.

Martin, L. and T. Lumpkin(2003), "From EO to "Family Orientation", generational differences in the management of family business", *Paper presented at the 22nd Babson College Entrepreneurship Research Conference*, Babson College, Massachusetts.

Michael-Tsabari N., R. labaki, & R.K. Zachary(2014), "Toward the cluster model: The family firm's entrepreneurial behavior over generations", *Family Business Review*, 27(2), 161-185.

Miller, D.(1983), "The Correlates of Entrepreneurship in Three Types of Firms", *Management Science*, Vol. 29, No.7.

Miller Danny(2015), "Family firms and entrepreneurship: A different point of view", ffi practitioner, March 25, 2015.

Naldi, L., M. Nordqvist, K. Sjoberg and J. Wiklund(2007), "Entrepreneurial orientation, risk taking, and performance in family firms", *Family Business Review*, 20(1), 33-47.

Nordqvist, M., T. G. Habbershon and L. Melin(2008), "Transgenerational entrepreneurship: exploring EO in family firms", in H. Landstorm, H. Crijins and E. Laveren(eds), *Entrepreneursip, sustainable growth and performance: frontiers in European Entrepreneurship Research*, Cheltenham, UK and Northampton, MA, USA: Edward Elgar Publishing.

Nordqvist, M., T. M. Zellweger(2010), *Transgenerational Entrepreneurship: Exploring Growth and Performance in Family Firms Across Generations*, Edward Elgar Publishing Limited.

Rogoff, E. G. and R. K. Z. Heck(2003), "Evolving research in entrepreneurship and family business: recognizing family as the oxygen that feeds the fire of entrepreneurship", *Journal of Business Venturing*, 18, 559-566.

Ruef, M.(2010), *The entrepreneurial group, Social identities, relations, and collective action*, Princeton University Press.

Stevenson, H.(1983), "A Perspective on Entrepreneurship," *Harvard Business School*, Working Paper, No.9.

Stevenson, H. H. & C. J. Jarillo(1990), "A paradigm of entrepreneurship: entrepreneurial management", *Strategic Management Journal*, 11, 17-27.

Zahra, S(2007), "Conceptualizing Theory Building in Entrepreneurship Research", *Journal of Business Venturing*, Vol. 22.

Zellweger, T. M., R. S. Nason., & M. Nordqvist(2012), "From longevity of firms to transgenerational entrepreneurship of families: Introducing family entrepreneurial orientation", *Family Business Review*, 25(2), 136-155.

제5장 가족기업의 경영이론

학습내용

가족기업은 비교적 최근에 들어와 본격적인 연구가 이루어지기 시작하였다. 따라서 이와 관련되는 이론은 여러 학문에서 원용한 것이 많으며, 이론 역시 많지 않은 것이 현실이다. 이 장에서는 가족기업의 대표적 이론인 대리인이론, 집사이론, 자원기준이론, SEW 등을 중심으로 살펴보고자 한다.

제 1 절 가족기업 연구의 역사와 경영이론

가족기업에 관한 연구는 미국을 기준으로 하더라도 1980년대에 들어와서야 활성화되기 시작하였다. 여기서는 먼저 가족기업 연구의 국내외 역사를 살펴보고 난 뒤, 가족기업의 경영이론을 고찰하고자 한다.

1. 가족기업 연구의 역사[1)]

1) 외국(미국)의 가족기업 연구의 역사

일반적으로 가족기업 연구의 역사는 1950년대부터 2000년대까지 4단계로 나누어 고찰할 수 있겠다. 먼저 1950~1960년대는 '선구자의 시대'로 불린다. 이 시기는 산업계뿐만 아니라 학계에서도 가족기업을 부정적인 이미지로 보던 시기로, 많은 기업이 가족기업으로 창업하지만, 오너들은 가족기업으로 분류되는 것을 꺼렸다. 한편 대학 내에서도 소수의 학자만 가족기업을 연구하였고 학생들에게 가족기업은 기업과 관련 없는 단어라고 가르쳤고(Dyer, 2003; Ghoshal, 2005), 가족기업은 잊혀가는 과거의 유물로 취급받았다. 그러나 하버드 대학교, 인디아나 대학교에서는 가족기업을 활력이 넘치는 기업으로 보고, 이를 연구하는 학자[2)]도 한두 명씩 나타나기 시작하였다.

1970년대는 '실무계의 시대'로 불린다. 여기서 말하는 실무계는 변호사, 공인회계사, 심리치료사, 재무 설계사, 일반경영자 등을 포함하

1) 남영호(2009), "가족기업의 연구동향과 과제", 중소기업연구, 31(3), pp.39-54를 중심으로 요약한 것임.

2) 대표적으로 다음의 학자들을 들 수 있겠다. Robert G. Donnelley(1964), "The Family Business", *Harvard Business Review*, Jul/Aug, 42(4), 93-105; Donald B. Trow(1961), "Executive Succession in Small Companies", *Administrative Science Quarterly*, 6(2), 228-239.

는 컨설턴트로, 이들은 가족기업을 주로 책을 통하여 익히고 나아가 고객들을 교육하기 위한 프로그램을 개발하기 시작하였다. 이들의 주요 고객들은 가족기업 오너와 잠재적인 후계자였으며, 교육은 주로 협회를 중심으로 이루어졌다. 이 시기의 대표적인 저서가 바로 가족기업의 아버지로 불리는 레온 단코(Leon Danco)가 저술한 선구자적인 책 『*Beyond Survival*』이다. 일반적으로 가족기업 연구의 실질적인 출발점은 단코가 위의 책을 출판한 1975년으로 보고 있다.

1980년대는 '제도화의 시대' 즉 정착기이다. 이 시기에 실무계에서는 가족기업 교육의 필요성을 진정으로 인식하게 되었고, 학계에서는 가족기업 오너를 돕기 위하여 실무계와 연합한 공동 연구의 필요성과 가치를 인정한 때이기도 하다. 나아가 가족기업을 오늘날과 같이 가족과 기업의 상호작용에 의한 기업으로 인식한 책이 처음으로 나타나기 시작하였다. 또한 80년대에 가장 괄목할만한 일은 대학을 중심으로 한 가족기업 프로그램의 출현을 들 수 있다. 1982년 Wharton Family Business Program(U-Pen)을 시작으로 Oregon State Uni.(1985), Kennesaw State Uni.(1986)에서 가족기업 관련 프로그램이 나타나게 되었다. 이를 계기로 상당수의 경영대학에서는 자연스럽게 가족기업을 학부와 대학원생들에게 소개하게 되었다. 이 시기에 가족기업 연구의 전환점이 된 또 다른 획기적인 두 사건이 발생하였는데, 하나는 유명한 저널인 "Organizational Dynamics(1983년, 12권 1호)"가 가족기업 관련 특별호를 출간한 것이며, 나머지 하나는 유일한 가족기업 전문저널인 "Family Business Review(1988년)"가 FFI(미국가족기업협회, 1986년 설립)에 의한 창간을 들 수 있겠다(Poza, 2007).

1990년대 이후 현재까지는 '성장기의 시대'이다. 1990년대는 가족기업 분야가 독자적인 학문영역으로 인정받게 된 시기이다(Bird 등, 2002). 이 시기는 가족기업 연구의 성장기로 다양한 기관에서 이에 관한 관심이 가속화된 때로 보고 있다(예: 1990년 Family Business Network 설립; 1997년 Mass Mutual의 주관으로 전미

기업을 대상으로 한 첫 서베이 실시). 또한 1994년 미국 중소기업학회(USASBE)의 가족기업분과 설치, 1995년 FFI의 Body of Knowledge 시작, 몇몇 학자들에 의한 가족기업 연구의 검토 및 반성과 향후 연구 방향의 제시 등은 이 시기의 큰 성과로 볼 수 있다. 또한 가족기업 관련 논문이 경영학의 톱 저널인 AMJ, AMR, Journal of Finance, Organizational Science에도 게재되었고, 중소기업 관련 전문지인 Entrepreneurship Theory & Practice, Journal of Business Venturing, Journal of Small Business Management 등은 연달아 가족기업 관련 특별호를 출간하기도 하였다. 최근에 들어와 가족기업 관련 전문저널인 Family Business Review지가 SSCI, CCBS에 등재(2005년)되어 가족기업 연구의 미래를 한층 밝게 비춰주고 있다(Hoy 외, 2006).

2) 우리나라의 가족기업 연구의 역사

우리나라 가족기업 연구에 대한 역사는 일천하여 관련 논문이나 연구자는 극소수에 불과하다. 먼저 가족기업 관련 최초의 박사학위논문을 쓴 박기동(1981)은 가족기업을 성장의 한 과정으로 인식하고, 언제 가족기업으로부터 탈피하여야 하는지를 주로 고찰하였다. 그 후 가족기업 초기의 연구가 신유근(1984), 김성철(1989), 곽수일(1990)에 의해 이루어졌다. 김지희(1999)는 가정관리학의 관점에서 가족기업을 가족과 기업의 상호관련성을 고찰한 박사학위논문(가정관리학)을, 남영호(1999)는 기업가정신과 가족기업의 관련성을 연구하였다.

2000년대 들어오면 과거와는 달리 여러 편의 연구와 동시에 연구의 범위도 약간 다양해지고 있다. 남영호는 세 권의 번역서(Aronoff 외, 2000; Ward 외, 2000; Moores 외, 2011) 출간을 시작으로, 가족기업의 이사회(2000)와 성과(2007), 승계프로세스(2011), 가업승계 정책(2013) 등의 논문과 저서 『가족기업론(2008)』을 저술하였다. 이장우 외(2007)는 벤처 가족기업에 대한 논문을, 조병선 외(2007)는 중소기업 경영 승계의 원활화를 위한 정책과제를, 심상규 외(2008)는 국내 가족기업과 비가족기업의 회계정보의 현금흐름 예측력을 비교하였다. 한편 한국가족자원경영학회(http://society.kisti.re.kr/~kfrm/)와 대한가정학회(www.khea.or.kr)는 가족기업을 가정관리학의 관점, 즉 소기업 특히 재택근무의 관점에서 고찰한 연구를 주로 하고 있다. (사)한국중소기업학회는 승계 관련 세제개편에 초점을 맞춘 국제세미나(2007년)를 개최하여 세간의 큰 관심을 불러일으켰다. 이처럼 개별 연구자, 학회, 그리고 중소가족기업 오너들의 지속적인 노력으로 드디어 정부에서도 관심을 보이기 시작하였다. 즉 가업승계지원센터의 개소(2008년), 중소기업 가업상속에 대한 조세 부담 완화 법률 개정(2007년부터 2014년까지 8차례에 걸친 세법 개정) 등은 매우 획기적인 일이라 할 수 있겠다.

그러나 2015년 현재, 우리나라 가족기업의 연구는 일부 관심 있는 극소수의 학자들의 주도로 이루어지고 있으며, 학계 관점에서 보면 미국의 1970년대 혹은 80년대 초반에 해당한다고 추측할 수 있겠다. 즉 미국의 70년대처럼 재무 설계사, 일반경영자, 그리고 공인회계사, 세무사, 변호사를 중심으로 한 실무계의 컨설턴트들이 가업승계의 세제에 관심을 보이고 있으며, 1980년대처럼 일부 학자들에 의한 소수의 연구가 이루어지고 있을 정도이다.

2. 가족기업의 경영이론

가족기업은 미국을 중심으로 하였을 때 1990년대 이후부터 독자적인 학문영역으로 인정받게 되어, 현재는 가족기업 연구의 성장기로 볼 수 있겠다. 하지만 아직도 가족기업 연구는 경영학의 다른 세부 전공과 비교하였을 때 초보 단계를 크게 벗어나지 못하고 있다. 따라서 가족기업 관련 이론 역시 한정적인데, 오너와 경영자의 관계에서 나타나는 대리인 이론과 집사이론, 오너와 가족의 관계에서 나타나는 자원기준이론, 그리고 가족과 경영자의 관계에서 나타나는 학습이론 등이 대부분이다. 이 장에서는 〈그림 5-1〉처럼 대리인이론, 집사이론, 자원기준 이론, 그리고 사회감성적 부를 알아보고, 학습이론은 9장 후계자개발과 교육에서 고찰하고자 한다.

〈그림 5-1〉 가족기업의 경영이론

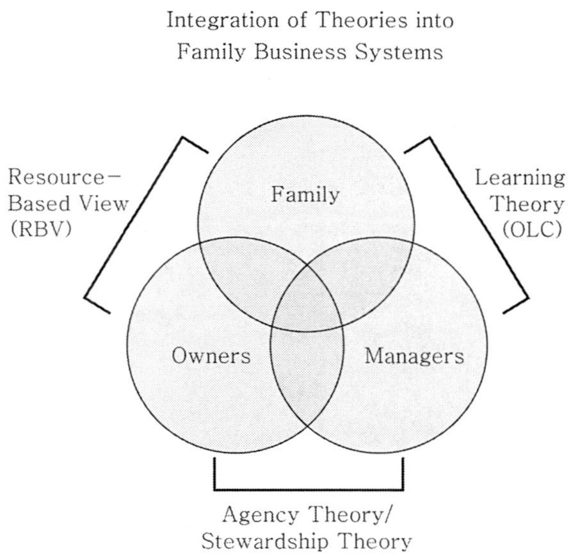

자료: Moores Ken(2009), "Paradigms and theory building in the domain of business families", *Family Business Review*, 22(2), 167-180.

제 2 절 대리인 이론

1. 대리인 이론의 배경과 성격

1) 배경과 성격

대리인 이론(agency theory)은 기업의 소유구조에 관한 이론으로 일찍이 소유와 경영의 분리에 관한 Berle & Men(1932)의 논의부터 시작하여 Jensen & Meckling(1976), Fama & Jensen(1983)에 의해 모형화되었다.

Jensen & Meckling(1976)은 대리인 이론을 본인(principal)이 대리인(agent)에게 자신을 대신하여 의사결정을 할 수 있도록 의사결정을 위임한 계약관계라고 정의하였다. 기업은 규모가 크든 작든 간에 다양한 이해관계자집단으로 구성되어 있는데, 이들 주요 이해관계자인 주주, 채권자, 경영자의 이해관계는 항상 일치하는 것이 아니다. 이들 사이에 상충하는 이해관계 때문에 추가적인 비용이 발생하게 되는데 이를 대리인비용(agency cost)이라고 하며, 이와 관련된 이론을 대리인이론(agency theory)이라 한다. 주주들은 기업 가치의 극대화를 추구하는 반면에, 채권자들은 자신들의 권리를 보호하기 위하여 일정 수준 이상의 부채조달을 금지하는 등 채권자 보호 조항을 마련하기도 한다. 한편 경영자는 기업 가치 극대화보다는 자기 개인의 효용을 극대화하려는 입장에서 의사결정을 하려는 경향이 있다(박정식, 1985).

대부분의 경제학자는 본인(오너)과 대리인, 이 두 집단의 이익의 다양성과 정보 불일치의 결과에 관해 연구하였다. 이에는 다수 주주와 소수 주주의 다양한 이해로부터 출발한 오너와 오너의 갈등(owner-owner conflict)뿐만 아니라, 본인과 대리인의 갈등(principal-agent conflict)까지 다양하게 나타나고 있다.

2) 대리인 이론의 가정과 전제조건

이들 연구의 공통된 전제조건은 대리인(경영자)과 본인(오너) 간의 이해가 일치하지 않기 때문에 발생하는 비용이 대리인 비용(agency cost) 이다(권정욱 외, 2012). 대리인 비용은 경영자와 주주 간의 정보 비대칭 상황에서 경영자는 알지만, 주주는 모르는 사적 정보를 이용하여 사전적으로 역선택(adverse selection)을 하거나, 사후적으로 도덕적 해이(moral hazard)라는 기회주의적 행동을 함으로써 발생하는 대리인문제를 해결하기 위해 발생하는 비용이다. 대리인 비용은 주로 감시비용과 보증비용, 잔여 손실로 구성되며, 이 중 감시비용(monitoring cost)은 대리인인 경영자의 행위가 주주의 이익을 감소시키는지를 감시하는 데 소모되는 비용으로 외부감사제도, 사외이사제도, 이사회 등을 도입하여 감시하는 비용이다(김정교 외, 2014).

종합하여 보면, 대리인 이론의 가정은 (1) 오너와 경영자는 목표가 달라 갈등을 느낀다. (2) 경영자는 오너에게 손해를 끼칠지라도 자기의 목표를 추구할 것이다. (3) 오너는 경영자가 행동하는 다른 측면을 알기가 어렵다. (4) 오너는 제한된 합리성을 갖고 있다(Jensen & Meckling, 1976; Williamson, 1981).

2. 대리인 이론의 주요 가설과 과제

1) 대리인 이론의 주요 가설

첫째, 이해일치가설(convergence of interest hypothesis)로 이는 경영자의 지분율이 증가하면 경영자와 주주 간 이해관계가 일치되어 경영자는 주주가치를 증가시키는 방향으로 경영활동을 수행하게 되므로, 기업가치가 증가한다는 이론이다. Jensen and Meckling(1976)은 주주의 효율적인 통제가 없는 경우 경영자는 기업가치보다는 개인적 효익을 증진하기 위하여 기업의 자원을 낭비할 수 있다고 논의하면서, 경영자의 지분율이 증가할수록 대리인 비용이 감소하여 기업가치가 증가한다고 주장하였다. Demsetz and Lehn(1985)은미국의 대규모 기업을 대상으로 조사한 결과 대주주 지분율과 회계적 수익률 간 정(+)의 관련성을 가져온다고 주장하였다. Holderness and Sheehan(1991)은 대주주 지분율 50% 이상인 기업군과 20% 미만인 기업군을 구분하여 분석한 결과, 토빈 Q의 경우 유의적인 차이를 나타내고 있음을 알아내었다. Anderson and Reeb(2003)은 미국 S&P500 기업 가운데 약

1/3 정도가 창업자의 가족이 기업 경영에 관여하고 있으며, 이들이 평균적으로 약 18% 지분을 소유하고 있음을 발견하였다. 또한 창업자의 가족이 기업 경영에 관여하고 있는 가족기업의 경영성과는 그렇지 않은 기업보다 높게 나타나고 있으며, 부채비율은 오히려 더 낮음을 알아내었다. 이는 창업자 가족이 기업의 지분을 갖고 경영에 참여하는 경우 대리인 비용이 낮아진다는 것을 보여준다.

둘째, 경영자안주가설(managerial entrenchment hypothesis)로 이는 이해일치가설과 다르게, 경영자의 지분율이 증가함에 따라 기업가치가 감소한다는 이론으로, 경영자참호가설이라고도 한다(Morck et al,. 1988). Demsetz(1983)와 Fama and Jensen(1983)은 경영자의 지분율이 낮을수록 시장유도기능, 경영자시장·기업지배권시장 등의 역할로 인하여 경영자가 기업가치를 증대시키기 위하여 노력하나, 지분율이 높은 경영자는 의결권 행사나 기업의 의사결정에 중대한 영향을 미칠 수 있으므로 기업의 가치와 달리 개인적 이익을 극대화하기 위한 의사결정을 할 수 있다고 주장하였다. Stultz(1988)는 경영자 지분이 증가할수록 기업에 대한 지배력이 커질수록 자신의 지배력에 안주하려는 경향이 커지기 때문에 경영성과가 떨어질 수 있다고 주장하였다. Gomez-Mejia 등(2001)은 경영권의 침해로 인한 대리인 비용은 비가족기업보다는 가족기업이 더 악화하고 있다는 증거를 제시하고 있다. 이는 경영권의 침해뿐만 아니라 소유권의 침해도 나타날 수 있는데, 이는 소수 주주와 사회에 심각한 결과를 가져올 수도 있다고 한다.

셋째, 절충가설(alignment hypothesis)로 이는 기업가치는 경영자의 지분율에 따라 어느 한 방향으로 증감하기보다는 지분율 정도에 따라 상이하게 나타난다는 이론이다. 절충가설에는 개인적 이익과 기업가치 간 목표 일치성을 가지려는 경영자와 기업의 자원을 이용하여 개인적 이익을 증가시키려는 경영자로 구분하여, 경영자

지분율에 따라 이러한 성향이 차이를 가질 수 있고 이는 각 나라의 자본시장과 기업 제도, 특히 기업지배권의 효율성 여부에 따라 달라질 수 있다고 주장하고 있다. Morck et al.,(1988)는 경영자 지분을 0~5%, 5~25%, 그리고 25% 이상의 3개의 영역으로 나누어 기업가치의 차이를 분석하였다. 그 결과 0~5% 영역과 25% 이상의 영역은 Jensen and Meckling(1976)의 이해일치가설을 지지하고, 5~25% 영역의 경우 경영자는 자신의 권한을 강화하고 개인적 효익을 위하여 기업가치를 비극대화하는 행동을 할 수 있으므로 기업가치가 감소한다고 주장하였다. Stultz(1988)는 경영자 지분율이 증가하면 처음에는 기업가치가 증가하다가 일정 지분율을 넘어서면 기업가치가 하락하는데 이와 같은 가치하락 현상은 지분율이 50%를 웃돌면 사라지게 된다고 주장하였다. 이처럼 절충가설은 경영자의 지분이 작을 때에는 이해일치가설을 지지하지만, 일정 구간이 되면 경영자 안주가설을 지지한다고 볼 수 있겠다.

2) 대리인 이론의 과제

대리인 이론은 가족기업과 비가족기업을 구분하는 근본적인 요인으로, 가족기업의 특이성을 잘 설명하고 있다고 볼 수 있다. 가족기업의 관점에서 나타나는 대리인 이론은 첫 번째로 오너와 대리인인 경영자 간의 갈등(principal-agent conflict), 두 번째로 다수 주주인 오너와 소수 주주인 오너 간의 갈등(owner-owner conflict)에 중점을 두고 있다. 일반적으로 대리인 이론의 가장 큰 과제는 가족기업의 주인(principal)인 오너와 대리인(agent)인 경영자 간의 불신에서 출발한다고 볼 수도 있다. 단 한 명의 가족구성원이 오너와 경영자의 역할을 겸직하는 경우엔 이런 갈등은 존재하지 않는다. 따라서 대리인문제는 갈등의 양 당사자인 오너와 대리인인 경영자 간의 상호 믿을만한 신뢰의 구축이 필요하리라 여겨진다. 이에는 믿을만한 대리인의 선택과 기업의 성과를 보장하고 지켜볼 제한된 능력까지도 포함한다. 이렇게 되면 대리인의 행동은 관찰할 수 있고, 오너와 함께 경영자의 이익이 가능한 한 많이 발생하도록 상호 협력하게 될 것이다. 다시 말해 경영자와 오너의 이익이 일치한다면, 그들 사이에 나타나는 완벽하게 관찰되지 않는 관리적 행동은 문제가 되지 않는다. 왜냐하면, 예상치 못한 환경이나 행동에 직면한 경영자가 이기적인 관점에 따라 행동하더라도, 오너의 이익에 맞추어 행동할 것이기 때문이다. 하지만 다른 가족구성원이 단 한 명이라도 소유권이나 경영권에 관여한다면, 다른 가족경영자[3]의 행동에 대해 대리인 비용이 여전히 나타난다. 만약 가족경영자가 대리인이라면, 가족기업 오너는 합리적인 방법으로 대리인 비용 관련 통제 메커니즘을 실행에 옮길 방안을 마련할 것이다.

가족기업의 오너는 대리인인 경영자를 감시·감독하고 경영자를 견제하는데 소요되는 오너-경영자 비용이 낮은 것을 좋아한다. 사실 가족이 가진 명백한 힘은 주주권, 의결통제권, 대주주와 소수 주주 간의 유인책에 대한 특별한 통제권을 갖는 것이다.

다시 말해 가족기업 오너들은 가족의 부(富), 고용안정, 지위, 현재와 다음 세대로의 권력 이전 등 가족의 목적(family objectives)을 만족시키기 위해, 그들 기업에 대한 통제권의 유지를 원한다. 구체적으로 오너들은 개인이나 가족의 목적을 위해 필요한 의결통제권을 사용하기도 한다. 의결통제권의 목적은 첫째로, 임시수당, 월등한 보상, 관리적 지위 등을 안전하게 확보하려는 데 있다. 둘째로, 능력이 부족하지만 가족구성원이 안전하게 최고경영진의 지위를 유지하는 데 있다. 셋째로, 일반적으로 대부분의 가족 자금은 기업에 묶여 있으므로, 가족은 위험회피를 선호한다. 이것 때문에 바로 쇄신에 대한 투자를 꺼리게 될 수도 있다(Le Breton-Miller 외, 2009).

3) 가족경영자(family managers)는 오너와 같은 가족구성원이지만 대주주가 아니면서 가족기업의 경영과 관계되는 사람을 의미한다.

3) 이타주의

최근에 가족기업 내의 대리인 비용에 대한 부정적인 관점 이외에, 상호 호혜적(예: 오너와 경영자의 상호 이타주의)이고, 대칭적(동등한 상호호혜)인 이타주의(利他主義, altruism)가 발생하면 대리인문제는 완화될 수 있다는 경제모델이 나타나고 있다. 즉 상호 호혜적인 가족기업은 적은 유지비용으로도 사업 기회를 얻으며, 이 명확한 사업 기회를 추구할 수 있는 경쟁우위도 얻을 수 있다는 것이다. Lubatkin 등(2007)은 부모가 오너인 가족기업의 이타주의를 자기-타인 유형을 기준으로 5가지로 분류하여 연구하였다. 즉 가장중심 이타주의(principal-based altruism)와 이상중심 이타주의(ideal-typic altruism)로 기준을 정하고, 이타주의를 다시 가족중심 이타주의(family-oriented altruism), 가부장중심 이타주의(paternalistic altruism), 사회심리적 이타주의(psychosocial altruism)로 구분하였다. 연구 결과 가족중심 이타주의와 가부장중심 이타주의는 지배구조가 비효율적이지만 긍정적인 측면이 있고, 사회심리적 이타주의는 효율적인 지배구조이면서 긍정적인 측면이 있다고 주장하였다. 왜냐하면 기업에 고용된 자식들은 기존의 규범과 가치관 그리고 사후의 실시, 타인에 대한 행동과 상호 격려하면서 발전하려는 가족의 끈끈한 결속(family bond)에 감염되어 있기 때문이다.

어쨌든 장기이익을 위한 단기 손실, 낮은 간접비용, 유연한 의사결정, 최소한의 관료제 등 가족기업이 직면하는 이런 과제를 이타주의에 따라 '가족구성원'들의 의지를 끌어낼 수 있다면, 가족기업은 효율적인 경쟁자가 될 수 있을 것이다(Carney, 2005).

[소사례] 이타심의 수혜자

이타심은 법으로
제정할 수 있는 미덕이 아니다.
그것은 몸으로 익혀야 한다.
이타심을 배우는 가장 좋은 방법은
스스로가 이타심의 수혜자가 되는 것이다.
그러면 이타심이 엄청난 노력이 아닌 작은 호의로부터
나온다는 사실을 알 수 있다.

- 조셉 마셜3세의 《혼자의 힘으로 가라》 중에서 -

(자료 : 고도원의 아침편지 2016.2.25.)

제 3 절 집사이론

1. 집사이론의 배경과 성격

1) 배경과 성격

집사이론(stewardship theory)은 청지기이론, 책사이론이라고도 하는데, 인간은 이기적으로 행동한다는 대리인 이론과 달리, 경영자는 오너의 이익에 헌신할 정도로 행동한다고 보는 이론으로, 신학에 뿌리를 두고 있다. 즉 경영자는 주인인 오너로부터 모든 권한을 위임받아 주인처럼 행사하는데, 이는 개인 목적의 달성을 위해 동기가 부여되는 것이 아니라, 장(長, 오너)의 목적과 관련되어 있으며, 대리인과 주인의 이해관계는 갈등의 관계가 아니라는 것이다. 나아가 집사는 이기적인 행동은 하지 않고 상호협력적인 행동을 하므로, 결국 집사는 기업의 성공과 장(오너)의 만족을 위한 강력한 관계를 개발하려고 노력한다. 결론적으로 기업의 부(富) 즉 재산은 현재의 나의 재산이 아니라 미래의 후세에게 물려주어야 될 공동의 재산으로 여긴다는 사고이며, 가족기업은 개인의 소유보다는 공동의 소유로 인식하는 것이다.

이런 집사이론의 태도는 가족구성원이 기업에서 의미 있는 경력을 쌓을 기회를 제공하기도 한다. 가족 종업원[4]들은 기업의 성공에 이바지할 사회적 집단의 소중한 구성원이므로 값어치 있는 생각과 심리적인 충족감과 자아실현 욕구를 달성할 능력을 얻을 것이다. 나아가 이것은 가족구성원에게 자존감과 더불어 사회적 자본과 지위를 획득할 것이며, 기업에 대한 충성심도 불러일으킬 것이다. 마지막으로 다음 세대에게 가족이 먼저 해야 할 일은 다가올 미래 세대에게 소득, 경력, 명성 등을 제공할 기업을 건강하게 발전시키는 일이다.

가족 경영자가 기업을 소유한다는 본질적인 생각은 그들이 장기적인 의사결정을 할 때 직면하는 불확실성을 극복하는 데 도움이 된다(Le Breton-Miller 외, 2009).

2) 가정과 전제조건

집사이론은 다양한 관점이 요구되는데, Christman 등(2005)에 의하면, 가족기업 오너와 경영자는 다른 사람의 이익에 가치를 둘 때만 집사이론이 적용된다고 주장하였다. 대리인이론과 달리, 집사이론은 집사의 원천으로 기업의 목표에 개인의 목표 종속, 비재무적인 목표의 중요성, 가족기업 오너와 경영자 간의 관련 계약 등을 들고 있다. 가족경영자는 기업의 목표를 달성하는데 성실성과 자아실현을 높은 가치로 두고 있으며, 기업의 목표달성이 개인의 목표달성보다 더 높은 효용을 갖고 있다고 여긴다.

집사이론에 의하면, 기업은 가족의 집단적인 세습재산이며 가끔은 가족의 주요 자산이므로, 가족구성원은 기업에 관심을 둘 수밖에 없다. 이 때문에, 집사주의의 제안자들은 심리적 소유권과 기업에 대한 가족

4) 가족구성원이면서 기업에 근무하는 사람.

의 사회감성적 관여(socioemotional involvement)[5]를 제안하고 있다. 가족의 재산, 경력 기회, 그리고 지역사회에서의 명성 등이 모두 기업의 운명과 연결되어 있다. 그러므로 가족 오너와 경영자들이 기업과 모든 이해관계자의 장기이익을 위해 행동한다면 강력한 인센티브를 받을 것이다. 이러한 것들이 제대로 취급된다면, 집사이론은 사회적 자본의 선구자인 집단적 견고함, 신뢰, 그리고 충성심을 잉태하기도 할 것이다. 나아가 집사이론은 가족을 넘어 노동자, 경영자, 그리고 파트너까지 영역을 넓힐 것이다.

요약하면 집사이론은 가족 경영자와 가족 오너의 관심은 다음과 같은 경우 같아진다고 여긴다. (1) 가족 경영자가 본능적으로 오너의 이익을 추구하려고 할 때, (2) 비재무적인 목표가 가족기업 오너와 경영자 모두에게 같거나 중요할 때, (3) 가족기업 오너와 경영자의 관계가 오래 지속되고 이를 감정적으로 고민할 때. 즉 만약 위의 것이 실현된다면 대리인비용은 존재하지 않는다고 여긴다.

가족기업에서 가족구성원들이 가족경영자의 대리인비용에 따라 행동할 때 대리인이론과 집사이론은 갈등이 나타난다. 만약 가족 경영자가 좀 더 대리인의 관점에 따라 행동한다면, (1) 대리인비용은 가족경영자에게도 적용되며, (2) 그 결과 기업의 성과는 감소할 것이다. 역으로 만약 가족 경영자가 좀 더 집사의 관점에 따라 행동한다면, 대리인비용뿐만 아니라, 성과에도 부정적인 관계는 나타나지 않을 것이다.

2. 집사이론과 대리인 이론의 비교

앞에서 살펴본 것처럼 대리인 이론과 집사이론은 모두 기업의 목표를 달성하는 데 있어 경영자의 역할에 관한 것이다(Wasserman, 2006).

---

5) 사회감성적 관여는 socioemotional wealth(SEW)의 한 부분인데, SEW에 대한 자세한 내용은 다음 절을 참조하세요.

경영자의 동기부여의 가정을 매우 다르게 보기 때문에 경영자가 이와 관련하여 어떻게 행동할 것인지에 대하여 의견이 분분하다.

〈표 5-1〉 대리인 이론과 집사 이론의 비교

구 분	대리인 이론	집사 이론
기본가정	• 경제적 인간 • 자기이익중심적(self-serving)인간	• 자아실현의 인간 • 집단적 삶 속에서 상호이익지향적(collective serving)인간
이론적 근간	• 경제학	• 심리학, 사회학
심리적 메커니즘	• 동기부여 -낮은 단계의 욕구충족(생리적, 안전, 경제적 욕구) -외재적 보상에만 반응 • 사회적 비교의 대상: 다른 경영자들 • 권력, 힘의 원천 -합법적, 강압적 보상에 의한 권력	• 동기부여 -높은 단계의 욕구충족(자아실현욕구) -내재적 보상에만 반응 • 사회적 비교의 대상: 주주, 주인 • 권력, 힘의 원천 -전문가적
상황적 메커니즘	• 통제 지향적 • 단기 지향적 • 원가의 통제목적 • 개인주의와 높은 권력격차	• 참여 지향적 • 장기 지향적 • 성과를 증진시키려는 목적 • 집단주의와 낮은 권력격차
기대효과	• 적절한 통제수단 및 보상시스템을 통해 각각의 이익관계를 설명하는데 유용	• 자율적 책임경영과 권한위임을 통해 내재화된 상위욕구를 설명하는데 유용
한계점	• 인간에 대한 가정이 수학적이고, 사람의 행동에 대한 비현실적 기술 • 사회적 존재로서의 인간을 설명하지 못함	• 이론을 뒷받침할 수 있는 모델 수립의 어려움 • 환원주의적 처방적 제시의 어려움

자료: Davis, Schoorman & Donaldson(1997), "Toward a stewardship theory of management", *Academy of Management Review*, 22(1), 20-47; 배종석 외(2009), "경쟁적 패러다임과 인사조직연구", 인사·조직연구, 17(2), 17-93; 유규창 외(2010), "Agency이론과 Stewardship 이론에 의한 성과주의 인사제도의 재해석", 조직과 인사관리 연구, 34(3), 1-40에서 재구성.

집사이론은 대리인 이론과는 직접적으로 대비되는 이론인데, 이를 자세히 살펴보면 다음과 같다.

첫째로, 대리인 이론은 대부분 지배구조의 연구에 근거한 패러다임이지만, 지배관계를 조사하는 대체안적 접근방법으로 집사이론이 나타났다.

둘째로, 대리인 이론은 경제학적인 관점에 근간을 두고 있으며, 자기 자신의 이기주의에 따라 행동하는 성향을 보인다. 반면 집사이론은 심리학, 사회학에 근간을 두고 있으며, 그들의 長(주인)의 이익을 위해 행동하도록 동기가 부여되어 있다. 즉 인간은 이기적인 개인주의 관점에서만 동기가 부여되는 것이 아니라, 타인에 대한 서비스, 이타주의, 관용에 의해서도 동기가 부여된다는 인간 행동의 넓은 관점을 다루고 있다. 다시 말해 인간의 행동은 경제학적인 관점에서만 동기가 부여된다는 대리인 이론과 인간은 개인의 가치관과 열망의 충족을 통한 자아실현과 같은 고차원적인 욕구로 동기가 부여된다는 집사이론은 대비된다.

셋째로, 대리인 이론은 측정 가능한 외재적인 제도적 보상과 제재로 강제되는 보수에 초점을 맞추고 있지만, 집사이론은 쉽게 정량화할 수 없는 내재적인 보수(성장을 위한 기회, 목표달성, 친밀과 자기행동)에 초점을 맞추고 있다.

넷째로, 대리인 이론은 통제 지향적 관리철학이며 개인주의를 지향하지만, 집사이론은 관련지향적 관리철학이며 집단주의를 지향한다.

제 4 절 자원기준 이론

1. 자원기준 이론의 배경과 가정

1) 배경과 정의

기업의 경쟁우위를 분석하는 또 다른 방법으로 1980년대 말부터 나타난 자원기준이론(resource-based theory)을 들 수 있겠다. 자원기준이론이란 기업이 보유한 자원에 의해 경쟁력이 결정된다고 보는 이론이다. 기업의 경영자원에는 유형자원, 무형자원, 인적자원 등으로 구분할 수 있겠다. 그런데 여기서 말하는 자원은 기업에 의해 통제되는 정보, 지식 등과 기업과 개인의 스킬, 조직과정, 물리적 자산, 무형자산, 능력, 기능, 기타 등등 모든 자원을 포함한다. 이런 자원은 "핵심역량"이나 "능력"과 같은 개념으로 자주 불리는데, 기업 내의 조직적 현상, 사회적 현상, 그리고 개인적 현상까지 망라하는 광범위한 자원이다.

자원기준이론을 처음 제창한 Barney(1991)는 기업이 지속가능한 경쟁우위를 얻는 데 필요한 자원(VRIN)을 가져야 하는데, 가치있는 자원, 희귀한 자원, 모방하기 어려운 자원, 그리고 대체하기 곤란한 자원을 가지고 이를 활용하여야 한다고 주장하였다. 기업은 이런 VRIN에 속하는 자원을 갖고 이를 적절히 활용하여야 핵심자원 나아가 핵심역량(core competence)이 될 수 있다고 주장하였다. 핵심역량은 자사가 경쟁기업에 비해 잘 할 수 있는 상대적인 경쟁능력을 말한다.

2) 기본가정

자원기준이론에서 자원은 기회를 개발하고 기업가를 만드는 데 필요하다고 여긴다. 자원기준이론에 의하면, 모든 기업은 자원에 대한 출발점이 다르며(resource heterogeneity), 다른 기업은 우리 기업이 가진 자원을 가질 수 없다(resource immobility)는 가정을 하고 있다. 나아가 이러한 자원의 결집은 특이하여, 어떤 두 기업도 동일한 경험, 동일한 자산과 스킬, 동일한 조직문화, 동일한 경쟁영역에서의 자원의 결집을 가진 기업은 없다고 여긴다. 자원기준이론은 유지 가능한 경쟁우위를 확보하는 데 있어서 이동이 어려운 기업의 자원, 이런 특이한 자원의 역할을 잘 이해하는 것이 중요하다(〈표 5-2〉 참조).

〈표 5-2〉 자원기준이론과 환경모형이론의 비교

환경모형이론	자원기준이론
1. 환경모형이론은 산업이나 전략군 내의 기업을 가정하는데, 이 이론은 자원을 경쟁우위의 관점에서 그들이 추구하는 전략, 그들이 통제하는 전략적으로 관련있는 자원으로 보고 있다.	1. 자원기준이론은 산업이나 전략군 내의 기업을 가정하는데, 이 이론은 자원을 그들이 통제하는 전략적 자원의 관점에서 이질적인 자원으로 보고 있다.
2. 자원 이질성은 산업이나 집단 내에서 개발되나, 이 자원은 이동이 활발하므로 단기적일 것이다.	2. 자원은 기업을 넘어 완전히 이동 가능한 것은 아니며, 자원 이질성은 오랫동안 지속될 것이다.

자료: Habbershon, T. G., & Williams, M. L.(1999), "A Resources-based framework for assessing the strategic advantages of family firms", *Family Business Review*, 12(1), March, 8.

2. 가족기업의 자원기준 이론

1) 성격

가족기업의 자원기준이론은 가족기업이 경쟁우위를 유지하거나 바꿀 수 있는 특이한 역량이나 자원을 강조한다. 이러한 자원은 자주 조직역량과 관련된다. 가족기업의 특이한 우위인 가족기업의 능력은 기업과 가족 간의 상호행동의 질(quality)에 달려 있다. 가족기업의 특이성인 관여, 공유된 가치관, 문화, 믿음, 명성 등은 가족이란 변수가 경쟁우위가 되어 기업에 전략적 자원과 역량(capabilities)을 제공한다. 가족기업 이론 개발의 핵심은 가족의 관여(family involvement)가 가족기업의 경쟁우위를 끌어낼 수 있는가에 달려 있다. 즉 가족기업의 자원기준이론에 의하면, 가족기업 나름대로 특이성은 가족이란 변수가 경쟁우위가 되어 기업이 장기적인 성장을 하는데 필요한 전략적 자원과 역량을 제공한다고 보고 있다.

2) 가족기업의 특이한 자원: 경쟁우위

앞에서 살펴본 것처럼 가족기업의 자원은 가치 있고, 희귀하며, 모방이 어렵고 대체할 수 없는 자원이 유지 가능한 경쟁우위를 가져와 탁월한 성과를 리드할 수 있다고 보고 있다. Poza(2007)는 가족기업의 경쟁우위를 결정하는 특이한 자원으로 ① 시장에 신속히 반응, ② 니치에 초점을 맞추는 전략, ③ 소유권 중심, ④ 품질과 ROI 중시, ⑤ 인내자본(patient capital)과 장기지향적, ⑥ 총비용(자본비용과 관리비용)이 낮음, ⑦ 민첩성과 융통성을 들고 있다.

3) 가족기업의 경쟁우위와 가족다움

자원기준이론은 자원의 소유가 어떻게 경쟁우위를 가져오고 또한 이러한 자원이 가족관여(예: 암묵지 등)를 통하여 어떻게 획득될 수 있는지를 설명하고 있다. 나아가 기업을 유지, 보존하는데 필요한 하나의 제도체로 가족(家族)을 인식하게 되었음을 설명하고 있다. Habbershon과 Williams(1999)는 가족기업의 자원을 "가족다움(familiness)"으로 표현하였다. 그들은 가족다움을 특별한 기업이 가진 가족, 개인 구성원 그리고 기업의 상호작용 때문에 발생하는 특이한 자원으로 정의하였다. 즉 가족다움이란 우리 가족만이 가진 특이한 전통을 알아내고 이를 생활에 적용하려 노력하거나, 이 전통을 즐기며, 나아가 이 전통이 양심적인지, 지적으로 겸손한지 등을 의미한다. 이러한 "가족다움"이란 정의는 가족기업의 역량과 경쟁우위의 기반 위에 단일화된 시스템의 관점을 제공하고 있다. 그러므로 가족기업의 성과에 관한 연구는 가족기업이 어떻게 경쟁우위를 획득하는가 보다는, 그들의 전략적 역량과 우리 기업의 가족다움은 어떤 것이며, 이에 영향을 끼치는 변수는 무엇인지에 대하여 초점을 맞추어야 한다는 의미이다. Tokarczyk 등(2007)은 가족기업의 경쟁우위의 성격을 "가족다움"의 정의로 규정하고, 이를 실천에 옮기면 가족기업은 소비자로부터 신뢰 증진, 종업원의 헌신과 관여의 고조, 장기적인 의사결정의 영역 확대, 인내자본의 생성, 어려운 환경에서도 극도의 절약을 한다고 주장하였다.

4) 가족기업의 자원기준이론

자원기준이론은 가족기업의 경쟁우위를 이해하기 위하여 기업의 특이성을 관찰할 수 있는 이론이다. 예를 들면, 가족기업의 승계계획은 릴레이 경주의 바통터치와 같아서 바통을 교환할 승계자와 후계자가 필요하다. 이때 이들의 원활한 바통 교환을 위해서는 서로의 역할에 대한 이해가 절대적으로 필요하다. 이를 역할 행동이라 하는데, 역할 행동(role behavior)은 한 개인이 다른 사람의 행동을 이해할 수 있고, 자신의 역할을 원활하게 수행할 수 있는 과정을 의미한다.

Cabrera-Suarez 등(2001)은 승계에 관한 경험과 행동을 통해 획득되는 암묵지(tacit knowledge)의 개념을 가업승계에 적용하고 있다. 일반적으로 암묵지는 이론과 사실에 근거를 둔 명시지(explicit knowledge)보다 이전이 어려우므로, 암묵지의 이전은 경쟁우위를 유지하고 확장하는 데 매우 중요하다. 왜냐하면 가족기업이 지속해서 성공하기 위해서는 후계자의 특이한 경험에 주로 의존하기 때문이다.

다음은 자원기준이론(RBV)이 제공하고 있는 몇 가지 시준점을 종합한 것이다.

① RBV는 왜 가족기업이 특정 산업(예: 비가족 이해관계자의 교섭력이 약한 산업)에 집중되는지를 잘 설명하고 있다.

② RBV는 세대 간의 소유권 이전이 이루어져서 나타나는 가치 창출의 차이를 설명하기도 한다. 만약 후계자의 역할이 감소한다면, 비가족 이해관계자의 교섭력은 강화될 수 있다.

③ RBV는 우수한 성과에 선행하는 측정 가능한 과정변수로, 실질적인 전략을 위한 중요한 시준점이 된다. 이는 분석 가능한 다

양한 방법들을 종합한 것으로, 자원기준이론의 퓨널(깔때기 모양의 통풍통)을 통한 가족기업 특이성에 관한 선행 연구를 종합한 것이다.

④ RBV는 가족회의와 같은 것들이 왜, 그리고 어떤 과정을 거쳐서 가족행동에 영향을 끼치는지를 잘 설명하고 있다.

⑤ RBV는 가족기업에서 자주 언급되는 믿음, 단일체 등과 같은 무형자산이 기업의 경영성과를 우수하게 이끌 수 있는지를 설명하고 있다.

⑥ RBV는 전략경영과 가족기업이라는 두 가지 실체를 하나로 묶어 이것이 기업의 경영성과에 미치는 영향을 잘 설명하고 있다.

제 5 절 사회정서적가치(SEW)

1. 사회정서적가치의 배경과 성격

1) 가족의 부(富) 시스템

가족은 단순한 사람들의 집합체가 아니며, 가족의 부(富) 역시 자산을 한데 모아놓은 것도 아니다. 가족의 자산은 가족구성원과 그들의 관계, 꿈, 희망, 관습에 의해 만들어진 것인데, 이는 단지 각 구성 부분의 단순한 합 이상으로 복잡한 시스템이다. 가족의 부 시스템의 관점에서 가족을 이해하는 것은 가족부(富)의 이전 계획에 불가결하다.

가족부(富)의 시스템은 수많은 유형, 무형의 요소로 이루어져 있다. 가장 중요한 것은 가족구성원과 가족에 큰 영향을 끼치는 가족 이외의 사람들이다. 또 다른 요소로는 재무적 자산, 스킬, 재능, 아이디어, 가치관 등을 포함하는 복잡한 관계이다. 가족부의 시스템은 기업이 중요한 역할을 수행할 때 나타나며, 이는 개방적이며 환경에 적응하는 시스템이라야 한다(Hartley & Griffith, 2009).

2) 사회정서적가치의 배경과 성격

사회정서적가치(富)(socioemotional wealth: 이하 SEW로 표기)는 Gomez-Mejia 등(2007)에 의해 처음 제기된 이론으로 가족기업과 비가족기업을 구별하는 대표적 이론 중의 하나이다. SEW는 가족기업 영역 내에서 자체적으로 만들어진 이론으로, 가족기업의 기초를 튼튼히 하는 데 이바지한다. SEW는 가족 오너의 비재무적 측면 혹은 감정적 기부를 강조하는 이론으로, 가족 오너의 궁극적인 목적은 경제적 부를 창출하는 것뿐만 아니라, 가족기업을 지속해서 유지하는 데에도 있다(Dehlen, 2013). SEW는 행동적 대리인 이론(behavioral agency theory)의 확장이며, 이 이론의 기초는 기업은 권력자의 관점에 따라 선택을 한다는 것이다. 즉 권력자가 의사결정을 할 경우, SEW는 주류의 전략이론과 일치하지 않은 가족기업의 활동을 이해하려는 의도로 나타난 이론이다.

SEW의 본질은 가족기업의 가치인 재산(富)은 재무적 재산(economic wealth)과 사회정서적 재산(socioemotional wealth)으로 나누고(박상범 외, 2019), 가족기업은 이들의 잠재적 획득과 손실에 관하여도 관심을 가진다는 것이다. Gomez-Mejia 등(2007)은 스페인의 가족기업(올리브산업)을 연구하였는데, 가족기업은 가족 통제의 영속성과 경제적 우세가 지속되는 관점에서 독립적으로 생존하고 싶다는 사실을 발견하였다. 다시 말해 가족 오너는 경제적 합리성에서 출발하였지만 이에 못지않게 가족 관계도 중요하다는 사실을 발견하였다. 가족기업은 화폐적 가치 그 이상의 무언가를 추구하는데, 기업의 재무적 측면을 추구하려면 가족의 감정적 욕구인 정체성(identity), 가족의 영향력을 발휘할 능력, 가족왕국의 영속성 등과 직면하는데, 이때 SEW의 개념이 필요하다(Dehlen, 2013; Berrone 등, 2010; Gomez-Mejia 등, 2007).

3) SEW의 정의

Berrone 등(2010)에 의하면, SEW의 정의는 '가족이 기업에 투자하는 정서적인 가치(재산)인 자원'으로 여기며, 이는 가족기업의 문제들을 설명하는 데 이론적으로 중요한 프레임워크를 제공하고 있다. 특히 가족기업의 활동이 기존의 주류 경영학의 이론과 불일치할 때 필요하며, SEW는 가족기업의 연구에 주요한 새로운 이론이 될 것이다. SEW는 가족기업의 복잡한 성격과 이에 대한 좀 더 올바른 이해를 하는데 필요한 종합적인 이론의 개발과 구축에 도움이 될 것으로 생각한다(Zellweger 등, 2012).

2. SEW의 차원

SEW는 복수의 차원이며 복잡한 시스템으로 구성되어 있는데, 예를 들면 기업가적인 전통의 유지, 긍정적인 가족 이미지와 명성의 생성, 지역사회에서 좋게 인정받기 등이다. 즉 SEW는 가족의 재무적 측면과 아울러 정서적 욕구를 충족시켜줄 비재무적인 측면도 평가하는 것이다. 이에는 기업 밖에서 가족 영향력의 향유, 기업을 통한 가족 가치관과 사회적 자본의 보존, 가족구성원에게 이타적인 기회 제공, 가족왕국의 보존, 능력보다는 가족 의무의 충족 등 다양하다. Berrone 등(2012)은 가족 오너의 SEW를 5가지로 나누고 이를 FIBER(family, identification, binding, emotion, renewal)로 명명하고 있다. 아래에 이를 자세히 살펴보고자 한다.

① 가족(family)의 통제와 영향: 첫 번째 차원으로 가족구성원에 대한 통제와 영향에 대한 것이다. 가족기업을 구별 짓는 하나의 주요한 특징은 가족구성원이 기업의 전략적 의사결정에 대해 통제를 하는 것이다. 이런 통제의 권한은 이사회의 의장이나 CEO로서, 혹은 최고

경영층(TMT)을 지명함으로써 직·간접적으로 영향을 끼친다. SEW를 유지하려는 이유는 가족구성원이 기업의 통제권을 지속적으로 요구하기 때문이다. 그러므로 가족기업은 재무적인 성과와 관계없이 가족은 기업경영에 오너의 직·간접적으로 지속적인 통제와 영향이 이루어지기를 선호한다.

② 기업에 대한 가족구성원의 귀속의식(identification): 두 번째 차원으로 기업에 대한 가족의 밀접한 귀속의식을 강조하고 있다. 많은 학자는 가족기업은 가족과 기업의 상호 중첩되는 것이 가족기업의 특이한 특징이라고 주장하고 있다. 가족기업 오너의 정체(identity)는 가족의 이름(family's name)을 조직(기업)에 표시하는 것이다. 이는 내부적으로 종업원이나 조직 내부의 관리과정에 큰 영향을 끼친다. 또한 외부적으로도 고객, 공급자, 기타 외부 이해관계자에게 기업의 이미지를 제공하는 것으로, 가족구성원이 이를 매우 민감하게 만들기도 한다.

③ 가족의 끈끈한 결속(binding)의 전파: 세 번째 차원은 가족의 끈끈한 결속이 사회로 전파하는 것이다. SEW는 개인 간의 단결, 가까운 느낌, 믿음의 관계, 집단적 사회적 자본과 같은 집단이익을 친척들에게 제공한다. 가족기업 내에서의 가족의 끈끈한 결속으로 강화된 유대관계는 가족구성원에게만 국한되는 것이 아니라, 일련의 후원자 나아가 사회까지 확대된다. 가족기업의 소속감, 자아, 정체성은 비가족 종업원과 자주 공유되고, 나아가 기업의 안정과 관여도 증진하게 된다. 가족기업은 지역사회, 관련 협회, 각종 단체(예: YMCA, 자선단체, 지역스포츠팀 등) 등과 깊게 체화되어 있다. 이런 단체들의 목표는 이타적인 관점에서 일하는 것이므로, 지역사회에서 좋은 평판을 받기도 한다.

④ 가족의 정서(emotion)적 애착: 네 번째 차원으로 SEW의 감정적인 내용이다. 가족기업의 특이한 속성인 정서적(감정적) 요소는 가족관여로부터 나타나는데, 이는 서로 뒤섞어 있다. 가족의 고유한 성

격인 감정이나 정서는 긍정적인 것(따뜻함, 친절, 사랑, 위로, 행복)과 부정적인 것(화, 두려움, 외로움, 걱정, 슬픔, 실망, 의기소침)이 모두 존재한다. 심리적인 측면인 정서적 애착은 긍정적인 자아를 유지하기 위하여 가족에 의해 기업에 나타난다. SEW 측면에서 정서는 주로 부정적인 측면도 있지만, 정서적 자본, 정서적 가치, 신뢰, 이타주의, 자비심 등 긍정적인 측면도 존재한다. 하지만 비가족기업과 달리 가족기업은 다양한 관계가 존재하는데, 정서적 애착이 너무 높으면 갈등이 지속되지만, 적절한 정서적 애착은 가족기업이 조화된 상태를 유지하게 된다.

⑤ 가업승계를 통한 가족의 부흥(renewal): 마지막 다섯 번째 차원으로 미래 세대에 기업을 넘겨주려는 의도에 관한 것이다. 가족 왕국을 건설한다는 것은 기업의 의사결정 과정에 큰 영향을 끼치게 된다. 가족 주주의 관점에서 보면, 기업은 가족의 유산이며 전통이므로, 기업은 쉽게 팔 수 있는 자산이 아니라는 의미이다. 결국 가족구성원은 기업을 후세에 전할 가족의 장기적인 투자로 본다는 의미이다. 비록 승계를 둘러싼 다양한 문제점이 기업에 나타난다고 하더라도, 기업을 통한 가족 가치관의 보존, 가족왕국의 유지, 인내자본으로 세대 간 투자전략(generational investment strategy)을 육성하여, 다음 세대에게 기업을 넘겨주려는 의도가 잘 실행되어 다시 부흥되기를 바란다.

주요용어

가족기업 연구의 역사, 가족기업의 경영이론, 대리인 이론과 대리인 비용, 이타주의, 참호가설, 집사이론, 사회감성적 관여, 자원기준 이론, 가족다움, SEW

생각하기

1. 현재 우리나라 가족기업의 연구는 미국의 어디쯤 해당될까? 우리나라 기업의 대부분은 가족기업임에도 불구하고 가족기업의 연구는 초보 단계라 한다. 그 이유는 무엇일까?

2. 대리인 이론과 집사이론의 탄생 배경을 가족기업의 관점에서 살펴보자.

3. 기업의 목표를 달성하는 데 있어 경영자의 동기부여의 관점에 따라 대리인 이론과 집사이론으로 구분하고 있다. 당신은 이 두 가지 유형 중 어느 유형에 가까운가? 그 이유는?

4. 가족기업은 재무적 목표뿐만 아니라 비재무적 목표인 SEW도 중요시한다고 한다. 당신은 이 의견에 동의하는가? 그 이유는?

참고문헌

권정욱 · 김동욱 · 김병곤(2012), "한국기업의 지배구조와 대리인비용: 소유경영기업과 전문경영기업 비교분석", 산업경제연구, 25(6), 3997-4019.

김정교 · 김경옥(2014), "경영자 소유권과 감사품질의 관련성", 경영학연구, 43(3), 817-855.

남영호(2009), "가족기업의 연구동향과 과제", 중소기업연구, 31(3), 39-54.

박상범, 김희천(2019), "가족 지배구조와 기업 사회공헌: 지배가족의 소유와 경영참여의 상호 작용효과를 중심으로", 경영학연구, 48(6), pp.1591~1623.

박정식(1985), 『현대재무관리』, 다산출판사.

박헌준, 신현한, 최완수(2004), "한국기업의 대리인비용과 기업가치: 외국인 지분의 역할", 경영학연구, 33(2), pp.655-682.

반혜정.김석수(2006), "한국의 창업자 가족지배기업과 성과", 국제경영리뷰, 10(3), pp.1~23.

이철수·김영환·정성창·송동엽(2011), "경영권 방어수단을 도입한 기업의 재무적 특성 연구", 대한경영학회지, 24(3), pp.1711-1735.

최춘희(2017), 『가족기업의 혁신활동에 관한 실증연구』, 숭실대학교 대학원 박사학위논문.

Anderson, R., & Reeb, D.(2003), "Founding family ownership and firm performance evidence from the S&P 500", *Journal of Finance*, 58, pp.1301-1328.

Berrone, P., Cruz, C., & Gomez-Mejia, L. R.(2012), "Socioemotional Wealth in Family Firms: Theoretical Dimensions, Assessment Approaches, and Agenda for Future Research", *Family Business Review*, 25(3), pp.258-279.

Berrone, P., Cruz, C., Gomez-Mejia, L. R., & Larraza-Kintana, M.(2010), Socioemotional Wealth and Corporate Responses to Institutional Pressures: Do Family-Controlled Firms Pollute Less? *Administrative Science Quarterly*, 55, pp.82-113.

Burkert, M., Pannunzi, F., & Shleifer, A.(2003), "Family Firms", *Journal of Finance*, 58, pp. 2167-2201.

Cabrera-Suarez K., De Saa-Perez, P., & Garcia-Almeida D.,(2001), "The succession process from a resource- and knowledge-based view of the family firm", *Family Business*

Review, 14(1), pp. 37-47.

Carlock, Randel S. & John L. Ward(2001), *Strategic Planning for the Family Business*, Palgrave.

Carney, M.(2005), "Corporate governance and competitive advantage in family-controlled firms", *Entrepreneurship Theory and Practice*, 29, pp. 249-265.

Chrisman, J, Chua J.H & Sharma, P. (2005), "Trends and Directions in the Development of a Strategic Management Theory of the Family Firm", *Entrepreneurship Theory and Practice*, September, pp. 555-575.

Chrisman, J.J., J.H.Chua, F.W.Kellermanns, E.P.C.Chang(2007), "Are family managers agents or stewards? An exploratory study in privately held family firms", *Journal of Business Research*, 60, 1030-1038

Danco, Leon(1975), *Beyond Survival: A Guide for the Business Owner and His Family*, The University Press.

Dehlen Tobias(2013), "Acquisition and Divestitures in Family Firms: The Role of socioemotional wealth", University of St. Gallen, *School of Management, Economics, Law, Social Sciences and International Affairs*, Dissertation.

Demsetz, H., & Lehn, K.(1985), "The Structure of corporate ownership: Causes and consequences, *Journal of Polotical Economy*, 93, pp. 1155-1177.

Dyer W. G. Jr.(1988), "Culture and Continuity in Family Firms", Family Business Review, 1(1), 37-50.: Family Firm Institutes, Inc(1996), *The Best of FBR: A Celebration*, pp. 14-20.

Dyer W. G. Jr.(2003), "The Family: The missing variable in organizational research", *Entrepreneurship Theory and Practice*, 27(4), pp. 401-416.

Fama, E.F., & Jensen, M.C.(1983), "Separation of ownership and control", Journal of Law and Economics, 2692), pp.301-325.

Gomez-Mejia, L., Nunez-Nickel, M., & Gutierrez, I.(2001), "The role of family ties in agency contacts," *Academy of Management Journal*, 44, pp. 81-95.

Gomez-Mejia, L. R., Haynes, K. T., Nunez-Nickel, M., Jacobson, K. J. L., & Moyano-Fuentes, J.(2007), Socioemotional Wealth and Business Risks in Family-Controlled Firms: Evidence from

Spanish Olive Oil Mills. *Administrative Science Quarterly*, 52(1), pp.106-137.

Gomez-Mejia, L. R., Cruz, C., Berrone, P., & De Castro, J.(2011), The Bind That Ties: Socioemotional Wealth Preservation in Family Firms. *The Academy of Management Annals*, 5(1), pp.653-707.

Habbershon, T. G., & Williams, M. L.(1999), "A Resources-based framework for assessing the strategic advantages of family firms", *Family Business Review*, 12(1), pp.1-25.

Harris, D., Martinez, J. L., & Ward, J. L.(1994), "Is strategy different for the family-owned businesses?", *Family Business Review*, 7(2).

Hartley, B.B., Griffith. G.(2009), *Family wealth transition planning: advising families with small businesses*, Bloomberg Press.

Jensen, M & Meckling, W(1976), "Theory of the firm: Managerial behavior, agency costs and ownership structure", *Journal of Financial Economics*, 3, pp. 305-360.

Jonovic, D. L.(1989), "Outside review in a wider context: An alternative to the classic board", *Family Business Review*, 2(2), pp. 125-140.

Le Breton-Miller, D. Miller(2009), "Agency vs. stewardship in public family firms: A Social embeddedness reconciliation", *Entrepreneurship Theory & Practice*, Nov. 2009, pp.1169-1191.

Lubatkin, M.H., R. Durand, Y. Ling(2007), "The missing lens in family firm governance theory: A self-other typology of parental altruism", *Journal of Business Research*, 60, pp.1022-1029.

Moores Ken(2009), "Paradigms and theory building in the domain of business families", *Family Business Review*, 22(2), pp.167-180.

Morck, R., Shleifer, A., & Vishny, R.(1988), "Management ownership and market valuation: An empirical analysis", *Journal of financial economics*, 20, pp. 293-316.

Post, J.E.(1993), "The greening of the Boston Park Plaza Hotel", *Family Business Review*, 6(2), pp. 131-148.

Poza, E.J.(2007), 『Family Business』, Thomson South-Western.

Sharma, P. Chrisman, J, & Chua J. H(1997), "Strategic Management of the Family Business: Past Research and Future Challenges", *Family Business Review*, 10(1), pp. 1-35.

Shleifer, A. & Vishny, R.(1997), "A survey of corporate governance", *Journal of finance*, 52, pp. 737-783.

Sirmon, D. G., & Hitt, M. A.(2003), "Managing resources: Linking unique resources, management, and wealth creation in family firms", *Entrepreneurship Theory and Practice*, 27, Summer, pp. 339-358.

Steier, L.(2001), "Next-generation entrepreneurs and succession: An exploratory study modes and means of managing social capital", *Family Business Review*, 14, pp. 259-276.

Stultz, R.(1988), "Managerial control of voting rights: Financing policies and the market for corporate control", *Journal of Financial Economics*, 20(1), pp.25-54.

Tokarczyk, J., E. Hansen, M. Green, J. Down(2007), "A Resource-based view and market orientation theory examination of the role of "Familiness" in family business success", *Family Business Review*, 20(1), pp.17-31.

Ward, John L.(1987), *Keeping the family business healthy: How to plan for continuing growth, profitability, and family leadership*, Jossey-Bass.

Whiteside, M. C. & Aronoff, J. Ward(1993), 「How Families Work Together」, *Family Business Leadership Series*, No. 4, Business Owner Resources.

Zellweger, T. M., Kellermanns, F. W., Chrisman, J. J., & Chua, J. H.(2012), *Family Control and Family Firm Valuations by Family Ceos: The Importance of Intentions for Transgenerational Control. Organization Science*, 23(3), pp. 851-868.

제 6 장 가족기업의 자원

제 1 절 가족기업의 자원: 가족

제 2 절 가족의 영향과 기업의 성과

제 3 절 가족기업의 자본

학 습 내 용

가족은 가족기업 자원의 대표이며, 기업에 다양하게 영향을 끼친다. 가족의 영향과 기업의 성과 관계를 알아보고, 가족기업의 자본의 유형인 인적자본, 사회적 자본, 그리고 재무적 자본도 살펴보고자 한다.

제1절 가족기업의 자원: 가족

가족기업을 연구하는 대부분의 학자는 가족기업과 비가족기업의 차이 규명에 많은 관심을 두고 있다. 이런 차이를 구별하는 가장 확실한 변수로 가족기업의 자원, 그중에서도 가족(family)과 가족의 참여가 어떠한 메커니즘을 통해 가족기업의 특징을 창출하는지에 관심을 보인다.

1. 가족기업의 자원: 가족

1) 가족의 중요성과 정의

인간의 사회생활에서 가장 기초가 되는 것이 가족이며, 스스로의 선택 없이 한 가족에서 출생하여 그 가족에서 성장한다. 나아가 가족은 사회를 존재하게 하며 존속하게 하는 필수 불가결의 기본단위이며, 개인에게도 필요한 사회집단이다. 따라서 미개한 원시사회에서나 고도화된 지식정보화 사회에서도 가족은 존재하며, 어떤 시대, 어떤 종족, 어떤 민족이든 가족은 존재하였다. 결론적으로 우리는 가족의 영향이 나타나지 않는 사회에서 살 수 없다.

특히 한국을 비롯한 중국, 일본의 극동아시아에서는 가족이 오랜 시간 동안 강조됐다. 아시아적 생산양식은 가족노동을 기반으로 하며, 아시아적 봉건제도는 가족의 결합체인 동족을 근간으로 하는 것이므로 가족은 사회의 기본단위였다. 또한 극동아시아에서는 가족주의(familism)라는 용어를 자주 사용하는데, 가족주의에서는 인간이 한 인간이기에 앞서 가족의 일원임이 요구되었고, 가족의 원리가 가족 내뿐만 아니라 가족 외부에까지 확대되는 것이었다.

가족의 정의는 학자마다 상이하지만 여기서는 가정 고전적인 정의를 내린 머어덕(Murdock)의 정의에 따라, "결혼과 혈연이란 관계로 결부된 사람들이 이룩한 사회집단이며 동거동재(同居同財)의 공동체이고 생식과 양육의 기능을 가진 생활공동체"로 정의하고자 한다(이광규, 1996).

2) 분석단위로서의 가족

대부분의 학자는 일터에서 일하는 가족을 무시하거나, 변수로서의 가족은 이론적인 틀이나 연구설계에서 나타나지 않는다고 주장하고 있다. 주된 이유는 관료주의와 과학적 관리에 물든 가족기업을 경멸하기 때문으로 해석된다. 조직에 관심 있는 학자들은 가족관계와 같은 배타적인 관점을 중시하는 가족기업은 비효율적이며 시장에서 생존하기 어렵다고 생각했다. 따라서 대부분 학자는 가족기업을 조사할 가치가 없는 죽어가는 조직의 유형으로 여겼다. 경영학자들이 가족기업을 무시하는 이유로 Litz(1997)는, (1) 가족기업보다는 대규모 공개기업에서 더 많은 정보가 가능하며, (2) 비가족기업에서 더 큰 협력이 가능하며 일반화하기도 쉬우며, (3) 대규모 공개기업의 연구는 좀 더 개인적, 제도적인 보상이 있을 것이라고 믿고 있기 때문으로 보고 있다. 결국 경영학자들의 연구대상은 대부분 기업이었으며, 가족은 문화인류학, 사회복지학 등 사회과학자들의 연구대상이었었다. 따라서 분석단위로 가족을 변수로 여겨 가족과 기업 이 두 부분을 성공적으로 연결하는 것은 하나의 도전이었다.

Dyer(2003)는 가족은 분석수준인 개인, 집단, 조직과 마찬가지로 조직연구의 변수에 포함되어야 한다고 주장하고 있다. 즉 조직연구에서 가족이 무시된 것은 잘못된 것인데, 왜냐하면 가족은 기업의 행동에 영향을 끼치며, 가족과 조직인 기업의 영역은 상호 심각하게 중복되거나 동형이기 때문이다. 구체적인 주제로는 지배구조, 경력개발, 경쟁우위, 전략수립, 조직문화, 사회적자본, 승계전략, 갈등관리 등인데,

이들 연구는 주로 가족의 목표와 가족의 가치관(family values)에 대해 언급하고 있다. Seibert 등(2001)은 기업의 경력개발을 연구하면서 가족을 변수에 포함하고 ① 조직에서 가족의 관여, ② 가족의 사회적자본, ③ 시니어 가족구성원의 접근을 연구주제로 언급하고 있다.

가족기업은 가족과 기업 두 축의 조화와 균형이 적절히 이루어질 때 잘 굴러가므로, 가족기업을 단지 한 시스템 즉 기업(business)만 연구할 것이 아니라(Michael-Tsabari 등, 2014), 가족을 어엿한 분석단위로 인정하고 가족과 기업 이 두 시스템을 동시에 연구하여야 할 것이다(Zachary 등, 2013).

3) 가족기업의 자원: 가족

가족기업의 자원은 여러 가지가 존재하지만, 이 중 가족(family)이 대표적인 자원(resource)이다. 더구나 가족기업은 개인이 혼자 기업에서 일하는 것이 아니라 가족구성원과 함께 일하므로, 함께 일하는 가족은 진정한 의미의 자원이 될 수 있다. 그럼 가족이 진정한 의미의 자원이 되려면 어떻게 해야 할까?

첫째로, 가족구성원이 함께 일하고자 공동으로 노력하여야 한다. 가족은 함께 일할 때 자원으로서 가치가 잘 나타나므로, 가족구성원이 공동으로 함께 일하는 방법을 알고, 기업의 변화와 성장 그리고 강점과 가치를 이해할 때, 가족은 강력한 도구가 될 수 있다. 가족 구성원들과 함께 일하고자 공동으로 노력하는 그 자체가 새로운 기쁨과 보상이며, 그들과 더욱 친하게 지내는 방법이다. 나아가 이는 가족 구성원들이 더 침착해지고 갈등으로 인한 위협이 줄어들도록 도와준다. 무엇보다도 이것은 가족 단위로써 뿐만 아니라, 같은 가족 단위의 개인적인 산물로써 서로를 이해하고 감사할 수 있는 능력을 키워 나갈 수 있다.

둘째로, 가족 내에서 과거로부터 내려오는 나쁜 습관이나 언행을 찾아내어 바꾸어야 한다. 좋지 않은 의사소통, 통제된 행동, 획일화에 대한 불필요한 압력 등 성장을 방해하는 가족 행동은, 자주 강력하고 무의식적인 과거의 가족 패턴에 뿌리를 두고 있다. 따라서 가족 유산의 모든 측면을 찬찬히 살펴보고 이들 가운데 가족구성원의 나쁜 행동에 큰 영향력을 미치는 것을 찾아내어야 한다. 과거로부터의 부정적인 영향을 인식하지 못할 때, 사람들은 변화에 대한 선택이나 기회도 깨달을 수 없을 것이다. 행동을 바꾼다는 것은 대부분 사람이 생각하는 것보다 훨씬 쉬운 일임을 인식하여야겠다.

마지막으로 가족 패턴의 약점을 최소화하고 강점을 극대화해야 한다. 이를 위한 가장 좋은 방법은 가족 패턴을 공부하는 것이다. 그 결과 다른 가족 구성원들을 이해하고 인정하게 되는데, 이는 가족구성원들에게 그들의 행동에 대해 더 큰 통제와 그들이 선택한 삶을 살아갈 보다 큰 기회라는 무한한 선물을 제공하는 꼴이 된다. 가족 대대로 내려오는 유산 중에서 훌륭한 것은 기록, 보존, 유지하여 가문의 전통으로 여기고, 부정적인 형태는 가족 구성원들이 이를 알고 없애버리면 될 것이다. 그러면 이런 나쁜 유산은 이제는 설 땅을 잃어버리게 될 것이다(Whiteside 외, 1993).

왜 어떤 가족은 훌륭한 업적을 남기지만, 다른 가족은 그렇지 못한가? 이에 대해 뉴욕 타임스의 칼럼니스트인 데비드 브룩스(Brooks, 2012)는 다음과 같은 5가지를 언급하고 있다.

① 정체성 확립(identity formation): 어릴 때부터 가문의 정체성에 대한 뚜렷한 확실을 두고 성장해 왔는가?

② 실무지식(practical knowledge) : 책이나 강의실보다 가까운 인척으로부터 실무적인 지식을 배울 수 있는가?

③ 수준 높은 스킬(level of skills): 세대를 뛰어넘어 축적되고 계발된 수준 높은 스킬이 있는가?

④ 대담한 용기(audacity): 가족 중에서 닮고 싶은 롤 모델이 존

재하며, 이들의 높은 업적을 추구하려는 용기가 있는가?

⑤ 대를 넘은 가문의 유산(time horizon): 아직 태어나지 않은 후손에게도 넘겨주고 싶은 가문의 유산(legacy)이 있는가?

2. 건강한 가족: 동태성

가족은 조직의 어엿한 한 변수이며 가족은 많은 구성원과 다양한 이해관계로 둘러싸인 복잡한 조직체이다. 나아가 가족기업은 가족과 기업이 서로 얽혀 있고 중복영역이 존재하므로 복잡한 시스템이다. 이런 복잡한 가족의 동태성(family dynamics)을 잘 이해하고 실천하여야 건강한 가족(strong family)이 될 수 있을 것이다. 아래에 건강한 가족의 특징을 살펴보고자 한다.

첫째로, 건강한 가족은 논쟁을 자주 한다. 가족구성원들이 논쟁하는 것 그 자체는 전혀 나쁘지 않으며, 단지 문제는 직면한 수많은 논쟁거리를 어떻게 해결할 것인가이다. 어떤 모범적인 가족이라도 타인의 비난을 완전히 피하지는 못한다. 즉 부정적인 의사소통이라도 긍정적이고 건설적인 변화를 수용한다면, 이 또한 정상적이고 건전한 것이라는 사실이다. 결론적으로 건강한 가족은 논쟁과 타인의 비난을 이해하고 문제를 두려워하지 않는다.

둘째로, 건강한 가족은 공유된 규칙과 관례를 지킨다. 가족구성원이란 이유로 그들만 너무 관대하게 대하지 않으며, 항상 긴장을 누그러뜨리지 않는다. 오히려 그들은 유연성과 안정성 사이의 균형을 발견하고, 엄숙하지 않지만 공유된 원칙과 관례를 지킨다. 정상적인 가족은 공정하고 올바르며 명백한 표준을 만들어 실행하며, 모든 가족구성원을 동등하게 취급하지 않는다. 예를 들어 가족기업에 입사하는 구성원과 그렇지 않은 구성원은, 미래에 재정적인 차이가 있음을 구성원들은 명백하게 인정하고 받아들인다.

셋째로, 건강한 가족은 자유롭게 스스로 의사결정 한다. 예를 들어 기업에서 직접 일을 하길 원한다면, 그것은 그들에게 경력개발의 충분한 기회가 주어졌다고 생각한다. 가족 리더들은 "이러한 것들은 우리가 지닌 자원들이므로, 이러한 자원들의 좋은 점을 취할 수도 있다." 라고 말한다. 반면 기업에서 직접 일하지 않는 구성원들은 더 적은 재정적 뒷받침과 상속을 받게 됨을 인정하여야 한다. 결론적으로 건강한 가족은 다른 구성원들의 압력이나 강제에서 벗어나 독립적으로 의사결정 한다.

넷째로, 건강한 가족은 누가 더 큰 힘을 가졌는가에 열중하지 않고, 대신 공유된 목표를 잘 달성할 수 있는가에 관심이 있다. 그들은 협력, 멋진 유머, 그리고 효과성을 강조한다. 이러한 가족들은 새로운 아이디어와 제안을 검토하고 평가는 할지라도, 이런 자유로운 의사소통을 강조하며 환영한다. 예를 들어 화를 내는 것을, 억누르거나 참으라는 의미가 아니라, 바뀌고 고쳐져야 할 신호로써 받아들여져야 한다.

마지막으로, 건강한 가족은 실수와 실패를 인정한다. 건강한 가족 구성원들은 실수하는 것을 두려워하지 않고, 실패를 자연스러운 것으로 인식하고, 나아가 이를 허용한다. 또한 건강한 가족의 구성원들은 그들의 개인적인 느낌과 필요를 자연스럽게 표현할 수 있으며, 다른 사람과 공감하기도 한다. 그들은 서로 협상하는 것을 즐기고, 협상력을 장려하기도 한다. 심지어 어린아이들도 도움이 될 능력을 갖추고 있다고 여기며, 그들의 공헌은 보통 가족 의사결정에 영향을 미치기도 한다(Whiteside 외, 1993).

3. 가족 공정성

1) 가족 공정성의 배경

가족이 기업의 자원이 되려면 가족구성원 특히 부모-자식의 관계가 공정하게 정립되어야 한다. 그런데 일반적으로 부모들은 비록 자식이 성장하여 어른이 되어도 부모가 살아있는 한 여전히 어린애로 취급하기 쉬우며, 자식을 통제하기를 원한다. 하지만 자식은 부모에게서 독립하기를 원한다.

그런데 기업은 권한과 역할을 기준으로 한 계층 조직이므로, 경영진과 이해관계자들은 이에 따라 의사결정을 하고 전략을 수립하기도 한다. 이러한 엄격한 조직구조는 젊은 가족구성원이 새로운 아이디어나 생각을 표출할 수 없게 만든다. 이것이 그들의 참여와 자율을 제한하게 되어 신세대에게 고통을 안겨주기도 한다. 결국 아직 미숙하나 어린 청년들은 부자지간에 갈등과 투쟁을 낳곤 한다. 이런 문제를 해결하는 것은 매우 어려운 일인지도 모른다. 왜냐하면, 첫째로, 애초부터 가족과 기업은 공정하지 않으며, 둘째로, 젊은 세대는 부모 세대와 비교해 자신들이 힘없고 가치 없는 존재로 여기기 때문이다.

이러한 딜레마를 해결하는 한 가지 방법은 가족에 영향을 끼치는 결정에는 가능한 한 가족을 참여시킴과 동시에 차세대에 권한을 줌으로써 공정성(fairness)을 제도화할 필요가 있다.

2) 가족 공정성의 3원칙

가족 공정성에는 세 가지 원칙 즉 관여, 설명, 그리고 기대의 바탕위에서 이루어져야 한다.

① 관여(engagement): 가족관계를 진전시키는 가장 핵심적인 활동은 가족에 영향을 끼치는 의사결정, 계획, 그리고 가족 문제 등에 관하여 가족을 관여시키는 것이다. 가족회의는 새로운 아이디어나 가설 등에 관한 의미 있는 변화를 할 때 가족과의 약속을 위한 핵심적인 도구이다. 가족회의에 참여해 달라고 가족을 초청하는 것은 원로세대가 다음 세대에게 어떤 역할을 제공하는 셈이 된다.

② 설명(explanation): 무엇이 일어나는가를 이해한다는 것은 가족기업에는 매우 중요한 일이다. 왜냐하면 가족과 기업 모두가 성숙해짐에 따라 인간관계의 성격 역시 변하기 때문이다. 전통적으로 가족기업의

계획과 의사결정은 원로 경영자와 오너의 책임이다. 그런데 그들은 사위(며느리)나 사촌, 혹은 먼 친척에게 자기들이 한 결정이나 행동에 대하여 설명을 할 필요성을 느끼지 못한다. 하지만 특히 소외된 다음 세대들은 경영자나 현재 오너의 특별한 지원 없이 가족구성원이 되었으므로, 설명이 필요하다.

③ 기대(expectation): 오너이든 경영자이든지 간에 모든 사람의 기대를 명확하게 인식하면 가족과 기업의 관계를 훨씬 더 좋게 만들 수 있다. 기업에 관여하고 있는 가족들은 의사결정이나 계획보다 훨씬 더 기대감 때문에 갈등을 느낀다. 가족구성원이 가족 시스템 내에서 본인들의 기대나 원하는 것을 터놓고 이야기할 수 없거나, 이런 기대를 서류에서 빼버린다면 자주 오해의 근원이 될 수 있을 것이다(Carlock 외, 2001).

예를 들어 장남에게 회사를 물려주고 싶은 기업가는 자기 아들에게 후계자가 되라고 말할 권한을 가지고 있다고 생각하며, 또한 기업가는 가족들이 아들을 잘 도와주길 원한다. 기업가가 이런 생각을 한다면 아들과 관계되는 다양한 생각이나 가족들의 목소리에 귀를 기울여야 한다. 이런 새로운 생각을 받아들인 후, 기업가는 가족구성원의 기대감과 결정을 가족들에게 설명해주어야 한다. 가족 공정성을 개선하고 다음 세대에게 권한을 부여하는 이런 일들은 가족과 기업의 리더들에게는 어려운 일인지도 모르지만, 가족을 자원으로 만들고 나아가 가족기업을 장수기업으로 이끄는 초석이 됨을 인지하여야겠다.

제 2 절 가족의 영향과 기업의 성과

1. 가족의 기업에 대한 영향

우리는 가족의 영향이 나타나지 않는 사회에서 살 수 없다(Brooks, 2012). 그런데 가족기업은 가족과 기업으로 구성되어 있으며, 가족과 기업의 구성원은 서로 영향을 주고받는다.

가족이 기업에 어떤 영향을 끼치는지는 다양한 관점에서 연구가 이루어지고 있다. Habbershon 등(1999)은 가족의 영향력으로부터 나오는 특이한 자원의 집합을 가족다움(familiness)으로 정의하고, 가족다움을 경쟁우위의 원천으로 제시하고 있다. Chrisman 등(2003a, b)은 자원기준이론에서 가족을 중요한 경영자원의 하나로 인식하고 있으며, 이 자원을 잘 관리하여야 가족기업은 지속해서 경쟁우위를 획득, 유지할 수 있다고 보고 있다. Anderson과 Reeb(2003) 역시 가족기업의 중요한 변수인 가족의 영향력은 기업에 경쟁우위를 제공할 수도 있다고 주장하고 있다. Sirmon and Hitt(2003)는 가족기업의 경영에 필요한 자원은 비가족기업의 그것과는 다르므로, 오늘날 급변하는 동태적인 시장 환경에서 가족기업이 살아남기 위해서는 효율적으로 가족이란 자원을 관리하여야 한다고 주장하고 있다. Dyer(2003)는 가족은 기업의 지배구조, 기업의 경영특성, 창업자의 특성, 산업의 유형 등에 영향을 끼친다고 주장하고 있다. Avendano(2004)는 가족이 기업에 부정적인 영향을 끼치면, 가족기업의 단점인 족벌주의, 권한위양의 어려움, 온정주의, 가족구성원의 횡포 등이 나타나고, 가족이 기업에 긍정적인 영향을 끼치면, 가족기업의 장점인 상호이해, 공통목표, 헌신, 융통성, 장기지향 등이 나타난다고 주장하고 있다.

이러한 것을 종합해 보면, 가족은 자원이며 기업에 정(正), 혹은 부(負)로 영향을 끼치는데, 이는 가족기업 관계자들이 가족을 어떻게 관리하는가에 따라 기업의 경쟁우위가 될 수도 있고, 부채가 될 수도 있다는 의미이다(남영호, 2008).

2. 가족의 영향과 기업의 성과

가족이 기업을 소유하고 경영하는 가족기업이 기업의 성과에 미치는 영향을 가족 효과(family effect)의 관점에서 알아보자. Dyer 등(2003)은 가족은 먼저 가족 목표, 감정적 유대관계 그리고 가족 자원을 통하여 기업성과에 영향을 미친다고 주장하였다. 구체적으로 지배구조, 경쟁우위, 전략수립, 조직문화, 사회적자본 등 다양한 분야에서 가족이 기업에 영향을 끼친다고 보고 있다(〈표 6-1〉 참조).

또한 Dyer(2006)는 가족이 기업에 영향을 끼치는 것을 "가족 효과(family effect)"라 명명하고, 이를 대리인 이론과 자원기반 이론에 기초하여 설명하고 있다. 가족기업은 가족 소유자와 경영자의 목표와 인센티브를 조정하는 관계를 통하여 대리인비용을 감소시키는데 더욱 더 효율적이라는 관점과 가족기업은 갈등을 내포하고 있는 원인을 제공하므로 대리인비용이 감소하지 않는다는 두 가지 관점이 있다. 먼저 가족 구성원들은 복잡한 갈등과 가족의 역동성을 일으키는 서로 경쟁하는 목표와 가치를 가지고 있다고 여기는 경우이다. 가족에 관한 이야기는 성경의 시대부터, 가족의 화합보다 오히려 갈등, 배신과 기만으로 가득 차 있었다. 다시 말해 소유권의 배분, 보상, 위험, 역할과 책임에 대하여 가족기업의 가족구성원들은 기업을 서로 경쟁하는 싸움터로 만든다고 보는 관점이다.

또 다른 관점은 가족기업에는 흔히 대리인비용 자체가 나타나지 않으며, 나타난다고 하더라도 비가족기업보다 많지 않다고 단정한다. 즉 이 관점의 대리인 이론은 가족기업 지배력이 비가족기업의 지배력보다 훨씬 효율적이라고 주장한다. Jensen and Meckling(1976)은 가족기업은 전형적으로 기업 소유자의 목표와 대리인인 경영자의 목표가 같으므로, 대리인비용이 매우 적게 발생할 수 있다고 지적한다. 이것은 이타주의(altruism)로 기업에서 일하는 가족구성원들을 효과적으로 모니터할 필요성을 느끼지 못한다는 생각이다. 그들이(가족구성원) 무엇을 하는가보다 오히려 그들이 누구인가로 사람을 다루는 이타주의는 흔히 가족기업에서 초석이 되는 가치로 여겨진다.

> "만약 내 아들이나 아내가 실수한다면, 나는 너그러이 봐준다. 왜냐하면, 이들과 잘잘못을 따지기 위해 싸울 가치가 없기 때문이다. 여러분은 나와 마찬가지로 여러분의 가족과 함께 행복하게 잘 살아야 한다".

Max Weber는 이타주의의 결과로 족벌주의(nepotism)에 대체되는 관료주의의 모델을 발표하였다. Weber에 의하면 족벌주의는 역선택과 종업원에 대한 비효율적인 모니터링과 평가로, 가족구성원을 기회주의자로 만들 수 있다고 주장했다. Perrow는 족벌주의가 불가능하다 할지라도, 이타주의로 가족 구성원들을 효과적으로 관찰하는 것을 어렵게 만든다고 주장하였다.

요약하면, 어떤 사람들은 가족기업은 선천적으로 효율적인 조직 형태가 아니라고 주장하기도 한다. 가족구성원들은 기업과 가족의 목표가 각각 다르고, 소수의 가족 주주들에게 무임승차의 인센티브를 주기 때문이다. 게다가 이타주의 때문에, 가족 구성원들은 상호 간에 모니터, 평가, 혹은 훈련하는 데 어려움을 겪기도 한다. 이러한 가치 시스템은 역선택, 회피와 기회주의를 가져올 수 있으므로, 기업성과의 기초를 위태롭게 할 수도 있다. 그러나 만약 가족구성원들이 모두 공통의 목표와 가치관 아래 화합과 단결을 추구하고, 가족적이고 감정적인 유대관계로 대리인(경영자)을 대하면, 대리인과 오너가 공통의 목표와 가치를 가지게 되어, 결국 "가족 효과"는 대리인비용 감소를 끌어낸다고 여긴다(Dyer, 2006).

〈표 6-1〉 조직연구의 변수로서 주제별 가족의 적용

연구주제	가족의 적용	관련 저자
지배구조	어떤 환경에서는 비가족기업과 비교하여 가족기업이 대리인비용을 감소시킴; 가족기업의 이사회는 다르게 작용함	McConaughy, Walker, Henderson & Mishra(1998); McConaughy(2000); Gomez-Mejia, Nunez-Nickel & Gutierrez(2001)
경쟁우위	가족은 독특한 자산으로 인해 특별한 환경 아래서 경쟁우위를 창출함	Wong, McReynolds & Wong(1992); Habberson & Williams(1999)
전략수립	가족 목표와 가치관이 전략적 의사결정에 영향을 끼침	Harris, Martinez, Ward(1994); Ward(1987, 1988); Carlock & Ward(2001); Sharma, Chrisman & Chua(2003)
조직문화	가족기업의 영속성은 문화적 패턴에 의해 영향을 받음; 기업문화와 가족문화는 동형임; 가족 가치관은 가끔 기업 가치관과 다름	Dyer(1986, 1988); McCollom(1988); Hilbert-Davis & Dyer(2003)
사회적자본/네트워크	가족관계가 사회적자본과 자원 네트워크에 영향을 끼침	Wong, McReynolds & Wong(1992); Fukuyama(1995)
집단/팀	가족은 개인적이며 전문적인데, 집단 구성원 간의 관계가 주어진 집단/팀의 동태성에 영향을 끼침	Lane(1989); Filbeck & Smith(1997)
갈등	가족기업에서 갈등은 자주 역사에 근원을 두며 고도로 복잡함	Kaye(1991); Prince(1990); Mendoza & Krone(1997); Hilbert-Davis & Dyer(2003)
리더십승계	가족구성원 간의 승계는 관리되며 계획돼야 할 개발과정임; 환경에 따라 의존하는 다양한 전략과 승계 경로가 있음	Handler(1994);Lansberg(1988); Dyer(1986); Dumas(1989); Gersick et. al(1999); Lansberg(1999)
경력개발	경력 동태성과 경력개발전략(예: 멘토링 등)은 가족관계에 의해 영향을 받음	Rogal(1989); Stravrou & Swierz(1998); Boyd, Upton & Wircenski(1999); Marshack(1998)
변화	진단모형이 가족시스템과 지배구조시스템에 포함되어야 함; 변화전략은	Lansberg(1988); Hollander & Elman(1988); Poza, Johnson 7

연구주제	가족의 적용	관련 저자
지배구조	어떤 환경에서는 비가족기업과 비교하여 가족기업이 대리인비용을 감소시킴; 가족기업의 이사회는 다르게 작용함	McConaughy, Walker, Henderson & Mishra(1998); McConaughy(2000); Gomez-Mejia, Nunez-Nickel & Gutierrez(2001)
	가족기업이 관여할 때 바뀌어야 함; 변화에 대한 저항의 근원은 가족 동태성에 의해 영향을 받음	Alfred(1998); Kaye(1996); Handler & Kram(1988); Hilburt-Davis & Dyer(2003)

자료: Dyer, W. G. Jr.(2003), "The Family: The missing variable in organizational research", Entrepreneurship Theory & Practice, Summer, 409.

제 3 절 가족기업의 자본

1. 가족기업 자본의 구분

가족기업은 가족을 중요한 자원(resource)으로 여기는데, 이런 자원이 하나의 뚜렷한 자본(capital)으로 형성될 때, 가족기업은 경쟁력이 발생하고 나아가 기업의 경영성과도 좋아진다고 여긴다. 이런 가족기업의 자본은 학자들에 따라 조금씩 다르게 구분하고 있다.

먼저 Burt(1992), Coleman(1988), Fukuyama(1995) 등은 자본을 물리적 자본, 인적자본, 그리고 사회적자본의 3가지로 구분하였다. 물리적 자본은 공장, 장비, 토지, 현금과 같은 분명한 형태를 지닌 자본이며, 인적자본은 지식, 스킬, 역량 등 유능하고 매력적이며 기량이 뛰어난 사람을 의미하는 행위자 중심의 자본이다. 사회적자본은 관계적 자본으로 다른 사람이나 조직 등 사회적 관계 속에서 만들어진 경제 주체들 간의 신뢰와 지원 관계로 형성되는 자본이다.

Habbershon & Williams(1999)에 의하면 가족들은 기업에 독특한 자산을 제공하고 이것은 가족기업의 경쟁력을 제공하여 결국 가족들은 가족기업의 성과와 연결된다고 주장하였고, 가족기업의 성과를 분석하기 위한 또 하나의 대중적인 접근방법으로 자원기반 관점을 활용하였다. 그들은 이러한 가족기업의 자본을 네 가지 형태, 즉 물질적 자본(공장, 원재료, 입지, 현금, 지적자본), 인적자본(스킬, 지식, 훈련, 관계), 조직적 자본(역량, 통제, 정책, 문화, 정보, 기술), 그리고 과정적 자본(지식, 스킬, 재량권, 의사소통 방침, 리더십, 팀)으로 구분하였다.

한편 Sirmon과 Hitt(2003)는 가족기업의 특이성의 관점에서 자본을 인적자본, 사회적자본, 생존 자본, 재무 자본, 그리고 지배구조의 5가지로 분류하여 설명하고 있다. Danes 등(2009)은 가족 자본(family capital)을 가족구성원이 가진 총 자원으로 정의하고, 이 가족자본에는 인적자본, 사회적자본, 그리고 재무자본으로 구성되어진다고 주장하고 있다. 또한 이 가족자본은 기업의 단기적인 업적과 장기적인 지속가능성에 유의하게 이바지한다고 언급하고 있다.

본 고에서는 가족기업의 자본을 크게 인적 자본, 사회적 자본, 그리고 재무적 자본으로 나누어 고찰하고자 한다.

2. 인적자본

기업에 경쟁적인 강점을 줄 수 있는 하나의 자원은 인적자본인데, 가족의 인적자본(family human Capital)은 가족구성원이 가진 스킬, 능력, 태도와 가치관을 말한다. 그럼 가족기업들은 비가족기업에 비해 왜 독특한 인적자본을 가지고 있을까? 첫째로, 가족 이름이 건물의 간판(회사 이름)에 붙어 있으므로, 가족구성원은 자연스럽게 사업을 위하여 동기가 부여되며 헌신적일 수밖에 없다. 이러한 가족의 연결고리는 충성심을 고취하고, 나아가 가족구성원은 흔히 보상 없이도 기꺼이 일한다는 가족기업의 특이한 측면을 잘 보여주고 있다(Danes 등, 2009). 그리고 기업의 성공을 돕기 위해서 그들의 업무 역할과 지시에도 높은 유연성을 보일 것이다. 둘째로, 가족구성원들은 아주 어린

나이부터 사업의 속성, 관습, 경쟁자들에 대해 학습해 왔다. 또한 가족 구성원들은 정통하고 고도의 기술을 가진 가족 지도자들로부터 실제로 기업경영에 참여하는 훈련을 받아 왔다. 이러한 사회화 과정으로, 가족 구성원들은 기업의 성공을 위하여 기꺼이 희생하는 데 따른 높은 동기가 있으며, 기업의 경쟁우위의 원천인 높은 전문지식과 고도의 기술을 가진 가족구성원이 존재하고 있다. 그러나 비가족기업들은 극소수만 이러한 인적자본을 가지고 있다.

가족기업의 인적자본은 위와 같은 장점만 있는 것이 아니라, 단점도 있다. 가족기업은 잠재적인 신입사원의 제한된 풀(pool)을 가지고 있으므로, 가족은 핵심적인 전략 경영을 위한 충분한 재능이 있는 종업원을 기업에 공급할 능력이 없을 수도 있다. 특히, 고도로 특화된 지식, 기술과 시장을 요구하는 기업, 혹은 정교한 지식이 요구되는 경영 시스템과 프로세스를 요구하는 크고 복잡한 기업엔 더욱더 그러할 것이다. 이러한 제한된 인적자원 풀의 속성은 핵심 요직이라도 비가족 종업원을 신입사원으로 뽑지 않고는, 성공적으로 사업을 운영할 수 있는 충분한 자격을 가진 인력을 확보하지 못할 수도 있음을 잘 보여주고 있다. 결국 가족기업 내에서 비가족 경영자를 통합하는 어려움이 나타날 수도 있다(Dyer, 2006).

3. 사회적 자본

1) 사회적 자본의 개념

사회적 자본(social capital)은 복잡한 현상이지만 사회적 관계의 구조에 의하여 나타나고, 행동을 쉽게 하도록 조직되는 영업권(goodwill)이다. 사회적 자본은 기업이 다른 형태의 자본(예: 지적, 인적, 재무적 자본)에 접근할 수 있도록 하므로 기업이 생존하는 데 필요로 하는 중요한 자산이다(Sirmon & Hitt, 2003). 다시 말해 사회적 자본은 쉽게 사고팔거나 거래할 수 있는 자본과는 구별되며 사회적 자본의 가장 중요한 핵심은 사람들이 함께 일할 수 있는 능력을 말한다. 사회적자본은 학자에 따라 다양하게 정의되지만, 사회적자본과 관련된 문헌에서 신뢰와 사회적 자본 간의 관계가 모호한 때도 있다. Fukuyama(1995)는 신뢰와 사회적 자본을 동일시하였다. 그는 개인 간 상호 신뢰가 형성되어 있는 경우 협력적으로 되고 조직의 공동 활동에 자발적으로 참여한다고 했다. Putnam(1993)은 신뢰를 사회적자본의 근원으로 여기고, Colman(1988)은 신뢰를 사회적 자본의 결정체로 보고 있다.

Putnam(2000)은 사회적 자본을 묶는(Bonding) 사회적 자본과 연결하는(Bridging) 사회적 자본으로 나누었다. 묶는 사회적 자본은 내부 집단을 연결하는 데 중점을 두지만, 연결하는 사회적 자본은 외부관계에 중점을 둔다. Colman(1990)은 묶는 사회적 자본의 이론적 근거를 제공하였는데 그는 사회적 자본의 중요 기능을 신뢰와 협동심으로 보고 있다. 따라서 강하고 응집력이 있는, 그리고 밀접성이 높은 네트워크에서는 모든 구성원이 연결되어 있어 서로를 지지하므로 상호 신뢰가 높아진다. Burt(2005)는 네트워크의 두 가지 메커니즘 즉, 조직 내부의 밀접성과 조직 외부와의 매개성으로 사회적 자본을 설명하였다. 매개성은 집단 상호 간 연결을 통하여 사회적 자본을 창출하고, 밀접성은 집단 내부의 정보흐름을 촉진하고 네트워크 내의 구성원 간의 신뢰도를 높이고 협동심을 고취한다고 주장하였다. 일반적으로 사회적 자본은 구조적 차원(행위자 간의 네트워크 연결), 관계적 차원(사회적 관계를 통해 형성되는 신뢰 등), 인지적 차원(공유된 비전, 가치관 등) 등 3가지 차원이 포함 되는데(Nahapiet & Ghoshal, 1998; Yli-Renko et al., 2001), 그 형성 과정은 동적이다(김선화, 남영호, 2011).

2) 가족의 사회적 자본

가족의 사회적 자본(family social capital)은 가족구성원 간의 영업권, 가족과 지역사회 간의 영업권을 의미한다(Danes 등, 2009). Colman(1988)은 가족구성원 간의 관계는 사회적 자본을 형성하는 이상적인 환경을 만든다고 했고, Bubolz(2001)는 "가족이 사회적자본의 근원이고 개발자이며 또한 이용자"라고 했다. 일반적으로 가족 내에서의 사회적 자본은 부모-자녀 간 관계로 인하여 자녀의 발달에 영향을 미치는 부모의 실질적 관여로 정의할 수 있으며(Bourdieu, 1986), 이는 부모-자녀 간의 상호작용 및 부모의 자녀교육 등으로 인하여 형성된다. Sorenson과 Bierman(2009)은 가족 간 부정적인 감정을 갖거나 함께 일하면서 갈등이 확대된다면 이런 가족관계는 가족의 부채가 되지만, 신뢰 기반의 협력적 관계는 자산이 될 수 있다고 주장했다(김선화 · 남영호, 2011).

가족은 전형적으로 세대를 통하여 오랫동안 유지되어온 관계를 교육하고 양성할 수 있는 능력을 갖추고 있으므로, 가족은 가족과 기업 주주들 사이에서 사회적 자본을 개발하는 데 있어서 독특한 강점이 있다고 여긴다(예: 고객, 공급자, 종업원 등). 그리고 주주들은 비가족기업보다, 기업을 소유하고 운영하는 가족이 개인적인 결합을 더 잘 발전시킬 수 있다고 생각할 수도 있다. 따라서 가족의 의무는 일반적으로 가까운 가족, 확대가족 구성원 내에서 공유되며, 가족구성원 간의 연결고리와 헌신을 지탱하는 본성은 가족들에게 사회적자본을 개발하고 유지하는 강점을 줄 수도 있다.

가족의 사회적 자본은 다양한 형태로 나타난다. 첫 번째 형태로, 가족 연결고리(family connection)를 활용하는 가족기업은 그들의 제품에 신뢰를 줄 수 있는 것, 즉 무엇보다 제품에 가족이 내재하여 있다는 것이다. 사실상, 기업의 명칭이나 제품의 이름에 가족의 이름을 걸고 사업을 하는 것은(일종의 사회적 자본) 고객, 공급자 그리고 다른 주주들에게 긍정적인 영향을 주는 셈이다. 가족 이름은 경쟁적인 강점을 얻기 위하여 기업에서 사용할 수 있는 독특하고 흉내 낼 수 없는 자원이다. 창의적이고 보호받는 "가족 상표 이름(family brand name)"은 특히 명성이 성공에 결정적인 역할을 하는 서비스 산업 혹은 문화에서 중요하다. 사회적 자본의 두 번째 또 다른 형태는 가족기업이 가족을 넘어서 비가족 종업원에게까지 강점으로 작용하는 영업권의 확장이다. 예를 들면, Meek 등(1988)의 연구에 의하면, 주인이 없는 회사보다 가족 연결고리로 부분적으로 소유한 회사는 동맹파업이 적게 나타났고, 파업 기간도 더 짧았다고 한다.

가족의 사회적 자본은 앞에서 살펴본 것처럼 강점뿐만 아니라 약점도 있다.

Edward Banfield는 "도덕관념이 없는 가족주의"을 언급하면서, 이들은 지역사회나 타인으로부터 신뢰를 잃고 잠재적인 경쟁자나 심지어 적으로 인식되기도 한다고 주장하였다. Fukuyama는 도덕관념이 없는 가족주의자들은 조직구축에 필수적인 자발적인 사교성을 산출하는 것이 불가능하다고 주장하였다.

요약하면, 가족이 서로 믿고 의존적인 사회적 자본(familial social capital)을 가질 경우, 이는 가족의 부채가 아닌 자원이 되며 나아가 고객과 다른 핵심 주주들의 "영업권(goodwill)"을 산출하는 데 도움이 되기도 한다. 하지만 도덕관념이 없는 가족구성원은 지역사회나 타인으로부터 신뢰를 잃어 경쟁자나 적이 될 수도 있다. 그러므로 가족과 노동력 사이에서 강한 유대감을 촉진하는 가족기업은, 경쟁적인 강점을 창출하기 위한 독특한 자원을 가지고 있다고 할 수 있겠다.

3) 가족의 사회적 자본의 형성요인

Arregle 등(2007)은 가족기업에 있어서 가족의 사회적자본이 어떻게 형성되고 이것이 어떻게 조직의 사회적 자본으로 변화되는지를 설명하였다. Nahapiet과 Ghoshal(1998), Arregle 등(2007)은 사회적 자본의 형성요인을 상호작용, 상호의존, 밀접성, 시간의 4가지의 동태적 요인으로 설명하고 그 과정을 강조하였다. 여기서는 이들 4가지 요인을 중심으로 살펴보고자 한다(김선화·남영호, 2011).

① 상호작용(Interaction)

사회적 자본을 형성하고 유지하기 위해서는 먼저 상호작용이 있어야 한다. 상호 의존성이 구성원들 간 공유된 비전과 목표를 개발하고 형성하는 데 영향을 미치는 데 반해, 상호작용은 구성원 간 양적, 질적 또는 관계의 강도를 반영한다. 개인 또는 조직간 상호작용이 없는 경우에는 사회적 자본은 효율적으로 발전될 수 없다. 일반적으로 사회적 관계는 상호작용으로 강화되고 상호작용이 유지되지 않는다면 도태된다. 그러므로 사회적자 본의 밀도를 강화하고 유지하는 데 있어서 반드시 상호작용이 선행되어야 한다. Ward(2004)는 가족기업의 구성원 간 관계에 있어 지속적이고 높은 수준의 커뮤니케이션은 강한 신뢰 기반을 구축하며, 특히 경영자와 후계자 간 개방되고 정직한 커뮤니케이션은 상호 신뢰를 강화한다고 했다.

② 상호의존성(Interdependence)

사회적 자본이 조직의 능력을 확대하기 위해서는 조직원들의 상호의존적 행동이 공유되어야 한다. 높은 수준의 상호의존성은 사회적자본의 형성을 촉진하며, 반대로 개인들 간 상호의존도가 낮으면 사회적자본은 줄어들게 된다고 한다. Gersick 등(1997)은 가족기업은 가족구성원 공동의 유산이고 때로는 공동의 주요 자산이므로, 가족 구성원들이 기업의 성공에 대하여 같은 수준의 관심과 비전을 갖는다면 상호의존성이 강한 가족 사회적 자본을 만들어 낼 수 있을 것이다. Kets de Vries(1993)는 가족기업의 경우 잘 수립된 부모의 가치관을 잠재 후계자에게 이전하는 것이 미래 성공적인 승계프로세스를 위해 매우 중요하다고 강조하였다.

③ 밀접성(Closure)

Nahapiet과 Ghoshal(1998)은 밀도 높은 사회적자본은 집단의 밀접성으로부터 발생한다고 주장했는데, 가족 네트워크의 밀도가 높을수록 가족 네트워크의 경계가 강해지는 경향이 있다. 밀접성은 조직의 규범과 신뢰 그리고 동질성을 개발할 수 있게 하며 사회적 네트워크의 밀접성이 강해야 내부 사회적 자본이 발전한다. Oh 등(2004)은 응집력이 높고 밀접성이 강한 그룹의 경우 사회적 태만이나 기회주의가 발생할 가능성이 낮지만, 정보 교환, 높은 협동 등에 있어 순기능을 발휘한다고 주장하였다. Burt(2005)에 의하면 밀접성은 명성 메커니즘을 제공하는데, 이는 이질적인 행동과 의견을 축소함으로써 내부 구성원들에게 직무 편의상의 유연성을 제공하고 신뢰를 구축함으로써 사회적 자본을 창출한다.

④ 시간(Time)과 지속성(stability)

사회적 자본은 오랜 시간 투자된 사회적 관계로부터 형성되며, 사회적 자본을 개발시키고 성장시키기 위해서는 많은 시간이 필요하다(Coleman, 1988). 신뢰를 쌓는 데는 상당 기간의 시간이 소요되기 때문에, 지속적이고 오래된 관계는 높은 수준의 신뢰 및 협동과 관련된 네트워크의 주요 특징이다. 가족의 강한 응집력에 기초한 높은 충성심과 희망은 자녀들의 가족기업 참여를 높이는데, 가족구성원 간 친밀도 및 충성도를 높이기 위해서는 가족 구성원들이 함께 많은 시간을 보내는 것이 가장 중요하다. 화합된 가족관계 및 회사에 대한 긍정적인 대화(shop talk)는 자녀가 자발적으로 경영에 참여하려는 의지에 긍정적인 영향을 미친다.

4. 재무적 자본

재무적 자본(financial capital)은 가족구성원이 개별적으로 혹은 함께 소유하고 있는 현금과 물질적 자산으로 구성되어 있다. 현금은 재무기관의 투자뿐만 아니라 기업가, 핵가족 및 확대가족이 가용 가능한 현금 혹은 현금으로 쉽게 바꿀 수 있는 것을 포함한다. 물질적 자산은 부동산, 설비, 생산 인프라 등 시간이 지나면 현금으로 바꿀 수 있는 것을 의미한다. 자산은 가족 자산의 전통적인 형태이며 다른 자산에 비해 좀 더 광범위한 것으로 분석된다(Danes 등, 2009).

가족들은 기업에서 사용될 수 있는 중요한 물질적이고 재무적인 자본을 함께 가져오기도 한다. Sirmon과 Hitt(2003)는 생존 가능한 자본을 가진 가족기업은, 그렇지 않은 다른 기업들과 비교하였을 때 경쟁적인 강점을 가진 기업이라고 여긴다. 그들은 생존 가능한 자본은 경제가 어려운 시기 혹은, 새로운 시장 위험 이후에, 사업을 안정화하는 데 도움을 줄 수 있다. 비가족기업의 경우 종업원들의 충성심의 부족, 강한 연대의 부족, 혹은 장기간 열정의 부족으로 인하여, 이러한 안전망인 생존 가능한 자본은 덜 나타날 것 같다고 주장하였다. 가족들은 사업 침체에 대응하여 그들의 기업을 보호하기 위한 재정적인 자원을 사용할 뿐만 아니라, 새로운 모험을 시도하기 위한 자본을 축적하는데 이바지할 것이다. Fukuyama(1995)는 가족들이 가용 가능한 자본은 특히 중국 가족기업의 성장과 급증을 촉진하는 데 성공적이었다고 주장하였다.

가족 구성원들은 강한 기업을 만들기 위하여 개인적인 자산을 사용할 수 있고, 그 때문에 기업의 안정성을 서서히 약화하기도 한다. Haynes 등(1999)은 오너에게 있어 가족자금은 사업을 도와주기 위한 것인지, 개인의 대출을 안전하게 지키고 혹은 가족의 월별 예산에 있어서 부족액을 채우기 위한 것인지를 조사하였다. 결과 가족들은 기업의 이익을 위하여 가족 자원을 사용하는 것보다, 가족 니즈를 충족시키기 위하여 기업자원을 끌어 쓰는 경우가 더욱더 많았다고 결론을 내렸다. 그러므로 기업자원에 대한 가족 요구는 기업의 위험으로 작용할지도 모른다. 기업과 가족 자금이 뒤섞이는 것은 또한 누가 책임을 져야 하는지를 구별하기 어렵게 만들고, 가족구성원들의 역할에 있어서 더욱더 기회주의자로 만든다. 결국 가족은 기업에 자원을 제공하기도 하고 빼앗기도 하여, 기업에 직접적인 영향을 미치곤 한다(Dyer, 2006).

Danes 등(2009)은 생존을 넘어 지속가능한 기업이 되려면 재무적

자본만으로 충분하지 않고, 재무적 자본이 높은 수준의 인적자본 혹은 사회적자본과 결합이 되었을 때 가능하다고 주장하였다. 재무적 자본의 주요한 측면은 소기업과 고리대금업자와의 관계가 사회적자본의 형태처럼 신뢰가 구축되어야 한다는 것이다. 큰 은행은 차용인인 소규모 기업에 간접적인 거래비용을 부과한다. 왜냐하면 규모가 큰 은행은 좀 더 덜 장기적인 성향의 대금업자이며, 소규모 기업은 큰 은행과의 의존적인 관계를 수립, 유지하기가 어렵기 때문이다. 가족기업 내에서 가족과 기업은 가족구성원 개인과 가족이 집단을 형성하였을 때의 가족 집단자원과 경쟁한다는 사실도 나타났다. 가족기업은 필요할 때를 대비해 재무적 자원을 준비하는 전략이 필요하며, 이런 계획과 준비가 철저히 이루어질 때야말로 비로소 지속가능한 가족기업이 될 수 있을 것이다.

주요용어

가족기업의 자원, 가족의 영향력, 건강한 가족의 동태성, 가족 공정성, 가족의 기업에 대한 영향, 가족 효과, 가족기업의 자본, 인적자본, 사회적자본, 재무적 자본

생각하기

1. 최근에 조직연구에 분석단위로서 가족이 사용된 이유와 근거를 생각해 보자.

2. 건강한 가족이 되려면 어떻게 해야 할까요? 이를 동태성의 관점에서 설명하세요.

3. 가족이 기업에 대한 영향을 살펴보고, 가족이 기업에 어떻게 영향을 끼치면 기업의 성과는 향상될까요?

4. 가족의 사회적자본의 의미와 이의 형성요인을 알아보자.

참고문헌

김선화·남영호(2011), "가족기업의 사회적자본과 승계프로세스에 관한 탐색적 연구", 대한경영학회지, 24(2), 743-767.

남영호(2008), "가족은 기업에 영향을 끼치는가: F-PEC을 중심으로", 중소기업연구, 30(1), 15-40.

이광규(1996), 『한국가족의 구조분석』, 일지사, 14-27.

Arregle, J., M. A. Hitt, D. G. Sirmon, & P.Very(2007), "The development of organizational social capital: Attitudes of family firms", *Journal of Management Studies*, 44, 73-95.

Avendano, A.J.(2004), *Family influence on financial performance satisfaction in Mexican family businesses*, Dissertation, Alliant International University.

Brooks, David(2012), *The Social Animal: The Hidden Sources of Love, Character, and Achievement*, Random House.

Bubolz, M.(2001), "Family as source, user, and builder of social capital", *Journal of Socio Economics*, 30, 129-131.

Burt, R.(1992), 『Structural Holes: The Social Structure of Competition』, Cambridge, M.A.: Harvard University Press.

Burt, R.(2005), *Brokerage & Closure: An Introduction to Social Capital*, Oxford University Press.

Burkert, M., Pannunzi, F., & Shleifer, A.(2003), "Family Firms", *Journal of Finance*, 58, pp. 2167-2201.

Cabrera-Suarez K., De Saa-Perez, P., & Garcia-Almeida D.,(2001), "The succession process from a resource- and knowledge-based view of the family firm", *Family Business Review*, 14(1), pp. 37-47.

Carlock, Randel S. & John L. Ward(2001), *Strategic Planning for the Family Business*, Palgrave.

Coleman, J. S.(1988), "Social Capital in the creation of human capital", *American Journal of Sociology*, 94, 95-120.

Danes, S. M., Stafford, K., Haynes, G., Amarapurkar, S.S.(2009), "Family capital of family firms: Bridging human, social, and financial capital", *Family Business Review*, 22(3), 199-215.

Dyer, W. G. Jr.(2003), "The Family: The missing variable in

organizational research", *Entrepreneurship Theory & Practice*, Summer, 401-416.

Dyer W. G. Jr.(2006), "Examining the "Family Effect" on firm performance", *Family Business Review*, 19(4), 253-273.

Fukuyama, F.(1995), *Trust: The Social virtues and the creation of prosperity*, London: Hamish Hamilton.

Gersick, K. E., J. A. Davis, M. Hampton, I. Lansberg(1997), *Generation to Generation: A Life cycle of the family business*, Boston, M.A.: Harvard Business School Press.

Gomez-Mejia, L., Nunez-Nickel, M., & Gutierrez, I.(2001), "The role of family ties in agency contacts," *Academy of Management Journal*, 44, pp. 81-95.

Gomez-Mejia, Larraza-Kintana, and Makri(2003), "The determinants of executive compensation in family-controlled public corporations", *Academy of Management Journal*, 46(2), 226-237.

Habbershon, T. G., & Williams, M. L.(1999), "A Resources-based framework for assessing the strategic advantages of family firms", *Family Business Review*, 12(1), 1-25.

Litz, R. A.(1997), "The family firm's exclusion from business school research: Explaining the void; addressing the opportunity", *Entrepreneurship Theory and Practice*, 21(3), 55-71.

Meek, C., Woodworth, W., & Dyer, W. G. Jr.(1988), 『Managing by the numbers: Absentee owners and the decline of American industry』, *Reading*, MA: Addison-Wesley.

Michael-Tsabari N., R. Labaki, & R.K. Zachary(2014), "Toward the cluster model: The family firm's entrepreneurial behavior over generations", *Family Business Review* 27(2), 161-185.

Nahapiet, J., S. Ghoshal(1998), "Social capital, intellectual capital and the organizational advantage", *Academy of Management Review*, 23, 242-266.

Oh, H., M. Chung, G. Labianca(2004), "Group socail capital and group effectiveness: The role of informal socializing ties", *Academy of Management Journal*, 47, 860-875.

Putnam, R. D.(1993), 『Making democracy work: Civic traditions in modern Italy』, Princeton, N.J.: Princeton University Press.

Putnam, R. D.(2000), *Bowling alone: The Collapse and revival of American community*, New York: Simon and Schuster.

Seibert, S. E., Kraimer, M. L., & Liden, R. C.(2001), "A Social capital theory of career success", *Academy of Management Journal*, 44(2), 219-237.

Sirmon, D. G., & Hitt, M. A.(2003), "Managing resources: Linking unique resources, management, and wealth creation in family firms", *Entrepreneurship Theory and Practice*, 27, Summer, 339-358.

Sorenson, R. L., & L. Bierman(2009), "Family capital, family business, and free enterprise", *Family Business review*, 22, 193-195.

Ward, J. L.(2004), 『Perpetuation the family business』, New York: Palgrave MacMillan.

Whiteside, M. F., C. E. Aronoff, J. L. Ward(1993), 『How families work together』, *Family Business Leadership Series*, No.4, Business Owner Resources.

Zachary, R. K., Danes, S. M., & Stafford, K.(2013), "Extensions of the sustainable family business theory (SFBT): Operationalization and application. In K. X. Smyrnios, P. Z. Poutziouris, & S. Goel(Eds.), *Handbook of research on family business*(2nd ed., pp.507-553), Cheltenham, England: Edward Elgar.

제7장 가족기업의 갈등

학습내용

가족기업의 어려움은 가족구성원 간의 갈등으로부터 출발한다고 한다. 이런 가족기업 갈등의 원인과 성격, 갈등 당사자와 갈등유형, 그리고 갈등관리를 고찰한다. 마지막으로 가계도를 통한 가족기업 갈등의 예방과 관리를 살펴보고자 한다.

제1절 가족기업 갈등의 원인과 중요성

일반적으로 사회과학에서 갈등은 전통적 관점과 행동적 관점으로 크게 나눌 수 있다. 전통적 관점은 갈등은 조직의 혼란을 초래하며 에너지를 분산시켜 조직의 의사결정과 성과에 부정적인 영향을 끼치므로 피해야 한다는 것으로 본다. 반면 행동적 관점은 갈등이란 피할 수 없는 것이며 갈등 수준이 너무 낮으면 조직은 평온한 분위기에 안주하며 침체하여 조직의 성과가 나빠질 수 있으므로, 적절한 수준의 갈등은 오히려 조직의 효율성 증대를 위해 필요하거나 장려되어야 한다고 보고 있다. 가족기업 갈등 역시 가족구성원 간의 가족관계를 악화시키고, 가족기업의 경영상의 장애를 가져오는지 아닌지를 살펴보는 것은 가치있는 연구라 생각된다(김지희, 2001). 여기에서는 먼저 가족기업의 갈등이 무엇인지 고찰하고 그의 원인과 성격을 파악하고자 한다.

1. 가족기업 갈등(葛藤)의 원인과 성격

가족기업은 가족과 기업의 아주 다른 이중기능으로 이루어진 기업인데, 이것이 가족기업 갈등의 근본 원인이다. 즉 가족은 감정 중심인 반면 기업은 결과 지향적이다. 가족기업에서 갈등의 원천은 아주 다른 이런 두 가지 시스템 간의 중복으로 발생하는데, 구체적으로 다음과 같은 요인에 의해 발생한다(Ibrahim 외, 1994). (2장의 가족기업의 2차원 시스템 참조).

① 가족기업에서 역할과 규칙의 모호성
② 가족구성원과 비가족 구성원 간의 권력과 지위에서의 차이점

③ 조급하고 공정하지 못한 승계과정
④ 가족구성원 특히 창업자 후손들 간의 경쟁
⑤ 특혜받은 아들/딸들에 대한 시기, 질투
⑥ 경력개발, 보수, 해고 등에 관한 명확하고 일관성 있는 정책의 결여
⑦ 행동규범의 부족
⑧ 직무기술서와 명확한 경계의 결여

가족기업과 비가족기업을 구분 짓는 근본적인 차이는 기업과 가족 모두의 성과(결과)에 관심을 두느냐 아니냐에 달려 있다(Dunn, 1995). 의심할 바 없이 가족기업은 기업과 가족 모두 성과(결과)에 관심을 두는 기업이다. 그러므로 가족기업은 정도의 차이는 있으나, 기업에 대한 가족의 만족, 가족구성원들의 기업에 대한 관여, 기업의 이윤 등에 관심을 둔다. 한편 기업에 가족의 구성원이 참여함으로써 여러 가지 방법으로 갈등을 해결할 수도 있다. 가족기업 갈등의 일반적인 성격은 다음과 같다(Sorenson, 1999).

첫째로, 가족이라는 변수로 갈등은 더 복잡하게 된다. 가족 내의 관계를 좋게 유지하기 위하여 가족기업은 가까운 친척(어떨 때는 먼 친척도 포함됨)의 중요한 문제도 수용하여야 할 때가 발생한다. 이는 가족구성원이 오너, 경영자, 종업원, 심지어 무의결권 주주 등의 다양한 방법으로 기업에 참가할 때 나타나는 보편적인 현상이다. 가족 관련 이슈는 기업 관련 문제보다 우선순위를 가질지도 모른다. 예를 들어, 기업 내의 가족들은 기업과 가족 간의 역할이월, 장자상속, 가족구성원의 의견, 가족구성원들의 동일 취급 요구나 삼각관계, 남매간의 라이벌, 네포티즘, 일과 가족의 갈등, 승계 등의 문제를 강조하지 않을 수 없다.

둘째로, 가족규범(family norms)은 기업 내에서 갈등해결을 위한 모델이 될 수 있다. 일반적으로 오너들은 기업 내의 상호작용을 위해

규범을 제정한다. 가족규범은 복수의 가족구성원이 기업에서 일할 때 더 큰 영향력을 가진다. 가족 내에서 갈등관리에 대한 진취적인 문제해결 방법은 기업 내에서 긍정적으로 문제해결의 기초를 제공할 수도 있다. 이는 승계계획이나 세대 간의 권력 이양 같은 경우에는 필수적이다. 반면에, 가족 내에서 갈등관리에 대한 부정적인 견해는 기업 내에서 싸움만 부추길 수 있다. 예를 들어 어떤 가족구성원이 개인적인 입지 강화를 위해 경쟁 관계에 있는 종업원과 제휴를 맺을 수도 있기 때문이다.

셋째로, 가족기업은 특이한 권한의 동태성을 갖고 있다. 대부분의 가족기업에서, 가족구성원들은 핵심 정보에 접근하거나 중요한 의사결정에 관여할 수 있다(Dyer, 1986). 단지 가족이라는 이유로 높은 지위에 있지 않더라도 "내부정보"에 접근할 수 있으므로, 가족구성원들은 기업 내에서 비공식적인 권한을 가질 수 있다. 가족구성원이 발휘하는 권한은, 기업 내의 공식적인 역할이나 지위에서 나오는 권한을 가리기도 한다. 더구나 CEO가 최종적인 의사결정을 하는 조직과는 달리, 가족기업은 기업경영 밖에 있는 가족구성원들조차 중요한 경영의사결정에 영향을 끼칠 수도 있다.

2. 가족갈등의 이해

모든 가족은 갈등과 라이프 사이클의 변화에 따른 관계 문제 등을 경험한다. 기업에 관여하고 있는 가족(business family)은 서로 가깝게 지내고 있으므로 더 큰 문제에 봉착하게 될 수도 있다. 하지만 건강한 가족과 건전한 기업을 위해 가족이 해야 할 일과 기업의 새로운 시스템을 고려하는 것은 가치 있는 일이다.

가족기업에서 조화(調和)를 유지하는 것이 중요하나, 갈등과 변화는 개인, 가족관계 그리고 기업의 성장을 위해 필수 불가결하게 나타나기 마련이다. 그런데 많은 가족은 부글부글 끓는 갈등이 표면에 나타날까

봐 전전긍긍하며, 갈등과 관련한 참여를 두려워한다. 나아가 그들은 때로는 이런 갈등 상황에 대한 가족구성원 간의 솔직한 소통을 고통스러워하며 꺼리기도 한다.

아이들과 기업에 직접 관여하지 않는 사람들에게 쉬쉬하게 하면, 가족들은 이 자체로 말미암아 나쁜 감정이 생기고 동시에 부정적인 이미지까지 생기게 된다. 이런 부정적인 관계가 누적되면, 각자의 차이와 불만을 가로막게 되므로, 결국 가족관계는 비현실적으로 된다.

기업에 관여하고 있는 가족들은 가족 갈등과 가족 문제를 강조하는 시스템이나 조직구조를 만들 필요성을 인정하고 나아가 이의 가치도 인정하고 있다. 갈등을 강조하는 가족들은 갈등을 해결하는데 필수적인 신뢰(trust)를 중요시하고 이를 구축하려 한다. 갈등을 피하려고 하거나 갈등이란 어려운 문제에 직면한 가족들은 이의 계획과정이 신뢰구축의 출발점이며 성장의 기회란 사실을 알고 있다.

가족의 관여는 몇몇 가족기업 특히 고도로 통제적인 리더나 엄격한 계층구조의 전통에 사로잡힌 기업에는 새로운 도전일지도 모른다. 그러나 많은 원로 가족 구성원들은 이 과정이 얼마나 중요한지 잘 알고 있다.

3. 가족관계에서 갈등의 중요성

갈등 회피 비용은 많지만, 가족구성원 간의 정직한 관계와 신뢰는 저지당하기 쉽다. 이런 가족은 개인의 성장과 변화에 필요한 건전한 긴장을 잃게 된다. 남편이나 아내로부터 불만만 들은 배우자들, 한쪽의 의견만 들으려는 의지를 가진 사람들은 이런 긴장을 고조시킬 수 있다. 따라서 가족들은 함께 일하는 것과 불안정한 도전, 실수, 그리고 직면한 갈등을 준비할 필요성을 인지하여야 한다.

새로운 가족의 참여를 논의하기 전에, 가족들은 개인 관계의 몇 가지 기준을 작성하여야 한다. 갈등관계에 있는 남매, 사위(며느리)들은 항상 원로세대로 인해 궁지에 빠지곤 한다. 만약 이런 관계가 변하거나 개선되지 않는다면, 원로 경영자가 가족의 미래 관계에 대한 사려 깊은 결정을 하여야 한다.

가족협약, 기업정책, 경력 및 승계프로그램의 개발은 불필요한 갈등을 해결하는 데 도움이 된다. 그러나 불행하게도 이것은 남매와 사촌에 의해 경험된 내부투쟁에 대한 적합한 해결책이 아닐 수도 있다.

가족구성원 간의 경쟁이 치열하거나 가족 경쟁력을 구축할 때, 이를 위해 가족위원회나 원로 가족구성원이 필요할 수도 있다. 이럴 때 기업에서 한두 명의 가족구성원을 그만두게 하거나, 특정 사업부를 분리하거나, 혹은 사업부 자체를 매각하는 것도 생각할 수 있다. 원로 가족구성원은 오래된 갈등을 해결하거나 사업부를 아예 없애버릴 책임까지도 갖고 있다. 만약 그들이 행동으로 보이지 않으면 이런 상황은 해결되지 않을 수도 있다. 이 상황이 지속되면, 이런 가족기업은 다음 세대의 많은 구성원에게는 바람직한 기회로 여기지 않는다(Carlock 등, 2001).

제 2 절 가족기업의 갈등 당사자

여기서는 가족기업의 주요 갈등 당사자를 고찰하고자 한다. 부자간의 갈등, 형제간의 갈등, 기타 가족 간의 갈등 등을 살펴보고 이를 해결하고 관리하는 메커니즘을 알아보도록 하자(Ibrahim 외, 1994).

1. 부자(녀)간의 갈등

창업자인 아버지와 그의 아들, 딸들 사이의 관계에서 발생하는 갈등은 창업자의 심리상태, 세대 간의 가치관의 차이, 경쟁에 대한 인식의 차이 등에서 나타난다.

1) 창업자의 심리상태

보통 가족기업 창업자들은 아버지로서의 권위와 강한 애착, 그리고 강한 독립심을 갖고 있다. 이러한 상태는 승계 시에도 나타난다. 창업자인 아버지는 가족기업에 대한 애착으로 기업을 후손에게 물려주고자 할 때 갈등을 느끼게 된다. 반면 가족기업의 잠재적인 후계자들인 자식들은 기업을 물려받을 기회를 기다린다. 자식들은 창업자인 아버지가 자식들에게 기업을 물려주려는 의지가 없음을 알고 강한 불만을 느끼기도 한다. 또한 승계에 대한 약속을 지키지 않거나 이의 변화가 생기면, 자식들은 불안해하거나 초조감을 느끼어 가족기업 갈등의 원인이 된다. 긴장 상태가 고조되면 가족구성원 간의 관계는 경쟁 관계로 변화하고 갈등이 악화한다.

2) 세대 간 가치관의 차이

젊은 세대가 가족기업을 물려받으면 자식들은 그의 가치관과 문화를 가지고 새롭게 기업을 경영하고자 한다. 신세대들의 기업 경영방식이나 가치관, 비전 등은 기성세대들의 그것과는 아주 다르며, 이 때문에 갈등이 발생하기도 한다. 가족기업의 창업자는 새로운 후계자를 경영자로서가 아니라 자식들로 취급하게 되어 창업자인 자신의 가치관에 맞추려고 한다. 이러한 세대 간의 가치관의 차이로 인해 갈등이 발생한다.

〈표 7-1〉 세대 간의 갈등

기성 세대		젊은 세대
수직적 조직	선호하는 조직	협업적이고 수평적 네트워크형 조직
신문과 방송 등 전통적인 미디어 활용	정보획득 방식	인터넷과 모바일을 적극적으로 활용하며 다양한 채널을 선호
업무시간 총량이 근무 평가의 기준이라고 생각	시간관념	업무의 결과가 중요하지 얼마나 많은 시간을 들였는지는 중요하지 않음
직업이 자신을 정의한다고 생각	삶에 대한 태도	일과 인생의 조화를 중요시함

자료: 조선일보 2015. 12. 5-6, Weekly BIZ.

3) 경쟁에 대한 인식의 차이

후계자인 자식은 아버지만큼 될 수 없다고 느끼거나, 창업자인 아버지를 능가하거나 같아질 수 있다고 생각하여 부자간의 관계가 악화하기도 한다. 이를 방지하기 위해서는 다음과 같은 것이 필요하다(Levinson, 1971).

① 자식은 자기 자신만의 일을 해야 하며 자신이 선택하여야 한다.

② 후계자인 자식이 왜 기업에서 일하는지, 그리고 자기 자신의 감정도 이해하려고 노력해야 한다. 동시에 창업자인 아버지의 감정도 이해하고 맹목적으로 화나게 내버려 두어서는 아니 된다.

③ 자식은 아버지가 형제끼리 반목시켜 어부지리를 얻도록 허용하여서는 아니 된다.

2. 형제간의 갈등: 특혜받은 자식에 대한 질투

형제 혹은 남매간의 관계는 때로는 긴장과 경쟁을 심화시켜 가족의 불화를 더욱더 증폭시키기도 한다. 서로 치졸한 싸움을 하다가 최악의 경우 법정에서 만나기도 한다. 이러한 불화를 가져오는 갈등의 원인은 다음과 같은 경우에 주로 발생한다.

① 아버지가 자식들을 서로 반목시켜 어부지리를 얻으려는 경우
② 장남이 후계자로 선정되지 않은 경우
③ 경력경로, 승진, 보수 등에 대한 불확실성과 모호성이 나타날 경우
④ 아들 중 한 명, 특히 아버지가 편애하는 아들이 있을 경우
⑤ 가족구성원에 대한 승진과 보수 등이 능력에 의해서가 아니라, 나이 등 경영과 무관한 주관적 요인에 의해 이루어지는 경우

위와 같이 형제 자매간 만성적인 불화와 싸움이 있으면, 창업자는 은퇴하고 싶은 욕구나 힘든 일에서 해방되고 싶은 마음도 사라지게 된다. 유명한 승계학자인 핸들러(W. C. Handler)에 의하면, 상호존중과 타인에 대한 이해만이 남매간의 관계를 좋게 만드는 핵심 요인이라고 주장하고 있다. 타인에 대한 존중과 이해의 개발이야말로, 자식들이 어릴 때부터 가정에서 배워야 할 핵심이며 남매간 갈등해결의 진화된 모델이다.

3. 남매간의 갈등

대부분 남매(형제·자매)는 약간의 충돌과 갈등을 경험하고 자라난다. 그런데 만약 남매가 유년 시절부터 서로의 권리와 차이를 인정하고 존경하는 것을 학습한다면, 그들이 성년이 되었을 때 갈등의 나쁜 효과는 많이 줄일 수 있을 것이다. 나아가 성인들처럼 그들이 자율적인 개체로서 서로가 연관되고, 개인적인 차이를 존경하는 부모님으로부터 공평하게 대우받는다면, 남매 관계는 창조적인 협력(creative collaboration)관계를 형성할 수 있을 것이다.

남매간의 갈등을 기업의 활력소가 되도록 하려면, 부모는 자신의 아이들을 서로 비교하고, 부모의 사랑과 주목을 포함한 자원을 할당하고, 충돌을 해결할 수 있도록 배치하여야 한다. 만약 부모가 자기 자식을

개성 있는 개개인으로 각자의 가치를 비교하면, 자식들은 개인으로서 자신들을 평가할 것이며 파괴적인 남매 경쟁에 매달리지도 않고 이를 오래 끌지도 않을 것이다. 부모는 아이들에게 결과의 평등이 아닌 능력과 가치관에 따라 공정하게 관심을 가져야 한다. 부모는, 특정 자식을 특별히 좋아하지 않으면서, 최대한 섬세하게 균형 잡힌 행동으로 개인적인 차이를 고려해야 한다. 또한 부모는 오래 질질 끌거나 재강화되는 경쟁/갈등 관계를 해결하기 위한 남매들의 노력에 끼어드는 것은 피하는 것이 좋다.

가족은 갈등해결이나 효과적인 의사소통에 관한 가족기업 포럼 또는 세미나에 참가하도록 권하거나, 관계되는 형제·자매간의 사적인 얘기 등을 포함한 몇 가지 방법으로 파괴적인 남매 경쟁을 줄일 수 있다. 만약 때때로 적대관계에 있는 집단 중 한 집단만이 불건전한 경쟁을 이해하고 이를 끝내기로 한다면, 그(녀)는 자신의 태도와 행동을 단지 바꿈으로써 이 변화를 이룩할 수 있을 것이다. 왜냐하면 어느 한 사람에 의한 행동 변화는 타인으로의 이전 효과를 가져갈 수 있기 때문이다(Whiteside 외, 1993).

4. 다른 가족구성원 간의 갈등

가족기업에 부모-자녀 이외에 다른 친척들이 관여할 때 이들 간에 갈등이 나타나기도 한다. 즉 창업자의 자식과 조카, 사위와 며느리, 질녀들 사이에서도 경쟁 관계 혹은 갈등이 존재하게 된다. 승계과정이 가족갈등의 핵심 요소이다. 또 다른 갈등 요인으로는 세대 간 가치관의 차이와 비효과적인 의사소통, 자신들의 일에 대한 스트레스 등이다. 많은 가족기업은 노동, 경력개발, 지배에 대한 명확한 지침 등이 불충분하다.

지금까지 가족기업의 갈등 당사자를 요약하면 〈표 7-2〉와 같다.

〈표 7-2〉 가족기업의 갈등 당사자와 과제

갈등 당사자	(내부) 과 제	
부자간의 갈등	(부의 갈등) • 기업은 자신의 분신이요 확산 • 창업자·승계자의 권한유지욕구	(자의 갈등) • 자신의 성장에 비례하는 책임요소 • 자신의 세력강화 독립요구
형제간의 갈등	• 승계자 결정 문제 • 父의 인정을 받기 위한 경쟁 (형의 입장) • 승계권은 선임권	 (동생의 입장) • 능력주의
친족 간의 갈등	• 소유권 분할 요구 • 이권 개입	

자료: Levinson Harry (1971), "Conflicts that Plague Business", *Harvard Business Review*, March-April, 71-80.

〈표 7-3〉 가족기업의 갈등 당사자와 해결 메커니즘

갈등 당사자	갈등해결 메커니즘
1. 부자(녀)간의 갈등	• 승계계획 • 제삼자의 중재 • 화해자 • 가족 내의 현명한 사람 • 컨설턴트, 변호사, 공인회계사
2. 형제/남매간의 갈등	• 승계계획 • CEO의 중재 • 직무기술서 • 전문경영제의 도입 • 대면회의 • 의사소통 • 리스트럭처링
3. 다른 가족구성원 간의 갈등	• 직무기술서 • CEO의 중재 • 대면회의 • 행동규범 • 의사소통
4. 가족구성원과 비가족구성원 간의 갈등	• 경력개발에 관한 명확한 정책 • 직무기술서 • 의사소통 • 전문경영제의 도입

자료: Ibrahim A. Bakr & Willard H. Ellis(1994), 『Family Business Management: Concepts and Practice』, Kendal/Hunt Publishing Company, p. 125를 약간 수정한 것임.

[소사례] 남매 전쟁

삼성은 한국에서 가장 오래된 재벌 그룹 중 하나이지만 여성의 경영 참여에 트인 문화를 보여왔다. 삼성 창업주 이병철 회장의 장녀 이인희 한솔 고문, 막내딸 이명희 신세계그룹 회장은 아버지의 지지 속에 여성기업인으로 두각을 드러냈다. 생전에 이병철 회장은 이인희 고문을 가리켜 "사내로 태어났으면 그룹을 맡겼을 큰 재목"이라며 그의 능력과 포용력을 높이 샀고 해외의 중요한 사업 파트너를 만날 때마다 데리고 다녔다. 똑똑한 막내딸도 무척 아꼈다고 한다.

▸장자 승계 원칙이 강한 집안에서 야심 있는 딸들은 자신의 몫을 인정받기 위해 상당한 불협화음도 감수하곤 했다. 대성그룹 김수근 회장의 3남 3녀 중 막내딸 김성주 성주그룹 회장은 대학 졸업하고 "시집가라"라는 부모 희망을 물리치고 미국 유학을 떠나 집안의 지원도 끊겼다. 귀국 후 아버지 집무실 옆방에 책상 하나 놓고 사업을 시작했는데 자신이 키운 브랜드 사업권을 놓고 큰오빠와 격렬한 다툼까지 벌였다. 결국 자신의 회사를 차렸다. 고 조양호 한진그룹 회장은 1남 2녀에게 지분을 엇비슷하게 나눠주고 두 딸도 경영에 적극 참여시키다가 갑자기 타계했다. 그 애매한 지분 구조가 화근이 돼 큰딸이 남동생의 경영권에 도전하면서 가족 간 반목이 커졌다.

▸최근 식품 대기업 아워홈에서 벌어진 '남매의 전쟁'이 재계에서 화제다. 세 자매가 의기투합해 '보복 운전'으로 사회적 물의를 빚고 징역 6개월에 집행유예 2년을 선고받은 오빠의 대표이사직을 박탈했다. 세 자매 가운데 일찍부터 아버지를 도와 회사를 키워온 막내 여동생 구지은 씨를 대표이사로 선임했다.

▶아워홈은 구인회 LG 창업주의 셋째 아들(구자학)이 세웠다. 구자학 회장은 이병철 삼성 창업주의 둘째 딸(이숙희)과 결혼해 1남 3녀를 뒀다. 구 회장은 장남이자 외아들 대신 능력 있는 막내딸을 입사시켜 일을 가르쳤다. 막내딸 구지은 대표는 자신의 외가 쪽 사촌 자매인 삼성가의 이미경 CJ그룹 부회장, 이부진 호텔신라 사장, 정유경 신세계 총괄사장 등과 어깨를 나란히 하는 대기업 여성 경영인이 될 것이란 기대까지 받았다. 하지만 연로한 아버지가 마음을 바꿔 외아들에게 경영권을 넘기는 바람에 남매간 골이 깊어졌다.

▶능력 있는 여성들이 딸이라는 이유로 불이익을 감수하는 시대는 지나가고 있다. 사람 보는 안목, 사업 키우는 안목이 탁월한 기업인도 기업 승계 문제에 직면하면 능력 있는 딸보다 무능한 아들로 기울어 분쟁을 만들곤 한다. '딸들의 반란'은 앞으로도 자주 보게 될 것 같다.

(자료: 조선일보 2021.6.8. 만물상)

5. 가족구성원과 비가족구성원 간의 갈등

가족기업은 비가족구성원을 고용함으로써 친척들 간의 싸움과 나쁜 감정 등이 널리 퍼지기도 한다. 가족구성원과 비가족 구성원 간의 갈등은 네포티즘, 의사결정에서 소외된 비가족구성원들의 심리적 좌절감, 경력개발, 승진, 보수 등에 대한 명확한 정책의 결여, 무능한 후계자와 함께 일하는 데 따른 문제점 등을 통해 발생한다.

1) 무능력한 사장의 아들

사장의 아들(Son of Boss: SOB) 증후군은 무능력한 가족구성원에 대해 비가족 경영진이 어떻게 느끼는가에 대한 전형적인 예이다. 능력 위주가 아닌 가족관계에 기반을 둔 승진체계는 비가족 경영진들의 불만을 크게 생기게 한다. 능력 있는 비가족 경영진이라도 가족구성원의 채용이나 후계자 선정과정 등에 관여하지 못할 경우, 좌절감을 느끼고 최악의 경우 가족기업을 떠나기도 한다.

2) 가족구성원만의 저녁 식사를 통한 의사결정

많은 가족기업은 매주 저녁 식사 시간을 통하여 비가족 경영진들이 빠진 채 중요한 의사결정이 이루어지기도 한다. 이런 경우 비가족 경영진들은 화가 나기도 하고 좌절감에 빠지게 되기도 한다. 이런 유형의 가족 모임이 필요하기는 하나, 비가족 경영진이 없는 상태에서 이루어진 의사결정, 즉 가족회의가 기업회의로 대체될 수는 없다.

[소사례]

1. family = father, mother, I love you
'가족(Family)'은
'아버지, 어머니, 나는 당신을 사랑합니다(father, mother, I love you)'의 첫 글자를 합성한 것입니다.
(자료: 사이언스타임즈, 2003년 8월 15일, science love letter)

2. 가족이 지니는 의미
가족이 지니는 의미는
그냥 단순한 사랑이 아니라,
지켜봐 주는 누군가가 거기 있다는 사실을
상대방에게 알려주는 것이라네.
어머니가 돌아가셨을 때
내가 가장 아쉬워했던 게 바로 그거였어.
소위 '정신적인 안정감'이 가장 아쉽더군.
가족이 거기서 나를 지켜봐 주고 있으리라는 것을
아는 것이 바로 '정신적인 안정감'이지.
가족 말고는 그 무엇도 그걸 줄 순 없어.
돈도. 명예도.
(자료: 미치 앨봉의 〈모리와 함께 한 화요일〉 중에서/ 고도원의 아침 편지)

[소사례] 가족 간의 상처

어떤 상황에서건
사람들에게 가족은 가장 중요하다.
비록 한집에 살지 않아도, 마음속에서 가족으로
생각하는 대상들은 아플 때, 실패할 때, 정말 외로울 때,
기대고 싶은 존재들이다. 그러나 바로 그런 기대감 때문에
상처가 더 큰 것도 가족이다. 상담하다 보면,
가장 크고 오래가는 상처는 가족끼리
주고받는 것을 보게 된다.

(자료: 이나미의 《당신은 나의 상처이며 자존심》 중에서/ 고도원의 아침편지)

제 3 절 가족기업의 갈등유형

여기서는 가족기업의 갈등유형을 과업갈등, 과정갈등, 그리고 관계갈등의 3가지 유형으로 나누어 살펴보고자 한다.

1. 가족기업의 갈등유형

1) 과업(목표)갈등(課業葛藤)

과업갈등(task conflict)은 목표갈등이라고도 하는데, 과업이 수행되어야 할 목표(ends)가 달라 나타나는 갈등을 말한다. 과업갈등이 너무 높으면 과업과 목표에 문제가 발생하며, 너무 낮으면 기업은 정체되며 신규사업의 개발은 부진하게 된다. 따라서 기업구성원의 관여 축적으로 적정수준의 목표갈등이 생기면 좋겠다. 다시 말해 성공적인 가족기업은

장기목표와 전략개발에 구성원의 참여를 장려하곤 한다.

2) 과정갈등(過程葛藤)

과정갈등(process conflict)은 일과 구성원이 활용되어야 할 방법(how)에 대한 의견의 불일치로 인한 갈등을 의미한다. 과정갈등이 너무 높으면 역할의 모호성, 라이벌, 불확실성 등으로 성과에 악영향을 끼치며, 너무 낮으면 가족구성원의 책임과 기업이 가진 자원 간의 적절한 조합에 문제가 발생한다. 따라서 적정수준으로 맞추는 것이 성과향상에 유리하다. 결국 성공적인 가족기업은 가족의 재능과 자원의 적절한 활용을 강조하며 효율적인 경영관리팀의 구축을 위해 투자하곤 한다.

3) 관계갈등(關係葛藤)

관계갈등(relationship conflict)은 개인적 감정이나 적대감, 성격차이로 인한 불일치로 인한 갈등을 의미한다. 관계갈등은 역기능적인 성격으로 경영성과를 해치는 경우가 많은데, 악의, 적의있는 행동, 적대적이거나 불순한 의도로 타인을 인식하거나 과도한 스트레스를 원인으로 볼 수 있다. 성공적인 가족기업이 되기 위해선 오랜 시간이 소요되더라도 이 관계갈등을 해결하여야 한다.

2. 갈등 유형별 상호 영향

1) 상호 독립적

갈등에 관한 대부분의 실증연구는 갈등이 상호 독립적인 개념이므로, 다른 유형의 갈등과는 관계없이 특정 유형의 갈등이 각각 조직의 성과에 어떻게 영향을 끼치는가를 고찰하고 있다. 구체적으로 관계갈등은 조직 구성원들 사이의 과업과 직접적으로 관련이 없는 개인적 문제로 인한 충돌과 의견의 불일치가 있는 경우로 구성원들 사이의 긴장, 분노, 불신, 위협, 적대감과 같은 부정적인 정서를 포함한 마찰이나 좌절의 형태로 나타난다. 반면 과업갈등은 구성원 간의 상호작용 관점에서 과업 수행과 관련하여 나타나는 의견의 불일치로 나타난다. 과업갈등은 의사결정의 질 및 만족도 등에 긍정적으로 이바지할 수도 있는 반면에, 관계갈등은 조직의 성과에 언제나 부정적인 영향을 끼친다고 여긴다.

〈표 7-4〉 가족기업의 갈등 유형과 수준

유 형	목표갈등	과정갈등	관계갈등
정 의	과업이 수행되어야 할 목표(ends)에 대하여 갈등	일과 구성원이 활용되어야 할 방법(how)에 대해 의견 불일치	개인적인 감정이나 적대감, 성격 차이로 인한 불일치
높은수준	과업과 목표에 문제 발생	역할의 모호성, 라이벌, 불확실성 등으로 성과에 악영향	• 역기능적인 성격으로 경영성과를 해침 • 원인 -악의 -스트레스 -근심·걱정 -적의있는 행동 -적대적이거나 불순한 의도로 타인을 인식
적정수준	기업구성원의 관여 축적	적정수준으로 낮추는 것이 성과향상에 유리	
낮은수준	기업은 정체되며 신규사업개발은 부진	가족구성원의 책임과 기업이 가진 자원 간의 적절한 조합에 문제가 발생	
성공적인 가족기업	장기목표와 전략개발에 구성원의 참여를 장려함	가족의 재능과 자원의 적절한 활용을 강조/효율적인 경영관리팀의 구축에 투자	해결

자료: Moores, K., M. Barrett(2005), "Understanding tension and conflict", In Linda & Waddell, 『Managing the Family Business』, Heidelberg Press, p. 69.

2) 상호 관계적

최근에 들어와 과업갈등과 관계갈등을 서로 영향을 주는 밀접한 관계로 보는 연구가 나타나고 있다. 첫째로, 관계갈등과 과업갈등이 높은 상관관계를 보인다고 보는 연구가 있다(상관계수 0.7). 둘째로, 선행적으로 발생한 과업갈등이 관계갈등으로 전이되고 있다는 연구가 있다. 즉 과업갈등이 과도하거나 오래 지속되면 공격적인 행동을 유발하거나 오해가 발생하여 점차 관계갈등으로 해석되어 부정적인 감정적 순환을 일으킨다고 한다. 셋째로, 관계갈등이 과업갈등으로 발전한다는 연구가 있다. 조직 내 다른 구성원에 의해 좌절감을 느끼고 화가 나 그 사람의 의견에 동의하지 않으려고 하거나, 그 사람의 아이디어를 제대로 받아드리지 않고 왜곡시키거나 반박하려는 경향이 있다고 한다 (심덕섭 외, 2011).

3. 갈등 유형별 성과와 이의 촉진 전략

1) 갈등과 성과의 관계

Kellermanns 등(2007)의 연구에 의하면 과정갈등은 성과에 직접적인 상관관계는 없지만, 조정자로서 해야 할 역할은 한다고 보고 있다. 그들에 의하면 과정갈등의 경우 가족구성원의 의견교환(family-member exchange)[1]으로 인한 상호작용이 많으면 많을수록 기업의 성과는 향상된다고 주장하고 있다. 기업의 목표와 전략에 관한 목표갈등(Kellermanns 등은 인지 갈등으로 표기함)은 기업의 성과와 부정적인 관계에 있다고 주장하고 있다. 이는 대부분의 다른 연구가 목표갈등은 기업의 성과에 긍정적인 영향을 끼친다는 결과와 다르게 나타나고 있어 향후 추가적인 연구가 필요하리라 여겨진다. Kellermanns 등(2004)의 또 다른 연구에 의하면, 과업갈등과 과정갈등은 가족기업의 성과와 곡선의 관계를 할 것이며, 이의 갈등들이 너무 낮거나 높으면 성과는 낮아지지만, 적정수준을 유지하면 성과는 최고도에 도달할 것이라고 주장하고 있다. 반면 관계갈등이 높으면 높을수록 기업의 성과는 낮아지지만, 통제의 정도가 낮으면 성과는 높아질 것이라고 주장하고 있다(〈그림 7-1〉 참조).

1) 가족구성원의 의견교환(FMX)은 가족구성원끼리 아이디어, 피드백, 기대 등에 대한 상호 공유하려는 의지를 의미한다.

〈그림 7-1〉 목표갈등, 과정갈등과 가족기업의 성과

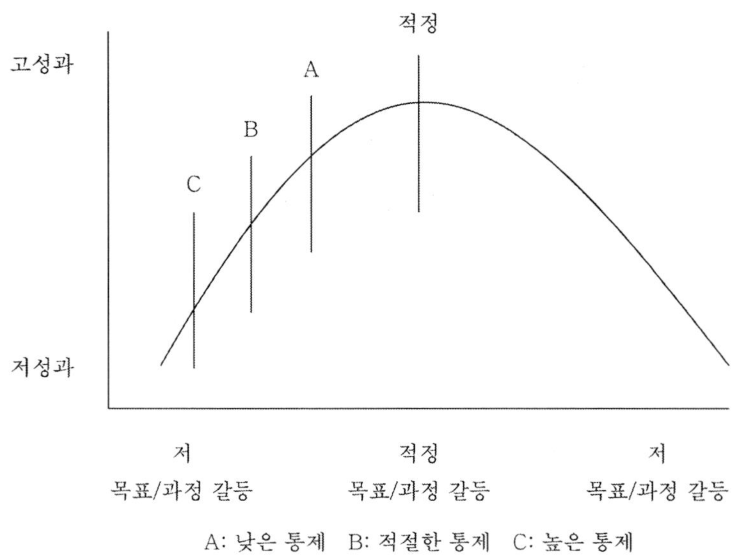

자료: Kellermanns, & Eddleston, 2004.

2) 과업(목표)갈등 촉진 전략

첫째로, 지적 다양성의 확보이다. 이는 인적 속성으로, 지적 다양성을 지닌 인재를 확보하여, 다양한 직무경험을 쌓도록 하여 창조적 마찰(creative abraision)의 토대를 마련한다.

둘째로, 나쁜 갈등은 제거한다. 이는 구성원의 배경으로, 배경이 달라 발생하는 사고방식의 이질성이 감정대립으로 발전되지 않도록 의사소통 촉진, 인사제도의 개선으로 협력적 조직문화를 구축한다.

셋째로, 좋은 갈등은 촉진한다. 이는 창조적 마찰의 극대화로, 건설적 논쟁의 촉진, 도전적 실패를 용인하여 조직의 창조적 마찰을 극대화하며 집단의 지배적인 의견에 반대하는 악마의 옹호자(Devil's Advocate)의 역할을 강조한다.[2)]

2) 이상우(2010), 창조적 갈등의 3가지 촉매제, SERI경영노트 제82호.

3) 통제와 세대별 성과 촉진 전략

첫째로, 일반적으로 이타주의(altruism)가 증가하면 관계갈등은 감소한다.

둘째로, 통제가 증가하면 목표갈등과 과정갈등은 감소하나 관계갈등은 증가한다.

셋째로, 세대가 늘어날수록 목표갈등과 과정갈등의 중요성은 증가한다. 보통 창업자가 주도하는 1세대 기업은 갈등이 최저수준이므로, 갈등을 감소시키려는 노력은 필요하지 않을 것 같다. 2세대 기업은 몇 가지 역량에서 창업자의 관여 유지가 관건이 될 수 있다. 마지막 3세대 기업은 일상적인 업무를 넘어선 가족구성원의 관여가 중요하다.

제 4 절 가족기업의 갈등관리

1. 갈등관리

1) 갈등관리의 2차원 모델

일반적으로 갈등관리의 지배적인 모델은 2차원 모델인데(Rahim, 1983; Thomas & Kilmann, 1974), 이차원을 근간으로 하여 4~5개의 갈등관리 해결방안이 제시되고 있다. 먼저 Thomas와 Kilmann(1974)에 의하면 자기 자신과 타인의 관심(이익)이라는 두 가지 차원을 근간으로 하여 5가지의 갈등 스타일, 즉 경쟁, 협력, 타협, 양보, 그리고 회피 등을 개념화시켰다(〈표 7-5〉 참조).

이차원 모델의 또 다른 차원으로 분배지향(distributive intent)과 통합지향(integrative intent)의 두 가지를 근간으로 한 접근방법을 들 수 있다(Lewicki & Litterer, 1985; Walton & Mckersie, 1965).

분배지향적인 차원(경쟁-양보)은 경쟁 시 다른 사람의 몫을 최대한 많이 가져오거나, 혹은 적응 시 타인에게 가능하면 많이 주는 것을 의미한다. 즉 "고정된 몫(fixed-pie)"이라는 가정하에 한쪽이 이기면 다른 한쪽이 지는 것을 전제로 하고 있다. 반면 통합지향적인 차원(협력-회피)은 모든 개개인이 문제의 해결책을 찾는 것을 강조하는 것으로, 서로가 협력하거나 완전히 무시할 때 만족을 최대로 하려는 것이다. 이때 협력이란 모두에게 만족할만한 해결책을 찾기 위해 "몫을 크게 하려고" 상호 협력하는 것을 의미한다. 또한 회피란 협력으로부터 피하는 것을 의미한다.

〈표 7-5〉 갈등관리의 이차원 모델

		타인의 이익(관심)		
		높게	중간	낮게
자기 자신의 이익(관심)	높게	협력		경쟁
	중간		타협	
	낮게	양보		회피

자료: Thomas & Kilmann(1974).

2) 가족기업의 갈등관리

여기서는 Thomas와 Kilmann(1974)이 주장한 5가지의 갈등 스타일, 즉 경쟁, 협력, 타협, 양보, 그리고 회피 등을 근간으로 한 Sorenson(1999)의 연구를 중심으로 가족기업의 갈등관리를 살펴보고자 한다(〈표 7-6〉 참조).

① 경쟁(competition): 경쟁은 타인의 이익은 고려하지 않고 오직 자신의 이익만 추구하는 형태로 권한의 행사에 가장 가깝다. 또한 이 경쟁은 부정적인 효과도 지니고 있으므로, 가족과 기업이 직면한 많은 문제를 해결하는데 적합하지 않은 유형이다.

② 양보(accommodation): 양보는 경쟁과 정반대의 개념으로, 타인

의 이익에는 큰 관심을 보이나 자기 자신의 이익에는 낮은 관심을 보이는 것을 말한다. 가족기업의 경우, 관계자 모두가 조정을 잘하기 위해 서로 양보한다면, 이들 모두의 만족을 충족시켜 갈등은 해결될 수 있을 것이다. 그러나 현실은 그렇지 아니하다. 예를 들어 오너가 갈등해결을 위해 양보만 하는 스타일이라면 가족이나 종업원을 만족시키기 위해 기업을 희생시킬 수도 있다. 그러므로 가족기업에서는 별로 잘 사용하는 유형이 아니다.

③ 협력(collaboration): 협력은 이해관계자 모두의 요구사항을 충족시키려는 것으로, 이는 앞의 양보와는 달리 타인의 요구사항에 굴복하는 것이 아니라, 상호 "윈-윈(win-win)" 해결책을 적극적으로 찾으려는 형태이다. 하지만 협력은 참가자 모두의 노력과 오랜 시간이 필요하다. 또한 개방적인 커뮤니케이션, 상호신뢰, 상호지원을 포함한 개인 간의 훌륭한 스킬이 필요하다. 협력은 조직학습을 증진하기 위한 조정이나 기업성과를 향상하기 위한 적응보다는, 상호 몫과 개방성이 더 많이 필요하다. 의심할 바 없이, 협력은 상호 긍정적인 관계와 좋은 유대관계를 가질 수 있을 뿐만 아니라, 바람직한 가족의 성과에도 도움이 된다. 따라서 협력은 가족과 기업 모두의 성과에 크게 공헌한다.

④ 타협(compromise): 타협은 협력과 어느 정도 가까워 비슷한 성과를 내기도 한다. 즉 타협은 받아들일 만한 해결책을 찾기 위해 자신이 무언가를 타인에게 주는 것을 포함하고 있다. 그런데 타협은 몫이 고정되어 있고, 무엇인가를 포기해야 하므로 그 누구도 완벽하게 만족할 수 없는 형태이다. 즉 고도로 통합적인 협력과는 달리, 타협은 절대적으로 분배 위주다. 따라서 타협은 가족과 기업의 성과에 어느 정도 공헌할 수는 있으나, 협력만큼은 되기 어렵다.

⑤ 회피(avoidance): 회피는 갈등에 대한 언급을 싫어하는데, 즉 갈등이 있다는 그 자체를 거부하거나 갈등에 대해 논쟁하는 것

조차 피하려는 형태를 말한다. 예를 들어 가족구성원들은 직장에서는 갈등에 대한 논쟁을 피하려고 하지만, 집에 돌아와 배우자에게는 그 감정을 드러내거나, 혹은 가정에서는 전반적으로 부정적인 저기압의 분위기를 만들기도 한다. 따라서 이러한 회피 방법은 순간적으로 냉각기를 가질 필요가 있거나, 중요하지 않은 문제일 때는 효율적인 전략이 될 수도 있다. 그러나 회피는 가족구성원의 만족을 절대적으로 낮추거나, 남매간의 갈등을 더 높이거나, 상호 신뢰를 떨어뜨린다고 보고 있다.

〈표 7-6〉 가족기업의 갈등관리

가 족 \ 기 업		기업의 성과	
		정(+)의 효과	부(-)의 효과
가족의 성과	정(+)의 효과	협력(Collaboration) 타협(compromise) 양보(accommodation)	협력(Collaboration) 타협(compromise) 양보(accommodation)
	부(-)의 효과	협력(Collaboration) 타협(compromise)	경쟁(competition) 회피(avoidance)

자료: Sorenson, Ritch L.(1999).

〈표 7-6〉처럼 가족의 성과에 정의 효과를 나타내는 유형은 협력, 타협, 양보 등이며 기업의 성과에 정의 효과를 나타내는 것은 협력과 타협이다. 가족과 기업의 성과 모두에 부의 효과를 나타내는 것은 경쟁과 회피이다. 딘(Dean, 1992)은 미국에 있는 234사의 가족기업 오너를 대상으로 권한의 사용처를 조사하였다. 그 결과 53%는 분쟁 해결을 위해, 31%는 타협을 위해, 23%는 의견일치를 위해, 그리고 2%는 중재를 위해 권한을 사용한다고 하였다.

3) 효율적인 갈등관리 전략: 협력

앞에서 살펴본 것처럼 5가지의 갈등 스타일, 즉 경쟁, 협력, 타협, 양보, 그리고 회피 중에서 가족과 기업 모두의 성과향상에 가장 효율적인 유형은 무엇일까? Sorenson(1999)의 연구에 의하면, 협력이야말로 가족과 기업성과 모두에 중요하며 긍정적인 영향을 끼친다고 보고 있다. 상호 협력이야말로 가족기업의 갈등관리 전략에 가장 효율적인 전략이라고 보고 있다. 협력은 통합지향적인 접근방법 즉 자원을 크게 하여 시너지, 팀워크, 그리고 학습을 증진한다. 협력은 개인지향적이라기보다는 "팀" 혹은 "집단" 지향적이며, 경쟁보다는 상호 협력을 중히 여긴다. 협력은 지위보다는 관련 정보나 문제에 초점을 맞추며, 감정보다는 지적이거나 인지 지향적이다. 이러한 특징 때문에 협력은 갈등 해결책에 가장 도움이 많이 되며 생산성 향상에도 큰 도움이 된다. 성공적인 기업은 가족구성원이 자유롭게 의견을 주고받거나 가족의 성과를 향상하는 데 도움이 되도록 하여야 한다. 반면 튼튼한 가족은 기업의 성공을 위해 훌륭한 기초를 제공하여야 한다. 성공적인 기업과 건강한 가족은 기업의 성과와 가족의 성과 모두에게 긍정적인 효과가 나타날 수 있는 전략을 공동으로 만들어 내어야 한다. 이것은 바로 협력이다.

2. 의사소통

의사소통은 가족기업에서 일어나는 일반적인 문제를 해결하는 좋은 방법의 하나다. "우리 가족은 충분한 대화가 부족해"라는 불만을 흔히 듣게 된다. 그러나 실제 많은 가족기업은 매주 저녁 시간을 통하여 가족구성원끼리 서로 터놓고 대화하거나, 한 주일 동안 있었던 개인적인 일이나 문제 등을 해결하기 위해 토론하기도 하고, 자기의 생각을 타인에게 전달하기도 하는 등 활발한 의사소통의 분위기를 만든다. 성공적인 가족기업들은 그들의 문제가 더 커지기 전에, 저녁 식사 후 별도의 시간을 내어 긴장해소와 갈등해결을 위해 노력한다. 의사소통은 긴장과 갈등을 감소시키므로, 금요일 저녁 혹은 일요일 저녁 식사 시간 등은 가장 효과적인 갈등 해결기법이 될 수 있다.

저녁 식사 시간이나 가족회의, 가족위원회 등에서 의사소통을 잘하기 위해서는 "훌륭한 경청자"가 되어야 한다. 이것이야말로 의사소통의 효과를 극대화할 수 있는데 이를 위해서 필요한 7가지 주의사항을 소개하면 다음과 같다.[3)]

1. 다른 사람의 관점을 이해하기 위한 별도의 시간을 만들어라.
2. 대화 시 자신과 다른 의견이 있을 수 있다는 점을 이해하라.---자신과 의견이 다르다고 다른 사람 특히 손아랫사람에게 고함을 치지 마라.
3. 자신과 의견이나 관점이 다른 사람에 대한 정보나 통찰력을 찾아라---타인의 관점을 이해할 수 있는 좋은 방법이다.
4. 문제에 대한 불화나 갈등이 클 경우, 가족의 가치관은 공통적이며 서로가 좀 더 잘하기 위해 노력 중이라는 사실을 잊지 말라.
5. 가족회의 등의 의사소통 시 필요한 "행동 규칙"을 만들어라. 그리고 가족끼리 한 약속은 촌스럽거나 예의에 약간 어긋나는 것이라도 반드시 지켜야 한다.
6. 가족기업 내에서는 독불장군이란 있을 수 없으므로, 다른 가족구성원들을 비웃거나 빈정거려서는 아니 된다.
7. 대화나 토론 시 반드시 시간을 정해놓고 하라. 이때 정해진 시간 안에 결론에 도달하지 못했다면, 다음 회의로 이 안건을 넘겨라.

가족 구성원들이 그들의 기대나 책임의 불일치가 중요하지 않다고 여길 때, 감정이 격해 최후 폭발되고 나서야 긴장은 해소된다. 가족이나 기업에서 갈등을 강조하는 것은 어려운 과제이다. 왜냐하면 대부분 사람은 다른 사람과 충돌하는 것을 꺼리기 때문이다.

갈등해결을 위한 프로그램을 개발하기 위해 어떤 가족은 그들 나름대로 특별한 가족 가치관과 문화에 관해 생각할 필요가 있다. 어떤 가족의 문화는 공개적으로 갈등을 언급하기도 한다. 즉 가족 구성원들은

3) http://www.family-business-experts.com/family-feuds.html.

주저하지 말고 마음속에 있는 것을 말하라고 한다. 또 다른 가족은 다른 가족구성원에 대한 불평이나 비평을 삼가라고 말한다. 그러나 이는 불행한 일이다. 왜냐하면 기업에 관여하는 남매나 사촌들은 가족기업 성공에 중요한 요소인 의견의 불일치를 해결하거나 이에 대해 건설적으로 반대하는 방법을 배워야 하기 때문이다.

[소사례] 걱정 없애는 방법

사람들이 과거를 후회하고 미래에 대한 걱정을 많이 하는 것이 현안을 풀어가는데 얼마나 큰 효과가 있을까요? 사람들이 하는 걱정 대부분은 헛되이 마음고생 하는 것이라고 합니다. 인류가 집단생활 특히 농경시대가 시작된 약 10,000여 년 전부터 많은 사회제도와 새로운 관습이 생겼고 따라서 걱정도 늘어났지요.

오늘 고바우통신은 하버드대 교수가 말하는 걱정 없애는 5가지 방법입니다.

-당신과 당신의 생각은 다르다.
-관찰하라, 판단하지 말고.
-정신을 흩트리지 말고 주위에 녹아들어라.
-나쁜 생각엔"나쁜 생각"이라는 딱지를 붙여놔.
-그래서 결국, 감각으로 돌아와라.

(자료: 중앙일보, 2016. 2. 16. / 고바우통신 2016.3.7.)

'해결책의 출발점은 어떤 문제나 결정에 상반되는 당사자끼리 직접 얼굴을 맞대고 대화(face-to-face dialogue)하는 것이다'라는 사실을 기억하는 것이 중요하다. 가족기업의 갈등은 다른 개인 간의 문제처럼 강조돼야 한다. 해결책으로 단순한 문제해결 기법이 자주 응용된다. 첫째로, 문제나 결정은 사고나 행동이 좁혀질 수 있도록 명확하게 규정지을 필요가 있다. 이 단계에서 우리는 문제의 근원을 파악하거나 몇 가지 대체 안을 생성할 필요가 있다. 이때 공유된 이해나 가능한 협약을 개발하기도 한다. 가족들은 너무 자주 오래된 경험이나 상처 대신에 현재의 주제나 토픽을 잊어버린다. 이는 결국 해결책이나 협약의 개발 가능성을 줄이고 개인을 위한 토론이 되게 만든다.

때로는 가족구성원이 갈등을 해결할 수 없을 수도 있다. 이런 경우, 가족은 갈등해결의 다른 방법인 가족위원회나 원로회의 등을 활용하기도 한다. 대체로 이슈나 의견 불일치가 가족회의의 의제로 첨가되며, 이런 회의는 문제해결책으로 사용된다. 문제가 기업 이슈와 관련된 것이라면, 상황을 검토하고 해결책을 세우기 위해 이사회에 문의해 보는 것도 또 다른 방법이다. '목표는 각 이해 당사자가 논쟁을 받아들이고 가족의 비전 및 가치관과 뜻이 맞는 해결책을 개발하는 것이다'라는 사실을 기억하는 것이 중요하다.

어떤 가족은 갈등-해결 기술을 배우기 위해 시간을 투자하기도 한다. 또 어떤 가족은 가족위원회나 이사회와 같은 메커니즘에 의존하기도 한다. 그들은 결정을 연기하기도 하고, 가족을 도와줄 전문가를 초빙하기도 한다. 전문가에는 어려운 결정을 안내해 줄 가족기업 전문가나, 잘 훈련된 중재자나, 조직개발 전문가 등도 포함된다.

가족회의의 대부분 시간은 이러한 이슈가 개인적인 문제가 되기 전에 장차 예측 가능한 갈등 해결책을 토론하는데 소요된다. 일단 가족이 갈등해결의 기술이나 기법을 적용한 경험이 있으면, 여기서 나타난 교훈을 널리 알리고 이를 귀감(龜鑑)으로 삼을 필요가 있다. 이러한 경험의 공유는 모든 가족 구성원들에게 미래 갈등해결을 좀 더 쉽게 하는 데 도움이 된다(Carlock 외, 2001).

[소사례] 귀뚜라미 울음과 동전 소리

"잠깐, 귀뚜라미 소리가 들리지 않나?"
"뭐, 귀뚜라미? 내게는 안 들리는데."
시골 친구는 콘크리트 건물 사이에서 자라고 있는 넝쿨나무 아래로 갔습니다. 넝쿨 잎을 살짝 들추자 귀뚜라미가 '찌르륵' 거리고 있었습니다.
"넌 시골에서 자라서 나보다 귀가 훨씬 밝구나."
"아니, 그런 것 같지는 않아. 내가 한번 그걸 증명해 볼까?"
시골 친구는 호주머니에서 오백 원짜리 동전을 꺼내 아스팔트 거리 위로 던졌습니다.
'쨍그랑~'
동전이 떨어지자 웬만한 거리에 있는 사람들은 모두 동전 소리를 듣고 주위를 둘러보기 시작했습니다.
"봤지? 귀뚜라미 소리보다 크지 않은데 많은 사람이 그 소리를 들었잖아. 그러나 귀뚜라미 소리를 들은 사람은 나 혼자야. 그것은 나의 귀가 밝았기 때문이 아니라 서로 관심사가 달랐기 때문이야. 관심이 있으면 귀는 열리게 되는 거지."

(자료: 사이언스타임즈, 2003년 10월 30일)

3. 가계도

1) 가계도(家系圖)의 이론적 배경

가계도(genogram)는 많은 가족기업을 컨설팅해 왔던 경험으로 만들어진 것으로, 가족 트리(family tree: 일종의 족보)를 만들기 위한 많은 정보가 들어 있는 정형화된 서류를 말한다. 이는, Monica McGoldrick과 Randy Gerson이 저술한 책 *Genograms in Family Assessment*(W. W. Norton & Co., 1985)에 나타나 있는 것처럼, 최소한 삼 세대에 걸쳐 가족구성원과 이들의 관계에 대한 데이터를 기록한 것으로, 다음에 뒤따를 많은 기술의 원천이 된다. 이는 사회복지의 임상 분야에서도 다루는 것으로, 이에 의하면 가계도란 3세대 이상에 걸친 가족구성원에 관한 정보와 그들 간의 관계를 도표로 기록하는 작성 방법을 의미한다고 주장하고 있다. 가계도에는 가족에 관한 정보가 도식화되어 있으므로 복잡한 가족 유형의 형태를 한눈에 볼 수 있다. 가계도는 가족의 구조를 나타내는 지도와 같은 것이므로 새로운 가족상을 부각하기 위하여 새로운 정보를 첨가하는 것이 가능하다.

가계도에 근거한 정보는 체계적 관점으로부터 가장 잘 이해될 수 있다. 가계도 면접은 포괄적, 체계적, 임상적 사정의 일환으로서 이루어져야 한다. 일반적으로 가계도는 처음에 대부분이 완성되고 새로운 정보가 나타날 때마다 수정된다. 가계도 면접은 체계적인 질문에 쉬우므로 임상가에게는 좋은 정보를 제공함과 동시에 가족 자신도 체계적인 관점으로 문제를 볼 수 있게 된다. 또한 전반적인 상황과 관련된 가족의 감정과 취약한 부분을 파악할 수 있다. 가계도에 나타난 가족력을 봄으로써 지금까지 가족 내에서 일어났던 일들의 관련성을 알 수 있게 된다.

가계도는 원래 보웬(Bowen)의 가족시스템이론에서 파생된 것으로 가계도 유형을 분석하는 개념들은 이에 근거한 것이다. 과거는 현재이며 미래이기도 하다. 그러므로 가족은 계속 되풀이된다. 한 세대에서 일어난 일은 다음 세대에서도 되풀이될 수도 있다. 보웬은 이를 「가족유형의 다세대 전달」이라고 명명하였다. 가계도는 임상가가 가족시스템에서 주요 삼각관계를 판별하고 그러한 삼각관계의 유형이 한 세대에서 다음 세대로 어떻게 계속되는지 살펴봄으로써 그들을 변화시킬 전략을 설계할 수 있도록 해준다.

2) 가계도 작성법

가계도는 가족구조를 도식화하는 것, 가족에 관한 정보를 기록하는 것, 그리고 가족관계의 기술 등 3단계로 나누어져 있다(이영분, 1992).

① 가족구조의 도식화

가계도는 각 가족구성원이 한 세대에서 다음 세대까지 생물적, 법적으로 어떻게 관련되어 있는지를 도표로 묘사하는 것이다. 이것은 사람을 나타내는 기호와 관계를 나타내는 선으로 구성된 지도와 같은 것이다. 따라서 가계도를 읽으려는 사람들을 위한 기호와 선에 대한 설명이 되어 있어야 한다. 현재 임상가들 사이에는 가계도를 그리는 방식이 매우 다양하게 사용되고 있다. 그러나 일반적으로 남성은 □, 여성은 ○의 기호로 나타낸다. 중심인물은 이중의 □이나 ○으로 나타낸다. 사망한 사람은 기호 속에 ×를 표시하고 왼쪽 위에는 사망 연도를 기입한다. 사망 나이는 보통 기호 내부에 표시한다(〈그림 7-2〉 참조).

② 가족의 정보기록 방법

가계도의 뼈대인 가계도를 도식한 후 그다음에는 구성원의 이력, 가족구성원의 특성, 가정의 중요한 가족사건 등에 관한 정보를 덧붙인다. 구성원의 이력이란 가족구성원의 이름, 나이, 생일, 결혼, 분가, 이혼, 사망, 주소, 직업, 교육수준 등을 의미한다. 가족구성원의 특성이란 가족구성원 각자의 신체적 특징, 정서, 행동, 지나친 음주나 마약 등에 관한 비교적 객관적인 정보를 말한다. 중요한 가족 사건이란 주요 구성원의 인간관계의 특징 즉 인간관계상 가깝고 먼 관계, 갈등관계, 불화관계 등의 묘사 및 인간관계의 변화, 특별한 사건, 질병, 인생 계획의 주요 변화, 기타 가족 역사상 주요한 사건에 대한 기록 등을 의미한다. 이와 더불어 사건에 대한 간략한 사항을 연대표에 날짜별로 기록하기도 한다.

③ 가족관계 표현

가계도 작성에 관한 3번째 단계는 가족관계를 표현하는 것으로 이는 추론에 근거한 작업이다. 이는 가족의 보고와 치료자의 직접적 관찰로 가족구성원 간의 관계를 묘사한 것이다. 가족 성원인 두 사람의 다양한 관계를 각각 다른 선으로 나타낸다.

3) 가계도의 유용성과 한계

가계도는 오늘날 가족에게 영향을 미치는 일생의 사건과 행동에 대한 세대 간의 방식을 보여주는 특이하면서도 유용한 도구이다. 또한 가계도를 준비하는 과정에서 가족 구성원들이 가족 논쟁을 새로운 방법으로 볼 수 있도록 해준다. 완성된 가계도는 역사학자, 임상의사, 가족기업 컨설턴트뿐만 아니라 가족 구성원들이 많은 가족 정보를 분석하거나 후세에 전달하는 데 유용하게 사용될 것이다.

〈그림 7-2〉 가계도에 사용되는 주요기호

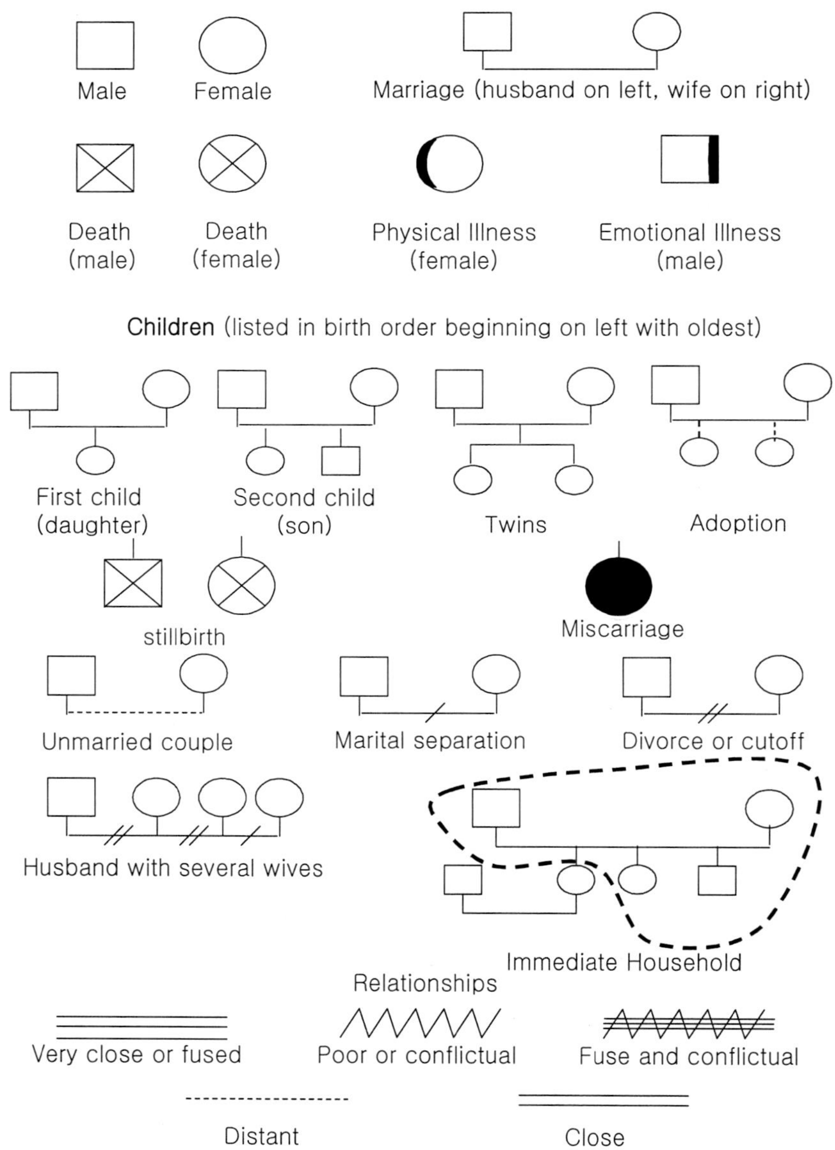

가계도는 매우 중요한 자료이지만, 가족의 행동을 예언해 주는 것은 아니라는 사실에 주목할 필요가 있다. 이는 엄격한 행동 규칙이 아닌 단지 경향을 암시한 것에 불과하다. 이는 단지 미래 연구를 위한 시발점으로써 작용하는 가족의 기능에 관한 가설수립을 위한 도구일 뿐이다.

그런데도 개요도를 사용한 가계도는, 때때로 가족사건, 가치관, 상호 관계 등이 포함된 가족 역사(family history)가 어떻게 가족 구성원에게 영향을 미치고, 현재까지 여전히 존재하고 있는지를 묘사함으로써 "천 마디의 말"보다 훨씬 유용하다. 가계도는 가족구성원이 그림을 그리듯 선으로 묘사되어 있으므로, 가족구성원들의 행동이 어떻게 상호 관계되고 이러한 유형이 개인에게 어떻게 영향을 끼치는지를 더욱 쉽게 볼 수 있다(Whiteside 외, 1993).

[소사례] 성공 확률

당신 혼자서는 아무것도 할 수 없다.

Hard-Work 열심히 일함: 1/100
IQ 머리 좋은 사람: 1/75
Education 좋은 학벌 1/60
Company 좋은 회사 입사: 1/50

Creativity 뛰어난 재능: 1/25
hobby 좋아하는 일(취미) : 1/20
geography 때와 장소 : 1/15
publicity 눈에 띄는 능력 : 1/10

product 다른 사람의 장점을 알아보는 사람 : 1/5
idea 새로운 아이디어 : 1/4
the other person 자기를 도와줄 사람(타인) : 1/3
partner 파트너(동등인의 결합) : 2/5

spouse 좋은 배우자: 1/2

family 가족: 2/3

(자료: 잭트라우트, 알리스 지음, 윤영상 옮김(2004), 「My Positioning」, 다산북스, chapter 2 참조)

주요용어

갈등의 원인과 성격, 가족기업의 갈등 당사자, 갈등의 세 가지 유형, 갈등관리 전략, 가계도 작성법, 가계도의 유용성

생각하기

1. 가족기업의 갈등이 비가족기업의 갈등보다 더 복잡한 이유를 생각해 보자.

2. 갈등의 세 가지 유형을 고찰하고 이들의 상호 영향 관계를 생각해 보세요.

3. 효율적인 갈등관리 방안을 생각해 봅시다.

4. 여러분이 알고 있는 가족기업의 가계도를 그려 보고 가족구성원 간의 갈등관계를 생각해 봅시다.

참고문헌

김지희(2001), 『가족기업 창업 및 경영론』, 삼성출판사.

심덕섭 · 최지호 · 양동민 · 문연희(2011), "집단 내 갈등(관계갈등과 과업갈등)의 개념 구성과 인과 경로에 관한 연구", 대한경영학회지, 24(3), 1287-1307.

이영분 역(1992), 『가족분석가계도』, 홍익제.

Bowen, Murray(1978), *Family Therapy in Clinical Practice*, New York: Aronson.

Carlock, R. S. & J. L. Ward(2001), *Strategic planning for the family business*, Palgrave, 80-91.

Dean, S. M.(1992), "Characteristics of African American family-owned businesses in Los Angeles, *Family Business Review*, 5, 373-395.

Dunn, B.(1995), "Success themes in Scottish family businesses: Philosophies and practices through the generation, *Family Business Review*, 8, 17-28.

Dyer, W. G. Jr.,(1986), *Cultural change in family firms: understanding and managing business and family transitions*, San Francisco: Jossey-Bass.

Ibrahim A. Bakr & Willard H. Ellis(1994), *Family Business Management: Concepts and Practice*, Kendal/Hunt Publishing Company.

Jehn, K. A.(1997), "Qualitative analysis of conflict types and dimensions in organizational groups", *Administrative Science Quarterly*, 42, 538-566.

Kellermanns, F. W., K. A. Eddleston(2004), "Feuding families: When conflict does a family firm good", *Entrepreneurship Theory & Practice*, Spring, 209-228.

Kellermanns, F. W., K. A. Eddleston(2007), "A Family perspective on when conflict benefits family firm performance", *Journal of Business Research*, 60, 1048-1057.

Levinson Harry(1971), "Conflicts that plague the family business", *Harvard Business Review*, March-April, 71-80.

Lewicki & Litterer(1985), *Negotiation*, Homewood, IL: Irwin.

Pelled, L. H., K. M. Eisenhardt, & K. R. Xin(1999), "Exploring the black box: An analysis of work group diversity, conflict and performance", *Administrative Science Quarterly*, 44(1), 1-3.

Rahim, M. A.(1983), "A measure of styles of handling interpersonal conflict", *Academy of Management Journal*, 26, 268-376.

Simons, T. L., & R. S. Peterson(2000), "Task conflict and relationship conflict in top management teams: The pivotal role of intragroup trust", *Journal of Applied Psychology*, 85, 102-111.

Sorenson, Ritch L.(1999), "Conflict Management Strategies Used in Successful Family Businesses", *Family Business Review*, 12(2), 133-146.

Thomas, K. W., & Kilmann, R. H.(1974), *Thomas-Kilmann conflict MODE instrument*, Tuxedo, NY: Xicom.

Walton & Mckersie(1965), *A behavioral theory of labor negotiations: An analysis of a social interaction system*, New York: McGraw-Hill.

Whiteside, Mary F., C. E. Aronoff & J. Ward(1993), 『How families work together』, *Family Business Leadership Series*, No. 4, Business Owner Resources, Marietta GA.

사례연구(2)

◆ 사례 4

가족이 있어 든든합니다.

조 지 영

"우리 가족을 소개합니다."

제 이름은 조지영이며, 디자인 대학을 졸업하였습니다. 졸업 후 취직을 하여 이제 2년째 접어들었고, 동생은 군에 입대를 하였지요. 우리 아버지는 자동차 영업을 하셨죠. 우리 어머니는 15년간 철물점을 운영하시며 저희를 키워주셨습니다. 차갑고 거친 철물들을 만지느라 손이 많이 상하시고, 무거운 물건들을 들고 나르느라 허리는 하루도 아프지 않은 날이 없었답니다. 어디 그뿐 인가요. 효부이신 어머니는 치매를 앓고 계신 할머님을 돌보기 위해 틈만 나면 집에 가셔서 할머님을 챙겨드렸죠. 그러던 어느 날 저도 취직을 했고, 동생도 군에 갔으니 엄마가 더 이상 고생을 할 필요 없을 것 같다고 아버지께서는 철물점을 삼촌에게 넘기고 이젠 집에서 편히 쉬시라고 말씀하셨습니다. 아직은 때가 아니라고 말씀하셨어요. 그러나 마지못해 어머니는 결정을 내리셨어요. 그 후 할머니 병환이 위독해져 집에서 할머니 간호를 열심히 하셨죠. 그러다 할머니께서 돌아가시니, 어머니는 모든 것을 잃은 듯 허탈해하셨습니다. 그렇게 서너 달을 힘겹게 지내시다 이제는 친구들도 만나시고 점점 밖에서 여가도 즐기십니다. 그렇게 저희 가정은 예전에 비해 많이 여유로워졌죠. 그러다 2003년 경기가 나빠지기 시작하면서 아버지의 자동차 영업이 점점 힘들어지기 시작하였습니다. 영업이란 게 그런 것 아니겠어요? 아버지는 고민 끝에 어머니께 다시 장사를 하실 것을 권유하였습니다. 아버지도 마음이 많이 아프셨겠지요. 그렇지만 그만큼 가계가 어려워져 대안이 없었습니다. 어머니는 그렇게 씁쓸한 마음에 다시 일을 시작하시려고 마음의 결정을 내리셨습니다. 그렇지만 이제는 무엇을 다시 시작할지가 문제였지요.

"아버지, 보드게임카페가 어떨까요?"

저희 가족은 당시 소유하고 있던 토지 매각으로 6,000만 원 정도의 여유가 생겼고 빚이 있었음에도 불구하고 은행으로부터 2,000만 원을 더 대출하여 총

8,000만 원을 마련하였습니다. 어머니는 빚을 먼저 정리하고 싶으셨지만, 아버지는 생계를 위해 새로운 사업을 하기를 바라셨습니다. 우선 당장 급한 생계 문제부터 해결해야 한다고 생각하셨던 모양입니다. 자본금이 넉넉하지 못했기 때문에 쉽게 오픈할 수 있다는 노래방도 생각을 해보았지만, 노래방은 이미 동네 곳곳에 많이 생겨나고 있었고 술을 먹고 오는 손님들이 많아 늦게까지 영업을 해야 하는 곳이죠. 그렇기 때문에 어머니 혼자 하시기에는 너무 무리였습니다. 그래서, 가족들 모두 머리를 맞대고 고민을 하던 중. 나는 보드게임 카페를 생각해 내었습니다. 당시 전 강남이 직장이라 새로운 문화에 쉽게 접할 수 있었지요. 보드게임은 이미 선진국에서는 가족 게임으로 자리 잡고 있답니다. 게임판 위에서 카드나 주사위를 이용해 승부를 가리는 게임을 하는 카페, 바로 그게 보드게임카페지요. 전 세계적으로는 3만여 가지나 되니, 애들 게임이라고 쉽게 치부할 것은 못 되죠. 일반 커피숍과 같지만, 바둑, 장기부터 시작해서 부르마블이나 체스 같은 게임을 즐길 수 있어 친구나 연인, 가족들까지 함께 할 수 있는 개념이죠. 게다가 저렴한 것 같지만 한두 시간 있다 보면 생각보다 지출이 생기죠. 우리 입장에서는 그게 매출로 다가오는 것이고 또한 커피숍 분위기라서 만약의 경우에도 대비할 수 있는 최적의 조건이라는 생각이 들었습니다.

평소 저의 의견을 존중해 주시는 아버지께서는 시장조사를 해보라고 말씀해 주셨죠. 신이 났습니다. 꼭 물 만난 물고기 같았지요. 보드게임카페는 창업자의 손이 비교적 덜 가는 창업 아이템이었어요. 단점이라면 PC방과 달리 혼자서는 오기 힘들다는 점이었죠. 이점을 해결하기 위해 창가 자리에 공간을 마련하려 했으나, 시설비 등의 문제로 무리였습니다. 프랜차이즈를 고민하다가 너무 경비가 많이 든다는 사실을 알고 독자 브랜드를 만들었습니다. 이름은 루미큐브. 게임 이름이죠. 점포는 용인 터미널 앞에 위치한 4층 건물의 3층, 60평 규모의 당구장 자리를 소개받았습니다. 터미널 앞이긴 해도 유동인구가 적고 큰길 사이로 고가도로가 놓여 있어 저렴한 만큼 리스크도 만만치 않았습니다. 그러나 다른 곳은 임대료가 너무 비싸서 그 장소를 계약하였습니다. 용인에 보드게임카페가 그전까지 없었기에 한번 방문한 고객은 자연히 다시 찾게 될 거라는 확신이 들었지요. 경쟁업체가 생기더라도 지역에 먼저 자리를 내게 되면 입지를 굳히는 것 아니겠어요? 전 일단 확신하고 시작을 하였습니다. 인테리어요? 그건 제가 직접 했답니다. 목공 일 하시는 몇몇 분들이 감리하시고 저는 설계를 하였습니다. 갖가지 소품은 직접 발품 팔아 장만을 하였고, 어머니는 음료수 개발에 여념이 없으셨지요. 순조롭게 준비가 되어 가는 것 같아 신이 났지요. 어머니도 즐거우신 모양이었어요. 새로운 시작. 그것은 가슴 설레는 일임이 분명하니까요. 그런데 갑자기 낭보가 날아들었습니다. 용인에 보드게임카페가 연이어 두 곳이 오픈을 하였다는 소식이었습니다.

결국 나는 그 두 곳을 찾아가 보기로 하였지요. 한 곳은 인테리어에 별 신경을 쓰지 않았지만, 일인당 기본 두 시간에 3,000원 내면 음료가 무료제공이었고, 다른 한 군데는 규모는 우리보다 작았지만 편안하고 고급스러운 인테리어로 시간당 가격 1,000원과 음료 2,000~ 3,000원으로 고가정책이었습니다. 그런데 이 두 가게를 살펴보면 1인당 평균 3,300원의 수익을 내는 것인데 이렇게 되면 일반 커피숍보다 못하다는 결론이 나오지요.

보드게임은 특성상 음료가격은 저렴하지만, 게임시간 계산으로 일반 커피숍보다 적어도 1.3배의 이익을 얻어야 하는데, 아마도 그 두 가게는 박리다매를 추구할 모양이었습니다.

"개업은 하였지만…."

드디어 개업식을 하였습니다. 동생은 군대에 있었고 저 역시 회사에 다니고 있었기 때문에 어머니께서 고생이 좀 많으셨지요. 아무래도 신세대 아이템이다 보니, 나는 인터넷 사이트에서 커뮤니티를 만들었습니다. 커뮤니티를 통한 신세대공략이 목표였지요. 온라인 커뮤니티를 만들어 고객의 사진을 찍어 올려주는가 하면 게임대회 등의 이벤트도 벌였습니다. 그러나 영리목적인 인터넷 동호회의 활성화는 생각처럼 쉬운 게 아니더군요. 회원 수는 300명에 달했지만, 유령회원이 대부분이며, 다른 지역 사람들이 대부분으로 정기모임에 참석하는 인원은 극소수였죠. 체계적인 관리의 부재도 문제였지만 지역적인 한계를 절실히 깨달았습니다. 개업 초기에는 전문 매니저를 영입하려 했지만 턱없는 보수를 요구하여 우리 가족끼리 해결해야 했습니다. 가족들이 돌아가며 관리하고 아르바이트를 두기로 하여, 아르바이트생은 5명을 두었습니다. 오랜 시간 일을 하게 되면 효율성이 떨어질 것 같아 6시간을 기본으로 3교대가 되게끔 했으며 항상 두 명이 매장 내에 있을 수 있게 배치하였습니다. 1시 영업개시를 하여 6시까지 2명, 6시부터 마감(12시)까지 2명, 그리고 주말 1명으로 어머니의 관리하에 운영되었습니다.

첫 달의 매출은 나쁜 편은 아니었습니다. 오픈특수라는 것이 있어서 초기에는 많은 사람이 왔지만, 인건비나 전기세 등의 비용이 만만치 않아 결국 적자였지요. 결국 난방비를 줄이고 인건비를 절감하는 방식을 택하게 되었습니다. 재정비하여 지출을 많이 줄였으나 개강과 개학으로 인해 손님이 부쩍 줄었고 결과적으로 주변 대학에 홍보가 미비했다는 점에 착안을 하여 대학가 홍보를 중점적으로 시작하였습니다. 대학생들이 직접 찾아와 공연포스터 한 부분에 광고를 싣기도 하고 서포터를 하였지요. 결과는 즉각 나타나지는 않았어요. 그러나 예전에 비해 대학생들의 출입이 늘어난 것을 느낄 수 있었습니다. 그러나 떨어지는 매출은 멈추지를 않았습니다. 그러던 중 부모님은 제가 운영하기를 바라셨습니다. 기획도, 홍보도 제가 한 일이니 제가 운영하는 게 적격이라고 판단하셨나 봅니다.

"방년 26세에 사장님이 되고 보니"

넉넉한 형편으로 시작한 것도 아니고 부모님께서 어렵게 결정하신 내용이기에 남 일처럼 간과할 수 없는 입장이었지요. 당시 제 나이 26세. 아직 세상 물정을 모를 나이에 가게를 운영하는 것은 사실 겁이 나는 일이었습니다. 그러나 우리 가족의 가게 아니겠어요? 저는 고민 끝에 회사를 그만두고 가장 큰 문제인 관리 및 경영부분을 책임지고 해결해 나가기 시작했습니다. 그러나 경영이란 게 그렇게 쉬운 일만은 아니더라고요. 직원관리가 문제였습니다. 아르바이트생들은 인사에서부터 주문까지 모두 어설프기 짝이 없었습니다. 손님을 대할 때도 적극적이지 못했지요. 먼저 다가가 도와드리고 다음에 또 방문할 수 있도록 유도를 해야 하는데 전혀 그러질 못하더군요. 그리고 우리 가게는 타 업체를 견제하느라 가격변동이 잦았습니다. 낮 시간에 저학년 학생들을 위해 펼치는 무료이벤트와 가격할인으로 인해 초등학생들이 많았지만, 20대의 대학생들에게는 시끄럽고 소란스러운 분위기로 비춰졌습니다. 그래서인지, 초등학생들도 대학생들도... 모두 발길이 끊기도 있었습니다. 다양한 층을 확보하고 있다는 점이 결정적인 패인인 것 같기도 해요. 지금 생각해 보면, 뭔가 특별한 계층을 타겟으로 삼아야 했습니다. 포지셔닝이 잘못되어 있었던 것이지요. 또한 식사 때에 고객이 현저히 줄어드는 현상 때문에 컵라면을 판매하게 되었는데, 고객에게 다가서기 위해 벽에 붙인 방명록은 오히려 분위기를 더 지저분하게 만들었습니다. 또한 건물이 오래되어 외관의 상태가 좋질 못했습니다. 추가 시설비는 꿈도 못 꾸었지요. 지금까지야 어쩔 수 없었지만, 이제부터는 달라져야 한다는 생각에 게임을 추가하고 아르바이트생 교육도 새로 하였지요. 그러나 매출은 오를 기미가 보이지 않았습니다. 처음의 실수를 바로잡기는 너무나 힘이 들었습니다. 지금은 동생이 전역하여 종업원 없이 운영하고 있습니다.

(자료: 중소기업청(2004), 「창업성공 · 실패사례에서 배운다」, pp. 380- 396을 요약).

✤ 토론

1. 위 창업사례의 실패 요인을 산업환경측면, 인적 · 물적자원측면, 기업가 측면으로 나누어 분석해 보자.

2. 가족기업 창업에서 가장 중요한 것은 가족구성원의 화목과 단합이다. 위 사례는 기업측면은 실패지만, 가족측면은 성공이라 여겨진다. 그 이유와 어떻게 하면 가족구성원이 서로 믿고 신뢰하며 화목하고 행복한 분위기를 만들 수 있을까요?

◆ 사례 5

Hydrogen 그룹의 사례연구: 신뢰를 중심으로

• 배경

하이드로겐(Hydrogen)은 이탈리아 로마에 있는 제3세대 가족기업으로, 목재를 구매, 유통, 판매하는 도매업을 하고 있다. 두꺼운 판자(plank)부터 보드(board), 그리고 얇은 비니어(veneer)까지 다양한 목재 관련업을 경영하고 있다. Hydrogen그룹의 2번째 기업인 Commercial Hydrogen은 문, (목재)마루, 세라믹, 화장실 액세서리, 벽, 부엌가구, 하드웨어, 히팅, 에어컨, 배관, 가구, 소방, 창문 등 다양한 제품을 고객에게 직접 판매하는 기업이다. 이 두 기업의 매출액은 약 1억 불, 순이익 280만 불(1997)이며, 1993년 이래 연 매출액성장율 3.2%, 순이익 증가율 8.9%를 보인다.

제노바(Genoa)에 있는 Hydrogen의 세 번째 기업인 Chapak은 Hydrogen 그룹의 유일한 제조업이다. 보드와 비닐의 원재료를 각각 구매하여 보드에 비닐을 풀로 붙여 제품을 만드는 기업으로, 이탈리아에선 최고의 품질로 이름 나 있다. 1999년 생산성과 조직의 측면에서 리스트럭처링을 하고 있다. 1997년 이 기업은 매출액 1천 7백만 불(US $), 세제 전 순이익 33만 불(US $)로 연 매출액 성장률 13%, 순이익 성장률 10%를 보인다.

1998년 이 그룹의 전체 매출액은 1억 3천 1백만 불(US $), 1999년에는 매출액 성장률 11.5%를 기대하고 있다. 순이익은 매출액의 3.5%를 예측하고 있다. 이 기업은 제1차 세계대전 동안 창업한 이래 창업자의 전통 때문에 이탈리아 목재 유통업 분야에서 리더 기업이다. 창업 당시 이탈리아는 목재 생산에 불리한 나라이므로, 아프리카, 미국, 캐나다, 그리고 아시아에서 수입하기 시작한 때였다고 창업자는 회고하였다. 그 후 아들 Fabrizio Donatello(76세)와 Giorgio Donatello(67세)는 전국의 고객을 대상으로 웹상에서 영업하기 시작하였다.

경영 첫해에 Metafe는 제노아에서 Maderak이란 항구를 목재의 생산, 유통의 센터로 만들었다. 그 후 미수금 때문에 하이드로겐은 "Chapak"을 인수하였다. 동시에 산업단지 외부에 대규모 상점을 건축하여 로마에 입성하였다. 이것이 브라질의 큰 백화점의 디자인에 영감을 받은 건축자재용 백화점이 되었다.

세월이 지나 2세대에서 3세대로 승계가 이루어진 후, 3세대 중 29~39세의 4명이 기업에 합류하였다. "Family Business Network"의 포럼에 참가한 이후

이 가족은 경영에 전문화를 도입하기 위해 가족프로토콜(family protocol)을 만들려고 결심하였다. 일련의 회의 후 1년 전에 기업을 떠난 외부전문이사 Andrea Bochelli를 후계자로 결정하였다.

• 경쟁환경

Hydrogen은 1) 목재산업의 유통, 2) 목재산업의 제조(Chapak), 3) 건설업의 유통과 관련된 다양한 제품의 세 가지 환경과 경쟁하고 있다. 이탈리아의 목재산업은 어느 정도 정체기이다. 창업자 Donatello 가문에 의하면 Hydrogen은 목재유통 부문에선 주요 경쟁자가 없지만, 제조업 부문에선 점차 경쟁이 발생하고 있다고 한다.

Chapak은 프랑스, 벨기에, 독일에서 비닐 목재를 수입하여 사용하는데, Commercial Hydrogen은 주요 고객 중 하나이다. 목재산업의 하부 섹터는 과도한 용량과 근대적인 설비로 말미암아 가치와 양이 점차 감소하고 있다. 주요 경쟁기업은 목재, 유약 종이를 모방하는 Formica이며, Chapak은 시장점유율 16%로 이 부문의 선두주자(1억 US $, 1996년)이다. 경쟁기업인 반침 제조사 4곳은 평균 8%의 점유율을 보이고 있으며, 나머지 46%는 여러 업체에 분산되어 있다.

이 기업의 제3 섹터인 건설업은 지난 5년 동안 하향기인데, Commercial Hydrogen은 건설자재의 유통 부문에서 경쟁하고 있다. 즉, 가구, 부엌, 문, 세라믹을 사무실과 가정에 공급 및 판매하고 있다. 그들은 이탈리아 전국을 대상으로 영업을 하는 다국적 기업 IKEA를 잠재적인 경쟁자로 여기고 있다.

• 전략

Hydrogen은 1) 전통, 2) 경쟁기업을 인수 합병할 정도의 규모, 3) 고객의 특별한 욕구를 잘 만족시킬 개인적인 경험, 4) 이탈리아와 해외로의 공급망, 5) 웹상의 고객 등의 5가지의 주요 강점을 지니고 있다.

1996년, 이사회는 기업을 목재 전략 사업부(Metafe, Maderak, Chapak) 와 Commercial Hydrogen의 두 개로 나누기로 하였다. 그들은 모두 2명의 사외이사에 의해 경영되는 관리위원회를 두고 있으며, 이 위원회의 첫해의 의무는 기업의 재정의를 포함하고 있다. 이 위원회에 참석한 적이 없는 동생 Giorgio와 두 번째 참석한 Fabrizio가 위원회에 합류하였다.

전략을 실행에 옮기기 위하여 이사회는 Chapak과 Maderak의 이사 등 비가족 경영자를 포함한 필요한 개인 팀을 채용하였다. 새로운 이사회의 시스템은 평가, 보상, 그리고 의사소통을 수립하고 공식화하였다. 전략은 미국에 공장이 있는 대규모 이탈리아 기업과 가능한 제휴를 포함하였고, 이 제품들은 Hydrogen 생산제품들과 경쟁 관계에 놓여 있지 않았다. 이런 관점에서 총괄이사는 Fabrizio의 지원을 받지 않았다.

Commercial Hydrogen은 좋은 서비스를 제공하는 전략을 공식화하였다. 구체적으로 고객이 건설에 필요한 모든 자재를 쉽게 발견할 수 있도록 소규모 상점을 설치하기를 원했다. 이사회에서 외부 자문위원에 의해 제기된 두 가지의 대체안 등, 차기 몇 년을 위한 신규사업의 조직구조가 논의되었다. 의사결정은 되지 않았지만, 첫 번째 대안은 1) 전통 하이드로겐(메타페, 마더락); 2) 하이드로겐 유통(국내, 국제 구분 없음); 3) 하이드로겐 공장(차팩, 창문과 샌드위치 목재, 세 가지 다른 사업 형성); 4) 하이드로겐 전시회(큰 상점, 기타 상점과 프랜차이즈); 5) 기타 사업(공급업). 두 번째 대안은 제품, 고객으로 사업을 조직하는 것이었다.

〈표 1〉 매출액, 세전이익, 예산

목재사업부	1998 (매출액)	1998 (세전순이익)	1999 (추정)
두꺼운 널빤지	22.5	1.4	25.0
보드	27.3	2.2	31.0
베니어판	5.5	0.2	6.0
소계(Metafe)	55.3	3.8	62.0
UEPR	21.6	0.9	23.6
UEPA	14.4	0.5	15.8
소계	91.3	5.2	101.4
Maderak	20.3	0.9	22.7
Chapak	20.1	0.6	22.5
총계(하이드로겐)	131.7	6.7	146.6

• 가족 프로토콜(Family Protocol)

1990년대 중반에 들어서자, 제3세대가 느끼기엔 승계과정이 답보상태를 면치 못하고 있다는 생각이 들어, 외부 전문가에게 도움을 요청하였다. 사촌들 사이엔, 함께 살아가려면 일련의 규칙이 만들어져야 한다고 이해하고 있었다.

Violeta Donatello는 언급하길: "2세대들도 나이가 점점 들어가고 모든 것들이 명확하지 않지만, 잘 하는 것 같아, 승계 문제는 명쾌한 해답이 없어. 2세대가 이사회의 필요성을 느낄 때, 그들은 지배구조를 소개했어".

2세대가 이사회의 요구를 받아들이고, 사외이사는 승계 이전의 필요성을 느낄 때, 드디어 길고 복잡한 승계 과정에 직면하게 된다. 새로운 이사가 기업에 합류했을 때, 2세대는 새로운 전문경영스타일(professional's management style)을 하지 않을까 걱정하였다. 그들은 기업경영에 대한 자기 나름대로 아이디어를 갖고 있으므로, 가족의 지원과 변화를 추구하는 과제가 어렵다는 것을 느꼈다.

이사회는 가족은 그 누구도 충분히 준비되어 있지 않다고 생각하였기 때문에, 가족구성원을 후계자로 선정하지 않았다.

Violeta Donatello에 의하면: "... 시간이 별로 없어. 아마도 몇 년 이내 우리 중 누군가가 CEO의 자리를 차지해야 하겠지, 그러나 지금은 때가 아니야. 5년 전 우린 경험이 부족했어. 우리는 모두 여기 일터에서 근무하는 종업원들로부터 신뢰를 얻어야 해".

2명의 사외이사와 함께 이사회를 출범시켰는데, 이사회는 외부에서 CEO를 찾을 뿐만 아니라, 승계계획을 수립, 실행에 옮길 일을 수행한다.

가족 문화(Family Culture)

가족구성원이 기업을 관리할 역량을 가졌는지, 가족구성원이 일할 특별한 직무는 있는지에 대한 언급도 없이, 처음부터 기업은 어떤 가족의 함정이 공존하는 곳에서 진화한다.

Violeta Donatello는 말하길, "...나는 3명의 자식이 있지만, 강제로 자식들을 부모님 밑에서 일하라고 하지 않는다. 왜냐하면, 내가 어릴 때 나는 강제로 여기 일터에서 일했는데, 대학을 졸업하고 여기 회사로 다시 돌아왔지만, 또 떠났다. 왜냐하면 여기 일터에서 일하는 것이 즐겁지 아니하였으므로, 로펌으로 돌아갔다. 솔직히 말하면, 그때 아버지는 일터로 돌아오라고 압력을 행사하였다. 따라서 나는 내 자식들에겐 그렇게 하지 않으려고 한다. 절대로, 자식에게 강요하지 않는 것이 기업에도 좋고, 자식들에게도 좋기 때문이다".

이사회의 출현과 함께, 전문적인 훈련과 적합한 경험이 그 자리에 필요했기 때문이다. 같은 방법으로, 새로운 보상시스템이 만들어졌고, 책임에 따른 임금제도가 만들어졌다.

2세대는 가족의 리더로 Fabrizio였는데, 그는 Giorgio와 가까운 사이였다. 각 형제는 각자 맡은 바 임무가 있으며, 또한 실패에 대한 한계치도 있었다. 기업 내에서 사람들은 Fabrizio의 지시에 잘 따랐는데, 그는 카리스마가 있었기 때문이다.

가족 신뢰(Family Trust)

사외이사인 Luca Possellino는 말하길: "가족구성원이 가족이사회에서 얼마나 서로 사랑하는지가 눈에 보인다. 그런데도 권력과 이사회에서 직위를 얻으려고 투쟁을 한다. 그들은 긴장된 환경 속에서 살아가는 것 같다".

이 가문에는 세 집안이 있다. 첫째로, Fabrizio 부부와 두 자녀, 회사에서 직접 일을 하지 않는 Tonio(똑똑하며 향후 가족의 리더가 될 수 있음)와 Marco(다른 곳에서 일하는 젊은 사업가)로 이루어진 집안이다. 둘째로, Julia(모든 것을 알려고 함)와 두 딸 Mercedes(준비가 덜 됨), Pilar(야망이 많음)로 이루어진 집안으로, 이들은 모두 기업에서 일하고 있으며 Andrea Bochelli에 의하면 가장 신뢰하기 어려운 집단이라고 한다. 하지만 이들은 Fabrizio와 잘 지내고 있다. 세 번째로, Giorgio의 집안인데, 그는 항상 형의 그림자였으며, 그의 집안의 이익을 보호하기 위해, 딸 Violeta(힘없는 아버지의 딸)가 억지로 입사하도록 하였다. Violeta의 남편은 조직에서 일하는데, 여러 번 Andrea Bochelli를 공격하였다.

Hydrogen's Commercial의 이사인 Gianni Balestri와 Violeta는 친한 사이는 아니었는데, Gianni Balestri는 Fabrizio가 믿는 사람이기 때문이다. 현재 Fabrizio가 은퇴한 후이지만 여전히 그는 이사회에서 절대적인 권한을 가지고 있다.

외부(사외이사)로부터의 신뢰(Trust in Outsiders)

Andrea Bochelli의 의견에 의하면, 비록 한 씨족(Mercedes와 Pilar)에 대한 약간의 신뢰가 있긴 하지만, 그 외 다른 집안에는 신뢰가 부족하다고 주장하였다. Andrea Bochelli의 경험상, 전형적인 예스 맨의 스타일만이 사외이사로부터 신뢰를 얻고 있음을 알았다. 사외이사인 Luca Possellino는 하이드로겐의 문제 중 하나는 공식적인 문화가 없으며, 상하 의사소통도 원활하지 못하다고 주장하였다.

가족과 경제성과(Family & Economic Performance)

경제적 성과는 양호한 것 같다. ROE는 21%(1998)이며, 역사적으로 평균 19%를 나타내고 있고, EBIT는 연 성장률 9%, 매출액 성장률은 4%를 나타내고 있다.

그러나 불행하게도 가족의 단합, 기업의 관여 등과 같은 가족성과를 향상하기 위한 의견일치(consensus)는 지난 2년 동안 성과가 나빴다. 사실상 각 집안에서 세대 이전과 같은 권한과 통제에 관한 관심은 증가하였지만, 이런 관심을 충족시킬 가족의 의견일치는 오히려 감소하고 있기 때문이다.

사례평가(Case Assessment)

이 사례는 신뢰(trust) 즉 "외부에서 가족구성원들에 대한 신뢰와 가족구성원 간의 신뢰"에 대한 두 가지 주요 변수에 대하여 초점을 맞추었다. 외부(사외이사)로부터의 신뢰와 타인을 믿는 선진사회의 연구에서 나타난 관계는 성공적이었는데(Fukuyama, 1995), 연구 결과 외부(사외이사)로부터의 신뢰가 영향력이 큼을 알았다.

전략 경영 요인 역시 변해야만 하는데, 1) 전략적 사고 요인으로 이루어진 전략적 관리, 2) 가족 프로토콜의 두 가지로 바꿀 필요가 있겠다. 이는 인터뷰할 동안 이들 요소를 잘 보지 못하였기 때문이다.

성과 역시 두 변수로 이루어진 하나의 요인으로 믿어지는데, 사례연구 분석은 경제적 성과(economic performance)와 가족적 성과(family performance)가 독립요인으로 나타나도록 해주는 것이 확실하기 때문이다.

마지막으로 〈표 2〉는 8개 기업의 사례를 요약한 것이다. 각 사의 평가는 가족기업 분야 전문가의 의견일치로 이루어졌는데, 리커드 7점 척도(-3: 매우 저조, +3:매우 양호)에 의해 이루어졌다. 표에서 보는 것처럼 Hydrogen은 기민한 가족기업(astute FB)으로 분류되었다.

〈표 2〉 8개 기업의 요인분석 결과

요인	N	O	H	P	Fe	CaCo3	NaCl	S
경쟁환경	+++	++	-	++	+	++	++	+++
문화	+	--	---	-	++	0	0	--
전략	+++	-	++	---	++	--	+++	--
가족프로토톨	++	--	-	--	+	--	--	---
가족신뢰	++	--	---	++	+++	++	---	+
외부(사외이사)로부터의 신뢰	++	++	--	---	+	-	++	--
경제성과	+++	+	++	--	+++	0	+++	--
가족성과	+	--	---	0	++	0	--	0

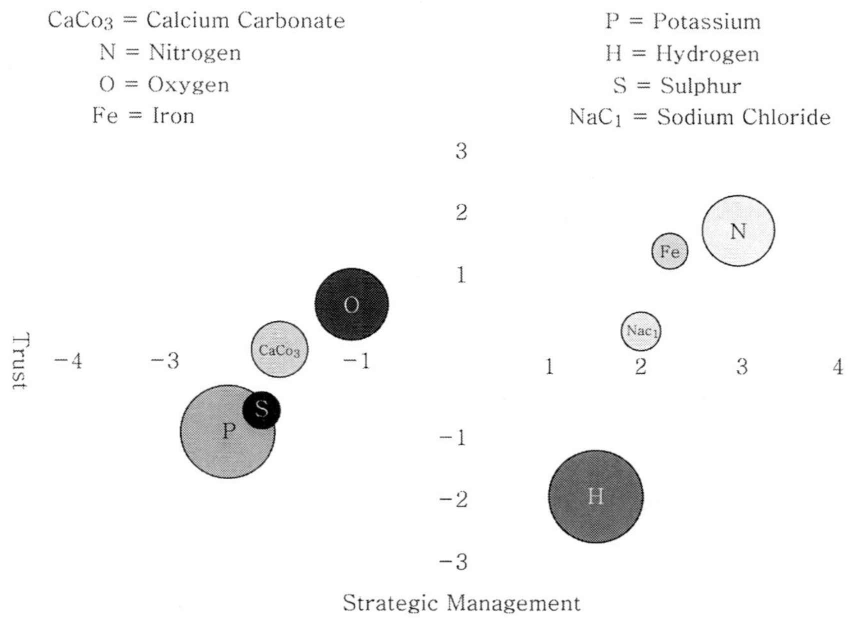

〈그림 1〉 전략 경영과 신뢰에 의한 가족기업 유형분류

탐험적 가설(Exploratory Hypotheses)

위의 복수 기업의 사례를 기반으로 첫 번째 연구의 의문점에 답하기 위하여 탐험적 가설이 구축되었다. 표2의 각 요인으로부터 출발하여 다양한 선형관계가 〈그림 2〉에 나타나 있다.

H1: 경쟁환경은 통계적으로 다른 요인과 직접적인 관계가 없을 것이다.
H2a: 문화는 가족신뢰와 정(+)의 관계를 할 것이다.(& = 0.62; p<0.10)
H2b: 문화는 가족 프로토톨과 정(+)의 관계를 할 것이다(& = 0.66; P<0.10)
H2c: 문화는 가족성과와 정(+)의 관계를 할 것이다(& = 0.78; P<0.05)
H3a: 외부(사외이사)로부터의 신뢰는 기업의 전략 경영과 정(+)의 관계를 할 것이다(& = 0.63; P<0.10)
H3b: 외부(사외이사)로부터의 신뢰는 경제성과와 정(+)의 관계를 할 것이다 (& = 0.76; P<0.05)
H3c: 가족신뢰는 가족성과와 정(+)의 관계를 할 것이다.(& = 0.95; P<0.001)
H4a: 전략 경영은 경제성과와 정(+)의 관계를 할 것이다.(& = 0.94; P<0.001)
H4b: 가족프로토콜은 경제성과와 정(+)의 관계를 할 것이다.(& = 0.70; P<0.05)

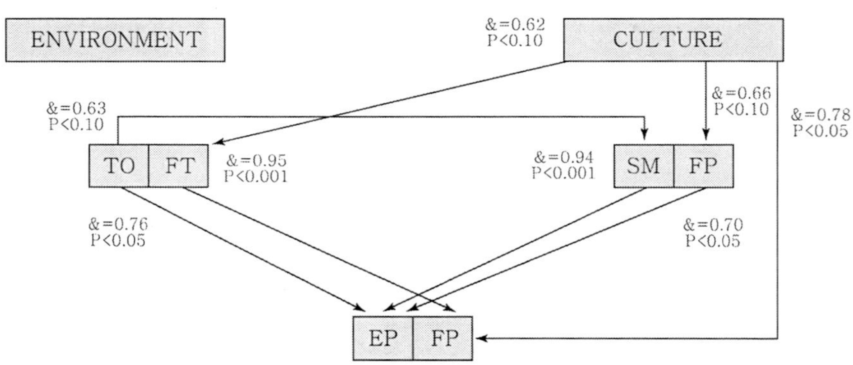

TO: Trust in outsiders
FT: Family Trust
SM: Strategic Management
FP: Family Protocol
EP: Economic Performance
FP: Family Performance

〈그림 2〉 각 변수 간의 관계 요약

가족기업의 유형(Typologies and Prescriptions)

위의 사례 결과 토대로 마지막 2가지 연구에 관한 질문에 답하기 위하여, 성과에 영향을 끼치는 요인(신뢰, 전략 경영)과 탐험적 가설을 기반으로 〈표 3〉

과 같은 기업의 유형을 구축하였다.

〈표 3〉 가족기업의 유형과 탐험적 가설

	이상형	치료형	천진난만형	갈등형
문화적 요인	+(H5a)	-(H5b)	-(H5c)	-(H5d)
외부(사외이사)로부터의 신뢰	+(H6a)	-(H6b)	+(H6c)	-(H6d)
가족신뢰	+(H7a)	-(H7b)	-(H7c)	+(H7d)
신뢰요인	+(H8a)	-(H8b)	+(H8c)	-(H8d)
전략 경영	+(H9a)	+(H9b)	-(H9c)	-(H9d)
가족프로토콜	+(H10a)	-(H10b)	-(H10c)	-(H10d)
전략경영요인	+(H11a)	+(H11b)	-(H11c)	-(H11d)
경제성과	+(H12a)	+(H12b)	0(H12c)	-(H12d)
가족성과	+(H13a)	-(H13b)	-(H13c)	0(H13d)

Ideal FB(이상형)

이 유형의 기업은 가족프로토콜의 응용을 통하여 자사의 전략과 신뢰를 계속해서 강화하기를 기대한다. 이 유형의 기업은 암묵적인 규범을 갖고 있지만, 성문화된 가족프로토콜은 없으며, 가족기업을 보존하기 위하여 신뢰를 바탕으로 한 문서로 만들어진 가족프로토콜을 고려하기 시작한다.

Astute FB(치료형)

이 유형의 기업은 다음의 두 가지 옵션을 생각할 수 있다. 1) 신뢰구축이 어려우므로 가족기업을 그만두거나; 2) a) 가족기업은 의사소통과 화해를 시작하여야 하며 심리학자, 정신과 의사를 포함한 치료가 고려돼야 한다. b) 외부(사외이사)에 대한 신뢰는 날마다 구축돼야 하며, 창업자(리더)와 함께 첫 단계부터 시작하여야 한다. 가족문화가 전략적 계획을 통하여 최소한의 관여와 통일을 구하고 난 뒤, 성문화된 가족프로토콜을 작성하기를 추천한다. 일단 문화가 개선되면, 가족 프로토콜 과정을 출발할 수 있다.

Naive FB(천진난만형)

이 유형의 기업은 먼저 전략적 경영을 실행에 옮기면서 이상형의 기업 유형의 경로를 걸어야만 한다. 외부로부터 자문을 포함한 신뢰를 획득하면, 이 신뢰는 가족이 가족문화를 새롭게 만들 수 있도록 허용한다. 이 유형의 기업은 가족신뢰를 증진하기 위해 심리학자나 심리치료사를 포함한 가족 전문가의 의견을 고려하여야 한다고 제안하고 있다. 마지막으로 가족프로토콜 협약이 받아들여지면, 신뢰와 문화가 수립됨을 잊지 말아야겠다.

Critical FB(갈등형)

이 유형의 기업은 세 가지 경로를 따를 수 있다. 1) 신뢰 구축이 어려우므로 가족기업을 포기하는 경우; 2) 가족 구성원들에게 더 많은 교육훈련을 요구하는 전략적 경영 계획을 공들여 만드는 경우; 3) 신뢰구축을 하는 방안을 고려하는데, 이를 위해 a) 가족기업은 화해를 원하거나 의사소통으로부터 출발하여야 하므로, 심리학자나 심리치료사를 포함한 가족 전문가를 활용하는 안; b) 외부로부터의 신뢰는 첫 발자국부터 디뎌야 하는 창업자(리더)가 매일 매일 기본부터 구축하는 안. 이런 점에서 가족문화가 전략적 계획을 통하여 최소한의 관여와 통일을 구하고 난 뒤, 성문화된 가족프로토콜을 작성하기를 추천한다. 즉 문화가 개선된 후 가족프로토콜을 시작할 수 있기 때문이다.

(자료: Gomez Gonzalo(2004), *Family Business Casebook Annual*, 2004, Ch. 2., pp.27-52.)

✤ 토론

1. 특정 가족기업을 선정한 후 이 기업은 이상형, 치료형, 천진난만형, 갈등형 중 어디에 해당되는지 알아봅시다. 또한 그 이유는?

2. 가족구성원 간의 신뢰구축이 왜 중요할까? 또한 가족구성원 간의 신뢰구축을 위한 구체적인 방법은 무엇일까?

◆ 사례 6

구치 가(Gucci Family)-가문의 몰락

구치 사는 영감이 있는 설립자가 기업을 세우고 다음 세대에서 급성장했다가 마지막에는 브랜드만 살아남고 기업은 잃게 된 굴곡이 심한 기업의 사례이다. 이 이야기는 부자는 삼대를 못 간다는 의미를 잘 보여주고 있다.

구치오 구치(Guccio Gucci)의 부모는 이탈리아 피렌체에서 밀짚모자를 만들어 생계를 연명했다. 구치는 집을 떠나 일자리를 찾으러 영국에 갔다. 런던의 유명한 호텔에 일자리를 구했고 4년 동안 열심히 일하면서 장사 기술을 배웠다. 그 후에 고향 집으로 돌아와서 양복점 딸 아이다 칼벨리와 결혼했다. 결혼생활 중에 아이다의 사생아 우고(Ugo)를 양자로 삼았고, 곧이어 가족이 더 늘어났는데 아이다가 임신하여 첫째 딸 그리말디(Grimalda)를 낳았다. 그 후에 계속 4명의 아들 엔조, 알도, 바스코, 루돌프를 낳았는데, 그중 엔조는 유아 때 죽었다. 〈그림 3〉은 구치가의 가계도이다.

알도는 1925년(20세) 가족기업 구치오 구치(Guccio Gucci) 사에 들어갔을 때 지역 호텔에 머무는 고객들의 짐을 말과 수레로 배달하는 일을 시작하였다. 알도는 꾸준히 가족기업에 더욱 깊이 관여하지만, 동생 루돌프는 멀찌감치 떨어져 흥미를 보이지 않아 아버지의 애를 태웠다. 구치오가 알도의 구상에 이따금 제동을 걸었지만, 그는 아들의 일에 대한 열정을 익히 알고 있었다. 나아가 구치오 가의 양육 전략은 항상 아들들이 서로 대결하게 함으로써 경쟁심을 불러일으키고, 이를 통해 자극받아 발전되리라는 믿음을 갖고 있었다. 성별과 노동에 대해서는 전통주의자인 구치오는 자기 죽은 후에 형제간의 반목이 있을 거라고는 꿈에도 생각하지 않았다. 구치는 1953년 창업주 구치오 구치가 세상을 떠난 후, 네 아들 중 알도와 루돌프가 각각 50%씩 경영권을 갖게 된다. 배우로 활동하기도 했던 루돌프와 비교해 둘째 아들 알도는 브랜드의 뉴욕 진출, 홍콩과 도쿄 공략, 브랜드의 상징이 된 GG 로고 등 사업에 적극적으로 나섰다. 1979년에 구치 액세서리 컬렉션을 론칭했고 향수사업과 브랜드 라이선스 사업도 시작하였다.

구치오가 죽은 후에 가장이 된 알도는 사업상의 결정을 위해 두세 주마다 피렌체에서 동생 바스코와 루돌프를 만났다. 알도는 동생들이 가족의 가치관에서 너무 멀리 벗어나지 않는 한 기업의 전략 방향을 마음껏 이끌어나가도록 허용했다. 그때부터 알도는 아들들을 기업에 끌어들이기 시작했다. 구치오처럼 알도도 엄하고 지배적이라서 우아하고 지성적인 것은 아니었다.

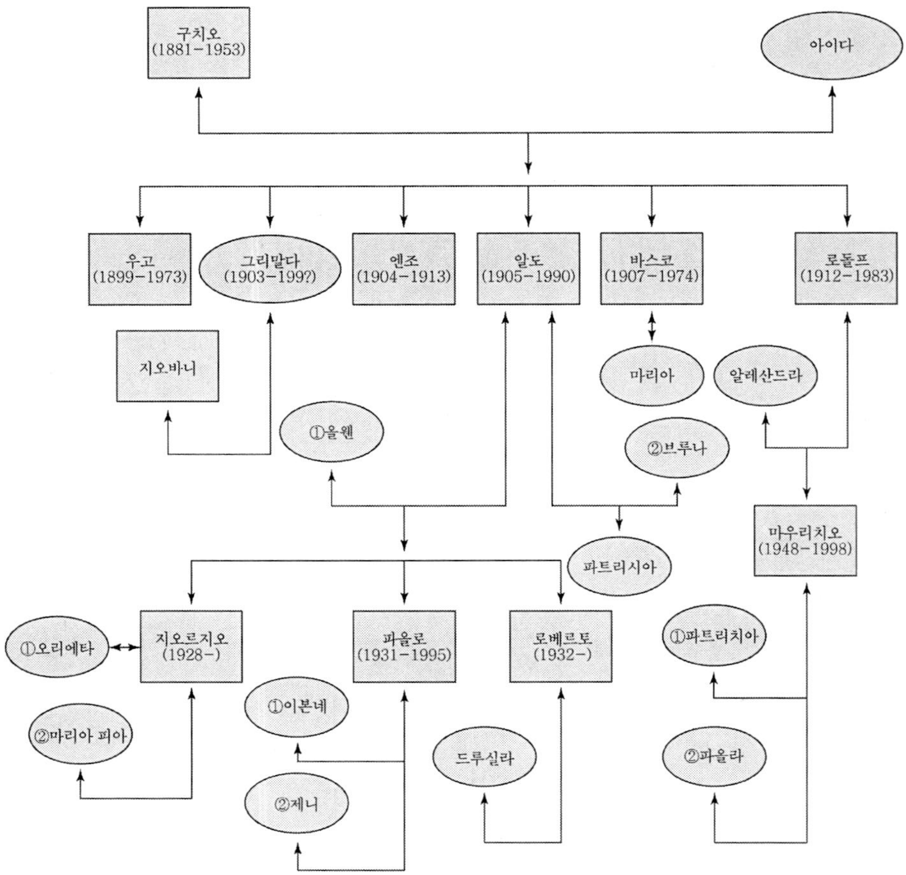

〈그림 3〉 구치 가 가계도

알도의 둘째 아들 파올로는 원기가 왕성하고 창조적이며 때때로 괴팍스러웠다. 기업 안에서 항상 독립적이길 원했고 가족기업에서 큰 역할을 맡지 못한 것에 좌절감을 느꼈다. 곧 그는 삼촌 루돌프와 의견 차이를 보이기 시작했다. 루돌프와 같이 근무했을 때 파올로는 기업의 재정문제에 관해 불편한 질문과 종종 아주 솔직하고 비평적인 견해 때문에 루돌프와 좋은 관계하지 못하였다. 그래서 루돌프는 조카 파올르에게 이탈리아를 떠나 뉴욕에 있는 아버지한테 가서 일할 것을 제안했는데, 파올로는 의도적으로 아무 말도 없이 이탈리아를 떠나 뉴욕으로 갔다. 이 일로 루돌프는 체면이 깎이게 되었고, 그 후에 파올로 구치 컬렉션을 위협하게 된다. 알도는 아들이 회사에 있으면서 가족구성원과 지나치게 경쟁하려는 의도를 내버려 둘 수 없었고, 결국 아들 파올로는 가족기업에서 해고되었다.

그 후 알도가 회사 수익의 상당 부분을 자회사 구치 퍼퓸즈(Gucci Perfumes)사로 옮긴 사실을 뒤늦게 알게 된 루돌포는 처음으로 2세대 형제 사이의 분열이 시작되었다. 또한 알도의 계열사가 새로운 판로를 통해 단기간 이익을 취하는 동안, 구치 브랜드의 독창적인 이미지에 대한 인지도는 낮아지고 있었다. 루돌프는 불공정한 소유권 문제로 형과 대립했다. 그러나 알도는 새로운 사업 대부분은 루돌프에게 양보하고 싶지 않았으므로, 동생과 견원지간이 되었고 자신의 처지를 잘 알 것으로 생각한 나머지 아들이자 동맹자인 파올로를 찾았다. 파올로와 화해하기 위해 파올로에게 회사 지분을 주고 구치오 구치 S&A 사의 부장직을 제안했고, 또한 그의 소유 PG 라인에 속해 있는 제품들을 상업화하는 새로운 부서를 만들어 경영하도록 제안했다. 하지만 이러한 구체적인 계획을 이사회에서는 구치 브랜드에 피해를 줄지 모른다는 이유로 그의 제안을 만장일치로 거부했다. 속임수를 당했다고 느껴진 파올로는 위험하고 부정적인 보복을 하기 시작하였다.

1982년 구치는 가족 경영진의 결정으로 주식회사가 되었다. 1983년 루돌프는 세상을 떠났고, 그의 아들 마우리치오는 회사지분 50%를 물려받았다. 알도는 구치 사를 뒤흔드는 마우리치오의 야망의 크기를 잘못 평가하고 기업을 성공적으로 만드는 정책을 재편성하지 못했다. 그리고 알도는 자기 이름을 걸고 사업할 권리를 획득하려는 아들 파올로의 결단을 너무 무시했다. 또한 미국 국세청이 그를 위험에 빠지게 할 수 있는데도 이에 무관심했다. 그리고 알도의 아들 파올로는 구치 사에서 일했던 몇 년간, 그는 손에 넣을 수 있는 재정과 관련된 모든 서류를 은밀히 모아 분석하였는데도, 이 사실을 알도 자신은 몰랐고 또한 이런 생각을 전혀 하지 못하였다. 한편 마우리치오는 삼촌 알도를 감옥에 보내기 위하여 파올로와 손을 잡기 시작하였다. 아버지 알도에 대한 파올로의 배신으로 말미암아 세무 당국이 법적 조치를 취할 수 있도록 한 것이었다. 결국 알도는 1년하고도 추가 1일의 형을 선고받았다.

구치 라이센싱(Gucci Licensing) 회사에 대해 마우리치오가 지분을 51% 가지기로 하고 나머지는 파올로가 가지게 되었지만, 실제적인 경영권은 파올로에게 주어졌다. 파올로와 동맹하려는 마우리치오의 계획은 오래가지 못하였다. 항상 배신에 빠른 파올로는 서류 복사본을 제출해서 마우리치오의 탈세 행위를 고발하였고, 결국 세금포탈죄로 집행유예 판결을 받았다. 또한 세금과 벌금으로 수백만 달러를 지불해야만 했다. 그 후에 마우리치오는 구치의 옛 명성을 되찾아오겠다는 결심으로 가득했지만 1987년에서 1989년 사이에 앵글로-아랍계 소유의 투자회사 인베스트코에 가족들의 지분 50%를 넘겼다. 나머지 50% 지분과 경영권은 마우리지오가 계속 유지하도록 했는데 1990년에 구치 그룹은 재정적인 어려움에 부닥쳐 결국 1993년에 마우리치오는 이제는 버티지 못하고 자신이 보유한 모든 지분을 인베스트코에 매각하게 된다. 투자회사 인베스트코는 구치의 지분을 매입한 후 대대적인 구조조정을 통해 회생의 길로 들어선다. 구원투수로 나선 이는 1990년부터 구치의 여성복 디자인을 담당해온 미국 출신 디자이너 톰 포드와 구치 아메리카의 수석이었던 도메니코 드 솔레였다. 1994년에 톰 포드는 컬렉션은 물론 제품, 광고, 매장 등 구치의 모든 외양을 책임지는 '크리에이티브 디렉터'가 된다. 새로워진 구찌를 대중들에게 효과적으로 전달한다. 마우리치오는 새로운 파트너 인베스트코프(Investcorp)사의 지원으로 로베르토와 지오르지오의 주식, 알도의 지분을 매수하게 되었다. 그러나 마우리치의 경영하에서 사치품 생산과 판매에 재 초점을 맞춘 전략은 실패로 돌아가기 시작했다. 방만하게 비싼 제품에 맞춘 전략은 이익을 떨어뜨렸다. 그 후에 마우리치오는 구치 사의 재정이 바닥나 있다는 사실을 인정해야만 했고, 설상가상으로 급기야 마우리치오는 1998년에 전 부인 파트리치아의 지시에 의한 청부살인으로 결국 사망했다. 이로써 구치가의 왕조는 끝이 났다.

구치가의 몰락 이유는 주로 가족 내부 문제 때문으로 분석된다. 첫째로, 조급하고 공정하지 못한 승계과정이었다. 둘째로, 가족구성원 특히 창업자 후손들 간의 치열한 경쟁이었다. 셋째로, 특혜를 받은 아들이나 딸들에 대한 시기, 질투였다. 넷째로, 구치가 가문의 행동규범의 부족이었다.

〈참고문헌〉

1. 그랜트 고든, 나이젤 니콜슨 저, 위광삼 옮김(2009), 『패밀리 워즈』, 재승출판, pp. 278-292.
2. http://mzine.mk.co.kr/v2/index.php?TM=M3&PM=M1&RC=230
3. http://sun114cokr.blog.me/50079878718.

✤ 토론

1. 구치가의 몰락 이유는 가족 내부의 문제라고 분석하였다. 이 문제를 예방하기 위한 구체적인 방법을 언급하세요.

2. 구치가 가문의 갈등은 부자간의 갈등, 삼촌-조카 간의 갈등, 부부간의 갈등 등 매우 복잡한데, 이들의 갈등은 갈등의 3가지 유형인 목표갈등, 과정갈등, 관계갈등의 어디에 해당될까요? 또한 이 갈등을 가계도를 활용하여 해결할 방법은 무엇일까요?

제 3 부

가업승계와 은퇴

제8장 가 업 승 계

학습내용

가업승계는 가족기업에서 가장 중요하며 가족기업의 승패를 결정한다고 한다. 이 장에서는 가업승계의 중요성, 성격 및 고려요소, 후계자의 선발, 그리고 마지막으로 가업승계의 단계에 대해 살펴보고자 한다.

제1절 가업승계의 개념과 중요성

1. 가업승계의 중요성과 역할

가족기업은 일반기업인 비가족기업(non-family business)[1]과는 다른 시스템과 지배구조를 이루고 있으므로 훨씬 더 복잡하며 어려움도 많다. 가족기업은 보통 비가족기업의 어려움인 자금조달, 기술개발, 마케팅, 종업원 관리 이외에 또 다른 어려움에 직면해 있다. 가족기업이 해결해야 할 추가적인 과제로는 재무계획, 전략적 계획, 가족계획, 그리고 승계계획(succession planning) 등을 들 수 있겠다. 이 중 승계계획은 가족기업의 이슈 중 제일 많이 언급되며 연구되는 과제이다.

가업승계는 가족기업의 존폐를 결정하는 아주 중요한 과제로 인식되고 있다. Ward(1987)에 의하면, 창업 후 다음 세대에선 기업의 3분의 1만이 살아남고, 제3세대까지의 생존확률은 오직 13%밖에 되지 않는다고 한다. Aronoff & Ward(1992)에 의하면, '가족기업은 오직 세 가지 문제만 가지고 있는데. 첫 번째 문제는 승계요, 두 번째 문제도 승계요, 마지막 세 번째 문제도 승계다'라고 주장하고 있다. 렌스버그(Lansberg, 1988)는 '모든 사람은 승계 문제를 피하려고만 하는데 이 자체가 가장 큰 문제이며 이는 승계 음모'라고 주장하였다(남영호, 2000). 가족기업의 선구자인 단코(Danco, 1982)에 의하면 만약 스스로 승계계획을 세우지 않으면, 당신의 가족과 기업은 변호사의 손에 존폐가 달려 있게 된다고 주장하였다. 나아가 그는 승계와 관련된 후계자 선발이나 이들의 교육을 무시하는 것은 "가족기업을 안락사시키는 것"이라고 주장하고 있다. 이처럼 많은 학자와 컨설턴트들은 가족

1) 이 책에서는 가족기업 이외의 기업을 일반기업 즉 비가족기업이라 칭한다.

기업의 번영과 영속성을 유지하기 위해 승계계획이 중요하다고 강조하고 있다. 가족기업의 지속적인 성공을 결정하는 가장 중요한 과제인 승계계획의 중요성은 아무리 강조해도 지나치지 않는 것 같다.

가업승계는 기업의 영속성에 매우 큰 영향을 끼치며, 여러 문헌에서도 승계계획의 중요성이 널리 인정되고 있다. 승계계획의 부재는 창업자-후계자 간의 갑작스러운 승계로 인한 권력 이동의 지각변동, 후계자 간의 갈등, 상속 문제 등으로 매우 큰 어려움에 직면할 수 있다(Lansberg, 1988; Sharma 등, 2001). 승계계획은 이해관계자 모두에게 뜨거운 감자이며 일시적인 이벤트가 아닌 과정이다. 또한 승계계획은 방해 요소가 많으므로 많은 어려움에 직면하곤 한다. 일반적으로 승계계획 시 나타나는 문제는 '사람'에 관한 것이다. Handler와 Kram(1988)은 승계계획의 어려운 요소로 물려주려는 현 최고경영자의 의지와 기업을 물려받을 후계자 개인의 능력을 들고 있다. 이외에도 세대 간의 원활한 커뮤니케이션의 부족, 창업자(혹은 현재의 CEO)가 승계 자체를 원하지 않음, 기업의 재무적인 어려움, 다음 세대의 리더십에 대한 불확실성, 가족구성원 간의 갈등, 다음 세대의 경영 능력 부족 등을 들고 있다.

구체적인 실례로 2002년 미국의 가족기업 1,143사를 대상으로 조사한 바에 의하면, 가족기업의 39.4%는 향후 5년 이내에 리더가 바뀔 것이며, 향후 10년 이내에 과반수 이상(55.7%)은 은퇴할 것으로 내다보고 있다. 그러나 현 CEO의 13.4%는 결코 은퇴하지 않을 것이라고 응답하고 있어, 가족기업의 현 CEO는 은퇴하기 싫어하며 기업을 다음 세대로 이전하는 그 자체를 언급하는 것조차 꺼림을 알 수 있었다(Mass Mutual Financial Group, Raymond Institute, 2003). 또 다른 예로 2002년 유럽기업을 대상으로 한 조사 결과 5백만 사 이상(총 기업의 30% 정도)은 향후 5년 이내 승계문제에 직면할 것으로 예측되었다. 이로 인해 기업의 약 1백5십만 사는 승계계획의 결핍으로 사라질 것이며, 그 여파로 약 6백3십만 명이 일자리를 잃을 것으로 추정하고 있다. (http://courses.bus.ualberta.ca/ orga488-reay/, Family firms in France). 호주의 경우, 가족기업 오너의 약 70%는 승계 및 은퇴계획이 중요하다고 믿고 있으나, 이들 중 단지 12%만이 성문화된 서류가 있다고 응답하고 있다(Smymios etc, 1997).

우리나라의 경우 사회의 전반적인 고령화 추세와 더불어 중소기업 경영자의 고령화[1] 역시 빠른 속도로 진행되고 있는 것으로 나타나고 있다. 중소기업청의 자료에 의하면 중소기업 CEO의 연령 구성비를 살펴보면, 1993년 50세 이상의 비율이 42.7%를 나타냈으나, 2012년에는 59.5%로 나타나, 중소기업 CEO의 고령화가 가파르게 진행되고 있는 것으로 판단된다. 또한 CEO의 평균 연령도 48.2세(1993년)에서 51.3세(2012년)로 나타나고 있다.

이러한 몇 가지 예는 가업승계의 중요성과 이의 실행의 어려움을 바로 보여주고 있다. 승계계획의 준비 소홀로 인한 승계 실패는 해당 기업은 물론 국가 경제에 큰 손해가 될 것으로 예측되고 있다. 따라서 훌륭한 가업승계는 성공적인 가족기업의 경영에 반드시 필요하므로, 이의 중요성을 잘 이해하고 이를 실천에 옮기는 것은 가족기업의 영속성과 발전에 매우 필요하다.

〈표 8-1〉 우리나라 중소제조업의 경영자 연령별 구성비

	30세 미만	30~39세	40~49세	50~59세	60~69세	70세 이상	평균연령
1993년	0.5	16.5	40.3	32.1	9.1	1.5	48.2
2012년	0.4	6.6	33.5	45.4	11.9	2.2	51.3

자료: 중소기업청, 중소기업중앙회

1) 우리나라는 2018년 65세 이상 인구가 총인구를 차지하는 비율이 14% 이상인 고령사회(Aged Society), 2026년에는 65세 이상 인구가 총인구를 차지하는 비율이 21% 이상인 초고령사회(super-aged society)로의 진입이 예측되는 등 세계에서 가장 빠른 속도로 고령화가 진행 중임.

2. 가업승계의 개념

가업승계(家業承繼, 가족기업의 승계계획)이란 "다음 세대에게 기업의 경영상태가 양호하도록 기업의 경영권(소유권)을 후손에게 물려주는 것과 관계되는 모든 계획과 전략"을 의미한다. 물론 이때의 후손이란 가족구성원 중 누구로 한정하므로, 가족구성원 안에서 승계가 이루어질 것을 가정한다. 먼저 소유권의 승계(ownership succession)는 누가 기업을 소유할 것인가, 그리고 언제, 어떻게 기업의 소유권을 승계할 것인가에 초점이 맞혀진다. 경영권의 승계(management succession)는 누가 기업을 경영하는가, 그 결과 무슨 변화가 일어나는가, 기업경영에 대한 책임은 언제부터 지는가, 경영성과는 어떻게 실현될 것인가 등에 초점이 맞춰진다. 경영권과 소유권에 대한 두 과정이 협조가 잘되지 않거나 두 과정이 함께 강조되지 않는다면, 승계계획은 실패할 수도 있다(Gersick, etc 1997; Lansberg, 1999). 한편 우리나라의 "중소기업진흥에 관한 법률" 제2조 10호에 의하면 다음과 같다. "가업승계"란 중소기업이 동일성을 유지하면서 상속이나 증여를 통하여 그 기업의 소유권 또는 경영권을 친족에게 이전하는 것을 말한다. 이 경우 업종, 고용, 가업승계 후 기업 유지기간 등 동일성 유지의 기준은 대통령령으로 정한다.

가족기업의 승계계획은 하루아침에 이루어지는 이벤트가 아니라 기나긴 하나의 과정으로 보고 있다(〈표 8-2〉 참조). 승계계획은 승계의 한 부분으로 다양하게 접근이 이루어지고 있다. 따라서 승계계획에서 논의되는 내용도 다양한데, 주로 논의되는 내용은 ① 승계계획은 수립되어 있는가? ② 오너는 진정으로 현재의 지위를 그만두고 물러날 의지가 있는가? ③ 물러난 후 오너가 할 수 있는 의미 있는 활동은 무엇인가? ④ 승계 후보들을 위한 교육 프로그램은 있는가? 있다면 어떠한 것인가? ⑤ 후계자를 결정하는 요소는 무엇인가? ⑥ 가족구성원 간의 관계는 어떠한가? 등이다.

〈표 8-2〉 기업의 영속성을 유지하기 위한 체크리스트

□ 후계자의 가치관과 능력을 개발할 프로그램은 있는가? □ 부모(창업자)를 위한 은퇴 후의 재정적 안정성은 준비되어 있는가? □ 가족 사명서는 마무리되었는가? □ 소유자의 상속계획은 마무리되었는가? □ 기업의 전략적 계획은 마무리되었는가? □ 후계자는 선발됐는가 □ 후계자의 개인적인 개발계획은 준비되었는가? □ 다른 가족 구성원들의 경력경로는 정해졌는가?	□ 소유권과 통제권은 이전되었는가? □ 소유주의 가족 팀은 구축하였는가? □ 가족 구성원들의 참여정책의 기준은 성문화하였는가? □ 비가족 경영자들의 유지여부는 결정되었는가? □ 사외이사는 임명되었는가? □ 은퇴를 위한 준비는 하고 있는가? □ 우발계획에 대해 준비는 하고 있는가? □ 새로운 경영 팀은 개발되어 있는가?

자료: 크레이그 아라노프, 존 워드 지음(남영호 역)(2000), 「가족기업의 승계전략」, 명경사, 16.

제 2 절 가업승계의 성격: 과정

창업자가 작곡자라면 후계자는 연주가이자 번역가 혹은 편곡자로 볼 수도 있다. 창업가가 발굴해낸 음악이나 글(사업)을 승계자는 후손들에게 아름답게 들려주고 새로운 언어로 해석하여 준다. 후계자는 선임자의 능력과 재능에 영감을 얻어 더 새로운 글과 음악, 시장개척과 기업의 장기비전 등을 설정하여 기업을 발전시킨다면 승계전략은 성공할 것이다. 이처럼 성공적인 승계를 위해서는 릴레이 경주의 바통 교환처럼 영광스럽고 우아하게 이루어져야 한다. 바통은 관중석에 있는 관객이 잘 눈치채지 못할 정도로 조용히 그러나 차분하게 다른 선수에게 넘겨져야 한다. 이를 위해서는 수많은 연습과 훈련, 공유된 목표, 팀워크, 그리고 예술적인 수완 등 치밀한 준비가 필요하다. 그런데 이 승계계획은 하루아침에 이루어지는 것이 아니고 기나긴 과정(過程)이

필요하다.

① 기초 마련하기

승계가 이루어지기 전에 창업자(오너)는 전략적인 계획과 개인적인 재정계획 및 유산계획을 수립하여야 한다. 또한 가족은 가족사명서(가족임무서)를 준비하여야 한다. 가족사명서에는 기업에 대한 가족의 역할, 기업을 위한 가족의 비전 등이 내포되어 있어야 한다. 이외에도 가족의 가치관, 가족의 기업에 대한 참여 정책, 가족구성원의 보상원칙, 가족구성원의 승진지침, 가족구성원의 행동 지침, 가족 조직체의 안내 지침 등이 포함되어 있어야 한다(남영호, 2000).

② 팀 단위로 접근하기

승계계획은 중요하고도 어려운 일이므로 개인보다는 팀 단위로 접근하는 것이 유리하다. 혼자서 하는 의사결정은 위험하고 객관성과 타당성을 겸비한 의사결정을 하기 어렵기 때문이다. 주로 팀의 구성은 가족구성원, 사외이사, 전문 자문역, 경영진, 원로 종업원 등 다양하게 구성되는 것이 유리하다.

③ 언제 시작하는가

승계계획은 평생의 과정으로 약 5년에서 15년 정도 걸릴 수 있다. 따라서 대부분의 오너들은 이르면 45세에서 50세 사이에 승계에 대해 생각하기 시작하여 60세에서 65세쯤 은퇴할 계획을 하고 있어야 한다(남영호, 2000). 이때 자식들은 대개 25세에서 30세 정도로 공식적인 교육을 마치고 외부에서의 약간의 직무경험을 했을 때이다. 그러나 승계의 시작 시점과 관련된 이러한 나이는 천편일률적으로 일치하는 것은 아니며, 오너의 건강과도 관계가 있다. 그러나 일반적으로 일단 후계자가 결정되면 약 5년 정도는 후계자에 대한 교육·훈련과 여러 가지 시험을 거쳐 최종적으로 권력을 이전하게 된다.

제 3 절 가업승계의 고려요소

가업승계는 방해가 되는 요소가 많고 승계계획 자체도 어려우므로, 고려해야 할 요소 역시 다양하고 많다. Aronoff & Ward(1992)는 승계계획의 고려요소로 ① 후계자의 리더십 개발, ② 후계자 선택 방법, ③ 창업자(현직자)와 후계자의 리더십 역할 전개 방안, ④ 승계 결정을 알리는 방안, ⑤ 조직 차원에서의 후속 조치 등을 언급하고 있다(남영호, 2000). Sharma 등(2000)은 ① 후계자 선발: 능력 있는 후계자 기준설정, 후계자 선발 기준개발, 후계자 지명 방법 등, ② 후계자 결정 후 공개방안 개발, ③ 후계자 교육훈련, ④ 승계 후 기업전략 개발, ⑤ 승계 후 리더의 역할 규정, ⑥ 자문이사회의 존재 등을 들고 있다.

[소사례] 亞 기업의 불투명한 후계 구도

World Bank에 따르면 亞 상장기업의 2/3가 창업자 위주의 단일 주주에 의해 지배되고 있는데, 美에서는 이런 경우가 3%에 불과해. 그 결과 대부분의 亞 기업들이 소유권과 지배권을 분명히 분리하지 않은 조직구조를 가지고 있음. 亞 기업들에는 이사회에 책임을 갖는 전문경영인들이 드물며, 많은 창업 가족 구성원들이 주주가치 향상을 위한 능력도 없고 이에 대한 동기부여도 되지 않으면서 고위 관리직을 맡고 있음. 많은 亞 대기업들에서 고령의 창업자들이 지배적 위치를 차지하고 있으며, 명확한 후계 구도가 없어 투자자, 제휴기업 및 직원들이 불확실성을 안고 있어. Chinese University(홍콩)법학 교수 C. K. Low, '후계 구도 문제가 향후 몇 년 내 극에 달할 것'. 많은 亞 대기업들은 가족경영 체제로 고령의 CEO들이 많아. 2차 대전 후 산업화 물결 속에서 亞의 대기업들을 세운 기업가 세대는 이제 70~80대이나 그들 대부분은 여전히 기업 내 지배적 위치를 차지하고 있으며 김수근 前 대성그룹 회장이 그랬던 것처럼 사망할 때까지 그 위치를 지킬 계획임.

후계 구도가 명확하지 않아 투자자, 제휴기업 및 직원들은 불확실성을 안고 있어. 흔히 亞 기업 총수들은 美 기업 총수들보다 후계자에 대해 논의하는 것을 꺼려해. Chinese University(홍콩) 재정학 교수 Raymond So. '후계자 논의는 일종의 터부임. 이는 기업 총수를 제거하기를 원한다는 의미로 받아들여질 수 있기 때문'. 후계 구도를 밝히지 않은 기업들에는 홍콩 최대기업 Cheung Kong Holdings와 Hutchison Whampoa도 포함돼. 대만 최대재벌 Formose Plastics이나 亞 최대 게임업체인 홍콩의 STDM도 마찬가지임. 전 세계적으로 CEO들은 권력에 집착하고 자신의 재임 기간에 후계자 지명을 꺼려. 하지만 최근 美에서 Citigroup의 SanFord Weill 회장이 후계자를 공식 지명하고 AIG Maurice Greenberg 회장이 차기 경영구도 계획을 밝혀 주목을 받았음.

(자료: Far Eastern economic Review, 2003년 8월 14일)

가업승계는 두 가지 이유로 승계를 하려는 가족기업의 의도로부터 나온다고 보고 있다. 첫째로, 승계계획과 관련된 활동은 승계과정 일부분이다. 둘째로, 승계계획은 성공적인 승계를 위한 가능성을 증가시킨다고 믿고 있다(Sharma 등, 2001; Ward, 1987). 승계는 오랫동안 많은 활동이 필요한 과정이므로, 치밀하고 정교한 승계계획은 성공적인 승계를 위해 필요하다. Dyck 등(2002)은 성공적인 승계를 위해서는 승계과정 즉 승계 전(before), 후(after), 과정(during)을 위한 치밀한 준비가 중요하다고 강조하고 있다. 즉 승계하려는 의도가 명확한 기업이 그렇지 못한 기업보다 훨씬 더 성공적인 승계를 한다고 여기고 있다. 가족기업의 이런 의도는 보통 현 CEO, 후계자, 그리고 관련 가족구성원에 의해 결정된다고 보고 있다.

이상의 여러 학자의 의견을 종합하여 여기에서는 가족기업의 승계계획에서 고려해야 할 요소를 크게 현재의 기업경영을 책임지고 있는 현 경영자(incumbent), 이를 물려받을 후계자(successor), 가족구성원

(family members), 그리고 비가족 관리자(non-family managers)로 나누어 파악하고자 한다(남영호, 2005; 김선화·남영호, 2011a, 2011b).

1. 현 경영자

가족기업 연구자들은 주로 승계계획에 있어서 현 경영자(經營者)의 지원이 절대적으로 필요하다고 보고 있다. 이사회, 소유권, 경영권 등을 통제하고 있는 현재의 경영자(혹은 창업자)는 승계계획에 대한 완급을 조절하는데 절대적인 영향력을 끼칠 수 있으며, 나아가 승계의 가장 큰 장애 요인이 될 수 있다고 보고 있다. 그 이유는 현직자의 라이프 스타일, 정신적 심리적 이유 때문인데 이것이 바로 승계계획에 장애 요인이 되기도 한다. 보통 현재의 경영자들은 기업에서 일하는 것 그 자체가 바로 자신의 삶 그 자체이며, 기업 이외의 일은 생각할 시간도 없으므로, 현재의 일을 떠나 다른 일을 한다는 것은 생각해 보지도 않았다. 또한 그들은 승계 후 그들의 삶의 여러 가지 변화에 두려움을 느끼므로 승계과정에 주도권을 쥐려고 한다. 승계를 실행에 옮길 경우에도 일 그 자체보다는 현재의 경영자가 어떻게 가르쳐주고 후계자는 어떻게 배울 것인가가 필요하다. 즉 다른 사람의 실수로부터 배워 이를 타산지석으로 삼을 필요가 있다.

사업체를 물려주려는 현 경영자의 의지가 승계계획에 큰 영향을 끼친다는 것을 이론적으로 규명한 것으로 계획행동이론(Theory of Planned Behavior)을 들 수 있겠다. Krueger와 Carsrud(1993)의 연구에 의하면 미래 행동의 근간은 이에 관여하는 개개인의 의도에 따라 결정되며, 이 의도는 개개인의 태도에 의해 형성된다(Ajzen, 1987). 즉 태도란 의도를 만들고, 의도는 다시 행동을 유발한다는 것이다. 태도(attitude) → 의도(intention) → 행동(behavior). 따라서 현 CEO의 의지, 즉 현 기업을 자식이나 다른 가족구성원 등에 물려주려는 태도, 승계에 대한 의지(의도)가 행동으로 나타날 때 승계는 이루어진다는 것(행동)이다. 계획 행동으로서의 승계는 승계에 대한 이러한 성향이 승계계획 성공을 결정하는 요소로 보고 있다는 것이다. 이상의 의견을 종합해 보면, 일반적으로 승계는 가족기업의 현재의 리더의 통제하에 놓여 있다고 볼 수 있겠다.

성공적인 승계계획이 되는 데 필요한 현 경영자와 관련되는 요인을 살펴보면 다음과 같다.

1) 현 경영자와 후계자의 원만한 관계 구축

가족기업 승계에 있어 현 경영자와 후계자 간의 좋은 관계(quality relationship)는 성공적인 승계과정을 결정짓는 핵심 요인이다. 좋은 관계란 높은 수준의 신뢰, 상호지원, 개방적이고 정직한 커뮤니케이션과 상대방의 성과에 대한 인정 등을 포함한다. 현 경영자와 후계자 간 상호존중과 이해, 상호 보완적인 관계를 갖는 경우 승계의 성공 가능성이 크며, 훌륭한 후계자는 그렇지 못한 후계자들에 비해 현 경영자와 특별히 좋은 관계를 맺고 있다. 또한 현 경영자의 암묵지 이전 및 후계자 훈련에도 세대 간 긍정적인 관계는 매우 중요하다(Cabrera-Suarez et al., 2001).

2) 커뮤니케이션 및 가치 공유

많은 학자는 성공적인 승계를 위해서는 가족 간의 신뢰가 중요한데, 개방적이고 정직한 커뮤니케이션은 신뢰를 형성하는 요인으로 여기고 있다. 또한 원활한 커뮤니케이션은 가족구성원 간 가족기업의 가치를 공유(shared value)하기 위한 가장 중요한 수단이 될 수 있다. Kets de Vries(1993)는 현 경영자의 가장 중요한 역할 중 하나는 잘 확립된 가치를 선정하고 이것을 후계자 및 가족과 공유하는 것이라고 주장하였다. Morris et al.(1997)은 승계에 있어 현 경영자의 첫 번째 우선순위는 가족구성원 간 가치의 공유 및 계승, 개방된 대화를 통한 후계자 및 가족구성원 간 신뢰를 쌓는 것이라고 주장했다. 이러한 가족기업만의 독특한 특성(헌신, 가치공유, 문화, 신뢰, 명성 등)은 기업의 장기적인 성공을 설명하는 전략적 자원과 역량이 될 수 있기 때문이다(Cabrera-Suarez et al., 2001).

3) 자발적 은퇴

승계에 있어 가장 중요한 핵심 이해관계자는 현 경영자와 후계자이며, 승계과정은 전적으로 현직의 최고경영자의 통제하에 놓여 있다. 가족기업에 있어서 경영자의 자발적 은퇴 의지(willingness to let go)가 없이는 승계가 이루어질 수 없으므로 많은 연구자는 경영자의 은퇴 의지가 가족기업 승계의 핵심 요인이라고 주장하고 있다. 경영자의 자발적 은퇴 의지는 승계과정에 대한 가족들의 만족, 후계자의 능력에 대한 신뢰, 은퇴 후 회사 업무 이외의 개인적 관심사 등과 관련이 있다. 반면, 현 경영자가 은퇴를 꺼리는 이유로는 기업에서 일하는 것 자체를 자신의 삶과 동일시하여 회사를 떠나 다른 일을 한다는 것은 생각해 보지 않았고, 가족과 회사 내에서 통제권을 잃는 데 대한 두려움, 은퇴나 사망에 대한 두려움 등이며, 현 경영자의 이러한 특성은 승계계획에 걸림돌이 될 수 있다.

4) 후계자 육성 및 지식 이전

승계과정에서 가장 중요한 것은 후계자를 잘 준비(preparation of successor)시키는 것으로 보는 학자도 있다. 현 경영자의 주요 관심사는 그들이 가지고 있는 암묵지와 인적 네트워크를 어떻게 후계자에게 이전하느냐에 달려 있다. 현 경영자의 지식과 전략적 비전을 이루는 직관은 현장에서의 시행착오를 통해 얻게 되는데, 이러한 내부 지식은 후계자가 실무 기반의 학습(learning-by-doing)을 통해 획득할 수 있다. 한편 Fiegnener et al.(1994)'는 가족기업과 비 가족기업의 후계자 육성에 관한 접근방법의 비교연구에서 비 가족기업은 공식적이고 보다 구체적인 절차에 중점을 두는 데 반하여, 가족기업은 관계에 중점을 두며 보다 개인적이고 직접적인 방법으로 접근한다고 주장했다.

2. 후계자

일반적으로 가족기업은 가족 내에서 경영권과 소유권이 계속 유지되기를 바란다. 이를 위해서는 믿을만한 가족구성원이 절대적으로 필요한데, 여기서 말하는 믿음(trust)이란 능력(ability)과 의지(intension)를 의미하며(Mayer 등, 1995), 가족구성원이란 바로 가족구성원 중 후계자(successor)를 의미한다(Sharma 등, 2001). 후계자는 승계과정에 합법적으로 참여하여 자기의 의견과 주장을 요구할 수 있는 중요한 이해집단이다. 만약 가족기업을 물려받을 의지와 능력을 갖춘 후계자가 없다면 가족 내에서 승계는 이루어질 수 없게 된다.

잠재적인 후계자의 능력에 대한 현재 경영자의 신뢰는 승계계획에 큰 영향을 끼친다(Sharma 등, 2000). 승계는 릴레이 경주의 바통 주고받기와 비슷하다. 그러므로 승계의 성공 가능성은 물려주려는 현 경영자의 의도와 이를 물려받으려는 능력 있는 후계자의 성향에 의해 정해지며, 이것이 승계계획 활동의 핵심적인 요소이다(Dyck 등 2002). 즉 현재의 최고경영자가 기업을 가족 내에 묶어두려는 욕망보다는 승계에 대한 의지가 있고 믿을만한 후계자의 존재가 더욱더 중요하다고 볼 수도 있다.

승계계획은 목적보다는 수단이다. 다시 말해 승계계획의 성공은 가족기업을 유지하려는 필요성보다는 믿을만한 후계자의 존재가 더 필요하다. 현재 가족기업의 경영자는 대부분 기업을 창업하거나 경영하는 데 인생의 시간 대부분을 보냈다. 그 결과 기업과 가족 이외의 다른 관심사에는 거의 시간을 낼 수가 없었다. 승계 후 첫 몇 년 동안은 현재의 기업의 재무자원이 기업의 경영성과에 영향을 끼치기 때문에, 창업자인 부모 세대는 자식들이 어려운 때에 바로 기업에 들어오기보다는 리더로서 자질을 키우고 난 뒤 기업에 입사하도록 권하고 있다.

가족기업의 경영자는 일반 공개기업의 경영자보다 훨씬 더 많은 어려움에 직면하곤 한다. 왜냐하면 가족기업의 경영자는 바통을 받은 후 출발부터 기업뿐만 아니라 가족 내에서도 어른의 역할과 책임을 수행해야 하기 때문이다. 따라서 후계자에게 소유권, 책임, 역할 등을 명쾌하게 주어야 하며, 또한 기업을 경영할 탁월한 능력을 교육·훈련하는 것이 매우 중요하다. 기업을 경영할 능력과 의지를 갖춘 후계자의 육성이야말로 기업에 신뢰와 독립심을 줄 수 있다(Sharma 등, 2000)(이에 대해서는 9장에서 자세히 논의함).

이하 성공적인 승계계획이 되는 데 필요한 후계자와 관련되는 요인을 살펴보고자 한다.

1) 후계자의 자발적 승계 의도

후계자는 승계에 있어 현 경영자와 함께 핵심 이해관계자이다. 효과적인 승계를 위해서는 현 경영자의 자발적 은퇴만큼 후계자가 가족기업에 관심을 두고 자발적으로 물려받으려는 의도(willingness to take over)를 갖는 것이 중요하다. 즉, 후계자의 관심과 자발적인 승계 의도는 세대 간 사업을 성공적으로 이전하는 데 중요한 역할을 한다. 또한 후계자의 자발적 승계 의도는 승계과정의 만족과 기업의 지속적인 수익성에 영향을 주는 가장 중요한 요인이므로, 부모들은 자녀가 가족기업에 관심이 있고 필요한 자질을 갖추었을 때 사업에 참여하도록 하는 것이 매우 중요하다(Venter et al., 2005).

2) 후계자의 능력

가족기업의 승계 문헌에서 후계자 관련하여 가장 많이 언급된 요인 중 하나는 후계자의 능력(successor's ability)이다. 학자들은 후계자의 능력은 성공적인 승계에 절대적인 영향을 미치므로 능력 있는 후계자가 승계해야 한다고 주장했다. 만일 현 경영자가 후계자의 능력에 대한 의구심을 갖게 되면 승계는 어려움을 겪게 된다. Pontet et al.(2007)은 경영자는 후계자의 능력에 대해 신뢰를 하는 것이 중요한데 후계자에 대한 신뢰를 측정하기 위한 질문으로 ① 사업에 관한 의사결정 능력, ② 직원과의 관계 관리, ③ 사업의 번영과 명성의 유지, ④ 리더십 자질, ⑤ 후계자의 시간과 노력 등 회사에 대한 헌신, ⑥ 대인관계 기술을 제시하였다.

후계자의 능력은 경영자뿐만 아니라 경영에 참여하는 다른 가족과 직원들의 신뢰 및 정당성 확보에도 필수적이다.

〈표 8-3〉 후계자개발을 위한 체크리스트

- □ 후계자가 외부에서 보람 있는 경험을 하였는가?
- □ 후계자를 위한 명백한 개인 개발계획이 준비되어 있는가?
- □ 부모 이외의 다른 누군가가 후계자를 가르치고 멘토링하는가?
- □ 후계자는 기업에서 독자적인 의사결정을 하고 뚜렷한 공헌을 할 기회를 얻고 있는가?
- □ 후계자는 유용한 기술과 가치관에 대해 기업 안팎에서 계속해서 배우고 있는가?
- □ 소유-경영자는 계속해서 후계자에게 기업의 역사, 철학, 전략에 대해 가르치고 있는가?
- □ 후계자는 외부에서 리더십을 발휘하여 존경을 받을 기회가 있는가?
- □ 후계자는 기업의 업무를 위한 개인적인 합리성을 개발하였는가?
- □ 후계자는 다른 가족기업 승계자들과 함께 이익과 관심을 공유하는 데 시간을 보낸 적이 있는가?

자료: 크레이그 아라노프, 존 워드 지음(남영호 역)(2000), 『가족기업의 승계전략』, 명경사, 45쪽.

3) 효과적인 후계자의 성향

성공적인 승계를 위해서는 후계자의 능력과 함께 후계자의 성향(attribution) 또한 중요한 요인이다. 효과적인 후계자의 특성으로는 자신감, 의사결정 능력, 진취적이고 적극적인 성향 등을 제시했다. Chrisman et al.(1998)은 30개 항목의 후계자 특성을 선정하여 캐나다 경영자를 대상으로 경영자가 인식하는 후계자가 갖추어야 할 가장 중요한 성향을 조사하였다. 조사 결과 첫 번째는 성실성(Integrity), 두 번째는 가족기업에 대한 헌신이었으며 직원들로부터 존경, 의사결정 능력, 대인관계 기술, 자신감, 창의성 등의 순으로 나타났다. 이에 반해 성별이나 출생순서는 중요도에서 가장 낮게 조사되었다.

3. 가족구성원

가족기업의 이해관계자는 가족구성원(family members)뿐만 아니라 비가족구성원, 지역사회, 정부 등 아주 다양하고 복잡하다. 그러나 가족기업의 승계계획은 이런 많은 관계자 중에서도 바로 가족구성원 간의 건전한 관계가 가족기업의 승패를 결정한다는 것을 잊지 말아야겠다(Dunemann 등, 2004).

가족구성원은 가족기업에서 가장 중요한 내부 이해관계자집단이다. 후계자는 가족구성원과 함께 수많은 재무적, 사회적인 일로 기업에 직·간접으로 관여하고 있다. 후계자의 역할이나 다른 가족구성원의 역할을 인정하지 않는 가족구성원들이 존재한다면, 가족기업의 후계자는 이를 원만히 해결하기 위해 막대한 거래비용(많은 시간과 노력)을 투입할 것이다. 잠재적인 후계자는 가족기업의 리더십 이전에 대한 편익을 저울질해 본 결과, 가족구성원 간의 관계악화로 이익은 별로 없고 손실만 발생한다면 기회의 매력은 점점 줄어져서, 결국 후계자에 대한 전반적인 매력마저 줄어들 수도 있다(Sharma 등, 2001). 일반적으로 가족기업은 여러 명의 가족구성원이 함께 일하는 곳이므로, 가족구성원들 모두에게 바람직한 직무환경을 제공해 주는 조직을 원한다. 바람직한 직무환경은 가족의 화합(family harmony)[2)]이 있을 때 실천할 수 있게 된다. 즉, 가족기업의 지속적인 생존과 성공에 있어 가장 큰 위협은 기술이나 고객, 경쟁과 같은 기업의 외부요인보다는

2) 가족구성원의 화합은 각자의 능력과 취향에 맞게끔 직무를 배정하는 것부터 출발한다. 그러나 화합이 잘되지 않고 갈등이 발생한다면 갈등이 해소되고 화합이 이루어질 때까지 기다릴 줄 알아야 한다. 조창배·문혜영(2014)은 진정한 기다림이란 기다리는 대상이 올 때까지 기다려야 한다. 상대방의 속도와 나의 속도를 조절하여야 한다. 그렇지 못하면 서로 간에 상처를 만들고 오해를 쌓으며 살아간다고 주장하였다.

가족관계와 같은 내부요인에 있다는 것이다. Lee(2006)는 실증연구를 통해 가족관계가 후계자의 조직몰입도, 직업 및 삶의 만족도를 높이는 데 영향을 미친다고 밝혔으며, 균형 잡힌 가족시스템은 개방된 리더십 스타일, 개방된 커뮤니케이션과 가족 간 역할을 공유하는 특징을 가지고 있다고 주장하였다.

가족관계는 가족의 응집력(cohesion)과 순응력(adaptability)으로 구분되는데 응집력은 가족 구성원 간의 유대관계와 밀접성의 정도이며, 순응력은 가족시스템 내에서 필요하다면 상황에 따라 권력구조나 역할, 관계의 규정 등을 변경할 수 있는 능력이다. 응집력과 순응력은 가족의 비즈니스에 대한 헌신은 물론 승계계획과 후계자개발에도 직접적인 영향을 미친다.

결론적으로 각자의 능력과 선호도에 맞게 가족구성원 간의 조화가 이루어지면 질수록 구성원들은 그들의 재능을 최대한 지속해서 발휘하기를 원할 것이다. 반면 가족구성원 간의 관계가 악화하면, 실질적인 부조화가 이루어지거나 개성의 차이로 단합이 이루어지기 어려워진다. 가족구성원 간의 관계악화의 원인이 무엇이든지 간에, 이는 기업에 큰 영향을 끼치며, 이로 인해 가족구성원들 전체의 몫이 줄어들 수도 있다. 즉 가족구성원 간의 관계가 원만하여 양의 시너지효과가 나타날 때, 가족기업은 계속 존재할 수 있으며 나아가 영속적으로 성장·발전할 것이다.

4. 비 가족 관리자

가족기업 승계 연구가 대부분 현 경영자, 후계자, 가족에 관한 주제를 다루고 있는데 반해 가족기업에서 일하는 비 가족 관리자에 관한 연구는 아주 미미하다. 그러나 일부 연구에서는 승계에 있어 핵심 비 가족 관리자(non-family manager)와 후계자 간 관계의 중요성을 강조하고 있다. 가족기업의 핵심 비 가족 관리자 또한 감정적인 어려움에 직면할 수 있으며 이는 승계계획에 저항을 가져올 수도 있다. 즉, 일반적으로 핵심 관리자들은 현 경영자와의 개인적인 유대관계가 후계자와의 형식적인 관계로 전환되는 것을 꺼리므로 현 경영자가 승계를 진지하게 토론하는 것을 피한다는 것이다. 그러나 경영에 참여할 수 있는 가족의 수는 제한되어 있으므로 가족기업이 성장함에 따라 비가족 관리자에 대한 의존도가 높아진다. 만일 후계자와 핵심 비 가족 관리자와의 관계에 문제가 발생하면 핵심 인력이 회사를 떠나는 상황이 발생하게 되어 승계과정에서 어려움을 겪을 수 있다. 그러므로 승계과정에 있어 후계자가 핵심 비 가족 관리자와 좋은 관계를 갖는 것은 매우 중요한 요인 중 하나이다(Chu et al., 2003).

후계자는 직원들로부터 정당성(Legitimacy)을 확보하는 것이 중요한데, Barach et al.(1991)은 후계자가 정당성을 얻는 과정을 2단계로 설명했다. 첫 번째는 상사와 동료의 인정이며, 두 번째는 그들로부터 신뢰를 얻는 것이다. 그리고 후계자가 직원들과 좋은 관계를 갖는 것은 후계자가 회사 운영에 대한 자부심을 느끼는데도 긍정적인 영향을 미친다.

제4절 후계자 선발

가업승계에서 가장 큰 장애 중의 하나는 바로 부모가 자식 중에서 후계자를 마지못해 선발하는 것이다. "*누구로 결정되든 나는 손해 볼 것 같으므로, 이 문제에 부딪히고 싶지 않군,*"라고 부모들은 *생각하기 쉽다.* "*만약에 나의 선택이 올바르다 하더라도, 나는 지적이고, 유능하고, 리더십 있고, 믿을만하거나 혹은 내 마음에 드는 자식 중 한 명만을 선택해야 하므로 다른 가족구성원으로부터 미움을 받을지도 몰라.*"

[소사례] '만물상' 재벌家 사위

몇 년 전 어느 회사 사장과 저녁을 함께했다. 그는 계열사 실적을 잘 내 규모를 크게 키웠다. 게다가 오너의 사위였다. 농반진반으로 누군가 "그룹 회장까지 하셔야죠"라고 했다. 그가 갑자기 안색을 바꿨다. 손을 세게 내저었다. 농담이라도 어디서 그런 불경스러운 소리 말란다. 그러더니 하는 말. "장성택이 요즘 남 일 같지 않아요." 김일성 사위였던 장성택이 조카 손에 죽은 게 그 몇 달 전이었다. 웃음이 터졌지만 씁쓸했다. 남북한 말고 세상 어디서 이런 '블랙 유머'가 통할까.

▸일본도 기업 대물림이 꽤 있다. 그런데 문화가 다르다. 한국은 혈통을, 일본은 가문을 중히 여긴다. 후계가 여의치 않으면 종종 사위를 양자 삼아 가문과 기업의 대를 잇는다. '서양자(壻養子)'다. 성공 사례가 꽤 있다. 경차로 유명한 자동차 회사 스즈키는 사위들이 2대에 걸쳐 회사를 키웠다. 상공업이 발달한 간사이(關西) 지역 기업 중엔 사위 사장이 대를 이어 백 년 넘게 끌고 온 때도 있다. 이런 문화에서 장성택 유머는 잘 통하지 않을 듯하다. 서구에선 말할 것도 없다.

▸한국에서 사위는 도장 한번 찍으면 남이다. 이런 풍토에서도 그룹을 장악한 사위가 있긴 하다. 얼굴 잘나고 머리 똑똑하다고 될 일이 아니다. 어느 사위 경영자는 결혼 후 10년 동안 시내버스로 출퇴근했다고 한다. 장인 회사에 함께 다니던 아내가 자가용 동승(同乘)을 거절한 탓이다. 당신은 아빠 회사와 결혼한 게 아니라며. 그는 독하게 견뎠다. 그때 초심(初心)으로 훗날 기업을 맡아 몇 배 키웠다.

▸일본에도 '부자 3대 못 간다'라는 뜻의 속담이 있다. 부잣집에서 태어나 창업가의 헝그리 정신을 온전히 이어받기는 여간 어렵지 않다. 그래서 사위가 필요하다. 모자란 자식을 대신할 수 있으니 일종의 보험이다. 하지만 사위가 눈부시게 탁월할 때 얘기다. 일본이라고 어느 부자가 그저 그런 사위에게 기업을 물려줄까. 시원치 않은 사위에게 물려주려고 했다가 월급쟁이 반란으로 오너 지배권이 무너진 예도 있다. 전자업체 파나소닉이다.

▸이혼 소송 중인 삼성가(家) 맏사위의 이야기가 월간조선에 실린다. 미리 보도된 요약 기사를 보니 마음이 짠하다. 결혼생활 부담 때문에 자살까지 생각했다고 한다. 경호원으로 시작해 한국 최고 부잣집의 사위가 됐으니 마음고생이 오죽했을까. "회장님 손자였기에 아들이 어려

웠고 아버지로 인정받지 못했다"라는 대목에서 그의 처지와 함께 그 릇의 크기도 느껴진다. 장성택을 떠올리면 마음이 좀 풀리려나. 이 땅에서 재벌 사위는 눈치껏 처신해야 그나마 '백년손님'이다.

(자료: 조선일보 2016.6.16.)

오늘날 후계자 선발에 따른 딜레마에 빠진 부모들은 이전보다 더욱 많아졌다. 최근 조사에 의하면, 다양한 후손을 고용하고 있는 가족기업은 미국의 경우, 과거에는 20%에 불과하였으나, 오늘날에는 모든 가족기업의 50%가량이다. 장남에게 기업을 물려주거나 혹은 여성을 사업에서 금지하는 전통적인 방법은 이미 무너진 지 오래되었다. 또한 상당수의 가족기업은 혈육에 의한 공동 소유 혹은 공동 경영을 하기도 하여 승계계획을 더욱 복잡하게 만들고 있다. 즉 하나의 기업에는 한 명의 리더만 필요하다는 공인된 확신에도 불구하고, 오늘날 가족기업들은 놀랄만한 정도로 위원회에 의해 경영되고 있다. 후계자는 여러 방법으로 선택될 수 있다. 몇몇 기업 오너는 고통을 꾹 참고, 아주 이른 시기에 혹은 경쟁의 기간이 지난 후에 결정을 내린다. 또 다른 오너들은 사외이사나 혹은 가족 구성원들로 이루어진 경영위원회에 결정을 위임하기도 한다. 아주 이상적인 해결책으로 어떤 오너는 가족구성원, 이사, 핵심 경영진 사이에서 의견일치를 구하려고 한다. 아래에 후계자 선택의 몇 가지 방법에 대해 살펴보기로 하자(크레이그 아라노프, 존 워드, 2000).

① 조기선발

어떤 오너들은 잠재력 있는 후보자 가운데에서 선택을 매우 일찍이 하는데 종종 장남이 아직 20대인 경우도 있다. 이 방법은 자식이 나이와 능력에 있어 아주 남다를 경우 매우 성공적일 수 있다. 조기에 후계자를 선발한 부모들은 사업체가 가족의 소유권 아래에서 지속될 것이라는 확신을 만인에게 알려 모든 이들을 다시 안심시키기를 원한다. 부모들은 아직은 자기들의 잘못된 선택으로 인한 상처를 치유하기에 충분히 젊은 나이이다. 오너들은 또한 선택되지 않은 다른 가족구성원들이 원한다면 다른 길을 찾아가기를 바란다. 조기선발은 오너의 예기치 못한 죽음이나 무능력 때문에 기업이 표류상태로 빠질 위험부담을 줄인다. 이는 또한 오너와 자식들이 나이가 들수록 의사결정이 더 어려워질 가능성을 없애준다. 하지만, 이 방법은 재능 있는 아이들을 너무 일찍 경영 현장으로부터 제거할 수도 있다. 이는 기업이 필요로 하는 미래 전략이 분명해지기 훨씬 이전에 최고경영자에게 선택을 강요하는 것이다. 또한 이 방법은 부모가 어려운 결정을 일찍 하여 가족 구성원들 사이의 나쁜 감정이 오랫동안 지속될 위험부담도 있다.

② 오랜 기간 경쟁

어떤 오너들은 후보자들이 오랫동안 리더십을 경쟁하도록 허락한다. 이 방법은 기업의 전략적 욕구가 선발에 영향을 끼치는 시간을 허용하기 때문에 잘못된 선택에 대한 위험을 줄일 수 있다. 그러나 불행히도 이 방법은 때때로 결정하지 못한 것에 대한 변명이 되기도 한다. 이 방법은 그 어떤 누구도 정해진 시간 내에 후계자로 선택되지 않아 생기는 위험부담을 증폭시킨다. 그리고 선택은 자식들이 나이가 들면 들수록 더욱더 어려워진다. 후보자는 아마도 그들의 위치가 시간이 지남에 따라 바뀌게 되면 점점 더 화가 날지도 모른다. "*내가 가장 적임자라는 것이 명확했었어. 그러나 지금 아버님은 누구도 선발하지 않으려 하는군.*"이라고 말할지도 모른다. 그리고 오너의 은퇴가 가까워짐에 따라 후보자들에 대한 부모님의 평가는 점점 더 중요하게 작용하여져서, 자식들 사이에서의 선발은 더욱더 어려워질지도 모른다.

③ 촉매제로서 사외이사

많은 부모는 승계를 위해 외부의 도움을 찾는다. 창업자는 이사회에 선발 과정에 대한 준비, 계획, 실행 등 후계자 선발 전 과정을 감독하도록 도움을 요청할 수도 있다. 또한 이사들은 가족 구성원들이 그 과정에 참여할 수 있도록 준비하고 상담도 해준다. 어떤 가족기업은 처음부터 근본적으로 승계계획을 도울 충고자나 유능한 사외이사로 (가칭) 후계자선정 위원회를 구성하기도 한다. 이때의 이사회는 후계자의 멘토로 역할을 할 최고경영진의 존경받는 동료로 구성되는 게 이상적이다. 이사들은 승계과정의 어려운 시기에 안정성과 응집력을 이뤄내는 매우 귀중한 자원이 될 수 있다.

④ 가족 실무팀

어떤 부모들은 가족구성원으로 이루어진 태스크 포스나 실무위원회에 승계를 위한 책임을 맡긴다. 이 방법은 부모가 의사결정을 해야 한다는 부담을 덜고 형제자매 사이의 의견일치를 도모하는데 고무적이다. 이런 그룹이 함께 일을 하면, 때때로 눈에 띄는 리더가 나타나기도 한다. "*영숙이가 그 누구보다도 이 자리를 원하는 것이 분명해. 그녀는 시간을 내어서 우리 모두를 함께 묶으려고 노력했어.*"라고 가족구성원들은 결론을 내릴 수도 있다. 그러나 이 방법은 결국 난국으로 끝날 수도 있다. 왜냐하면 이는 기업과 가족 모두를 망칠 수 있는 감정의 결합과 중상모략을 일삼는 위험이 될 수도 있기 때문이다. 또 다른 가능성으로 형제들이 결정은 내리지 않고 사업체를 팀으로 끌어가겠다는 의사결정을 할 수도 있다는 것이다. 이것은 아마도 한 명의 대표자가 기업경영을 하기를 바라는 창업자 및 다른 사람의 견해와 충돌을 일으킬 수도 있다. 어찌 됐든 형제들로 구성된 태스크 포스팀에 의한 한 번의 결정은 번복하기 어렵다.

⑤ 비 가족 최고 경영위원회

어떤 기업의 오너는 비 가족 CEO를 임명하고 그들에게 후계자 선택을 요청하기도 한다. 이 방법은 후계자가 준비되기 전에 오너가 은퇴했을 경우 경영의 공간을 채우거나 혹은 선발에 대한 부모의 부담을 줄이는 데 유용하게 사용되곤 한다. 하지만 특히 비가족 CEO가 홀로 책임을 진다면, 이 방법은 위험하다. 왜냐하면 비 가족 경영진은 가족경영 진보다 가족의 중상모략과 편애에 더 많이 노출될 수 있기 때문이다. 그들은 아마 주주의 반란을 두려워할지도 모른다. 또한 그들은 선택에 도움을 줄 기업의 가치관, 역사 그리고 문화에 대한 이해가 부족할 수도 있다. 이런 상황에서 비 가족 경영진은 사외이사의 지원과 감독이 절실히 필요하다.

⑥ 전문 조언가

어떤 가족기업은 변호사, 산업심리학자나 가족기업 컨설턴트와 같은 전문 조언가에게 후계자 선택권을 넘긴다. 이 방법은 비가족 CEO에 의한 선택과 같이 많은 위험부담을 갖는다. 또한 이는 전형적으로 창업주(오너)가 사망한 후 계획 및 준비하기에는 너무 늦어 버렸을 때 사용된다.

⑦ 자동으로 이루어진 선발

어떤 부모들은 승계후보자 대부분이 현재 부모가 경영하는 가족기업보다 더 좋은 직장을 향해 떠나가도록 일정한 시간을 준다. 이러면 선택기준은 분명해진다. "*가장 오랫동안 기다린 사람이 자리를 얻을 가치가 있다.*"라고 오너는 선발기준을 밝힌다. 그러나 불행히도 이 방법은 최고의 야망과 열정을 가진 유능한 후보자는 쫓아버리고, 가장 자질이 부족한 후보가 그 자리를 차지하게끔 방치하는 경향이 있다. 또한 후계자 선택이 이루어지기 전에 오너의 죽음, 은퇴 혹은 무능력이 발생하지 않는다는 보장 또한 없다.

⑧ 가족, 이사회, 경영진의 의견일치

이 방법은 기업 오너, 가족구성원, 이사회와 경영진이 함께 승계를 위한 시간표, 선택과정 및 평가 기준 등을 만들어 후계자를 선발하는 방법으로 보통 가장 이상적인 방법으로 여기고 있다. 이사진이나 가족 경영 팀은 최종 결정을 위한 촉매제의 역할도 할 수 있다. 이 방법은 즉흥적인 코미디의 창출과 약간 유사하다. 극작가는 모두 몇 개의 원칙에 따라 움직여야 한다. 즉 관련 배우의 수, 즉흥극의 끝나는 시간, 청중과 상호 아이디어를 주고받기 등. 그러나 어떤 극작가도 연극이 시작될 때는 어떻게 끝날지 알지 못한다. 매일 밤 결과가 다를 수도 있는데, 결과는 모든 공연이 끝난 후에야 명백하게 나타난다. 이 방법은 다수의 관계자로 구성되어 있으므로 원칙이나 절차에 의해 통제돼야 한다. 예를 들면, 후계자는 5년 안에 선택돼야 하며, 이는 주요 가족구성원들과 이사회의 의견일치를 얻어야 한다. 그러나 초기에는 누가 선택될지는 누구도 모른다. 대신에 시간이 지남에 따라 선택은 점점 분명해진다. 이런 접근방법은 부모들의 부담을 덜어주며, 또 심사숙고 후 이성적으로 훌륭한 선택을 끌어내 가족 내 깊은 원한을 살 여지를 남김없이 없애게 되어 이상적이다.

⑨ 승계 특별팀

공식적인 이사회와 조직화한 가족위원회를 둔 오래되고 규모가 큰 기업은, 때때로 위에 언급된 의견 일치 방법보다 좀 더 공식적인 형태를 띤 승계 특별팀을 활용하기도 한다. 보통 이 승계 특별팀은 핵심 경영자, 가족구성원 그리고 이사회로 구성된다. 아마도 이 팀은 승계 계획과 선택과정에 중점을 두며, 그 후 이의 실행 결과를 점검할 것이다. 이러한 승계 특별팀은 핵심 가족과 비 가족 경영자의 보상, 직무기술 그리고 팀 구축을 포함한 승계의 다른 측면도 도울 수 있다. 전형적으로 소규모에서 중간 정도 크기의 가족기업은 공식적인 방법을 적게 사용하는 반면에, 제3세대나 그 이상의 가족이 경영하는 기업의 경우 종종 사외이사나 승계 특별팀을 이용하여 후계자를 선발하기도 한다.

⑩ 적임자가 없을 경우

승계에 대한 계획이나 준비를 하다 보면, 어떤 가족기업의 경우 적합한 승계후보자가 가족 내에 전혀 존재하지 않을 때가 있다. 이런 경우 사외이사나 전문적인 충고자는 승계에 대한 다른 경로나 혹은 다른 대안을 고려하기도 한다. 어느 시점에서, 모든 소유주는 비 가족 승계자의 선택을 포함하여 최소한 가족 내 승계에 대한 차선책을 고려하여야 한다. 이것은 후계자로서 일할 자녀가 한 명도 없거나 혹은 모두가 다른 일을 하려고 결정할 가능성에 대한 대비책이다.

제5절 가업승계의 단계와 리더십 이전

후계자가 결정된 후에 해야 할 중요한 일이 바로 경영자와 후계자의 원활한 리더십 이전과 승계 결과의 공지이다. 이 절에서는 성공적인 리더십 이전을 위한 가업승계의 단계별 역할과 승계계획을 마무리 짓는 리더십 이전을 고찰하고자 한다.

1. 가업승계의 단계별 역할

가업승계의 단계는 학자들마다 다양한데, 여기서는 Churchill & Hatten(1997)의 4단계, Goldberg & Wooldridge(1993)의 주장을 반영하여 5단계로 구분하였다. 요약하면 1단계는 현 경영자의 단독경영, 2단계는 후계자가 훈련받는 단계, 3단계는 현 경영자와 후계자의 상호협력단계, 4단계는 리더십의 점진적 이전단계, 그리고 마지막 5단계는 경영권의 이전단계이다(김선화 · 남영호, 2011a, 2011b).

1) 1단계 : 현 경영자의 단독경영(owner-manager)

후계자가 기업에 직접 참가하는 시기는 회사나 가족의 상황에 따라 다르지만, 연구자들에 따르면 승계계획뿐만 아니라 후계자의 진입전략은 후계자가 어린 시절부터 일찍 시작할 것을 제안하고 있다. 자녀들은 부모로부터 비즈니스에 대한 "shop talk"을 통해 처음 가족기업을 알게 되는데, Ward(2004)는 자녀들이 어린 시절부터 가족기업에 노출되는 경우 가족기업에 관한 관심과 참여하고자 하는 열의가 높게 나타난다고 주장하였다. 또한 연구자들은 잠재 후계자가 방학 동안 가족기업에서 파트타임으로 일할 것을 권하는데, Barach et al.(1988)

은 이러한 경험을 통해 후계자들은 추후 관리자 위치에서 얻을 수 없는 기본적인 운영에 관한 귀중한 통찰(insight)을 얻을 수 있다고 주장하였다.

2) 2단계 : 후계자 훈련 및 개발(training and development)

후계자가 가족기업에 참여하기 전 다른 회사에서 경력을 쌓는 경우 이는 향후 조직 내에서 직면하게 될 광범위한 문제에 대한 준비에 도움이 된다. Venter et al.(2005)은 다른 기업에서의 경험은 후계자에게 자신감과 본인 능력에 대한 신뢰, 새로운 기술과 경영에 대한 통찰력뿐만 아니라 직원들로부터 후계자가 사전에 잘 준비되었다고 인식하게 함으로 그들의 지원 및 존중을 얻을 수 있다고 주장하였다. 또한 가족기업의 지속적인 성과에도 긍정적인 영향을 미치는 것으로 나타났다. Danco(1982)는 가족기업 입사 전 최소 3~5년간 다른 회사에서 경력을 쌓거나, 또는 최소 한 번 이상 개인의 능력을 보여줄 수 있는 승진의 경험을 제안하였다.

한편, 외부 경험과 달리 후계자가 가족기업의 낮은 직급에서 경험하는 것은 회사 내의 관계를 발전시키고 기업문화나 비즈니스의 복잡한 관계를 이해하는 데 도움이 된다. Barach et al.(1988)은 후계자가 직원들의 신뢰를 얻는 데는 혁신적인 행동보다는 일상의 업무와 의사결정을 어떻게 하느냐가 더 중요하다고 주장했다. 또한 후계자가 가족기업에 들어와 낮은 직급에서 일하는 것은 업무 관련 전문지식뿐만 아니라 기업문화와 자원, 기업의 우선순위 등에 대한 이해를 넓히는 데 도움이 된다.

3) 3단계 : 상호협력(partnership)

상호협력(파트너십) 단계에서 현 경영자의 중요한 역할은 후계자를 경영자로 성장할 수 있도록 준비시키고 회사 외부에 소개하는 일이다. Cadieux(2007)는 상호협력 단계에서 현 경영자의 역할을 6가지로 제시하였다. ① 감독자 역할(supervisor Role) : 후계자에게 과업을 할당하고, 지도와 감독을 하며 필요하다면 조정을 요구하는 등 관리자 역할을 한다. ② 교육자 역할(teaching role) : 후계자들에게 고객 또는 공급자와의 거래관계에 있어 어떻게 서류를 준비하고 제출하는지, 다른 사람들과 어떻게 협상하고 상호작용하는지를 교육한다. ③ 보호자 역할(protector role) : 후계자에게 특정 사안에 대하여 스스로 의사결정을 하도록 하고 그 결과를 관리할 수 있는 경험을 하도록 하며, 후계자들이 실수를 통해 성장하는 것을 당연한 것으로 여기고 자녀의 실수나 실패를 보호하고 성장을 지원하는 역할을 수행한다. ④ 소개자 역할(introducer role) : 현 경영자는 후계자와 기업 내부 또는 외부 환경의 중재자 역할을 하며 후계자를 고객, 공급자 및 그들과 특별한 관계를 맺고 있는 다른 회사 또는 개인들에게 소개하는 역할을 한다. ⑤ 동기부여 역할(mobilizer role) : 후계자를 신뢰하고, 그들의 능력을 확인해 주고, 학습을 인정하는 등 후계자의 용기를 북돋아 주고 자긍심을 가질 수 있도록 한다. ⑥ 협력자 역할(collaborator role) : 후계자의 학습 기간에는 감독자의 역할을 수행하지만, 후계자가 독립적으로 기업을 운영하는데 필요한 기술(skill)을 획득했을 때는 협조자의 역할로 전환한다.

4) 4단계 : 리더십의 점진적 이전(phase-in and phase-out)

이 시기 현 경영자는 은퇴에 관한 결정을 고민하고, 후계자는 영향력 있는 직위에 있지만 현 경영자와의 역할이 명확하게 구분되지 않은 시기이다. 대부분은 후계자는 사장 또는 부사장의 직함을 갖는데, 일반적으로 현 경영자는 이때에도 회사에 출근하여 경영권을 행사하며 전적으로 경영에서 물러나는 것을 꺼린다. 즉, 현 경영자는 후계자가 회사를 운영할 역량을 갖추고 정당한 직위를 갖고 있음에도 불구하고 전적으로 통제권을 넘겨주는 것을 꺼리고 어려워한다. 현 경영자는 가족과 회사의 수장으로서 그들의 역할은 가족과 회사에서 자신의 위치를 대변하는 것이므로 이러한 역할을 포기하는 것은 감정적으로 매우 어렵다는 것이다. Pontet(2007)은 이 단계에는 후계자의 능력(ability)과 권위(authority)가 확대되는 만큼 현 경영자가 통제권을 점차로 줄이는 것이 최적의 승계과정이라고 주장하였다. 또한 그는 현 경영자가 통제권을 줄이는 데는 후계자의 능력에 대한 확신과 관련 이해관계자의 안정이 주요한 요인이 되는데, 둘 중 후계자 능력보다는 이해관계자의 안정이 더 큰 영향을 미치는 것으로 나타났다.

5) 5단계 : 경영권의 이전(power transfer)

가족기업의 경우에는 현 경영자와 후계자 간 리더십이 이전된 이후에도 갈등이 있을 수 있으므로 승계 이후 일어날 수 있는 문제들을 사전에 이해하는 것이 중요하다. 비 가족기업의 경우에는 승계과정이 짧고 경영자가 승계 후 회사에 잔류하지 않는 데 반해, 가족기업의 경우에는 가족으로 연결되어 있어 승계에 대한 명확한 선을 긋기 어렵다. Barnes and Hershon(1994)의 연구에 따르면 경영권이 이전된 후에도 경영자가 생존해 있는 동안 소유권이 후계자에게 전적으로 이전되는 경우는 매우 드문 것으로 나타났다. 그러므로 이 시기 현 경영자는 참견하려는 의도가 없더라도 후계자가 자신감과 셀프 이미지(self image)를 충분히 개발할 수 있도록 물리적으로 자유로울 수 있도록 해야 한다(Handler 1990). 일반적으로 승계과정 모델에서는 현 경영자의 경영권 이전을 최종적인 퇴진으로 간주하지만, Cadieux(2007)은 통제권 이양 후에도 현 경영자에게 두 가지 중요한 역할이 있음을 시사했다. 첫 번째는 조직과 관련된 역할로 조직 내 지배적인 위치는 아니어도 상징적인 역할과 함께 경영철학이나 기업의 중요 가치, 직원복지 등의 급격한 변화에 대한 옵서버(observer)나 세이프 가드(safe guard)의 역할이다. 두 번째는 후계자에게 멘토나 컨설턴트로서의 조언자 역할인데, 이는 반드시 전 경영자와 새로운 리더 간 명확한 역할 규정 및 상호이해가 전제되어야 한다. 그러나 무엇보다 중요한 것은 현 경영자의 은퇴 전 후계자는 반드시 조직에 대한 헌신을 입증해야 하고, 신뢰성 및 정당성을 확보하는 한편 기업을 효과적으로 운영할 수 있는 능력개발이 선행되어야 한다.

2. 경영자와 후계자의 리더십 이전

1) 경영자와 후계자의 리더십 이전

경영자와 후계자의 리더십 이전 즉 바통 주고받기는, 경영자와 후계자 두 주자 간의 속도, 호흡, 위치 등이 절묘하게 맞아떨어질 때 제대로 이루어진다. 이를 위해서는 무엇보다도 많은 연습이 필요하다.

그러나 여기에도 많은 위험이 도사리고 있다. 만약 한 주자가 계속 바통을 쥐고 있거나 다른 주자가 어설프게 쥐고 있는 등 바통의 주고받기가 제대로 되지 않으면, 경주는 지게 된다. 많은 가족기업은 바통 주고받기 이 단계에서 실수를 범한다. 승계 내정자는 부회장과 같은 광범위한 직위가 주어지면서 사업에 대해 될 수 있으면 많이 배우도록 요구되고 어떠한 것에도 권한이 주어지지 않고 여기저기 떠돌아다니게 된다. 그러고 나서 "취임식"날 모든 책임이 갑작스레 넘겨지면서 후계자는 전속력으로 질주를 시작할 거라 기대를 받는다.

따라서 경영자와 후계자의 성공적인 리더십 이전은 앞에서 살펴본 것처럼 단계적 전환이 이루어져야 하며, 또한 우아하게 넘겨줘야 한다. 일반적으로 후계자는 사업을 자기 방식대로 이끌어 가고 싶은 마음이 간절하지만, 경영자는 리더십을 넘겨준 후에도 계속 기업 경영에 관여하는 경우가 종종 나타난다. 더구나 후계자는 경영자가 언제, 얼마만큼 사업에 관여할지 알지 못한다. 릴레이 경주에서 넘어지거나 충돌하거나 바통을 떨어뜨렸거나, 바통이 너무 늦게 전달되어 경주에서 지는 일이 발생하지 않도록 해야 한다. 어느 가족기업의 경우, 91살 창업주가 글을 쓰기에 손이 너무 떨린다는 이유 하나로, 수표에 사인하는 권한을 이제야 64살 아들에게 위임했다. 또 다른 경우, 58세인 제3세대

가족기업 경영자는 승계를 빨리 받고 싶지만, 79살 된 그의 아버지는 은퇴에 대해서 생각조차 하지 않고 있다. 이러한 조악한 노인네들은 젊은 세대뿐만 아니라 아마도 사업 자체의 잠재력까지 낭비하고 있는 셈이다. 그러므로 오너는 권력 이양을 위한 마감을 정할 필요가 있다(남영호 외, 2008).

2) 리더십 이전의 장애물

권력의 이양은 복잡하고도 어려운 과정이므로 장애물도 많이 따른다. 첫째로, 은퇴 후 경영자의 재정적 안정이 걸림돌이 될 수 있다. 만약 당신이 재무적으로 독립돼 있지 않으면, 사업에 끼어들고 싶은 유혹을 뿌리칠 수 없을 것이다. 둘째로, 많은 경영자는 개인의 정체성 상실, 무료함 혹은 무가치성에 대해 두려워한다. "*나는 은퇴한 바로 다음 날 죽은 세 사람을 알고 있어!*" 하면서 창업주는 과거를 회상할지도 모른다. 다른 특별한 취미가 없는 창업주나 그 부모님이 만족스럽지 못한 은퇴를 한 경우는 대부분 문제를 일으킨다.

후계자가 점차 결정권을 가지면서, 경영자는 새로운 활동을 시작할 수 있다. 대부분 경영자는 레크리에이션이나 레저 이상의 것이 필요하다는 걸 느낀다. 그들은 리더십에 대한 책임감과 뭔가 새로운 것에 대한 개발을 해야 한다. 무엇보다도 중요한 것은 경영자는 리더십 이양이 끝나고 난 후 사업체로 복귀하는 건 피해야 한다. 많은 기업가는 은퇴 후 2년 또는 5년 만에 복귀하고 싶은 유혹을 느끼는데, 특히 주식 통제에 대한 투표권을 계속 유지하고 있다면 더욱 그렇다. 이런 움직임은 거의 매번 가족관계를 심각하게 해롭게 하고, 두 명의 리더의 존재는 사업 자체에도 매우 나쁜 영향을 미친다. 안전책으로 경영자는 은퇴 전 아니면 은퇴 시는 주식 통제에 대한 투표권을 포기하여야 한다. 경영자는 사업체를 넘겨주는 걸 기쁜 마음으로 해야 하고, 후계자는 그 권한을 취할 자격이 있어야 한다.

3. 후계자 결정의 내·외부 알림

승계 결정이 가족과 회사에 알려지는 방식은 결과에 큰 영향을 미칠 수 있다. 만약 가족의 다른 구성원이나 주요 경영자가 후계자는 단지 부모의 총애 때문에 뽑혔다고 생각한다면, 그 후계자는 시작부터 신뢰와 권위가 없어지게 될 것이다. 반면에, 만약 관련된 모든 사람이 후계자는 객관적인 기준에 근거하여 계획된 승계 과정을 거쳤다고 명백하게 생각한다면, 권력 이양은 더욱 자연스럽게 이루어질 것이다. 이는 승계에 대한 가족과 의사소통은 될 수 있는 한 빨리 시작하고, 종종 후보자가 정해지기 전에 이루어져야 함을 의미한다. 일단 결정이 되면, 이 사항은 가족과 기업에서 이를 알려고 하는 사람들 모두에게 조심스럽게 전달되어야 한다. 이 결정의 메시지가 나머지 가족 구성원들 대부분에게 선택된 후계자보다 열등하다고 느끼게 하여서는 안 된다. 한편, 선발된 후계자 역시 능력 있고 리더십이 있으며 존경받는 경영자라는 사실에 대해 추호 의심의 여지를 남겨서도 안 된다.

많은 가족기업들은 다른 사람의 감정을 해칠까 봐 승계 결정에 대해 거의 말이 없다. 이는 아무도 권력 이양의 중요성을 부각하지 않는다는 의미이다. 그러나 이런 침묵은 후계자를 몰래 손상할 수 있다. 일단 후계자가 확정되면 창업주는 공개적으로 자기가 은퇴하리라는 것을 공식화해야 한다. 기업의 임무, 전략, 그리고 가치관은 승계전략의 중요 요소와 함께 동시에 발표돼야 한다. 바통이 전달되면 경영자와 후계자는 사업의 목적과 전략을 다시 한번 명확히 밝히고 업무 변동에 관해 설명하기 위하여, 공동 선언문을 준비시켜야 한다. 경영자의 은퇴 후 계획도 이 공동 선언문의 내용 일부가 되어야 하는데, 특히 경영자가 계속해서 회사와 관련 있는 역할을 맡았을 때 더욱 그러하다. 이는 혼란의 여지를 없애거나 나아가 경영자의 복귀에 대한 여지를 없애는 것이다.

1) 후계자의 역할

후계자는 의사소통에 대해 특이한 문제에 부딪히게 된다. 후계자는 공인으로서 후계자다운 언행과 행동을 하여야 한다. 가족기업이라는 독특한 세계에서 경영을 맡은 새로운 후계자는 소유권의 의미를 자체적으로 재정립하고 그걸 명확히 할 방법을 찾아야 한다. 후계자는 무엇보다도 먼저 기업과 가족에게 후계자가 되었다는 사실을 조심스럽게 알려야 한다. 후계자는 창업주인 체할 필요성도 당위성도 없다. 하지만 그는 자기 나름대로 명백한 방법으로 기업에 대한 똑같은 열정과 관심을 표현함으로써 효과적인 리더십을 향한 장족의 진보를 걸을 수 있다.

2) 조직 차원에서의 승계

가족기업 소유주들은 단지 기업의 리더십 차원에서만 종종 승계계획을 생각한다. 하지만 승계는 조직 전체에 심오한 변화를 가져온다. 다른 주요 임원들의 새로운 경력경로, 기업문화, 새로운 경영시스템과 경영방식의 변화, 이 모든 것들이 조직 전체에 엄청난 스트레스를 가져올 수 있다. 예를 들면, 오랫동안 재직해온 충직한 임원을 계속 유지할 것인가? 후계자가 특별히 선택한 팀에게 주어질 여분의 자리는 있는가? 이러한 질문들은 부모와 자식 간에 격렬한 감정의 대립을 일으킬 수 있다. 또한, 이사회의 구성은 새로운 최고경영자의 욕구에 맞게 바꾸어질 필요가 있을지 모른다. 이는 또한 오해나 불편한 감정을 피하려고 승계 과정에서 논의돼야 한다. 나아가 가족구성원의 직무 관계, 각자의 직무에 대한 권한과 의무 및 책임, 주주와의 관계 등도 확실하게 해두어야 한다(아라노프 · 워드, 2000).

[소사례] 80년 레고 왕국, 네 번째 가업승계

37세 아들 부회장 임명…'레고 부활' 이끈 예르겐 CEO 유지

세계 최대 장난감 회사 레고가 4대째 가업승계를 이룰 전망이다. 월스트리트저널(WSJ)은 27일(현지 시각) "키엘드 키르크 크리스티안센 레고 그룹 회장(80)이 그의 아들인 토마스 키르크 크리스티안센(37·사진)을 부회장으로 임명했다"라고 보도했다. WSJ는 "이번 임명이 2007년부터 시작된 지분 승계 작업의 마지막"이라고 전했다. 키엘드 회장은 2007년 자신과 아들의 레고에 대한 지배권을 강화하기 위해 여동생 지분을 매입했다.

이번에 토마스 부회장은 키엘드 회장을 대신해 레고 그룹 지분의 25%를 소유한 레고재단 사장으로도 임명됐다. 키엘드 회장은 레고 그룹 지분의 75%를 소유한 지주회사 키르크비의 회장으로 남아 있게 됐다. 키르크비는 키엘드 회장의 가족이 지분 100%를 갖고 있다.

토마스 부회장은 최고경영자(CEO)로 나서지는 않을 전망이다.

그는 "크리스티안센 가문은 앞으로도 CEO를 맡지 않을 것"이라고 말했다. 크리스티안센 가문은 각 세대에서 한 명을 선택해 가문, 레고 그룹, 레고재단의 관계를 감독하는 역할을 맡겨왔다. 레고가 경영 위기에 봉착한 2004년 키엘드 회장은 경영에서 물러나고 당시 33세였던 맥킨지 컨설턴트 출신의 예르겐 비그 크누스토르프를 CEO에 임명하면서 처음으로 전문경영인에게 경영을 맡겼다.

크누스토르프 CEO는 비주력 사업을 과감히 정리하고, 레고 블록 사업에 집중하면서 레고 그룹을 다시 성장하는 기업으로 탈바꿈시켰다. 레고 그룹은 지난해 140여 개국에서 13억9,000만 달러(약 1조3,900억 원)의 이익을 거두며 빠른 성장세를 나타냈다. 파이낸셜타임스는 "토마스 부회장은 매년 수십억 개의 레고 블록을 만드는 데 들어가는 유성 플라스틱을 대체하기 위한 물질을 찾는 동시에 크누스토르프 CEO와 함께 레고 그룹의 성장세를 유지해야 하는 과제를 안고 있다"라고 말했다.

토마스 부회장은 '레고는 단순한 장난감이 아니다'라는 크리스티안센 가문의 철학도 이어나갈 것이라고 밝혔다. 레고 그룹을 연구해 온 런던 캐스비즈니스스쿨의 메리언 루이스 학과장은 "토마스 부회장은 크리스티안센 가문이 추구하는 가치를 물려받았다"라며 "그들은 항상 레고가 단순히 놀기 위한 장난감이 아니라 아이들이 스스로 발전하기 위한 교보재라고 강조해 왔다"라고 말했다.

(자료: 한국경제 2016.4.29.)

제 6 절 가업승계와 조세

1. 가업승계 세제 지원제도와 이의 변화과정

가업승계는 부(富)의 대물림이 아니라 '책임의 대물림'이며 '제2의 창업'이므로 세대를 가로질러 존속하는 장수기업은 국가 경제적으로도 매우 중요한 의미가 있다. 이런 가업승계를 가로막는 주된 장애 요인은 무엇일까? 중소기업중앙회(2014)에서 실시한, 「가업승계 실태조사」에 의하면 '상속증여세 등 부담(76.6%)'이 제일 큰 장애 요인이었고, 이어서 지분구조의 복잡성으로 승계곤란(7.4%), 거래처 물량축소 및 관계악화(4.4%), 금융기관 자금활용 곤란(3.8%)의 순으로 나타났다.

가업승계 관련 세제 지원제도는 2007년 이후 매년 개정되었다. 2016년 2월 현재 시행되고 있는 제도 중 가장 핵심적인 내용은 첫째로, 대상기업의 확대이다. 대상기업은 종전 중소기업으로 매출액 2천억 원 이하에서 매출액 3천억 원 미만으로 확대하였으며, 공제율 역시 100%(한도 500억 원)로 확대 시행하고 있다(2015년부터 적용). 둘째로, 증여세 과세특례 제도의 확대이다. 공제 한도를 종전의 30억원에서 100억 원까지 확대하여 10% 저율 과세(30억 초과시 20%)를 적용하고 있다(2015년부터 적용). 셋째로, 가업상속공제 요건완화이다. 종자 및 묘목생산업 영위 기업이 가업용 자산가액 중 부동산의 자산가액 비율이 50% 미만일 때 가업상속공제를 허용한다. 넷째로, 상속인 요건완화이다. 상속인을 단독상속에서 처음으로 공동상속을 허용하였으며, 상속인의 업종 변경을 소분류 내에서 허용(상속 당시 업종의 매출액 30% 유지) 하였다.

2. 가업승계 세제지원 제도의 문제점과 개선방안

1) 가업상속공제의 적정화 검증

창업자의 고령화로 가업승계가 중소기업 경영자들(오너)의 초미의 관심사가 되어, 2007년부터 세법을 개정하기 시작하여 2015년 말까지 9차에 걸쳐 이루어졌다. 가업상속공제가 1억 원에서 500억 원으로 확대되었고, 증여세과세특례도 30억 원에서 100억 원으로, 대상기업 역시 3,000억 원 미만으로 확대되었다. 이처럼 가업상속에 대한 세제상의 혜택은 다른 재산의 상속과 달리 일자리의 창출(독일에서는 제2의 창업으로 인식)과 더불어 가업상속이 부(富)의 대물림이 아니라 '기업가정신과 책임의 대물림'으로 인정받기 때문이다. 따라서 구체적으로 가업상속공제가 세제지원으로 인한 효과가 어느 정도인지 검증이 필요하다. 이를 근거로 세제지원의 방향과 크기를 결정하고, 동시에 상속증여세가 경제의 '세습자본주의화'를 방지하는 데 중요한 역할을 하는 제도인지 역시 검증할 필요가 있다(안숙찬, 2013; 김유찬, 2015).

2) 한국형 히든 챔피언에 대한 지원 세제의 확대

가업승계 시 세제지원을 하는 가장 큰 이유는 가업승계가 부의 대물림이 아니라 기업가정신과 책임의 대물림으로 인식하기 때문이다. 즉 가업승계가 실패하여 수십 년간 축적한 고유의 기술 및 경영 노하우가 사장된다면 국가적으로도 큰 손실이 될 수 있다는 의미이다. 그러므로 세제상의 혜택에 필요한 요건만 갖추면 모든 중소기업에 똑같은 혜택을 주는 것은 재고되어야 한다. 결국 헤르만 지몬이 주장한 히든 챔피언(hidden champion)이나 강소기업의 범주에 해당되는 기업과 같은 기술혁신형 중소기업은 적극적으로 찾아내어 육성하고, 이들 기업이 가업승계를 한다면 지원 세제의 확대가 필요하다.

3) 생전 증여의 확대 및 활성화

가업승계는 크게 피상속인의 사후에 이루어지는 상속과 살아있을 때 생전에 이루어지는 증여로 나눌 수 있다. 이 중 기업가정신과 책임의 대물림은 생전에 이루어지는 증여가 훨씬 효과적이라고 한다. 독일, 일본은 모두 가업승계가 증여와 상속으로 인한 경우를 구분하지 않고 동일한 세제의 혜택을 주고 있다(안숙찬, 2013). 나아가 우리나라 중소기업 경영자들도 본인의 생전에 소유 및 경영권을 이양하는 증여를 통한 승계(44.5%)를 가장 선호하며, 상속을 통한 승계(20.2%)는 상대적으로 덜 선호하고 있다(기은경제연구소, 2007). 따라서 8차 개정(2014)에서 증여세 과세특례가 100억 원으로 확대되었지만, 상속과 똑같이 500억 원으로 확대돼야겠다.

4) 자본이득세로의 전환

자본이득세(capital gains tax)란 자본자산[3]의 매각에서 발생하는 이득과 손실에 대한 조세이다. 우리나라의 경우 상속유형은 대략 50%가 부동산, 40%가 금융자산이므로 생산을 위해 재투자될 때 결국은 우리나라의 경제성장에 도움이 된다. 즉 부의 상속이 나중에 소득으로 현실화하면 발생되는 소득에 대해 과세할 수 있으며, 이러한 관점은 상속세를 보는 시각을 '자본이득세'로 전환하는 것이다. 따라서 장기적으로 상속세를 폐지하고 대신 자본이득세로 과세하는 방법은 피상속인이 자산을 취득한 후 발생한 미실현이익에 대해서만 과세한다는 점과

3) 1년 이상 보유하는 주식과 채권, 부동산, 기업의 매각, 파트너지분, 특허권 등.

상속세 반대 근거의 가장 큰 이유인 이중과세 논쟁에서 벗어날 수 있다. 현재 캐나다, 호주, 뉴질랜드, 이탈리아, 스웨덴 등의 국가에서 이 제도가 도입되고 있다(현진권, 2006).

〈표 8-4〉 가업승계 세제지원 제도 개선 추진 경과

적용년도	내 용	종 전	개 선
제1차 2007년도	가업상속공제확대	1억원	공제율20% (한도30억원)
	증여세과세특례도입	-	공제한도30억원
제2차 2008년도	가업상속공제확대	공제율20% (한도30억원)	공제율40% (한도100억원)
	피상속인사업기간축소	15년	10년
제3차 2009년도	피상속인대표자재직요건완화	총가업기간중80%	총가업기간중60%
	주식할증평가배제연장	2009년말	2010년말
제4차 2010년도	최대주주지분율요건완화	상장40%, 비상장 50%	상장30%, 비상장 50%
	대상기업확대	중소기업	중소기업+매출액 1,500억 원 이하
	일몰기간연장	증여세과세특례, 창업자금증여, 주식할증배제(2010년말)	증여세과세특례, 창업자금증여(2013년말), 주식할증배제(2012년말)
제5차 2011년도	가업상속공제확대	공제율40% (한도100억원)	공제율70% (한도 300억 원)
제6차 2012년도	대상기업확대	중소기업+매출액 1,500억 원 이하	중소기업+매출액 2,000억 원 이하
	일몰기간연장	주식할증배제 (2012년말)	주식할증배제 (2014년말)
제7차 2013년도	상속인요건완화	세세분류내업종유지 상속개시일2년전계속가업종사	세분류내업종유지 상속전2년이상가업종사 배우자가요건충족시공제적용
	가업상속공제확대	공제율70% (한도 300억 원)	공제율100% (한도500억원)
	대상기업확대	중소기업+매출액 2,000억 원 이하	중소기업+매출액 3,000억 원 미만
	피상속인대표자재직요건완화	가업기간 60% 이상 또는 상속직전 10년중 8년 이상	가업기간 50% 이상 또는 상속직전 10년중 5년 이상 또는 가업기간

적용년도	내 용	종 전	개 선
			중 10년 이상
	10년 사후관리위반 시 추징명령	불충족 시 전액추징	7년후 안분추징 (90%~70%)
	일몰기간삭제	가업승계·창업자금증여세 과세특례 일몰(2013년말)	가업승계·창업자금증여세 과세특례 영구화
제8차 2014년도	증여세과세특례 확대	30억 원(10%)	100억 원(10%, 30억원 초과 20%)
	사후관리 유지기간	10년	7년
제9차 2015년도	가업상속공제 요건 완화	-	종자 및 묘목생산업 영위 기업이 가업용 자산가액 중 부동산의 자산가액 비율이 50%미만인 경우 가업상속공제 허용
	상속인요건완화	단독상속 세분류내업종유지	공동상속 소분류내업종변경허용 (상속 당시 업종의 매출액 30% 유지)

자료: 중소기업청 · 중소기업중앙회(2015), 『2015 중소기업가업승계안내서, 가업승계 A에서 Z까지 V』, p.10/ 법제처(www.law.go.kr).

[소사례] 신사업 진출하면 상속공제 안 해줘, 누가 기업 키우려고 투자 나서겠나

욕실용 자재업체 와토스코리아의 송공석 대표(69)는 지난해 절수형 양변기, 비데 등으로 사업을 확장하려던 계획을 접었다. 신사업이 성공해 기존 제품보다 매출 비중이 커지면 회사의 '주 업종'이 바뀌어 승계 과정에서 공제받을 수 없다는 걸 알게 됐기 때문이다. 송 대표는 "주 업종이 바뀌면 그로부터 최소 10년은 지나야 공제받을 수 있다"라며 "일흔을 앞둔 처지인데 10년 내 사망이라도 하면 한 푼도 공제받지 못하는데 투자할 수 있겠느냐"고 하소연했다. 이 회사처럼 업종 제한 문제 때문에 가업상속공제를 포기하는 중소기업이 속출하고 있다. 가업상속공제는 연 매출 3,000억 원 미만 기업을 10년 이상 경영한 사업자가 기업을 승계할 때 최대 500억 원까지 상속 재산에서 공제해주는 상속 및 증여세법상 제도다.

정부는 상속공제 범위를 중분류 안에서 업종 변경만 허용하고 있다. 한국표준산업분류(KSIC)는 대분류, 중분류, 소분류, 세분류, 세세분류 등으로 구분된다. 중분류가 다른 제품에 진출하면 주 업종이 바뀐다는 이유로 상속공제 대상에서 제외한다.

와토스코리아의 주력 제품인 샤워기 헤드, 양변기 부속품 등은 중분류 22번 코드(고무 및 플라스틱 제조업)에 속해 있다. 신사업으로 준비했던 양변기, 비데 등은 각각 중분류 23번(비금속 광물제품 제조업) 및 28번(전기장비 제조업)으로 다르다. 송 대표는 "같은 욕실 제품인데도 정부가 정해 놓은 획일적 잣대로 상속공제 대상에서 제외된다"라고 푸념했다.

국세청의 평가심의위원회 심의를 거치면 중분류 이외 업종으로 바꾸는 게 가능하다. 하지만 대표 사망 등 상속 조건이 갖춰진 시점에 심의하기 때문에 기업으로선 미래가 불확실하다는 평가다. 그동안 심의위를 신청한 기업이 한 곳도 없는 이유다.

'10년간 30% 이상(비상장사 50%) 지분을 유지하며 대표자로 종사'하는 공제 사전 요건도 부담스러운 기준이다. 제조업 상장사 B 업체는 사업 확장을 위해 유상증자를 했다. 생산능력을 확대했고 매출도 1,000억 원이 넘었다. 그러나 상속 준비를 시작하면서 공제 요건에 발목이 잡혔다. 증자로 지분율이 29%로 1%포인트 줄어든 게 화근이었다. 상장사 15%, 비상장사 30%로 기준을 낮춰야 한다는 게 전문가들의 공통된 지적이다.

(자료: 한국경제 2021.07.05.)

3. 유언제도

1) 유언의 의의와 성격

유언이란 유언자가 생전에 하는 의사표시로 유언자의 사후에 그 효과를 발생하게 하는 제도이다. 유언은 도덕적인 훈시나 법률상 효과가 없는 내용도 포함할 수 있다. 유언에는 유언의 자유와 유언법정주의가 있다. 유언의 자유란 유언능력자가 언제든지 자유로이 유언할 수 있고 자유로이 이를 변경하거나 철회할 수 있는 자유를 말한다. 또한 유언의 사항이나 유언방식을 법으로 규정하는 것을 유언법정주의라 한다(신재열 외, 2016).

법률적으로 유언의 효력이 있는 사항은 다음과 같다. ① 상속분을 지정할 수 있다. ② 유산분할 방법을 지정하거나 위탁할 수 있다. ③ 상속인을 폐지 및 취소할 수 있다. ④ 유언 집행자를 지정하거나 위탁할 수 있다. ⑤ 상속인 이외의 사람에게도 상속할 수 있다. ⑥ 재단법인 등에 기부할 수 있다. ⑦ 유언신탁을 설정할 수 있다. ⑧ 비적출자(서자)를 인정할 수 있다. ⑨ 미성년자의 후견인을 지정할 수 있다(남영호 · 박근서, 2008).

2) 유언의 방식

유언은 유언자가 사망한 때에 효력이 발생하는데, 유언의 방식에는 유언자(피상속인) 각자의 사정과 형편에 따라 5가지의 방식으로 나눌 수 있다. 먼저 보통 방식으로 자필증서유언, 녹음유언, 공정증서유언, 비밀증서유언이 있으며, 특별방식으로 구수증서유언이 있다. 자세한 사항은 〈표 8-5〉를 참조하기 바란다.

〈표 8-5〉 각종 유언방식의 비교

구분	작성자	자서	확정일자	증인수	서명·기명날인*
자필증서	유언자	0	×	×	0
녹음	유언자 · 증인	×(구술녹음)	×	1인	× (유언자 · 증인의 녹음)
공정증서	공증인	×(구술작성)	×	2인	0 (유언자 · 증인 · 공증인)
비밀증서	유언자 등	0(엄봉)	0(제출일 부터 5일)	2인 이상	0 (유언자 · 증인)
구수증서	증인	×(필기)		2인 이상	0 (증인)

* 유언에 참여한 유언자·증인 등은 자신의 성명을 기록하고 날인 또는 녹음하여야 함.
자료: 신재열 외(2016), 2016 상속세 및 증여세 실무해설, 영화조세통람, p.66.

주요용어

가업승계, 가업승계의 고려요소, 계획적 행동이론(TPB), 가업승계의 단계, 리더십 이전, 가업승계 세제지원 제도, 자본이득세, 유언제도

생각하기

1. 가업승계가 왜 필요한지 그 이유를 생각해 보자.

2. 최근 젊은이들은 결혼을 기피하거나 늦게 하며 자식도 한 명 정도 낳으며, 중년들은 황혼이혼이 급증하고 있다고 한다. 이러한 시대적인 변화가 가족기업에 미치는 영향과 그 대책을 생각해 보자.

3. 현재의 오너로부터 후계자로의 성공적인 리더십이 이전되려면 어떻게 해야 할까?

4. 가업승계 시 조세에 대한 지원이 필요한가? 그 이유는?

참고문헌

기은경제연구소(2007), 『중소기업 경영승계의 실태와 과제』.

김선화 · 남영호(2011a), "가족기업의 사회적자본과 승계프로세스에 관한 탐색적 연구", 대한경영학회지, 24(2), 743-767.

김선화 · 남영호(2011b), "가족기업의 승계프로세스 관련 이해관계자별 영향요인에 관한 문헌검토", 중소기업연구, 33(3), 23-48.

김유찬(2015), "가업상속공제제도의 문제점과 개선방안", 가업승계제도간담회(9차) 자료.

남영호(2005), "가족기업의 승계계획에 관한 연구", 산업경제연구, 18(1), 57-78.

남영호 · 박근서(2008), 『가족기업론』, 청목출판사.

신재열 · 노희구 · 김지암(2016), 『2016 상속세 및 증여세 실무해설』, 영화조세통람.

안숙찬(2013), "가업승계 지원 세제의 개선방안", 대한경영학회지, 26(12), 3189-3210.

조창배 · 문혜영(2014), 『수성, 가족기업의 두 번째 이야기』, 서울엠.

중소기업청 · 중소기업중앙회(2015), 『2015 중소기업가업승계안내서, 가업승계 A에서 Z까지 V』.

크레이그 아라노프, 존 워드 지음(남영호 역)(2000), 『가족기업의 승계전략』, 명경사.

현진권(2006), "개방화시대의 상속세제 개편방향", 중소기업중앙회 「상속세 현황 및 개선방안」, 3-16.

Ajzen(1987), "Attitudes, traits, and actions: Dispositional prediction of behavior in social psychology", *Advances in experimental psychology*, 20, 1-63.

Aronoff Craig and John L. Ward (1992), 『Family Business Succession: The Final Test of Greatness』, *Family Business Leadership Series*, No.1, Marietta, GA, Business Owner Resources.

Barach, J. A., J. Barrera, B. C. Mangino, and B. Baird(1991), "Keeping the family in the firm," Proceedings of the 1991 Family Firm Conference, pp. 48-57.

Beckhard, R. & Dyer, W. G. Jr.(1983), "Managing continuity in the family owned business", *Organizational Dynamics*, 5-12.

Cabrera-Suarez, K., P. D. Saa-Perez, and D. Garcia-Almeida(2001), "The succession process from a resource and knowledge-based view of the family firm," *Family Business Review*, Vol.14, No.1, pp. 37-46.

Cadieux, L.(2007), "Succession in small and medium-sized family business: Toward a typology of predecessor roles during and after instatement of the successor", *Family Business Review*, 20(2), 95-109.

Chrisman, J. J., J. H. Chua, and P. Sharma(1998), "Important attributes of successors in family business : An exploratory study," *Family Business Review*, Vol.11, No.1, pp. 19-34.

Christensen, C. M.(1953), 『Management succession in small and growing enterprises』, Boston: Division of research, Harvard Business School.

Danco(1982), "From the other side of the bed", Ohio: The University Press.

Dunemann Mark, Rowena Barrett(2004), "Family Business and Succession Planning: A Review of the Literature", Monash University, Family and Small Business Research Unit.

Dyck Bruno, Michael Mauws, Frederick A. Starke and Gary A. Mischke(2002), "Passing the Baton: The importance of sequence, timing, technique and communication in executive succession", *Journal of Business Venturing*, 17, 143-162.

Dyer, Jr., W. G.(1986), "Cultural change in family firms: Anticipating and managing business and family transitions", San Francisco: Jossey Bass.

Fiegener, M. K., B. M. Brown, R. A. Prince, and K. M. File(1994), "A comparison of successor development in family and nonfamily businesses," *Family Business Review*, Vol.7, No.4, pp. 313-329.

Gersick K. E., J. A. Davis, M. M. Hampton & Ivan Lansberg(1997), "Generation to Generation: Life Cycles of the Family Business", Harvard Business School Press.

Handler, Wendy C, & Kram(1988), "Succession in Family Firms: The Problem of Resistance", *Family Business Review*, 1(4), 361-381.

Handler, Wendy C.(1989), "Managing the family firm succession process: The next generation family member's experience", *Doctoral dissertation*, School of Management: Boston

University.

Kets de Vries, M. F. R.(1993), "The dynamics of family-controlled firms," *Organizational dynamics*, Vol. 21, No.3, pp. 59-71.

Krueger, N. F., Jr. & Carsrud, A. L.(1993), "Entrepreneurial Intentions: Applying the theory planned behavior", *Entrepreneurship and Regional Development*, 5, 315-330.

Lansberg, Ivan S.(1988), "The Succession Conspiracy", *Family Business Review*, (2), 119-143.

Lansberg, Ivan(1999), "Succeeding Generation: Realizing the dream of families in Business", Harvard Business School Press.

Lansberg, I. & Astrachan, J. H.(1994), "Influence of family relationships on succession planning and training: The importance of mediating factors, *Family Business Review*, 7(1), 39-59.

Mass Mutual Financial Group, Raymond Institute(2003), "American Family Business Survey", Loyola University Chicago/Kennesaw State University/Babson College.

Morris, M. H., R. O. Williams, J. A. Allen, and R. A. Avila(1997), "Correlates of success in family business transition," *Journal of Business Venturing*, Vol.12, No.5, pp. 385-401.

Pontet, S.B., C. Wrosch, and M. Gagne(2007), "An exploration of the generational differences in levels of control held among family businesses approaching succession", *Family Business Review*, 29(4), 337-354.

Sharma, P., J. H. Chua, J. J. Chrisman(2000), "Perceptions about the extent of succession planning in canadian family firms", http://www.haskayne.ucalgary.ca/research/centers/cfbme/media/cjas.pdf.

Sharma, P., J. J. Chrisman, A. L. Pablo, J. H. Chua(2001), "Determinants of initial satisfaction with the succession process in family firms: A conceptual model", *Entrepreneurship Theory and Practice*, 25(3), 17-35.

Smymios, Kosmas, Romano, Claudio, and Tanewski, George(1997), "The Australian Family and Private Business Survey", *National Mutual Family Business Research Unit*, Monash University.

Venter, E., C. Boshoff, and G. Maas(2005), "The influence of successor-related factors on the succession process in small and Medium-sized family businesses," *Family Business Review*, Vol.18, No.4, pp. 283-303.

Ward John L.(1987), "Keeping The Family Businesses Healthy』, San Francisco: CA., Jossey-Bass.

http://courses.bus.ualberta.ca/ orga488-reay/, Family firms in France.

제 9 장 후계자 교육훈련과 리더십개발

제 1 절 후계자 교육 · 훈련의 중요성

제 2 절 후계자 교육 · 훈련 프로그램

제 3 절 후계자의 리더십개발

제 4 절 전문경영자

학습내용

후계자 교육훈련은 가업승계에서 중요하며 가족기업의 미래를 결정한다고 한다. 이 장에서는 후계자 교육 · 훈련의 중요성과 교육 · 훈련프로그램, 후계자의 리더십개발, 그리고 마지막으로 전문경영자에 대해 알아본다.

제 1 절 후계자 교육 · 훈련의 중요성

가업승계(가족기업의 승계계획)는 가족기업의 경영에서 가장 중요한 문제이며 가족기업의 승패를 결정하는 핵심적인 이슈이다. 또한 가족기업의 승계계획은 하루아침에 이루어지는 이벤트가 아니라 기나긴 하나의 과정이다. 여기서는 먼저 후계자 교육의 중요성에 대하여 살펴보고자 한다.

첫째로, 가족기업의 영속성을 보장하기 위해서다. 일반적으로 대부분의 가족기업은 가족 내에서 경영권과 소유권이 계속 유지되기를 바란다. 또한 창업 세대인 현재의 기업가 역시 기업과 가족의 영속성을 동시에 바란다. 기업과 가족의 영속성과 동시에 성장을 위해서는 믿을만한 후계자가 가족구성원 중에서 나와야 한다. 믿을만한 후계자가 되기 위해서는 기업을 경영할 능력과 하고자 하는 의지가 동시에 뒤따라야 한다. 능력과 의지가 수반되지 않고 단지 오너의 후손이란 이유로 후계자가 결정되는 가족기업은 기업의 경영성과 악화와 더불어 영속성을 보장하기 어렵다.

둘째로, 가족기업 자체의 특성 때문이다. 가족기업의 CEO는 일반 공개기업의 CEO보다 훨씬 더 많은 어려움에 직면하곤 한다. 왜냐하면 가족기업의 CEO는 바통을 받은 후 출발부터 기업뿐만 아니라 가족 내에서도 어른의 역할과 책임을 수행해야 하기 때문이다. 그러므로 후계자에게 기업을 경영할 탁월한 능력을 교육 · 훈련하는 것이 매우 중요하다. 기업을 경영할 능력과 의지를 갖춘 후계자의 육성이야말로 기업에 신뢰와 독립심을 줄 수 있다.

셋째로, 창업 세대의 희망 사항이다. 승계계획은 단지 가족기업을 유지하려는 필요성보다는 믿을만한 후계자의 존재가 더 필요하다. 일반적으로 창업자인 부모 세대는 온갖 어려움과 힘든 과정을 극복하고 오늘의 기업에 도달하였으므로, 능력을 갖추지 않은 자식들이 바로 기업에 들어오기보다는 리더로서 자질을 키우고 난 뒤 기업에 입사하도록 권하고 있다. 즉 부모 세대보다 자식은 좀 더 수월하게 기업을 경영하기를 바라기 때문이다. 그러기 위해서는 결국 능력 있는 후계자가 필요하다.

마지막으로, 사회적 여건의 성숙 때문이다. 오늘날 21세기는 기업의 영향력이 갈수록 커지고 있다. 초국가기업의 등장과 더불어 일반기업의 영향력과 권한 역시 점점 커지고 있으므로, 현 사회는 이에 대한 반대급부로 기업의 책임과 의무를 강조하고 있다. 사회적 책임과 더불어 윤리경영 역시 매우 강조되고 있다. 따라서 가족기업의 후계자는 기업을 경영할 능력과 재능을 갖추어야 기업의 이미지도 높이고 나아가 현 사회에서 손가락질도 면할 수 있다.

가족기업의 후계자는 후계자로서의 엄격한 교육훈련을 받고, 경영능력을 가진 후손이라야 가족구성원을 포함한 이해관계자집단과 더불어 사회로부터 믿음과 신뢰를 얻을 수 있다.

제2절 후계자 교육 · 훈련 프로그램

가족기업 경영의 어려움을 극복하고 나아가 기업의 영속성과 사회에서 인정과 동시에 존경을 받는 장수기업을 만들기 위해서는 후계자 교육이 무엇보다도 먼저 필요하다. 후계자(後繼者) 교육·훈련(教育訓練)은 다양하지만 여기서는 후계자(Whom)를 대상으로 누가(Who), 무엇을(What), 어떻게(How), 그리고 어디서(Where)의 관점에서 살펴보고자 한다.

1. 후계자(whom) 교육 · 훈련을 위한 준비사항

가업승계에서 후계자 교육 · 훈련의 대상은 당연히 가업을 물려받을 후계자이다. 그런데 후계자는 구체적인 승계 교육을 받기 이전에 기본적으로 준비해야 할 것이 있는데, 그것은 승계 후보자들을 위한 승계의 기본 개념, 다른 젊은이들의 경험과 조언, 후계자가 심사숙고하고 토론해야 하는 이유 등이다. 또한 후계자가 제대로 교육·훈련을 받기 위해선 부모의 역할도 매우 중요하다. 가업승계는 필연적으로 반드시 일어난다는 사실을 인지하고 후계자가 준비해야 할 사항과 부모가 준비해야 할 사항을 알아보자.

1) 부모가 준비할 사항

많은 기업가가 느끼는 바이지만, 자식들을 쓸모 있는 후계자로 양성하는 것은 새로운 사업체를 만들기보다 더 어려운 일이다. 그러므로 부모들은 자기의 뒤를 이을 후계자를 위해 준비해야 할 일이 매우 많을 것이다.

첫째로, 무엇보다도 먼저 부모는 자식들이 어렸을 때부터 승계를 위한 기초 작업을 하여야 한다. 기초 작업의 출발은 가문의 교육에 관한 것이며, 이는 후계자에 대한 각 가문의 교육원칙이 필요하다. 왜냐하면 자식이 어릴 때부터 형성된 가치관은 원활한 승계뿐만 아니라 좋은 가족관계를 유지하는 데도 도움이 되기 때문이다. 자식이 어릴 때부터 사업에 관한 이야기를 하면서 부모가 보낸 신호는 당신의 후대를 이어나갈 자식들의 태도에 영향을 끼치게 된다.

둘째로, 부모는 사업에 관한 좋은 점과 나쁜 점을 모두 자식에게 알려주어야 한다. 가족기업을 물려받을 대부분 상속인은 부모님이 집으로 돌아오면 불만을 토로하는 것을 자주 듣게 된다. "*공급부서가 주문을 잘못했어,*" "*은행은 돈을 빨리 상환하라 하네,*" "*두 사람이 오늘*

그만두었어," "*채무자들은 제때 돈을 갚지 않아,*" 등등. 때로는 "*모든 것을 그만두고 싶어!*"라는 말도 아버지는 하곤 한다. 그리고 그는 자기의 아들이나 딸에게 얼굴을 돌리고, "*언젠가 이 모든 것들은 다 네 것이야!*"라고 말하기도 한다. 갑작스러운 이 말에 자식들은 당황하거나 움츠러들 수 있는데, 이러한 반응은 당연하다. 만약 가족기업을 자식들에게 물려주는 것이 당신의 바람이라면, 사업의 즐거움과 슬픔에 대한 객관적인 관점을 일찍 알려주어야 한다. 두통거리뿐만 아니라 즐거움도 함께.

셋째로, 부모는 자식들에게 가족기업을 의무로서가 아니라 경력의 기회로 제공하여야 한다. '*장차 이 회사는 너희들의 것이야*'라는 말을 자식들에게 어릴 때부터 하거나 이러한 사실을 믿도록 해서는 아니 된다. 반면에, '*이 회사의 경영은 우리 가족 내에서 오랫동안 유지되었으면 좋겠어.*"라는 오너(부모님)의 바람은 그 누구에게도 감출 필요는 없다. "*만약 지금 내가 하는 기업에 관해 관심을 가진다면, 너는 크게 환영을 받을 거야. 하지만 이것은 단지 많은 선택 중의 하나에 불과해. 우리는 너의 결정이 무엇이든 그것을 받아들일 준비가 되어 있어, 나는 언제나 네 편이야*"라고 부모들은 말하여야 한다. 자식이 부모의 기업을 물려받는 것은 의무가 아니라 선택임을 잊지 말아야겠다.

2) 후계자가 준비할 사항

현 기업의 리더는 더 많은 경험, 지식, 융통성을 가진 다음 세대의 리더를 요구한다. 즉 철저한 준비가 필요하다는 의미이므로, 단지 성이 같다는 이유 하나로 후계자가 되어서는 아니 된다. 시니어 세대가 이러한 가족기업의 요구사항을 잘 인지하고 이를 후계자에게 미리미리 준비시켜야 한다. 또한 젊은 가족구성원들은 기업이 무엇을 기대하는지, 어떻게 준비하여야 하는지에 대하여 어릴 때부터 준비하여야 하며, 진입에 대한 일련의 규칙도 만들어야 한다. 이러한 규칙은 가족의 구성원이 본격적인 후계자 교육을 선택하기 전에 형성돼야 한다.

기업에 참가하기 전에 기본적으로 준비해야 할 것은 다음과 같다.

첫째로, 무엇보다도 먼저 가족기업에 관한 관심과 열정이다. '*이 회사는 결국 너의 것이 될 것이다. 아마도 벌써 일부는 너의 것이야.*' 어르신들로부터 이런 이야기를 많이 들었을 것이다. 가족기업에의 관여는 다른 그 어떤 관여와는 판이하다. 만약 당신이 가족이 소유하고 있지 않은 일반기업에 취직을 고려한다면, 아마도 3년 또는 5년 정도의 미래를 생각할 것이다. 그러나 가족기업은 후계자 여러분의 인생 전체를 차지하므로, 모든 가능한 한 수단을 세워 미래가 어떻게 변할 것인지를 심각하게 검토해야 할 것이다.

둘째로, 후계자는 기업의 (참여에 관한) 규칙에 따라야 한다. 기업의 고용과 관여에 대한 성문화된 정책이 있다면, 이는 시니어들이 과거에 만든 것으로 기업의 승계과정에 최선이라고 생각하는 것들이다. 시니어들은 후계자의 형제·자매, 그리고 사촌들을 평가하기 위한 게임의 법칙도 이미 만들어 놓았을 것이다. 여기에는 특정 산업에 대한 경험, 특정 주제에 대한 교육 정도 등도 포함하고 있을 수도 있다. 시니어들의 의도는 후계자들에게 능력 있는 리더십을 연마하도록 돕는데 있다. 이런 규칙을 지키는 것은 가족기업의 참여에 대한 의무사항은 아니지만, 이런 경력경로를 원한다면 이 규칙에 필요한 기술과 지식을 연마하여야 할 것이다.

셋째로, 후계자는 현재 부모님이 경영하는 이 가족기업을 통하여 평생 즐기며 일을 할 수 있는지 아주 심각하게 고려해 보아야 한다. 나아가 이 일을 통하여 자신의 능력을 개발하고 좋은 경험을 쌓을 수 있는지도 깊이 생각해 보아야 한다. 또한 후계자인 자식들은 이 일을 통하여 지식과 업적이 쌓이고, 이를 기초로 하여 많은 사람으로부터 존경을 받을 수 있도록 노력하여야 한다. 가족기업에 참여하는 일이 당신의 미래의 경력경로에 적합한 것이라면, 당신은 기업을 위해 중요한 공헌을 할 수 있을 것이다.

이처럼 가족기업에 대한 관심과 열정, 기업의 규칙준수, 자신의 경력개발 이외에 정말로 준비해야 할 중요한 것이 있다. 일단 후계자가 기업에 들어가기로 했다면, 그들은 최고의 혜택만을 누리려고 하지 말고, 가능한 **최대한의 공헌**을 하겠다는 생각을 가져야 한다. 이러한 마음의 자세 즉 태도야말로, 가족기업의 후계자가 된 사실이 능력이나 태도와 관계없는 타고난 특권이라는 나쁜 이미지를 없애주기도 한다.

〈표 9-1〉 1세대(부모)와 2, 3세대(자식)의 관점 차이

1세대(부모)	2, 3세대(자식)
정치적 혼란기, 극도의 가난	번영, 행운
공식적 교육의 기회 적거나 부재	선진국의 서구교육, MBA
근면, 검소, 희생	자신의 꿈과 목표 추구
집단주의	개인주의
대부분 시간을 기업에서 보냄	다른 경력을 쌓기에 민감함
(기업에 적용) -수탁자의 역할, 부의 보존 -증권시장(IPO)의 불신 -다수 지분으로 통제 -부채를 조심(빌리는 것은 나쁘다고 생각)	(기업에 적용) -경영자의 역할, 글로벌로 성장 추구 -유동성 대(對) IPO -비가족 이해관계자와 편안히 지냄 -부채는 낮은 자본비용으로 인식

자료: INSEAD/ABN-AMRO study, 2006

[소사례] 글로벌 명사들의 후계자론

▸"내 아들 존은 부엌 요리사부터 시작해 지난 30년간 내 뒤를 이어 CEO가 될 준비를 해왔다. 만약 내가 내 마음을 따랐더라면 존을 후계자로 선정했을 것이다. 그러나 시간이 지남에 따라 존에게 회사를 맡기는 것은 존에게도, 메리어트에도 좋은 결정이 아니라는 사실을 깨달았다. 존은 메리어트에서 일하는 것을 즐기지 않았고, 결국 회사를 떠났다. 쉽지 않았지만 옳은 결정이었다."
- 빌 메리어트, 메리어트 인터내셔널 회장

▸"7세대에 걸친 가업이다. 그 역사는 아주 무겁고 중요하다. 역사책에도 나온다. 어느 시점에서 스스로 '이 이름과 함께 어떻게 살아갈 것인가, 이 이름을 짊어질 것인가 아닌가'를 물어야 한다. 돈보다 훨씬

복잡한 문제다. 세상에 부자는 얼마든지 있지만, 사람들이 '로스차일드'라는 이름을 알지 못하는 장소는 아마 아프리카의 정글 정도를 제외하면 없을 것이다."
- 아리안 드 로스차일드, 에드몽 드 로스차일드 CEO

▶"자녀에게 성장할 기회를 줘라. 나는 에델만 경영에서 내 아이들이 성과와 리더십을 보이지 않는 한 아무것도 주지 않았다. 자녀들이 고생은 하겠지만 이렇게 해야 경영을 배울 수 있다. 또 경영자는 자녀와 함께 시간을 보내야 한다. 나는 아이들이 참가하는 스포츠 경기를 빼놓지 않고 관람했고 저녁 8시가 되면 휴대전화를 껐다. 자녀들은 부모로부터 배워야 한다. 나는 CEO인 지금도 부모님과 매일 대화한다."
- 리처드 에델만, 에델만 CEO

(자료: 포브스, 201805호(2018.4.23.)

2. 누가 가르치는가(who)

1) 멘토

일반적으로 후계자 교육의 경우 멘토는 현재 최고경영자의 친구나 혹은 어떤 관계에 놓여 있는 외부 가족기업의 최고경영자와 사내의 고참직원 등으로 구성되며, 멘토 위원회의 장은 외부 가족기업의 최고경영자가 맡게 된다. 멘토는 힘들지만, 후계자에게 기업의 역사, 전략, 철학과 문화 등을 가르쳐서, 그 후계자가 기업을 지탱해 나가는 중요한 원칙들을 잘 이해할 수 있도록 도와주어야 한다. 사업의 밑바탕을 이해하는 것은 변화를 가져올 승계자의 미래 능력에 아주 중요하기 때문이다.

멘토(Mentor: 후견인)란 상대방보다 경험이나 경륜이 많은 사람으로서 상대방의 잠재력을 볼 줄 알며, 그가 자신의 분야에서 꿈과 비전을 이루도록 도움을 주며, 때로는 도전도 해줄 수 있는 사람을 말한다.

예를 들면 교사, 인생의 안내자, 본을 보이는 사람, 후원자, 장려자, 비밀까지 털어놓을 수 있는 사람, 스승 등을 들 수 있다. 가족기업의 후계자로 성장하기 위해서는 수많은 멘토의 도움 없이는 불가능하다. 기업경영 시 어려움이 있을 때 조언을 해주고 방향을 제시해 주는 사람이 바로 멘토가 되며, 자문이나 도움을 받는 사람을 멘티(mentee)라 한다. 버크(Burke, 1984)는 멘토의 기능을 세 가지로 나누고 있다. 즉 후원, 노출, 지도 등의 경력개발기능, 수용 및 지원, 상담 등의 심리·사회적 기능, 역할모델의 역할모델 기능으로 나누고 있다(〈표 9-2〉 참조).

맥클렁에 의하면 멘토는 첫째, 사람의 잠재력을 볼 줄 아는 능력의 소유자, 둘째, 함께 시간을 보내고, 개발되고 성장하도록 도울만한 잠재력의 소유자, 셋째, 한 사람의 실수와 성품의 약점을 품을 수 있는 사람, 넷째, 내재한 은사와 능력을 개발하는데 융통성을 가진 사람, 다섯째, 격려와 안정된 분위기를 조성하며 그 사람을 신뢰할 줄 아는 사람, 여섯째, 다른 사람을 위해서 기꺼이 희생을 할 수 있는 사람이어야 한다.

〈표 9-2〉 멘토의 세 가지 기능

경력개발 기능	심리·사회적 기능	역할모델 기능
• 후원(sponsorship) • 노출 및 소개(expose & visibility) • 지도(coaching) • 보호(protection) • 도전적 임무부여 (challenging assignment)	• 수용 및 지원 (acceptance & confirmation) • 상담(counseling) • 우정(friendship)	• 역할모델 (role modeling)

자료: R. J. Burke(1984), "Mentoring in Organizations", *Group and Organization Studies*, 13, 169-174.

3. 어떻게 가르치는가(how)

1) 순환/교환 교육훈련

순환/교환 교육훈련(cross-training program)은 가족기업의 후계자 중 한 사람이 그 기업의 핵심부서에 채용될 경우, 최고경영자(CEO)는 그 자리에 오를 대상자들을 다른 가족기업에 보내어(파견) 일반인과 마찬가지로 채용되어 그 직장에서 일하도록 하는 제도이다. 3~4년이 지난 후 그 후계자들이 성공적으로 직무를 수행할 수 있으면 그들(적격자)을 자사로 다시 불러들여(home family firm) 계속 그 직무를 수행할 기회를 주는 제도이다. 이 제도는 항상 성공을 보장하지는 않지만, 가족기업의 구성원들이 일정 기간 어떤 압박감도 받지 않고 편안하게 교육·훈련을 받는 방법이다.

보통 후계자는 20대에 자사보다 큰 회사에서 3년에서 5년 정도의 사외경험을 쌓도록 한다. 이런 경험을 통하여 후계자는 새로운 기술, 번뜩이는 아이디어와 자신감 등을 기를 수 있고, 외부회사에서 능력을 인정받은 후계자가 자사의 요구로 가족기업을 책임지게 된 선택된 사람이라는 인식을 느끼도록 할 수도 있다. 외부에서 일하게 되면 자사의 시장가치뿐만 아니라 관련 시장에 대해서도 배우게 된다. 그들은 또한 가족기업의 밖에서 자사의 강·약점을 발견할 수도 있다. 일본 가족기업의 경우 대부분 후계자가 되기 위해서는 외부기업에서 3년 이상 근무하는 것을 의무화하고 있다.

2) 산업교육

산업교육이란 가족기업 경영에 실무적으로 직접 필요한 내용을 전문기관 예를 들면 전문대학원(MBA: 경영학석사) 등에서 교육받는 제도를 말한다. 특히 해외 유명 대학원의 MBA는 비싼 등록금에도 불구하고 가치 있는 프로그램과 인맥 때문에 상당한 인기를 끌고 있다. 다시 말해 산업교육이란 이론 중심의 교육이 아닌 산업체 현장에서 직접 필요한 맞춤형 교육 위주로 교과과정이 편성되어 있다. 가족기업의 후계자 교육도 이 교과과정의 하나이다.

3) 기타

이외에도 미래의 후계자들이 정기적으로 모여 기업경영의 애로사항이나 난관을 극복한 사례 등을 발표하거나 타 회사를 직접 방문하여 시찰하는 모임인 주니어미팅, 특정 과제를 해결하기 위해 태스크 포스 등의 팀을 구축하여 후계자의 경영실무능력을 향상하는 방안, 정기적으로 이사회, 전략기획 회의, 회사 친목 모임 등에 참여하여 기업경영의 감각을 키워나가는 방안, 기업경영에 중요한 정보나 재무제표 등을 분석하는 것을 직접 실무전문가로부터 배우는 방안 등 다양하다.

〈표 9-3〉 어떻게 가르치는가

- 주니어 미팅(젊은 사장단 모임과 같은 수평 그룹이나 다른 회사의 방문)
- 산업(실무)교육
- 팀 구축(태스크 포스, 외근 팀, 연합출장)
- 순환/교환 훈련
- 사업에 참여(이사회 회의, 전략기획 회의, 회사 친목 모임과 행사 등)
- 정보흐름 분석
- 회사 밖의 동료 모임
- 재무제표 분석

자료: 크레이그 아라노프, 존 워드 지음(남영호 역)(2000), 『가족기업의 승계전략』, 명경사, p. 41.

[소사례] 경영 수업

샘 존슨과 그의 아내, 네 자녀는 주기적으로 만나고 사업의 모든 측면을 토론하곤 하였다. 딸 헬렌은 초등학교 5학년 시절 저녁 식사 시간에, 손잡이에 달린 칫솔을 만들면 어떻겠느냐며 신제품 아이디어를 내놓았다. 세대를 넘나드는 가르침은 결코 끊기는 법이 없다. 에스티 로더의 손녀딸인 에어린은 자신의 혈관 속에 화장품이 흐른다고 얘기한다. 에어린은 저녁 식사 시간에 신제품 출시와 얼굴에 바르는 크림에 대한 얘기를 들으며 자랐고, 아버지, 삼촌, 오빠들, 조부모 등 모든 가족이 사업에 관여하고 있다. 사실 로더 가(家) 사람들은 여전히 아주 친밀하게 지내고 있다. 모든 가족 구성원들이 맨해튼 중심지에 모여 살며 하루에도 몇 차례씩 전화로 얘기를 나누곤 한다. 결국, 가족 구성원들이 서로에게 24시간 대기하는 수준 높은 조언자가 되는 셈이다.

에스티 로더는 가족구성원이 아닌 CEO를 도입하기도 하였다. 2000년에 CEO로 임명된 프레드 H. 랭해머(2004년에 에스티의 손자인 윌리엄 로더가 승계했다)는 회장인 레너드 로더와 가까이서 일해 왔고, 수십 년 동안 레너드 회장을 보필했다. 1975년에 에스티 로더에 입사한 프레드는 일본 지사장직을 맡다가 1985년부터 1999년까지 최고 업무 집행 책임자를 역임했고, 1995년부터 1999년까지 사장직을 맡았다. 프레드는 로더가 출신의 경영자만큼이나 가문의 일원으로 인정받고 있다.

(자료: 대니 밀러. 이사벨 르 브르통 밀러(김현정 옮김), 『가족기업이 장수기업을 만든다』. 황금가지, 2009, p.115)

4. 어디서(where), 무엇을(what) 가르치는가

호주의 무어스와 배럿(남영호 옮김, 2011)은 호주 가족기업을 중심으로 해당 기업의 인터뷰와 전문가인 레온 단코의 멘토로 바람직한 후계자 교육훈련을 4단계로 나누어 설명하고 있다. 즉 외부에서 기업의 일반적인 사항인 개인적인 능숙성(personal proficiency)을 배우는 1단계, 물려받을 부모님의 기업에 입사하여 가치관의 영속성(perpetuating values)을 배우는 2단계와 통찰력(perspicacity)을 배워 물려받을 기업을 리드하는 것을 배우는 3단계, 그리고 선견지명(prescience)의 마음으로 은퇴하는 것을 배우는 4단계로 나누고 있다. 이를 좀 더 자세히 살펴보면 다음과 같다(〈표 9-4〉 참조).

1단계: 외부에서 일반기업 공부하기. 첫 번째 단계에서 미래의 기업 오너들(후계자)이 외부에서 배울 가장 중요한 기술은 일반적인 경영 기술(general skills)로, 개인적인 능숙성을 우선순위로 하는데 이에는 자기 관리기술과 타인 관리기술(대인기술), 실천적인 기술과 계속교육이 포함된다.

2단계: 내부에서 우리 기업 공부하기. 두 번째 단계에서 젊은 세대(후계자)가 가족기업에 입사하여 배울 가장 중요한 기술은 가치관을 영속시키는 것이다. 즉 기업에 속해있다는 것의 즐거움과 열심히 일한 결과로 얻은 것을 보는 즐거움과 기업에 대해 배워나가는 즐거움이다. 나아가 영속적인 가치관은 세부사항보다는 전략적 철학을 유지하고(다르게 이어가기), 가치관의 시장가치를 개발하는 것을 배우게 된다.

3단계: 우리 기업 리드하는 방법 공부하기. 세 번째 단계에서 후계자들이 배울 것은 가족기업을 리드하는 것과 관계가 깊으며, 통찰력 배양을 우선순위로 배운다. 구체적으로 후계자의 리더십은 거래적 리더십과 변혁적 리더십, 공식적 통제와 씨족의 비공식적 통제를 동시에 실행하는 '비공식적 공식성'을 배운다. 이 단계의 학습과제는 다음과 같다. ① 기업의 내·외부 환경과 발달단계에 적합한 관리시스템의 도입, ② 리드는 일관된 전략, 구조, 시스템을 설계해야 하며, ③ 관리시스템은 기업의 성장에 따라 진화하며, ④ 관리의 전문화는 시스템의 발달에 필수적이고, 마지막으로 ⑤ 승계계획은 기업의 전문화와 함께 고려되어야 한다.

4단계: 우리 기업에서 은퇴하는 방법 공부하기. 마지막, 네 번째 단계는 은퇴하기 위해 리드하는 것으로 선견지명을 배우는 단계이다. 리드의 위치에서 자발적인 추방자(voluntary outcast)가 되는 이 단계에는 ① 은퇴계획의 조기 수립, ② 은퇴관리 시스템의 개발, ③ 이러한 모든 과정을 명확하게 만들고 이를 충실히 이행하는 것이 포함되는데, '대사형' 또는 '지사형'의 은퇴유형을 유지하는 것을 배운다.

〈표 9-4〉 어디서, 무엇을 가르치는가?

교육훈련 (어디서, 무엇을)	우선순위	패러독스	해결방법	조직수명 주기영향
외부에서 일반기업 공부하기	능숙성	내/외부	외부로 나가기	최소
내부에서 우리 기업 공부하기	가치관의 영속	다르게 이어가기	1) 세부적인 것이 아닌, 큰 철학은 유지 2) 가족기업 가치관의 시장 가치를 배우기	약간
우리 기업 리드하는 방법 공부하기	통찰력	비공식적 공식성	단순한 해결방법은 없지만, 학습과제 1에서 5까지 강조	큼
우리 기업에서 은퇴하는 방법 공부하기	선견지명	물러나기 위해 이끄는 것	1) 은퇴계획의 수립 2) 은퇴관리 시스템의 개발 3) 은퇴계획의 충실 이행	큼

자료: 켄 무어스, 메리 바렛 지음(남영호 옮김)(2011), 『가업승계의 패러독스와 해법』, 한울, p.221.

〈표 9-5〉 NCS 면접에 활용되는 10가지 직업 기초능력

직업기초능력	주요 평가 항목
의사소통능력	문서정보 확인 및 획득, 목적과 상황에 맞게 의사표현, 대화에 대한 피드백
수리능력	도표에서 제시된 정보 인식, 정보의 적절한 해석, 과제 해결을 위한 연산 방법
문제해결능력	창의적·논리적·비판적 사고, 대안 선택·적용
자기개발능력	자신의 능력 발휘 방법 인식, 경력개발 계획 수립, 자기관리 규칙의 주도적인 실천
자원관리능력	시간관리, 예산관리, 인적자원관리
대인관계능력	팀워크, 리더십, 갈등관리, 협상
정보능력	컴퓨터 활용, 정보처리
기술능력	기술의 원리와 절차 이해, 기술의 효과적 활용, 기술 활용 결과 예측
조직이해능력	국제적인 동향 이해, 조직의 규칙과 절차 파악, 생산성 향상 방법, 업무 우선순위 파악
직업윤리	근면성, 정직성, 성실성, 봉사정신, 준법성, 직장 예절

자료: 한국산업인력공단, 조선일보 2015. 11. 13, B7면.

[소사례] 로스차일드 가문의 10가지 교육원칙

- 성공한 사람처럼 행동하라. 그러면 나도 모르는 사이에 성공한다.
- 안 되는 것을 남 탓으로 돌리지 말라. 그것은 노예가 되는 지름길이다.
- 정보가 곧 돈이다. 정보의 안테나를 높이 세워라
- 인맥이 힘이다. 인맥 네트워크를 형성하라
- 남을 위하라. 그래야 남도 나를 위한다.
- 위기가 기회다. 불황에서 돈 벌 확률이 평상시보다 10배는 높다.
- 팀워크처럼 중요한 것도 없다. 조직의 단결에 최선을 다하라.
- 길이 아니면 가지 말라.
- 교육비에 과감히 투자하라.
- 성공한 사람과 교분을 가져라. 놀라운 파워가 공유된다.

* 로스차일드(Rothschild) 가문은 1769년 창업자 마이어 암셀을 시작으로 그의 다섯 아들이 유럽, 미국의 다국적 금융기업을 성장, 발전시켰음. 대표적인 금융기관으로 도이치뱅크(독일), HSBC(영국), 뱅크오브노바스코샤(캐나다) 등임.

(자료: 김선화(2013), 『100년 기업을 위한 승계전략』, 쌤앤파커스, pp. 61-69.)

[소사례] 강인한 정신력과 독립심 강조한 스웨덴 발렌베리 가문

전 세계에 권력과 재력을 가진 수많은 가문이 있다. 하지만 존경을 받는 가문을 찾는 것은 쉬운 일이 아니다. 발렌베리 가문. 우리에게 다소 생소한 스웨덴의 이 가문은 현재 스웨덴 GDP의 30% 이상을 차지하며 스웨덴 경제에 중차대한 역할을 담당하고 있을 뿐만 아니라, 스웨덴의 자긍심으로 불릴 만큼 국민의 높은 사랑과 존경을 받고 있다. 160여 년간 5대에 걸쳐(현재 6대 후계자가 논의되고 있음) 철저한 가족경영을 고수하면서도 명망 높은 가문으로 추앙받는 발렌베리 가문의 힘은 과연 어디에 있을까.

'Esse non videri' 발렌베리 가문을 말함에 '존재하되 드러내지 않는다'라는 위 말이 자주 거론된다. 이는 발렌베리 가문의 정신으로 발렌베리 사람들은 이 원칙을 철칙으로 지키고, 또한 현재까지 후대에 계승해오고 있다. 이는 단순히 기업경영과 사회적인 참여와 역할에만 국한된 것은 아니다. 발렌베리 가문은 스스로를 가문이라 칭하지 않을 만큼 대중의 주목을 받지 않으려 하는데, 우리가 발렌베리 가문의 특정 인물의 이름이 생각나지 않는 것도 이러한 영향이다.

그러나 기업인으로서 또한 그들의 사회적인 역할을 수행하는 데에 주저함은 없다. 발렌베리 가문이 2차 세계대전에서 헝가리 유대인들을 구하는 등 큰 활약을 하고, 또한 EU 가입 문제를 최초로 스웨덴 사회에 제기하고 이를 위해 다각도의 노력을 기울였다는 사실들은 익히 알려진 사실이다. 물론 그 역사의 과정 중에 집권당과의 정경유착을 통해 발전을 해왔다는 비판을 받기도 했지만, 기업 이익의 85%를 법인세로 사회에 환원하고 가장 이상향적인 노사관계를 형성하며 사회 곳곳에 긍정적인 영향을 미치고 있는 발렌베리 가문. 이 가문은 부유한 기업인과 성공적인 재력 가문으로서가 아니라 사회의 구성원들과 함께 더불어 성장하고자 했고 또한 현재도 그 노력을 계속하고 있기에 스웨덴을 넘어 전 세계의 존경을 받는 것일 것이다. 그리고 그 노력 속에는 대를 이으며 강한 정신력과 책임감, 그리고 독립심을 키우고 또한 선대 조상들의 뜻을 기리며 공존과 상생을 바탕으로 가치 있는 삶을 살고자 했던 발렌베리 사람들이 있다.

〈발렌베리 가문의 교육철학〉

1. 책임감과 검소함을 가르쳐라
2. 강인한 의지력과 지구력을 키워줘라
3. 넓고 길게 사고하도록 훈련시켜라
4. 국제적인 감각을 키워라
5. 함께 나누고 상생하는 법을 가르쳐라

그리고 이러한 발렌베리 가문에 밑바탕에는 어렸을 때부터 물욕의 가치가 아니라, 정신적인 가치의 중요성 그리고 개개인 스스로의 강인한 의지와 책임감 등이 얼마나 중요한지를 선대와 부모로부터 보고 배우고 또한 이를 몸에 익힌 자녀들이 있었기에 가능했을 것이다.

(자료: 한국경제 2015.1.30.)

[소사례] 해외 가족기업의 후계자 교육

가족기업 후계자의 조건은 무엇일까. 뛰어난 판단력과 경영능력을 꼽을 수도 있겠다. 그러나 세계 굴지의 가족기업들이 후계자 교육에서 중시하는 것은 따로 있었다. 원만하고 안정된 심성을 가진 사람이 되는 것, 가족의 문화와 가치를 이해하고 온전히 가족의 일원이 되는 것이 후계자 교육의 첫째 과제였다. 유명 가족기업의 후대 교육 프로그램을 자세히 들여다봤다.

가업은 마라톤이다. 일반기업과 비교해 매년 치러지는 실적평가나 주주의 압박으로부터 비교적 자유롭다. 그만큼 먼 곳을 바라보며 뛸 수 있지만, 자칫하면 엉뚱한 방향으로 뛰기도 십상이다. 이를 방지해주는 것이 가족 사이에 공유된 가치와 문화다. 오랜 세월에 걸쳐 문화가 축적되면 멀리 보며 오래 뛴다는 가족기업의 장점이 충분히 발휘된다.

바바라 촐만 한독상공회의소 대표는 "주로 중소기업인 독일 가족기업은 사업을 번성시켜 다음 세대로 넘겨주기 위해 제품과 사업모델을 끊임없이 현시대에 맞춰 바꿔나가며 기업을 유지한다"라며 "반면 한국 중소기업은 문을 열었다가 금세 닫고 다른 사업을 다시 시작한다. 자기 사업에 애착이 적고 새로운 사업 기회를 잡아서 돈을 버는 일에 더 관심을 둔다"라고 지적했다. 오늘날 대기업으로 성장한 가족기업이 대부분 지방 소도시의 중소기업에서 시작됐다는 점을 고려하면 한국 가족기업엔 그만큼 지속적 성장의 기회가 적었던 셈이다.

촐만은 독일 기업의 장수 비결 중 하나로 직원 교육 프로그램(Ausbildung)을 꼽았다. "이 방법을 통해 충성심 강한 직원은 회사를 깊이 이해하고 회사가 필요로 하는 역량을 갖추게 된다." 독일 기업에 국한된 얘기가 아니다. 오랜 기간 안정적으로 가업을 승계하고 있는 해외 기업들은 예외 없이 확고한 가족의 가치를 확립하고 있으며, 이를 강화하고 공유하기 위해 교육 프로그램에 아낌없이 투자한다.

▸미국 식료품 업체 카길은 2017년 매출 1,100억 달러(11조6,820억원)를 자랑하는 세계 최대 규모의 가족기업이다. 카길 가문이 지분의 90%를 쥐고 있다. 올해로 창업 153주년을 맞은 카길은 2003년부터

가족관계·교육사업부를 신설하고 가족구성원의 교육 제도를 체계화했다. 가족구성원 8명과 가족 자산관리 회사인 웨이크로스사의 CEO로 구성된 이 부서는 단지 후계 경영자를 육성하는 데 그치지 않는다. 이 부서는 다음 세대에 전인교육(holistic education)을 실시하고 가족구성원 간 관계를 돈독하게 유지하는 역할을 한다. 카길 측이 공개한 이 사업부의 목표는 크게 다섯 가지다. 원만하고 안정된 심성을 기르는 것, 각자가 추구하는 바를 이루도록 지원하는 것, 효과적인 주주가 되도록 돕는 것, 미래의 지도자를 가려내는 것, 카길사의 가치를 공유하는 것이다.

카길 사의 후대 교육은 집단교육과 개인 교육이라는 두 가지 방향으로 진행된다. 집단교육 프로그램으로는 하계가족모임, 공장 견학, 주주총회 참석, 가족 태스크포스 참여, 스터디그룹 등이 있다. 1년에 한 번 열리는 하계가족모임에서 교육생은 카길의 각종 사업부에 대한 강의를 듣거나 공장 시설을 방문하는 등의 경험을 쌓는다. 18세부터는 2년마다 개최되는 주주총회에 참석할 자격을 얻는다. 개인교육 프로그램엔 심리검사, 인생 상담, 인턴십, 외부강연 참여, 비영리 이사직, 봉사활동 등이 포함된다.

▶굴 소스로 잘 알려진 홍콩 소재 식료품 업체 이금기홀딩스(LKK)도 자녀가 어릴 때부터 가족기업의 가치를 몸소 체득하는 것이 중요하다고 강조한다. LKK는 1888년 설립돼 지금까지 4대째 성공적으로 가업을 승계해왔다. 그러나 LKK 역시 가족의 수가 갈수록 늘어나고 서로 만날 일이 적어지면서 가족 간 연대가 느슨해지는 데 우려하기 시작했다.

이에 LKK 3대, 4대 경영진의 부인들은 가족 내에 '슈퍼맘 위원회'를 설립하고 엄마들을 중심으로 자녀 교육 프로그램을 만들었다. 아이들을 데리고 가문의 기원인 중국 남부지방을 탐방하거나 가족이 한데 모여 다양한 활동을 하면서 서로의 문화를 공유하게 하는 것이다. 리와이헝 LKK 미국·유럽지사 회장은 "아이들이 아주 즐겁게 교육에 참여하고 많은 것을 배우고 돌아간다. 아이들은 즐겁지 않으면 우리말을 듣지 않는다"라고 말했다. LKK 측에 따르면 이 교육은 경영에 직접 참여하지 않는 젊은 가족구성원에도 영향을 미친다. 예술가의 길을 택한 한 21세의 LKK 가족구성원은 자신의 재능으로 어떻게 회사에 기여할지 고민한 끝에 제품 로고를 디자인한 일도 있었다.

〈카킬사의 전인교육 방식〉

2단계 접근법

단체교육

여름캠프, 공장견학, 주주총회 참석, 가족 태스크포스 참여, 스터디그룹

개인교육

심리검사, 인생상담, 인턴십, 외부강연 참여, 비영리 이사직, 봉사활동

교육의 3대 원칙

지금 당장 시작하라
전인교육을 실시하라
장기적인 관점으로 접근하라

교육의 목표

원만하고 안정된 심성 함양
본인의 장래희망 실현
효과적인 주주로 성장
미래의 지도자 육성
회사의 가치 공유

미국 가족기업컨설팅그룹의 에이미 슈먼 대표는 "가족기업에서 교육은 '팀 빌딩'이다. 가족 구성원들이 자신의 가족을 이해하고 서로 간의 약점과 강점을 파악하는 시간이기도 하다"며 "가족기업 최고의 교육은 가족들이 서로의 경험을 공유하도록 하는 것이다. 이렇게 함으로써 가족 구성원들이 해묵은 갈등을 해결하고 새로운 우정을 쌓게 만들 수 있다"라고 강조했다.

(자료: 포브스, 201805호(2018.4.23)

제 3 절 후계자의 리더십개발

1. 후계자의 경력개발

후계자의 리더십개발 이전에 경력개발이 이루어져야 한다. 후계자의 경력개발은 유년기부터 시작되어 가족기업 밖에서 청년기를 지나고, 가족기업에 진입한 후 후계자로 지명받고 난 뒤 본격적으로 리더로서의 역할을 수행한다.

〈표 9-6〉 후계자 경력개발 일정표

	유년기	청년기	참여기	후계자	리더	회장
후계자의 역할	집에서 성장	가족기업 밖에서 학습	기업 내에서 멘토로부터 학습(전문 경영자)	후계자로서 지명 받음. 시니어나 이사회로부터 학습	CEO나 시니어 경영 팀의 구성원이 됨	이사회의 리더와 CEO를 지원함
나 이	0~18	18~28	25~35	30~40	35~65	55~70
목 표	기업에 대한 긍정적인 태도, 기본 교육, 기술개발, 긍정적 직업 습관	고등교육: 자신감과 조직기술 개발, 경력 개발 시작	기능전문가, 계획, 코치, 의사결정, 문제해결기술	전반적관리, 이익센터 책임	실무개발: 개인적 성장, 자기의식, 계속교육	인생계획: 다른 관심사나 기회 개발

주 : 나이는 특별한 상황을 설명한 것이므로 다소 중복이 됨. 제시된 나이는 모델의 개발을 위해 의도적으로 제안한 것으로 꼭 추천하고 싶지는 않음.

자료: Randel S. Carlock & John L. Ward(2001), 『Strategic Planning for the Family Business』, Palgrave, p. 110. & John L. Ward(1987), 『Keeping the family business healthy』, Jossey-Bass Inc., p. 190.

〈표 9-6〉은 Carlock 외(2001)가 제시한 후계자의 경력개발에 대한 일정표를 요약한 것이다. 유년기에 후계자는 기업의 가치관 내에서 가족의 사회화가 이루어지며, 이후 대학교육을 마치고 기업 밖에서 직무

경험을 쌓으며 개인적인 능력개발과 자신감을 얻는다. 보통 20대 중반 이후부터 정규직으로 기업에 입사하여 기능별 업무와 의사결정능력을 연마한다. 일반적으로 이때 후계자가 공식적으로 결정된다. 일반관리기술을 익히기 위해 한두 곳의 이익센터의 책임을 맡기도 한다. 이 단계를 지나게 되면 후계자들은 전문적인 지식과 능력을 계속해서 개발하기 위해 외부자원을 활용하기도 한다.

물론 이와 같은 단계별 개발이 목표이지만 현실적으로 어려움이 뒤따르기도 한다. 즉 후계자들은 항상 이와 같은 평탄한 과정을 거치는 것은 아니다. 창업자의 갑작스러운 돌연사, 경영을 할 수 없을 정도의 건강 악화, 혹은 신체적, 정신적으로 은퇴하지 않으면 안 되는 상황 등이 발생하기도 한다. 이럴 때 최고경영자로서의 적합한 기술을 다 습득하지 못했다 하더라도, 젊은 후계자는 전문경영자가 아닌 창업자처럼 아니 그 이상의 역할을 수행하지 않으면 아니 된다. 후계자들은 본능적으로 기업을 생존시키는 데 필요한 것을 연마해야만 한다.

후계자 경력개발(successor's career development)에 있어서 가장 중요한 것은 후계자는 계속해서 개인개발과 학습을 해야 한다는 것이다. 후계자가 최고경영자로서 해야 할 역할을 다 익힌 후에도, 앞 단계에서 배웠던 관리기술이나 기능별 기술에 첨가해야 할 새로운 도전은 항상 존재한다.

2. 후계자의 리더십개발

일반적으로 후계자에 대한 교육·훈련이 어느 정도 끝나고 최종적으로 후계자가 선발되면, 좀 더 체계적이며 공식적인 리더십 개발 프로그램을 시작해야 한다. 이상적인 시기는 후계자가 30~35세 정도, 힘 있는 현직의 최고경영자가 50대 중반 이후이다. 승계계획자는 생산, 마케팅, 전략 등에 관해 후계자가 교육이 필요한 분야에 대해 경력경로를 세밀히 계획하여야 한다. 또한 후계자를 위한 고과기준은 성문화돼야 하며 정기적인 평가 역시 계획돼야 한다.

후계자는 부서를 감독하거나 광고를 다루는 직무와 같은 기업의 가시적인 영역을 경영할 기회를 얻어야 한다. 마치 후보자가 경험을 쌓는 것과 같이, 그는 이익 센터의 경영을 포함하여 더 큰 책임을 져야 한다. 후계자는 또한 사업 외의 유용한 기술과 가치들을 배울 수 있도록 장려돼야 한다. 많은 후계자는 후계자들의 모임에 참석하여 경험을 공유하고 서로 도움을 주고받기도 한다. 또 그들만의 비공식모임을 만드는 후계자도 있다. 한편 후계자들은 정기적으로 평가를 받고, 멘토는 필요한 영역에서 후계자를 가르치는 일도 있다.

가족기업의 후계자는 힘든 역할을 맡는다. 따라서 그들은 가끔 부모님의 기대를 충족시킬 수 없을 때도 있다. 몇몇 후계자들은 기업 내에서 자기 나름대로 직무를 수행하는 데 어려움을 느끼고, 특히 만약 창업자가 어떤 방법으로든지 불안정할 때 더욱 그렇다. 어느 시점에선, 대부분 사람은 가족기업에 자신이 수행했던 임무에 대하여 의문을 품게 된다. "나는 여기서 무엇을 하고 있는가?"라고 그들은 의문을 제기한다. "나는 똑똑해. 그러므로 이것 말고도 할 수 있는 일은 얼마든지 있어. 지금 나는 아버지 때문에 억지로 강요되고 있는 거야. 내가 원하는 만큼 일은 제대로 되지 않아. 가족구성원은 내가 하는 일에 대하여 불평을 하고 있어. 내가 지금 뭘 하고 있나?"

승계계획자는 후계자가 기업에 종사할 수 있는 개인적인 합리성의 개발을 도와주어야 한다. "*왜 당신은 이것을 기회로 봅니까?*" "*왜 이 일이 당신에게 중요합니까?*" 승계 과정에서 후계자가 이런 질문에 대한 사려 깊은 답변을 하도록 하는 것은, 후에 어려운 일에 직면하였을 때 큰 도움이 될 수 있다.

종종 후계자는 어느 시점에선가 미래의 나아갈 방향을 종잡을 수 없음을 경험한다. 비록 그들이 책임과 권한을 얻을 만큼 오랫동안 열심히 일했다 하더라도, 숙련의 느낌은 들지 않는다. "*뭔가 내가 놓치고 있는 마지막 단계가 있는 것 같아. 그런데 아버지는 나에게 그게*

뭔지 말해 주지 않아."라고 그들은 불평한다.

종종, 창업자의 메시지는 비슷하다. 후계자는 기업의 통제를 생각하지만, 아버지나 어머니는 이에 대해 어떤 충고도 하지 않거나, 이런 제안을 할 곳에 아예 있지도 않다. 승계과정의 후반부에 창업자는 후계자의 능력을 시험하기도 한다. 중요한 프로젝트 등에 관한 의사결정 능력을 시험한다. 만약 후계자가 이런 모든 도전을 잘만 극복한다면, 그는 리더로 전환할 준비가 되어 있는 셈이다.

승계 후보자들은 또한 기업에서 다른 가족 구성원들이나 창업자 가족들의 능력을 상호 보완하도록 개발돼야 한다. 예를 들어 만약 보스가 장부 기록을 싫어한다면, 후계자는 자료처리나 회계 등의 전문적인 기술을 개발하여야 할 것이다. 만약 다른 중요한 가족 구성원들이 기업의 생산측면을 좋아하고 "사람 문제"를 좋아하지 않는다면, 승계 후보자는 전문적인 종업원-개발 계획에 중점을 두어야 할 것이다. 이러한 접근방법은 다음 세대는 새로운 무엇으로 기여하고, 또한 창업자와 후계자 사이의 충돌 가능성을 줄일 수 있을 것이다.

승계 후보자가 가족기업에 참여하면 그는 현존하는 직무에 고용돼야 한다. 그래야 임금과 성과 기준을 정하기가 쉽다. 이는 또한 후계자의 자질을 의심하는 종업원들 사이에 팽배한 적개심을 경감시킬 수도 있다.

후계자는 또한 가족 밖의 멘토(유능하면서 충성스러운 종업원, 사외이사, 컨설턴트나 가족의 친구, 가까운 가족기업의 경영자 등)로부터 배울 기회를 얻어야 한다.

3. 리더로서 함께 일하기

1) 함께 일하기

가족기업은 가족구성원이 함께 일하는 곳이다. 승계과정은 일터에 다른 세대들을 차례로 불러들이는 것이다. 그러므로 남매나 사촌들도 팀으로서 함께 기업을 이끌어나가는 방법을 배워야 한다. 이를 위해 효율적인 의사소통을 개발하고 상호 협력을 증진하여 가족과 기업을 건강하게 만들어야 한다. 함께 손을 맞잡고 일을 하여 응집력을 키워 가족의 단합과 힘을 보여주어야 한다.

여기에서 주로 관심을 가져야 할 사항은 다음과 같다.

- 차기 우리 가족기업의 리더는 누구인가?
- 당신이 테이블로 가져올 수 있는 능력은 무엇인가? 잠재력을 키우기 위해 네가 가장 배우고 싶은 것은 무엇인가?
- 당신은 공식교육 이외에 어떻게 계속해서 배울 것인가? 당신은 젊은 리더들의 동료 집단을 갖고 있는가? 멘토의 역할은 누가 하고 있는가?
- 성과는 어떻게 평가받을 것인가? 재무적 성과는 이 성과와 관련이 있는가?
- 당신은 소유권/리더십을 남매나 사촌들과 공유할 것인가? 성공적인 기업과 조화로운 가정을 위한 바람직한 팀은 어떻게 구성할 것인가?

2) 과거의 교훈

또한 후계자들은 어르신들로부터 핵심적인 정보를 다양한 경로를 통해 배울 수도 있다. 구체적으로 핵심 가치관, 과거에 있었던 핵심적인 사건이나 매일 매일 반복되는 경영 관습, 가족기업을 계속 경영하기 위해 특히 필요한 미래에 대한 비전 등. 후계자는 위와 관련된 완전한 계획을 읽고 배우는 것이 좋다. 그러나 이런 계획을 모두 다 가진 기업은 많지 않다. 연구에 의하면 문서로 만들어진 승계계획을 가진 기업은 반도 안 된다고 한다.

여기에서 주로 관심을 가져야 할 사항은 다음과 같다.

- 과거에서 지켜야 할 가장 중요한 것은 무엇인가?
- 앞 세대의 가장 큰 공헌은 무엇인가?
- 당신 기업의 성공에 가장 핵심적인 가치관은 무엇인가?
- 현재의 기업을 만든 핵심역량은 무엇인가?
- 가족기업의 유산을 강화한 가족의 규칙은 무엇인가?

3) 미래를 위한 비전

여기서 다루어야 할 주제는 매우 다양하다. 가정/일의 균형; 갈등 해결; 승계계획; 변화 채택; 기업에 참가할 규칙; 커뮤니케이션; 성공을 위한 장애물 제거 개발; 해야 할 일과 우선순위 결정; 투표 과정; 추천 대상 등.

이를 위해 다음과 같은 것에 관심을 가져야 할 것이다.

- 우리와 함께 기업을 토론할 뿐만 아니라 우리의 아이디어를 들어줄 사람이 있는가? 그들은 항상 올바르지는 않지만, 최소한 우리가 알아야 하고 고려해야 할 것을 제공해 준다.
- 기업의 다른 부분을 우리에게 가르쳐 주며 튼튼한 승계계획을 세우도록 도와주는 사람이 누구인지 안다.
- 자문위원, 금융기관 관계자, 컨설턴트, 회계사, 핵심 후원자, 핵심 고객 등을 우리에게 소개해 주고 이런 회의에 우리를 참여시켜 준다. 이는 우리가 배우고 또한 어려움을 벗어날 수 있는 매우 큰 기회이다. 이러한 지식에 대한 학습곡선은 한두 주나 한두 달이 아니라 여러 해가 소요된다.
- 당신은 "비사업 영역(no-business zones)"을 만들고 이를 존경해야 한다. 즉 사업에 관한 것을 토론하면 안 되는 때가 있다는 것을 알아야 한다. 회사 밖에서 다루어야 할 일, 다시 말해 집에

서 언급해야 할 일 말이다.

- 마지막으로 개방 커뮤니케이션을 들 수 있겠다. 즉 당신의 경험과 지식을 함께 공유할 것, 물론 가장 중요한 것은 듣는 것이다. 여기에서 주로 다루어야 할 사항은 다음과 같다.
  ① 기업이 나아갈 방향에 대한 명확한 비전이 있는가? 없다면 비전을 개발할 의향이 있는가?
  ② 당신은 지금의 기업과 미래의 기업 사이에 큰 차이가 있다고 보는가?
  ③ 만약 현재 기업을 당신이 경영한다면, 바꾸어야 할 것은 무엇인가?
  ④ 만약 당신이 기업의 최고경영자라면 기업을 매각할 것인가 아니면 무엇을 할 것인가?
  ⑤ 어르신들에게 추천할 것은 무엇인가?
  ⑥ 당신은 다음 세대들에게 바라는 것이 있는가? 있다면 그것은 무엇인가?

제 4 절 전문경영자

경쟁력 있는 강한 기업을 만드는 것은 기업가들의 한결같은 희망이다. 이를 위해서는 다양한 경험과 전문적인 기술을 가진 경영자가 필요하다. 즉 전문경영자(professional manager)제도의 도입으로 창업기업이 직면한 많은 문제를 해결할 수 있다고 보고 있다. 그러나 전문경영자 제도에는 아직도 찬반 이론이 팽배하며 이에 따른 딜레마에 빠진 경우도 발생하고 있다. 여기서는 전문경영자의 필요성, 문제점, 해결방안 등을 살펴보기로 한다(Dyer, 1992).

1. 전문경영자의 필요성

기업가가 전문경영자(專門經營者)의 영입이나 혹은 현 경영 팀을 전문화하려는 데에는 다음과 같은 몇 가지 이유 때문이다. 첫째로, 경영 능력의 부족을 들 수 있겠다. 보통 기업가나 종업원은 기술적인 자질이 있으나 마케팅, 재무, 회계 등의 전문적인 영역에서는 관리능력의 부족을 느낀다. 그러므로 전문적인 능력을 갖춘 전문경영자를 필요로 한다. 이것이 가장 보편적인 이유이다. 둘째로, 기업경영의 규범과 가치관을 바꾸기 위해서이다. 가족기업의 경우 가족에 대한 조건 없는 사랑이나 관심으로 수익성이나 능률의 극대화라는 기업의 가치관과 갈등을 겪을 수 있다. 또한 비생산적인 종업원의 해고나 이들에 대한 엄격한 교육·훈련을 위해서는 전문경영자제도의 도입이 필요하다. 종업원에 대한 해고를 꺼리는 가부장적인 기업가는 전문경영자를 외부에서 초빙함으로써 이러한 고통을 해결하기도 한다. 셋째로, 후계자에 대한 준비를 위해서다. 현재의 기업가가 가까운 미래에 은퇴하기를 원하거나, 가족구성원이나 비가족 종업원 중에서 후계자가 되기 위해서는 추가적인 교육·훈련이 더 필요하거나, 창업자 자신의 은퇴 후 가족구성원 누구도 기업을 경영할 능력이 있는 사람이 없다고 느낄 때 등이다. 이런 경우 기업가들은 미래 자기 기업을 경영할 리더로서 믿을만한 전문가를 외부에서 찾기도 한다.

2. 전문경영제도의 문제점

일반적으로 전문경영자를 채용했을 경우 나타날 문제점은 다음과 같다. 기업가의 가치관, 경영방식과 전문경영자의 가치관과 경영방식의 차이이다. 예를 들어 기업가는 보통 직관적으로 의사결정을 하며, 권력은 소유권으로부터 나오며, 카리스마적인 리더십으로 종업원을 이끌어나간다. 반면, 전문적인 교육을 받은 전문경영자는 직위로부터 권한이 나오며, 직관보다는 논리적이며 합리적인 분석으로 의사결정을 한다. 즉 기업가와 전문경영자의 가치관이나 비전, 혹은 경영방식 등이 공유되지 않음에도 불구하고 전문경영자를 영입하면 문제점이 발생한다.

전문경영자와 기업가는 자주 관점이나 가정이 다른 세계관을 가지고 있을 수도 있다. 전문경영자가 선호하는 조직시스템과 운영 방법은 기업가의 그것과는 정반대일 경우도 발생한다. 보통 창업자는 개인에 기반을 둔 비공식적인 방법으로 교육을 받아왔고, 때로는 육감과 경험으로 기업을 경영하기도 한다. 다른 조직에서 거의 나타나지 않는 그 기업만의 독특한 관습과 경영방식을 택하기도 한다. 그러나 전문경영자는 집단적인 공식교육을 많이 받아왔고, 대부분의 조직체에서 적용 가능한 일반적인 경영관리와 시스템을 선호한다.

창업가(기업가)는 전문경영자의 역할과 기능에 대하여 많은 기대를 하지만, 실은 전문적으로 교육받은 전문경영자의 기능과 역할이 기업가의 그것과 일치하기는 쉽지 않다. 이로 인한 갈등은 기업의 전 구성원 간에 불확실성과 혼란을 가져온다. 의사결정은 지연되며, 우선순위와 목표는 불확실해지며, 새로운 아이디어와 신규 프로젝트는 연기되기도 한다. 많은 경우 기업은 경쟁우위를 잃게 되고 이익이 하락하기도 한다. 다음에는 이러한 갈등을 해결할 수 있는 몇 가지 대안을 살펴보도록 하자.

3. 전문경영제도의 유형

기업가가 채택할 수 있는 전문경영제도의 유형으로 (1) 기업가의 가족을 전문경영자로 선발하는 경우, (2) 비가족 종업원을 전문경영자로 선발하는 경우, (3) 외부에서 전문경영자를 선발하는 경우 등 세 가지를 들 수 있다. 앞의 두 가지 방안은 변화나 기업문화가 수년에 걸쳐 점진적으로 개혁이 일어날 것으로 예측된다. 그러나 세 번째의 경우,

기업경영의 방식, 기업문화 등이 급격하게 일어날 가능성이 크다.

1) 가족구성원의 전문경영자화

이 방안은 다음과 같은 조건이 맞을 때 적합하다. 첫째로, 가족구성원 중 필요한 경영자 자질을 획득할 수 있거나 하려는 의욕이 있으며 또한 이들이 자사에서 일하기를 원할 때, 둘째로, 가족의 가치관은 영속될 필요가 있으며 가족이 이 가치관의 영속성을 최고로 여기고 있음을 기업가가 느낄 때, 셋째로, 가족은 계속해서 기업을 소유하고 경영하기를 원할 때, 넷째로, 기업의 전략적 초점이 가까운 미래에 변할 것 같지 않을 때, 즉 조직의 전략과 환경 사이의 적합성이 절대적으로 우수할 경우.

위와 같은 상황일 때, 가족은 가족의 재능을 계발하기 위하여 다양한 교육훈련과 프로그램을 개발하는 것이 성공에 필수적이다. 예를 들어, 어떤 집안은 명문대학(혹은 해외)의 경영학석사(MBA) 학위를 원하기도 하고, 타사에서 2년 이상 근무하고 난 뒤 입사하기를 원하기도 하며, 자식들이 많으면 각자의 적성과 능력에 맞는 각기 다른 전문지식을 획득하여 자사로 돌아오기를 바라기도 한다.

이 방안의 단점으로는 가족구성원 중 어떤 자식들은 가족기업으로 돌아오라는 은근한 압력을 받거나, 혹은 외부에서 일하는 것을 부모에 대한 죄의식으로 여기기도 한다. 더구나 자식이 부모와는 다른 길을 가게 되면 화를 내는 경우도 종종 있다. 또한 가족 리더와 자식들의 기대는 같지만 입사 후 결과가 다르게 나타나 갈등이 생기기도 한다. 예를 들어, 입사 후 자식이 MBA 과정이나 외부에서 배운 신지식을 자사에 적용하려고 아버지에게 건의했으나, 창업자인 아버지는 이 말에 전혀 귀를 기울이지 않아 실망한 자식은 결국 비통한 마음으로 가족기업을 떠나버린 예도 있다. 따라서 이 안을 채택하기 전에 창업자는 가족구성원들의 경력에 대한 희망 사항, 기업이 필요로 하는 기술과 능력 등을 터놓고 대화할 필요가 있다.

2) 비가족 종업원의 전문경영자화

두 번째 방안은 미래 조직에 필요한 능력과 기술을 갖춘 비가족종업원에게 기업의 경영권을 넘겨주는 것으로 다음과 같은 경우 적합하다. (1) 많지 않지만, 가족구성원이 가족기업에서 일하기를 싫어하거나 관심조차 없을 때, (2) 비가족 종업원 중에서 기업의 경영성과를 향상할 경영자로서 필요한 자질과 능력을 갖추고 있을 때, (3) 기업가와 비가족 종업원 간의 신뢰수준이 아주 높을 때, (4) 기업가가 회사의 전략적 관심사와 그의 가치관을 연속시키고 싶을 때.

비가족 종업원 중에서 전문경영자를 채택하면 창업자가 고려해야 할 사항은 다음과 같다. 첫째로, 비가족 종업원 중에서 기업에 적합한 경력목표와 잠재력을 가진 사람을 선발하기 위하여 평가시스템을 개발하여야 한다. 둘째로, 비가족 종업원 중에서 추가적인 교육이 필요한 경우 이들에게 수강료, 워크숍 및 세미나 등에 드는 모든 경비와 더불어 자체 교육의 기회도 제공하여야 한다. 셋째로, 기업가는 창업가의 가족만 누릴 수 있는 여러 가지 혜택을 비가족종업원에게도 제공하려는 의지가 있어야 한다. 비가족 종업원을 교육할 때 그들이 가진 새로운 기술에 대해 시도조차 하지 않거나, 단지 기업가를 기쁘게 하는 교육만 해서는 안 된다. 비가족경영자는 책임과 권한에 대한 명확한 구분, 가족 리더의 은퇴 등이 포함된 승계계획의 공개적인 커뮤니케이션, 최고상층부와의 정보공유 등을 원한다. 〈표 9-7〉은 기업가가 비가족 종업원을 경영자로 결정할 경우 온정주의에서 협력주의로 관점이 바뀌어야 함을 설명하고 있다.

〈표 9-7〉 비가족종업원의 전문경영자화: 온정주의에서 협력주의로

온정주의에서	협력주의로
① 설립자는 특별한 힘을 갖고 있다.	공유된 힘
② 설립자만이 핵심정보를 알고 있다.	개방된 커뮤니케이션
③ 모든 통제는 설립자와 함께	경영 팀이 통제
④ 무엇을 해야 할지를 나는 안다.	같이 해답을 찾아보자.
⑤ 설립자는 자신과 가족만을 믿는다.	종업원도 믿는다.
⑥ 설립자는 기업에 체화되어 있다.	조직의 정체성
⑦ 설립자는 개인적인 직감으로 운영한다.	계획과 직감으로 운영한다.
⑧ 단일제품(서비스)을 선호. 변화를 꺼림	복수제품(서비스) 선호
⑨ 남의 충고를 잘 듣지 않는다.	충고를 듣기 위해 충고할 사람을 찾아다닌다.
⑩ 로열 종업원을 중시	능력 있는 종업원을 중시
⑪ 아는 사람을 주로 채용	직무를 아는 사람을 주로 채용
⑫ 전통 중시(우리가 항상 해왔던 방법)	비전중시(우리가 그것을 어떻게 좋아할까)
⑬ 확실성	불확실성
⑭ 안정성 추구	계속적인 변화 추구
⑮ 훌륭한 직감으로 경영	탁월한 기능에 의해 경영

자료: Dennis T. Jaffe, 「Working with the ones you love」, Conari Press, 1991, pp. 255-256.

3) 외부전문가의 전문경영자화

앞의 두 가지 대안은 기업가가 현재의 기업전략이나 전통적인 가치관을 계속하기를 원할 때 적합하다. 외부에서 전문가를 초빙하는 세 번째 안은, (1) 가족구성원이나 비가족 종업원 중에서 기업을 경영할 능력이나 전문지식이 없거나 아예 관심조차 없을 때, (2) 기업전략이나 가치관을 변경할 필요가 있을 때 적합하다.

외부로부터 전문경영자의 영입은 신기술과 가치관이 조직 내에 소개됨을 의미하므로 약간의 긴장이나 갈등이 나타날 수 있다. 기업가는 이러한 긴장과 갈등을 완화해 기업의 경영성과를 향상해야 하는데, 이를 위한 몇 가지 방안을 실행에 옮겨야 한다. 첫째로, 전문경영자가 가족과 기업 내부의 장단점을 이해할 수 있는 시간을 주어야 한다. 기업이나 가족이 전통적으로 유지해온 것 중에서 나쁜 점은 없애고, 유

지하고 싶거나 지속시키면 좋은 점 예를 들면 애사심, 충성심, 품질 등의 가치관은 명확하게 알려 계승, 발전시켜야 한다. 둘째로, 전문경영자의 관심사를 기업에 묶어두어야 한다. 이는 전문경영자가 편협한 사고가 아닌 오너처럼 넓게 생각하도록 해주는 전략을 말한다. 구체적으로 전문경영자에게 주식을 제공하던가, 이사회의 구성원으로 영입하는 방법 등이 이에 속한다. 셋째로, 전문경영자가 지역사회의 한 구성원이 되도록 도와주어야 한다. 지역사회의 가치관이나 관습 등이 전문경영자의 그것과 다르다면 문제가 발생할 수도 있다.

기업가와 전문경영자는 그룹미팅, 뉴스레터, 비공식적인 식사 등을 통하여 종업원들과 자주 대화를 나누어야 한다. 전문경영자가 회사에 처음 소개될 때, 기업가는 전문경영자의 역할과 기대에 대하여 공개적으로 회의 시간에 알려야 한다. 이는 팀워크를 공고히 할 뿐만 아니라, 색다른 경험과 다른 세계관을 가진 사람과 함께 일할 때 일어날 모호함과 불확실성을 줄이는 데도 도움이 된다.

주요용어

후계자 교육훈련, 멘토, 켄 무어즈의 4L, 리더로서 함께 일하기, 전문경영자, 온정주의와 협력주의

생각하기

1. 후계자 교육훈련의 중요성과 그 이유를 생각해 보자.

2. 후계자 교육훈련을 누가, 어떻게, 어디서, 무엇을 의 관점에서 다시 한번 생각해 보자.

3. 가족기업 오너의 자식도 전문경영자가 될 수 있는가? 만약 될 수 있다면 어떤 조건과 자격을 갖추어야 할까?

참고문헌

남영호 · 박근서(2008), 『가족기업론』, 청목출판사.

켄 무어스, 메리 바렛 지음(남영호 옮김)(2011), 『가업승계의 패러독스와 해법』, 한울.

크레이그 아라노프, 존 워드 지음(남영호 역)(2000), 『가족기업의 승계전략』, 명경사.

Carlock, Randel S. & John L. Ward(2001), *Strategic Planning for the Family Business*, Palgrave, p. 109.

Dyer, W. Gibb, Jr(1992)., *The Entrepreneurial Experience*, Jossey-Bass Publishers., 128-144.

Family Enterprise Center(1998), "Family Business Academy Course Materials", *Unpublished, Family Enterprise Center of Coles College of Business*, Kennesaw State University, Kennesaw, Georgia.

Jaffe, Dennis T.(1991), *Working with the ones you love*, Conari Press.

제10장 은 퇴

학습내용

가족기업이 세대를 가로질러 지속적인 성장을 위해 필요한 것 중의 하나가 현 경영자의 은퇴이다. 여기서는 은퇴의 개념과 성격, 은퇴의 유형별 특징, 바람직한 은퇴관리와 은퇴 시기를 살펴보고자 한다.

제 1 절 은퇴의 개념과 성격

1. 은퇴의 개념

우리나라에서는 정년(停年)이라는 말은 머무를 정(停)자를 써서, '정지하는 나이'라는 의미를 포함하고 있다. 하지만 일본에서는 같은 말을 정년(定年)이라고도 표시하는데, 이는 '이 회사에서 일하기로 정해진 나이'라는 의미이다. 미국에서는 정년이란 말 대신 은퇴 즉 리타이어(retire)라는 말을 사용하는데, 인생 후반부를 출발하기 위해 바퀴를 다시 갈아 끼우는 것으로 생각한다. 그러므로 은퇴란 하던 일을 단순히 그만두는 나이가 아니라, 현 직장에서 하던 일을 그만두고 다른 곳에서 일하거나 혹은 다른 일을 할 수도 있다는 의미이다. 그러므로 은퇴에 대한 최고의 해결책은 일에서 영원히 퇴직하지 않는 것이며 일거리가 없으면 일을 찾아서 하는 것이다(전기보, 2013).

고대 로마의 정치가 겸 저술가 키케로의 『노년에 관하여』라는 저서에는 유년기의 연약함, 청년기의 격렬함, 중년기의 장중함, 그리고 노년기의 원숙함을 언급하였다. 그러나 대부분 사람은 은퇴할 때가 되어도 노년기의 원숙함을 보이지 못하고 오히려 은퇴를 두려워하거나 심지어 무서워하기도 한다. 일반적으로 은퇴 후에는 권력의 상실, 전문성의 상실, 자금의 상실, 후광효과의 상실이 나타난다고 여기기 때문이다.

2. 은퇴의 성격

특히 가족기업의 경영자는 은퇴하기가 어렵다고 한다. 이는 첫째로,

회사 일을 떠나 다른 일을 생각해 본 적이 없다. 둘째로, 경제적 여력이 안 되어 은퇴하기 어렵다. 셋째로, 내가 없으면 회사가 잘 안 돌아갈 것이라고 착각한다. 넷째로, 회사는 내 인생의 전부라 생각한다. 경영자들이 이런 문제를 해결하고 행복하게 은퇴하려면 다음의 질문에 답변하여야 할 것이다(Carlock · Ward, 2001).

① 개인의 재정적 안정: 은퇴 후 편안한 여생을 보낼 수 있을 만큼 재정적으로 안정되어 있는가?
② 가족의 안정: 내가 없더라도 자녀들이 다투지 않고 협력하여 회사를 경영할 수 있을까?
③ 조직의 안정: 내가 없어도 회사는 독자적으로 생존할 수 있을까?
④ 심리적 안정: 회사의 CEO가 아닌 나의 정체성은 무엇인가? 은퇴 후 무엇을 할 것인가?

후계자가 일반기업과 가족기업에 관해 공부하면서 준비하는 것처럼, 현 경영자도 은퇴에 대하여 미리 준비하면서 계획을 세워야 행복한 은퇴를 할 수가 있을 것이다. 여기서 은퇴를 준비하는데 최고의 우선순위는 미래에 대한 예지력 즉 선견지명(prescience)이다. 인간은 누구나 생물학적인 관점에서 영원히 생존할 수 없으므로, 은퇴를 미리 생각하고 이를 계획한다는 것은 선견지명이 있는 사람만이 할 수 있기 때문이다. 은퇴는 현재의 CEO가 더는 그 자리에 없을 때 해야만 하는 일을 계획하는 것이다. 즉 CEO가 현재 리더의 자리에 앉아 있지만, 물러나기 위해 그 자리에 앉아 있는 셈이다. 즉 자발적 은퇴이다. 그러므로 은퇴하는 것은 일시적인 이벤트가 아니라 다음 단계로 나아가기 위한 하나의 과정(process)이다. 이런 은퇴를 계획할 때 고려해야 할 요소는 크게 2가지이다.

- 만약 가족 내에서 기업이 지속되기를 원한다면, 무엇을 고려하여야 하는가?
- 후계자는 어떻게 결정되어야 하며, 현 CEO의 은퇴 과정은 어떻게 관리되어야 하는가?

제 2 절 은퇴의 유형별 특징

1. CEO의 은퇴

일반적으로 창업주인 오너는 인생 전부를 기업을 위해 바쳤다고 여기므로 기업에서 떠나야 할 적당한 때(when)를 안다는 것은 매우 어렵고 힘든 일이다. 오너가 기업에서 은퇴하는 것을 방해하는 것에 대하여 CEO를 기업의 영웅으로 생각하는 관점이 있다.

인류학자 캠벨(Campbell, 1949)은 영웅의 지위에 오르기까지 삶에는 크게 세 가지 단계가 있다고 언급하고 있다. 첫 단계는 사회로부터의 격리(separation from society)이다. 이는 물려받을(예정) 가족기업에서 벗어나 외부기업에서 기업에 대해 일반적인 것을 학습하는 단계와 연결될 수 있을 것이다. 두 번째 단계는 잇따른 시련의 시기(continual of trials)이다. 이 단계는 물려받을 가족기업에 입사하여 내부에서 공부하는 단계와 연결할 수 있는데, 리더의 자리에 적합하다는 것을 보여주어야 하는 시기이다. 세 번째 단계는 성공적인 재통합(triumphant re-integration)이다. 이 단계는 물려받을 회사의 리더로서 리더십을 배우는 단계와 연결할 수 있는데, 기업의 다른 구성원으로부터 능력을 인정받아야 하는 시기이다. 네 번째 단계는 영웅의 마지막 단계로 기업에서 물러날 때이다. 이때 필수적으로 인식하여야 할 것은 더는 자신이 영웅으로 인정받지 못한다는 현실과 나아가 이런 상황을 빨리 받아드려야 한다는 사실이다.

2. CEO의 은퇴유형과 특징

소넨펠드(Sonnenfeld, 1988), 소넨펠드와 스펜서(Sonnenfeld & Spence, 1989)는 CEO의 은퇴에는 두 가지 장애물이 있다고 주장하고 있다. 바로 영웅의 지위(heronic stature)와 영웅의 임무(heronic mission)이다. 영웅의 지위란 지위에서 나오는 최고 리더가 가지는 독특한 권한을 말하며, 영웅의 임무란 기업경영과 관련한 독특한 능력을 일컫는데, 이 둘 다 영웅의 자아상 일부이다.

〈그림 10-1〉은 영웅인 CEO의 지위(권한)에 대한 집착도와 임무(능력)에 대한 집착도의 두 가지 변수에 따른 4가지의 은퇴유형인 군주형, 장군형, 주지사형, 그리고 대사형을 도식화한 것이다.

군주형(monarchs)은 영웅의 지위와 임무에 대한 집착도가 모두 높아 현재의 기업에서 물러나기가 제일 어려운 유형이다. 이 유형은 강제되지 않는 한 물러나지 않으며, 오직 그의 죽음이나(이인자에 의한) 무혈쿠데타로 인한 비자발적 사임의 형태, 또는 최고위 간부들로부터의 은퇴하라는 최후통첩 등을 통해서만 이루어지는 유형이다. 군주형은 왕관을 쓰고 죽는 유형으로 그 누구도 자신을 대신할 수 없다고 생각하며, 승계문제에 대해서도 공개적으로 이야기하지 않을 뿐 아니라 자신의 은퇴 시기나 경영권 이전 기한을 명확히 정해 놓는 일이 거의 없다.

장군형(generals)은 영웅의 임무에 대한 집착도는 낮으나 지휘(권한)에 대한 집착도는 높으며, 잃어버린 영웅의 지위를 그리워하는 유형이다. 그들은 강제적으로 물러나거나 자발적으로 물러나곤 한다. 하지만 그들은 다시 돌아올 계획을 세우며, 후계자의 실제 또는 허구적 실패로부터 기업을 구한다는 명분으로 은퇴를 번복하기도 한다. 장군형은 호시탐탐 후계자의 권위를 노리는 유형으로 승계계획은 세우지만, 후계자의 리더십을 계발하고 자질을 훈련하는 일에는 소극적이며, 심지어 약한 후계자를 내세워 자신의 지분과 기회를 확보하려고 한다.

주지사형(governors)은 영웅의 지위에 대한 집착도는 낮으나 임무(능력)에 대한 집착도는 높아, 표면적으론 물러나는 데 큰 문제가 없는 것처럼 보이지만 은퇴 후에도 새로운 임무를 원하는 유형이다. 그들은 특정 기간만 통치하고 때가 되면 깨끗하게 물러난다. 이 유형은 깔끔한 은퇴전략을 실행에 옮긴 이후 기업과는 거의 관계하지 않는다. 주지사형은 은퇴에 따른 좌절감이나 상실감이 가장 적으며, 정해진 기간 내에 권력을 이양한다는 목표를 세워 이를 충실히 이행한다. 하지만 주지사형은 은퇴 이후 전적으로 다른 직업으로 전환하며, 아예 회사와 발길을 끊고 거의 접촉하지 않는다.

대사형(ambassadors)은 영웅의 지위(권한)에 대한 집착도와 임무(능력)에 대한 집착도가 모두 낮으므로, 은퇴하는 데 따른 장애를 가장 적게 겪는 유형이다. 그들은 자발적으로 기업을 떠나며 교체 기간 자문역할로서 기업과 관계를 유지한다. 따라서 이들은 가장 우아하게 이루어지는 은퇴유형이다. 대사형은 후계자를 위해 길을 열어주는 유형으로 은퇴 후에도 회사와 완전히 단절하지 않고 대외적인 얼굴마담이나 후계자의 멘토 역할을 하며 관계를 유지한다. 대사형은 후계자를 선정할 때도 가장 강하고 능력있는 후보를 후계자로 선정하며 소유권에 대한 미련도 별로 없다. 이런 유형의 후계자는 리더 역할을 철저히 준비하고 경영자의 불필요한 경쟁을 피하면 된다. 이러한 관계는 부자관계가 어린 시절부터 꾸준히 좋은 관계를 유지했을 때 가능하다(김선화, 2013).

요약하면 군주형과 장군형은 영웅의 지위(권한)와 관련하여 가장 낮은 수준의 지배력이라도 끝까지 유지하려고 애쓰는 유형이며, 가족기업의 은퇴 과정에서 가장 큰 좌절감을 느끼는 유형으로 가족기업의 은퇴에서 널리 퍼져 있는 유형이다. 이와는 대조적으로 대사형과 주지사형은 영웅의 지위 상실에 훨씬 잘 대처했으며, 영웅의 임무 상실로 인한 좌절에도 상대적으로 어려움을 적게 느낀다(켄 무어스·메리바렛, 남영호 옮김, 2011).

〈그림 10-1〉 CEO의 은퇴유형

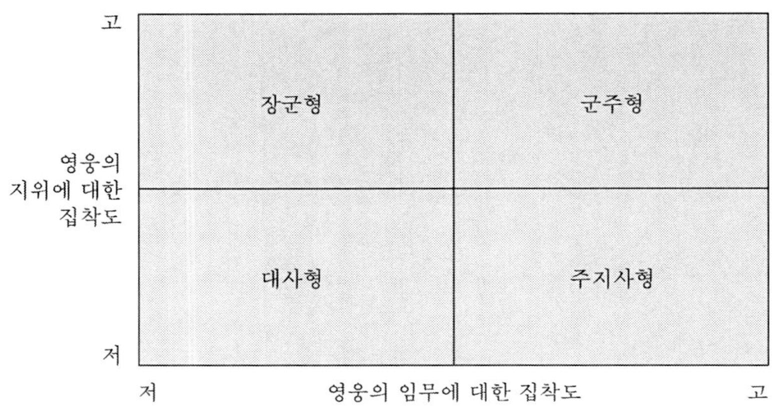

자료: 켄 무어스·메리 배럿 지음, 남영호 옮김(2011), 『가업승계의 패러독스와 해법』, 한울아카데미. p.188.

제 3 절 은퇴관리

미국 격언에 의하면, 어디에서(from) 은퇴하는 것이 아니라, 어디로(to) 은퇴하는 것이 중요하다고 한다. 바로 나에게 기대감을 주는 일을 찾아 그 일에 매진하면 행복한 은퇴가 될 수도 있다는 의미이다. 그런데 일반적으로 은퇴하는 데는 장애물이 뒤따르는데, 이를 잘 극복하는 방법을 살펴보는 것이 은퇴관리이다. 미국 가족기업의 아버지 레온 단코는 은퇴관리는 **은퇴 시기**와 **승계과정**에 대한 일반적인 관리라고 주장하고 있다. 이 절에서는 승계과정에 대해 살펴보고 은퇴 시기는 다음 절 4절에서 고찰하고자 한다.

은퇴관리에 대한 승계과정은 명확한 은퇴 계획의 수립, 은퇴관리 시스템의 개발, 그리고 은퇴계획의 충실한 이행의 3단계로 나누어진다(켄 무어스·메리 바렛, 남영호 옮김, 2011).

1. 명확한 은퇴계획의 수립

먼저 명확한 은퇴계획은 현재의 CEO가 직접 수립하는 것이 제일 좋겠다. 특히 현 CEO가 창업주라면 더욱 그러하다. 그럼 이런 은퇴계획은 언제 수립하는 것이 좋을까? 보통 이를 일찍 시작하면 은퇴계획의 수립은 가능했다고 한다. 또한 이런 은퇴계획은 CEO는 물론이고 고위 간부와 최고위직에 내정될 가능성이 없는 사람도 포함되는 것이 좋겠다.

그럼 이 은퇴계획의 수립에 따른 장애물은 무엇일까? 첫째로, CEO 혼자서도 회사를 이끌어갈 능력(영웅적 임무)이 있다고 믿는 것이다. 즉 자신이 스스로 여전히 기업을 경영할 능력과 자신감이 있다고 믿는 과신감이다. 둘째로, 회사에서 물러난 이후의 삶에 대한 상실감이다. 이는 후계자의 능력에 대한 걱정과 함께, 승계과정에서 리더가 겪는 가장 큰 어려움이다. 레온 단코는 은퇴 과정은 안락사와 거세의 중간쯤으로 여긴다고 주장하며, 은퇴는 일찍 결정이 내려져야 하는데, 기업이 자식에게 승계가 이루어지지 않는다면 매각계획을 세워, 최대한 높은 가격을 받을 준비를 하는 것이 좋다고 주장하였다.

결론적으로 은퇴에 대한 유일한 해결방법은 현재의 CEO가 물러나는 것에 대한 명확한 예정표의 필요성을 느끼고 스스로 은퇴계획을 수립하는 것이다.

2. 은퇴관리 시스템 개발

은퇴관리 시스템은 미래의 후계자를 위한 것이며 CEO가 은퇴하는 방법을 고민할 때 직면할 불편한 감정을 치유할 유일한 방법이다. 현재의 CEO가 은퇴하기 전에 귀하의 자식들은 기업의 리더로서 활동을 시작할 수 없기 때문이다.

은퇴관리 시스템 개발의 출발은 승계계획의 성문화이다. 이에는 후계자의 선정이 매우 중요한데, 이는 일찍 해결하여야 할 뿐만 아니라 공개적으로 또는 암묵적으로 진행되어야 한다. 또한 CEO 자신이 은퇴의 두려움에 대처하는 방법과 가족은 그가 필요로 하는 것을 빨리 알아채는 것 역시 중요하다. 현재의 CEO가 은퇴하는데 필요한 것은 무엇보다도 먼저 은퇴 후 갈 대상 즉 할 일이 절대적으로 필요하다. 예를 들면 취미활동, 어릴 적 꿈 찾기, 자녀들과의 관계 개선과 손자들 교육하기, 종교 활동, 대학에서 가르치기, 비영리단체 봉사, 평소에 하고 싶었지만, 너무 바빠서 할 수 없었던 일 하기, 회고록 등의 저술 활동, 현 기업체에 크게 관여하지 않는 이사회의 비상임이사, 다른 회사 자문 혹은 사외이사, 가족재단 설립 후 자선활동 참여, 또 다른 창업 등 새로운 일 시작하기 등 다양하다. 이에는 배우자의 훌륭한 지원이 절대적으로 필요하다. 만약 배우자와 사별, 이혼 등의 이유로 혼자 남게 된다면 그를 회사에서 은퇴시키기란 매우 어려워진다는 의미이다.

3. 은퇴계획의 충실한 이행

구체적인 은퇴계획을 수립하였다면 이런 계획을 충실히 이행할 방안을 마련하여야 한다. 현재의 CEO가 후계자를 교육·훈련하고, 현 기업체에서 떠날 예정표를 충실히 이행하지 못하는 이유 중 하나로, 이런 문제를 해결할 방법을 어디서 배워야 하는가, 이를 실천에 옮기는데 필요한 자신감과 희망을 얻을 곳을 모른다는 것이다.

이를 해결할 방법으로, 첫째로 미국의 가족기업협회 FFI(Family Firm Institute), 유럽의 가족기업 네트워크 FBN(Family Business Network), 호주의 가족기업협회 AFBA(Australian's Family Business

Association)와 같은 외부 네트워크를 통한 해결책을 들 수 있겠다. 우리도 하루속히 위와 같은 역할을 수행할 기관의 설립이 필요하다.

둘째로, 기업의 자체 내부적인 방법으로, 이사회와 가족위원회(가족회의)를 들 수 있겠다. 승계계획은 CEO 혼자서 원하는 계획을 세운다면 이의 충실한 이행이 어렵다. 미래의 비전을 함께 공유할 이사회나 공식적인 가족위원회를 통해 승계계획이 이루어지는 것이 좋겠다. 가족위원회는 가족구성원에게 경력개발을 할 수 있는 기회를 인식시키거나, 입사기준도 알려줄 수 있으며, 가족의 구성원에게 기업의 가치관이나 기업이 다른 사람들에게 가지고 있는 기대를 토론할 수 있는 장소가 되기도 한다. 나아가 이사회는 기술적 지원뿐만 아니라 정서적 지원의 역할도 하므로, 외로운 리더 CEO에게 자신감을 불어넣는 데도 도움이 될 것이다.

제4절 은퇴 시기

가족기업의 경영자는 "종신임원"으로 사망 시까지 경영자의 지위에 머무르고 있는 경우가 대부분이다. 그러나 때에 따라서는 미리 퇴직하여 조기에 후계자에게 경영권을 이양하는 것이 경영권의 안정과 절세의 측면에서 사업의 승계에 유리한 때도 있다. 본 절에서는 생전퇴직과 사망퇴직의 세 부담의 차이를 비교하면서 CEO의 은퇴 시기를 살펴보도록 하겠다(남영호·박근서, 2008).

1. 은퇴 시기

사업의 승계문제와 임원의 교체는 불가분의 관계지만, 가족기업의 경우에는 경영자의 퇴직 시기를 언제로 하느냐는 본인의 의사에 달려 있다. 즉, 미리 퇴직하여 경영자를 변경할지 상속 시까지 재임하는지는 소유경영자인 CEO가 결정하는 것이다. 미리 퇴직하는 경우는 기업의 지배구조에서 완전히 빠지게 되어 이사회 구성원으로 활동할 수 없으므로 법률상의 권한은 행사할 수 없게 된다. 일반적으로 현 CEO가 퇴직할 가장 바람직한 나이는 보통 60대 말로 보고 있으나, 이는 각 개인의 건강, 후계자 문제, 기업의 경영전략 등에 따라 달라질 수 있다. 또한, 소유경영자의 퇴직에 따라 지급되는 퇴직급여는 생전퇴직과 사망퇴직의 경우 세무상 효과가 달라지므로 세법상 「현실적인 퇴직」으로 간주하는 퇴직 시기의 결정은 중요하다. 퇴직급여 지급규정, 취업규칙 또는 노사합의에 의하여 퇴직금을 실제로 받을 때는 현실적으로 퇴직한 것으로 보는데, 그 구체적인 내용은 〈표 10-1〉과 같다.

〈표 10-1〉 현실적인 퇴직으로 보는 경우와 그렇지 않은 경우

현실적인 퇴직으로 보는 경우	현실적인 퇴직으로 보지 않는 경우
① 종업원이 임원으로 취임한 경우 ② 법인의 상근임원이 비상근임원이 된 경우 ③ 법인의 조직변경이 이루어진 경우 ④ 법인의 분할 또는 합병이 이루어진 경우 ⑤ 사용자의 사망으로 상속인이 사업을 승계한 경우 ⑥ 사업의 양도·양수가 이루어진 경우 ⑦ 근로기준법 제34조 제3항의 규정을 위해 계속 근로한 기간에 대한 퇴직금을 중간정산하여 받는 경우 ⑧ 법인의 임원에 대한 급여를 연봉제로 전환함에 따라 향후 퇴직금을 지급하지 아니하는 조건으로 그때까지의 퇴직금을 정산하여 지급한 경우 ⑨ 법인의 직영차량 운전기사가 법인소속 지입차량의 운전기사로 전직하는 경우 ⑩ 임직원이 사규 또는 근로계약에 의하여 정년퇴직한 다음 날 당해 사용자의 일용직 사원(촉탁)으로 채용된 경우	① 임원이 연임된 경우 ② 법인의 대주주 변동으로 인하여 계산의 편의, 기타 사유로 전 근로자에게 퇴직금을 지급한 경우 ③ 비거주자의 국내사업장 또는 외국법인의 국내 지점의 근로자가 본점(본국)으로 전출하는 경우 ④ 정부, 투자기관 등이 민영화됨에 따라 전 종업원의 사표를 일단 수리한 후 재채용한 경우 ⑤ 근로기준법 제34조 제3항의 규정에 따라 퇴직금을 중간정산하기로 하였으나 이를 실제로 지급하지 아니한 경우

[소사례] 은퇴 한국인의 자기관리 14조 항

1. 누워 있지 말고 끊임없이 움직여라. 움직이면 살고 누우면 죽는다.
2. 하루에 하나씩 즐거운 일을 만들어라. 하루가 즐거우면 평생이 즐겁다.
3. 마음에 들지 않아도 웃으며 받아들여라. 이 세상 모두가 내 뜻대로 되는 것은 아니다.
4. 자식이 원하지 않으면 이래라저래라하지 말라. 아무리 효자도 간섭하면 싫어한다.
5. 젊은이들과 어울려라. 젊은 기분이 유입되면 활력이 생겨난다.
6. 한번 한 소리는 두 번 이상 하지 말라. 말이 많으면 따돌림을 받는다.
7. 돈이 재산이 아니라 사람이 재산이다. 돈 때문에 사람을 잃지 마라.
8. 좋은 책을 읽고 또 읽어라. 마음이 풍요해지고 치매가 예방된다.
9. 걱정은 단명의 주범이다. 걱정할 가치가 있는 일만 걱정하라.
10. 병을 두려워 말라. 一病長壽, 無病短命(일병장수 무병단명)이라는 말도 있다.
11. 고마웠던 기억만을 간직하라. 괴로웠던 기억은 깨끗이 지워버려라.
12. 즐거운 마음으로 잠을 자라. 잠 속에서 축복이 열매를 맺는다.
13. 지혜로운 사람과 어울려라. 바보와 어울리면 어느새 바보가 된다.
14. 내가 가지고 떠날 것은 없다. 그러니 무엇을 남기고 갈 것인가를 생각하라.

(자료: http://story.kakao.com/_ISzo07/f3hGWd2Le50/ 건강노트 장원호 박사)

2. 사업의 승계를 위한 대책

1) 후계자와의 관계

소유경영자인 CEO가 회사를 현실적으로 퇴직하는 경우는 회사의 실질적 경영권을 후계자에게 완전히 이양하고 대내외적으로는 대주주의 지위로 남는 것을 의미한다. 퇴직한 뒤에도 기업경영의 사소한 문제에 간여하면 기업경영에 여러 가지 불협화음이 발생할 수 있다. 후계자의 경영 수업, 이사회 의장으로서 역할 등 경영권 승계를 위한 상당한 기간의 준비를 거친 후 후계자로서 능력을 검증한 후에야 경영권을 이양하는 것이다. 즉 경영권 승계는 앞에서 살펴본 것처럼 충분한 시간을 두고 점진적으로 이전하는 것이 바람직하다 하겠다.

2) 임원퇴직금 지급규정의 제정

세무상의 혼란을 방지하기 위해서는 정관에 미리 「임원퇴직금에 대하여는 주주총회에서 승인된 퇴직금 지급규정에 의한다」고 규정한 뒤, 임원퇴직금 규정을 작성해 두는 것이 가장 바람직한 일이다. 임원퇴직금 규정에 따라 적어도 지급액이 자의적으로 결정되는 것은 아니라는 입증이 가능하게 되기 때문이다. 그리고 그 규정에 따라 퇴직금액이 산정된 것이라면, 세무상은 당연히 손금으로 인정된다.

3) 임원 보수의 적정액 인상

주의해야 할 것은 퇴직 시의 보수이다. 퇴직금 지급방식에서는 그 산정방식으로 볼 때 보수월액이 적으면 당연히 퇴직금액도 적게 계산된다. 따라서 경영자 등에 대해서는 적정한 보수를 책정하는 것도 세무대책으로서 중요하다 하겠다.

4) 생전퇴직 대(對) 사망퇴직

생전퇴직의 효과로서 빠뜨릴 수 없는 것은, 첫째로, 생전퇴직의 경우 가업승계에서 중요한 기업가정신(企業家精神)의 이전이 가능하다는 것이다. 즉 현 경영자인 CEO의 경영철학, 거래처 및 금융기관 관계, 나아가 종업원과의 관계 등을 이전받을 수 있다.

둘째로, 경영자의 조기 교체에 의한 후계자의 양성 기간 확보가 가능하다. 대부분의 중소규모 가족기업은 대표자의 개인적인 신용에 의지하고 있고, 사망퇴직에 따른 돌발적인 임원교체는 기업의 존속에 직접 관계되는 문제가 발생하게 된다. 이렇게 보면, 생전퇴직을 선택하든지 사망퇴직에 의한 것인가는 단순히 퇴직금에 대한 최종적인 세부담만을 비교해서 결론지을 수는 없는 문제이다.

셋째로, 가업승계는, 후계자에게 회사의 지배권과 함께 경영권도 원만히 이전시키는 것이 중요하다. 그러므로 소유경영자는 일정 기간 후계자를 경영에 참여시켜 후계자를 훌륭한 경영자로 만드는 데 최선을 다하고, 일정 시점이 되면 일선에서 물러나서 회사의 경영은 후계자가 하고 회사의 중요한 의사결정에 대하여 조언을 하는 형식이 가장 바람직하다 할 것이다.

넷째로, 생전퇴직은 경영권도 원만히 이전시킬 수 있을 뿐 아니라 생전에 퇴직하여 회사의 세법상 주식평가의 인하를 도모할 수 있고, 그에 따라 회사의 지배권인 주식의 이전도 순조롭게 할 수 있을 것이다.

그러므로 경영자의 퇴직에 대해서는 사업의 승계에 드는 기간이나 기업의 실태에 따라 신중하게 의사결정을 내리지 않으면 안 되는 중요한 문제라 할 수 있겠다.

[소사례] 바 램

작사, 작곡: 김종환/노래: 노사연

내 손에 잡은 것이 많아서 손이 아픕니다
등에 짊어진 삶의 무게가 온몸을 아프게 하고

매일 해결해야 하는 일 땜에 내 시간도 없이 살다가
평생 바쁘게 걸어 왔으니 다리도 아픕니다.
내가 힘들고 외로워질 때 내 얘길 조금만 들어준다면
어느 날 갑자기 세월에 한복판에 덩그러니 혼자 있진 않겠죠

큰 것도 아니고, 아주 작은 한 마디, 지친 나를 안아주면서
사랑한다 정말 사랑한다는 그 말을 해준다면

나는 사막을 걷는다 해도 꽃길이라 생각할 겁니다.
우린 늙어가는 것이 아니라 조금씩 익어가는 겁니다.

내가 힘들고 외로워질 때 내 얘길 조금만 들어준다면
어느 날 갑자기 세월에 한복판에 덩그러니 혼자 있진 않겠죠

큰 것도 아니고, 아주 작은 한 마디, 지친 나를 안아주면서
사랑한다 정말 사랑한다는 그 말을 해준다면

나는 사막을 걷는다 해도 꽃길이라 생각할 겁니다.
우린 늙어가는 것이 아니라 조금씩 익어가는 겁니다.
우린 늙어가는 것이 아니라 조금씩 익어가는 겁니다.

저 높은 곳에 함께 가야할 사람 그대뿐입니다.

주요용어

은퇴의 개념과 성격, CEO의 4가지 은퇴유형, 은퇴 과정의 3단계, 은퇴 시기

생각하기

1. 가족기업 오너가 은퇴하지 않고 계속해서 CEO로 존재한다면 어떤 일이 일어날지 생각해 보자.

2. 만약 여러분이 가족기업 CEO라면 어떤 은퇴유형에 해당되는지 생각해 보세요. 그리고 여러분이 선택한 은퇴유형이 훌륭한 은퇴가 되려면 개선할 점은 무엇일까요?

3. 가족기업 소유경영자인 CEO의 은퇴가 힘든 이유와 이들의 은퇴계획의 충실한 이행을 위해 필요한 사항은 무엇일까요?

4. 가족기업의 소유경영자인 CEO는 생전퇴직과 사망퇴직 중 어느 쪽이 유리할까요? 그 이유는?

참고문헌

김선화(2013), 『100년 기업을 위한 승계전략』, 쌤앤파커스.

남영호 · 박근서(2008), 『가족기업론』, 청목출판사.

전기보(2013), 『은퇴 후 40년 어떻게 살 것인가』, 미래지식.

Carlock, R. S. & J. L. Ward(2001), *Strategic Planning for the Family Business*, Palgrave.

Moores Ken, Barrett, Mary(2002), *Learning family business: paradoxes and pathways*, Ashgate; 켄 무어스 · 메리 배럿 지음, 남영호 옮김(2011), 『가업승계의 패러독스와 해법』, 한울아카데미.

사례연구(3)

◆ 사례 7

A, B, C, D 사의 승계계획

1. A사의 승계계획

1935년 현 경영자인 김 사장의 부친에 의해 창업된 A기업은 1966년 현 경영자인 김 사장이 승계하였고, 그를 이어 아들인 김 부사장까지 3대째 전통을 이어가고 있다. 목재 창호 제작으로 시작한 A기업은 현재 실내도어 및 윈도우, 더 나아가 천연 목재방화도어 등 다양한 목재소재제품을 제작하고 있으며 직원 160명 연 매출 470억 원의 견실한 중견기업으로 9년 연속 업종별 최고수주 상 및 실내 건축공사업 부문 대상을 받는 등 능력을 인정받고 있다.

김 사장은 건축학을 전공했고 졸업하자마자 아버지를 도와 경영일선에 발을 디뎠다. 김 사장이 승계할 당시 A기업은 소규모 목공소에 불과했으나 이후 미군 시설공사 참여 및 1970년대 아파트 건설 붐이 일면서 성장 가도를 달렸고, 1998년 외환 위기에는 중소 건설사들의 잇따른 부도로 많은 소규모 기업들이 문을 닫았지만, 기술력을 바탕으로 최고 품질의 제품을 생산하는 A 기업의 매출은 40% 이상 증가하며 오히려 성장의 기회가 되었다.

이는 대를 이어 목공인들에게 평생 일할 만한 직장을 만들어 주고자 하였던 창업자인 선친의 뜻을 이어받아, 사람 중심 경영과 후세에 남길 작품을 만든다는 각오로 품질경영에 힘쓴 덕분이라 하겠다. 김 사장은 아들 김 부사장의 어린 시절 바쁜 업무 중에도 아들과 함께 낚시도 다니고 자주 목공소에 데리고 갔었다. 그때 어린 아들의 눈에 비친 목공 아저씨들은 TV 만화에 나오는 로봇도 만들어 주고 못 하는 게 없는 만능인이었다. 그래서 김 부사장은 어릴 때 아버지를 따라 회사에 가는 것을 매우 좋아했다. 김 부사장은 중학교를 졸업하고 미국으로 조기 유학을 갔고 아버지의 권유로 실내건축을 전공했는데 그것이 후계자로서 미래 청사진을 그리는 전환점이 되었다.

김 부사장은 미국에서 대학을 졸업하고 1년간 미국의 대형 목재업체에서 일하고 귀국해 A사에 입사했다. 2003년 입사해 처음 6개월은 생산부 직원으로, 이후 3년간은 대리직급으로 자재부, 총무부, 영업부를 거치면서 기업의 현장을 익혔다.

그리고 부친과 협의해 기획실을 신설하여 미래 A 기업을 대표할 상품과 브랜드를 선정하는 등 미래를 준비하는 한편 기업의 70년 역사를 정리하고 부친의 자서전을 출간했다. 그런 과정에서 부친과 함께 기업의 과거, 현재, 미래에 대해 많은 이야기를 나누었고, 부친의 가치관과 비전을 이을 책임감이 더욱 커졌다.

김 사장은 아들이 부사장이 되면서 본인의 역할을 점진적으로 줄이고 아들에게 경영의 많은 부분을 이전하고 있다. A사는 경영 전반에 걸친 주요 의사결정은 김 부사장을 포함한 임원회의와 이사회를 통해 충분한 토의를 거쳐 결정하는데, 이는 김 부사장이 경영 수업을 하는 데 크게 도움이 되고 있다. 지난 7년 동안 아버지는 아들을 전적으로 신뢰해 주었고 아들 또한 아버지에 대한 신뢰와 존경심이 커졌기 때문에 승계과정 중 어려움이나 갈등이 전혀 없었다. 김 부사장은 할아버지와 아버지를 이어 전통과 첨단 기술이 공존하는 목창호 부분 세계 1위의 기업으로 성장시키고자 하는 비전을 갖고 있다. A기업은 중소기업중앙회가 장수 중소기업을 육성하기 위해 신설한 우수 가업승계 기업인상과 중소기업청 명문 장수기업인상을 수상하였다.

2. B사의 승계계획

B 기업은 1957년 현 경영자인 이사장의 부친이 설립한 건축용 가공 유리 전문회사이다. 2세인 이사장을 이어 현재는 이사장의 아들인 이 부사장이 3대째 경영 수업을 받고 있다. 현재 B 기업은 140명의 직원과 연간 매출 390억 원의 중소기업으로 성장하였다. 초창기에는 거울이 주력 사업이었으나 끊임없는 기술개발로 현재는 초고층 건물에 사용하는 복층 유리를 주력 사업으로 하고 있다.

이사장은 군 제대 후 60년부터 창업자인 아버지와 두 형님을 도와 B 기업에서 일을 시작했다. 이후 형님들이 다른 사업을 위해 회사를 떠나게 되면서 이사장이 1980년에 B 기업을 승계하게 되었다. B 기업은 비록 작은 가계에서 시작했지만 "고객이 신뢰하는 최고의 제품을 만든다"라는 이사장의 품질 철학을 바탕으로 50년 넘게 성장, 발전해 왔다. 이사장은 그간 부도, 화재 등 어려운 시기도 많이 있었지만, 회사가 성장함에 따라 전 인생을 바쳐 키워 놓은 기업이 좋은 기업으로 오랫동안 지속되었으면 좋겠다고 늘 생각해 왔고, 그의 그런 생각은 후계자인 이사장이 어렸을 때부터 자연스럽게 전달되었다. 이사장은 승계를 염두에 두고 이 부사장이 대학진학 때 신소재 공학을 전공하도록 권유했는데, 아들도 부친의 이런 뜻을 흔쾌히 따라주었으므로 후계자 수업은 대학진학과 함께 이루어졌다. 이후 이 부사장은 마케팅 석사과정을 마친 뒤 미국 대학에서 품질 분야로

MBA를 취득했다. 2005년 10월에는 미국품질학회(ASQ)로부터 한국인 1호 품질 전문가 자격까지 획득했다. 이 부사장은 유학 시절 틈날 때마다 대표적인 유리공장을 찾아가 각종 유리 관련 세미나에서 첨단 기술을 배웠다.

그는 대학 졸업 후 부친의 권유로 IT 회사에 취직해서 약 3년간 근무를 한 후 B 기업에 평사원으로 입사하였고 미국 유학을 다녀와서 본격적인 후계자로서 경영 수업을 시작했다. 그는 약 4년간 현장 중심의 근무를 하며 미국에서 배운 유리 가공기술과 품질 교육 등을 직원들에게 가르쳤는데, 이로 인해 직원들의 의식향상으로 품질이 높아지고 생산성도 좋아지는 효과가 나타났다. 이 부사장은 품질과 신용을 강조한 부친의 뜻을 이어 품질 향상에 집중한 결과 B사의 기술이 선진기업보다 많이 뒤지지 않는다고 자부하게 되었다.

아들이 부사장이 되면서 이사장은 아들에게 점진적으로 경영을 위임하고 있다. 이사장은 경영에 관한 큰 의사결정은 이 부사장이 함께 참여하는 임원 회의에서 충분한 토의를 거쳐 결정하지만, 그는 항상 아들의 의견을 경청하려고 노력한다. 그는 실수를 통해서도 많은 것을 배울 수 있다고 생각하기 때문에 아직 본인이 건재할 때 아들이 다양한 경험을 하길 원한다. 그리고 이사장은 3년 후쯤 회사를 아들에게 전적으로 맡기고 본인은 멘토로서 아들의 요청이 있을 때 조언을 해주는 정도로만 경영에 관여할 계획이다.

이제까지 승계과정에서 부자간 갈등은 전혀 없었다. 이는 아들이 아버지의 뜻을 잘 따라 주었고 아버지도 아들을 신뢰하기 때문이라고 했다. 이사장은 만약 아들이 다른 일을 한다면 지금보다 덜 고생하고 더 좋은 조건에서 일할 수 있는데, 기업을 계승하기 위해 밤샘도 마다치 않는다며 아들에게 고마워했다.

3. C사의 승계계획

창업자인 박 회장은 1973년 우연한 기회에 달력 영업을 한 것을 계기로 1976년 달력 사업을 시작하였다. C 기업은 창업 후 34년이 지난 현재 법인인 C 기업과 개인 기업으로 운영되는 몇 개의 자회사를 포함해서 직원 107명, 연매출 120억 원의 중소기업으로 성장했다. 현재 창업자인 박 회장은 경영에서 물러나고 2세인 박 사장이 대를 이어 경영을 하고 있다.

독실한 기독교 신자였던 박 회장은 회사 초기 기독교 달력으로 폭발적 인기를 얻었고, 1983년 유럽 11개국 교회, 성당 투어에서 얻은 영감과 그 당시 사모은 기독교 그림책을 바탕으로 새로운 형태의 기독교 달력 제작에 도전하였는데 이것이 기업이 성장하는 계기가 되었다. 현재는 C 기업뿐 아니라 도서출판,

팬시상품, 기독교백화점, 갤러리, 성지순례 투어 등 기독교 문화사업의 종합 메이커로 발전했다. "기독교 정신을 바탕으로 나눔을 실천한다"라는 박 회장의 경영철학을 그의 장남인 박 사장이 지속해서 이어가고 있다.

현재 경영을 맡은 박 사장은 중학교 때부터 틈만 나면 아버지를 도와 달력을 배달하는 등 회사 일을 도왔다. 그러면서 힘들게 일하시는 아버지의 모습을 가까이서 볼 수 있었고 아버지와 많은 대화를 나누다 보니 이성 문제까지도 아버지와 상의할 정도로 가까웠다. 아버지는 회사 일과 집안일을 항상 장남인 박 사장과 의논했고 박 사장의 미국 유학 중에도 회사 일을 의논할 정도로 서로 의지하는 관계였다. 박 사장은 어릴 때부터 자연스럽게 아버지의 뒤를 이어 사업을 하고 싶다고 생각했기 때문에 대학 전공도 경영학과를 선택하였고 미국에서 MBA를 마친 것도 새로운 경영기법을 배워 C 기업을 한 단계 도약시키기 위한 것이었다. MBA 졸업 후 박 회장은 아들에게 큰 회사에서 일해보라고 권했지만 박 사장은 바로 기업 승계를 택했다.

박 사장은 C 기업에 입사해 차장 1년, 이사 1년의 현장 실무를 거치고 입사 2년 후인 2003년에 대표이사로 취임하였다. 박 사장이 처음 사장이 되었을 때는 "아버지가 하라고 하시니까 전체 일을 잘 모르는 상태에서 결제했었다"라고 했다. 그러나 1~2년 지나 일을 파악하게 되면서 이 정도는 나도 처리할 수 있는데 일일이 회장님께 보고해야 하는가 하는 생각이 들어 특별한 일을 제외하고는 박 회장에게 보고하지 않고 박 사장 선에서 처리했다. 그런데 이러한 일들로 인해 부자간 갈등이 시작되었다. 박 회장은 종종 박 사장이 직원들에게 지시한 사항을 번복하여 박 사장과 직원 관계에서 난처한 일도 발생하고, 박 사장이 새로운 일을 시도하려고 하면 박 회장이 제동을 하는 등 부자간 갈등이 생기면서 박 사장은 힘든 시간을 보냈다.

두 부자는 이전에 아주 가까운 사이였음에도 불구하고 경영권을 이전하는 단계에서 갈등을 겪었고 박 사장은 부친과의 사이에 벽을 느꼈다고 했다. 1~2년간 어려운 시기를 보내고 부자간 대화를 통해 갈등은 많이 해소되었다. 박 사장은 이제 와서 생각해 보면 그 당시 부친의 판단이 옳았다고 생각하고, 본인이 매우 미숙했는데 잘 할 수 있다는 의욕이 앞섰던 것 같다고 그 시절을 회상했다. 박 회장은 박 사장 취임 6년 후 경영권을 박 사장에게 모두 넘겨주고 현재는 회사를 떠나 은퇴 전부터 계획했던 종교 관련 일을 하고 있다.

4. D사의 승계계획

D사는 1969년 창업주인 최 회장에 의하여 건축자재 제조업체로 설립되었다. 현재는 둘째 아들인 최 사장이 2세 경영을 하고 있으며 직원 52명, 년 매출 160억 원의 중소기업이다. 창업자인 최 회장은 지방에서 상경하여 자수성가한 사업가이다. 그는 누구의 도움도 없이 온갖 어려움을 겪으며 회사를 키워 왔는데 오로지 일만을 위해 살아왔다고 해도 과언이 아닐 정도로 일 중심적인 성향을 가지고 있다.

현 경영자인 아들 최 사장은 부친이 회사 일이 어려울 때면 명절 등 가족 모임에서 업무와 관련된 불편한 감정을 표출하곤 했는데, 그럴 때면 가족들은 편치 않은 명절을 보내곤 했다고 하였다. 또한 최 회장은 회사 일로 늘 바쁘다 보니 자녀들이 어린 시절에도 일상적으로 필요한 얘기 외에 부자간 깊이 있고 진솔한 대화를 나눈 적이 거의 없었다. 현재 경영을 맡은 최 사장은 2남 1녀 중 둘째 아들이었고 어렸을 때부터 회사 경영에 관심이 없었기 때문에 승계를 생각한 적이 없었다. 그는 대학 졸업 후 승계와 관계없이 자신의 진로를 준비하고 있었는데, 어느 날 D사에서 10년간 후계자로 근무했던 형님이 승계를 포기하고 회사를 떠나게 되면서 갑작스럽게 회사를 맡게 되었다.

형님은 최 사장보다 4살 위인데 그 또한 대학입학 시까지도 승계에 관한 생각이 없었기 때문에 회사 업무와는 전혀 관련 없는 교육학을 전공했다. 그러나 그는 대학 졸업 후 부친의 일방적 결정으로 D 회사에서 후계자로 일을 시작하였다. 그는 사원부터 시작해 부사장까지 되었지만, 부친의 일방적 지시에 따라 일을 하다 보니 시간이 지남에 따라 일에 대한 흥미를 잃고 자신감을 상실하게 되어, 입사 후 10년 만에 중국으로 유학하러 가면서 후계자의 지위를 포기하였다.

장남이 회사를 떠난 것에 충격을 받은 최 회장은 급하게 둘째 아들(당시 30세)을 사장으로 취임시키고 본인은 일선에서 물러났다(당시 62세). 당시 현 경영자인 최 사장은 석사를 마치고 1년 6개월의 타 회사 경험만 가지고 사장이라는 큰 책임을 맡게 되어 많은 어려움을 겪었다. 이후 6년여간 어려운 시간을 보내고 회사가 안정을 되찾아 갈 무렵 부친인 최 회장이 회사 일에 조금씩 관여하기 시작했고 급기야는 다시 업무에 복귀하였다. 회사 경영에 다시 참여한 그는 아들 최 사장의 의사결정을 번복하거나 사전 합의 과정을 거치지 않고 많은 사안을 일방적으로 결정하면서 부자간 갈등이 시작되었다.

부친 최 회장과 아들 최 사장의 경영 스타일은 많은 차이를 보였다. 최 회장은 현재 일에 충실하고 지금까지 쌓아온 것을 지켜야 한다고 생각하며 매출과 성장 위주의 경영관을 가졌지만, 최 사장은 미래를 위해 투자하고 진화, 발전해야 한다는 장기적인 기업 성장에 중점을 두고 있다. 이러한 경영관의 차이로 최 사장이 설립한 연구소를 최 회장이 당장 실적이 없다는 이유로 폐쇄하며 부자간의 갈등은 더욱 심화하였다. 최 사장은 최근 2~3년간 부친이 경영에 참여한 후 현실 안주와 현상 유지 쪽으로 경영을 할 수밖에 없게 되면서 경영에 흥미를 잃게 되었다. 그리고 현재 부자간 갈등에서 냉각기를 갖고자 1년간 안식년을 갖고 있다. 최근 최 회장은 아들이 빠른 시일 내에 복귀할 것을 원하지만 사실 최 사장은 회사에 돌아가고 싶은 생각이 없고, 오래전부터 관심이 있었던 다른 사업을 검토하고 있다. 그는 결국은 회사로 돌아가겠지만, 대를 이어 자녀에게까지 회사를 넘겨주고 싶은 생각은 없다고 했다.

(자료: 김선화・남영호(2011), 가족기업의 사회적 자본과 승계프로세스에 관한 탐색적 연구, 대한경영학회지, 24(2), 743-767.)

✤ 토론

1. 위 4가지 사례에서 승계계획은 일시적 이벤트가 아닌 기나긴 과정임을 재확인하였다. 승계과정의 만족도를 높이기 위해 무엇이 필요한지 사회적 자본의 관점에서 설명해 보자.

2. A사와 B사의 사례가 성공적인 가업승계로 여겨진다. 그 이유는 무엇이며, 성공적인 가업승계가 되기 위해선 무엇이 어떻게 되어야 할까요?

◆ 사례 8

가족기업의 전문경영: 데니스 가족기업

데니스 버트(Bert Dennis)는 아버지의 갑작스러운 죽음으로 경제적으로 어려운 유년 시절을 보냈지만, 어머니의 자애로운 보살핌으로 고등학교를 졸업하고, 엔지니어로 취업하여 4년 동안 경험을 쌓았다. 그 후 1960년 동업자와 호주의 멜버른 근처에서 건설회사를 창업하였다. 승승장구한 데니스 사는 부동산 개발, 주택 및 농장 건설 등의 부문도 수행하고 있다. 조그만 가족기업으로 출발한 데니스 사는 현재 호주의 부동산 선두 개발회사 중 하나로 성장하여 우수한 기업으로 인정받고 있으며, 앞으로 뉴질랜드와 중국으로의 진출도 계획하고 있다. 버트와 그의 아내 던(Dawn)은 슬하에 4명의 자식(2남 2녀)을 두고 있다. 그는 매우 바쁜 생활을 보냈지만, 점심은 항상 집에서 가족과 함께 먹으려고 노력하였다. 이를 위해 집은 회사에서 5분 거리에 두었고, 지리적으로 가까운 것이 오늘날까지 가족단일체(family unit)를 형성하여 친근하게 지내는 데 도움이 되고 있다. 두 아들은 미국에서 대학을 마치고 돌아온 후 농장을 경영하고 있으며, 두 딸은 모두 결혼 후 남편과 함께 아버지 사업과 관계없는 컨설팅 업을 하고 있지만, 부모님은 항상 조언해주었다. 창업주인 아버지 버트는 나이가 들어 더는 데니스 사를 직접 경영하기가 어려웠다. 또한 부모는 자식들이 협력해서 지속해서 성장 가능한 가업을 계속하면 좋겠다고 생각하였다. 하지만 그들은 가업승계의 어려움, 즉 지휘명령, 운영관리 및 소유권 등에서 발생할 갈등 문제를 잘 알고 있었다. 따라서 부모는 가업승계를 강요하지는 않았으며, 이 가업이 자식들의 삶에 기쁨과 즐거움을 줄 수 있는지 고민하였다.

터닝포인트(전환점)

결국 부모는 4명의 자식, 아델(Adele), 그랜트(Grant), 나탈리(Natalie), 마셜(Marshall)에게 질문을 하였다. 부모님이 35년 동안 경영해 온 이 기업을 매각하여 4명의 자식에게 지분을 나누어주는 것이 좋은지, 아니면 자식들의 사업체와 부모의 사업체를 합병하여 하나의 큰 기업으로 만드는 것이 좋은지를 물었다. 4명의 자식은 모두 합병하는 데 의견의 일치를 보였다.

데니스(Dennis) 가문은 첫 번째 가족회의에서 영농, 토지, 개발, 컨설팅의 사업 영역을 합병하기로 의견을 모았다. 이 가족회의는 데니스 가족에 있어 다음과 같이 매우 중요한 터닝포인트(전환점)가 되었는데, 그들은 가족회의에서 다음과 같은 의사결정을 하였다.

① 두 딸(아델, 나탈리)은 부모님의 도움으로 계속해서 컨설팅업에 종사한다.
② 장남 그랜트(Grant)는 부동산, 주택 및 투자 사업 쪽으로 전환한다.
③ 차남 마셜은 혼자 농장을 계속 경영하되, 그랜트는 농장경영에서 서서히 손을 뗀다.
④ 부모님과 4명의 자식은 하나의 사업체를 조직하되, 동일 지분을 가진다.
⑤ 합병된 사업체는 부모님, 4명의 자식과 배우자, 그리고 후손들 모두는 각자의 능력을 최대한 발휘하여 이 기업을 지속해서 성장·발전시키는데 최선의 노력을 다한다.

가족회의는 데니스 가족에게 큰 전환점이 되었는데, 농장, 부동산 개발, 컨설팅 업이 하나의 회사가 되는 계기가 되어, 오늘날 호주 최고의 가족기업 중 하나로 탄생한 것이다.

전문화된 가족기업의 구축

또한 데니스 가족구성원들은 현재와 미래 세대의 이익을 위해 모두 가족기업을 지속해서 유지하기로 하였고, 이를 위해 새로운 가치관(values)을 수립하였는데, 자세한 내용은 아래와 같다.

데니스 가족의 가치관

- 우리 가족은 서로 믿고 존중하고 이해한다.
- 항상 상호 간에 정직하고 솔직하게 대한다.
- 가족구성원 각 개인을 인정하며, 가족관계를 유지, 향상, 발전시킨다.
- 가족구성원 간의 조화와 협력의 관계를 고취한다.
- 가족구성원끼리 서로 격려와 지지를 아끼지 않는다.
- 항상 가족과 기업의 최고의 이익을 위하여 행동한다.

또한 데니스 가문의 가족구성원은 데니스 기업을 조화롭게 성장·발전시키기 위하여 가족이사회(family board)를 만들었다. 그들은 "현재와 미래 세대들을 위하여 장기적이고 지속적이며 수익성이 높은 가족기업을 구축하라"를 가족 사명으로 결정하였고, 이를 실천하기 위하여 가족사명서(family mission statement)를 작성하였다. 데니스 가문의 가족사명서는 다음과 같다.

데니스 가문의 가족사명서

1. 기업의 소유권은 평등하다.
2. 가족구성원은 지속 가능한 구조를 개발한다.
3. 현재와 미래 세대를 위해 영구적으로 가족 소유권을 갖고 있는다.
4. 가족구성원이나 배우자가 이혼, 정신이상, 또는 혼외정사가 있는 경우 지분의 매각이나 철수를 할 수 있는 기회가 주어진다.
5. 가족구성원은 모두 동등하게 지분을 공유하며 배당을 받는다.

가족기업 지배구조의 선구자

데니스(Dennis) 가족은 컨설턴트의 도움을 받고 성공한 다른 가족기업을 벤치마킹하여, 지난 5년 동안 2세대의 가족구성원들이 해야 할 내용을 지배구조의 관점에서 발표하였다. 이에는 가족기업을 전문경영화하는 것으로 다음과 같은 내용을 포함하고 있다.

- 컨설팅 회사를 통하여 전국 범위에서 전문적인 능력이 있는 사람들이 사외이사로 임명한다.
- 회계감사, 재무관리, PR, 마케팅의 분과 위원회(board subcommittees), 워크 그룹, 프로젝트 제어 집단 등을 세분화하였고, 각 세부 부서에는 최소 2명의 가족구성원이나 CEO, 관련 고위 임원을 포함해야 한다.
- 비가족구성원 CEO에겐 일상적인 책임과 동시에 자율성을 부여한다.
  가족구성원들은 기업경영에 계속 참여하지 않아도 기업이 잘 경영되도록 조직의 정책과 절차를 자세하게 설정한다.
- 가족구성원에 대한 공식적인 배당정책, 지분제한 및 금융조치 등을 성문화한다.
- 가족 문제는 이사회가 아닌, 가족회의에서 해결할 수 있도록 한다.
- 가족구성원은 기업에 대한 자문을 할 수 있으며, 이에 대한 보상은 외부 컨설턴트가 결정한다.
- 모든 이사를 대상으로 연간 성과 평가를 실시한다.
- 모든 이사의 보수는 시장 수준에 따라 결정한다.
- 주주인 가족구성원은 직접 기업경영에 관여하지 않으며, 최고경영자와 고위경영진은 3년간의 계획에 따라 기업을 경영한다.

공식화된 보상과 이사회의 기능 강화

가족구성원의 급여는 배당금에서 완전히 분리되며, 배당금은 가족회의에서 결정하고 균등하게 분배할 것이다. 또한 가족회의를 통하여 이사회에 자신의 요구를 전달해서 배당 총액을 결정한다.

기업의 이사회는 가족구성원 5명과 비가족 비상임이사 4명으로 구성하였다(〈그림 1〉 참조). 비가족 비상임이사 중의 3명(Kingsley Culley, Ray Peck, Michael Johnstone)은 2001년에 호주 전체를 대상으로 모집하였고, 또 다른 한 명(Ron Dennis: 현 데니스 가문과 혈연적으로 아무 관계 없음)은 다른 가족기업에서 15년 동안 근무한 경험이 있다. 이들은 모두 일반기업과 달리 다음과 같은 두 가지 점에서 특이하다. 첫째, 가족기업은 일반적으로 친구나 가족 중에서 가까운 사람을 임명하지만, 데니스 기업의 경우 이들 3명은 데니스 기업의 가족과 아무런 관계가 없는 사람들이다. 둘째, 나머지 한 명은 데니스 기업의 업종과 관계되는 산업에 대해 특별한 지식을 가지고 있는 전문가로, 기업을 성장·발전시키고 강화할 수 있는 전문적인 능력을 갖추고 있는 사람이다.

기업경영의 전문화

데니스 가족기업은 "우리 가족에 오신 것을 환영함"이란 조직의 본질을 알리기 위하여 정직, 성실, 품질, 열정, 배려 및 비전의 중요성을 강조하였다. 데니스 기업의 비전은 '고객 중심의 조직을 통하여 시장을 개발하고 수익성이 있고 지속 가능한 장기적인 기업이 되는 것'이다.

고위 경영자는 기업이 3년간 수행할 전략을 수립하며, 실행에 필요한 예산에 대한 책임을 진다. 공식적으로 매월 개최되는 이사회에서 CEO는 예산 및 경영성과에 대한 전략을 모니터링한다. 경영성과는 부서별, 사업 단위별 또는 지리적 단위별로 점검된다. 월 이사회는 향후 필요한 예산과 이의 성과를 논의하고, 재무정보를 제공해서 연말에 분기별로 다시 점검한다. 그리고 전략의 연속성과 일관성을 보장하기 위하여, 최소 2명의 가족구성원은 이사회 대표로 기업 운영에 대한 각 정기적인 분과위원회에 참석한다. 또한 특별한 프로젝트나 개발의 방향을 안내하기 위하여 PCGs(project control groups)를 설립하기도 한다. 가족구성원들은 각 분과 위원회와 PCGs에서 수립한 목표와 이의 전략이 잘 수행되는지를 검토하거나, 이들 기구에 가족구성원이 가진 풍부한 지식과 경험을 전달하기 위하여 참여하기도 한다. 모든 직원은 기업의 경영성과와 조직 전체의 정보에 접근할 수 있도록 격월로 의사소통 회의에 참석해야 한다. 데니스 가족기업은 이런 보고 시스템을 엄격하게 수행하고 있다.

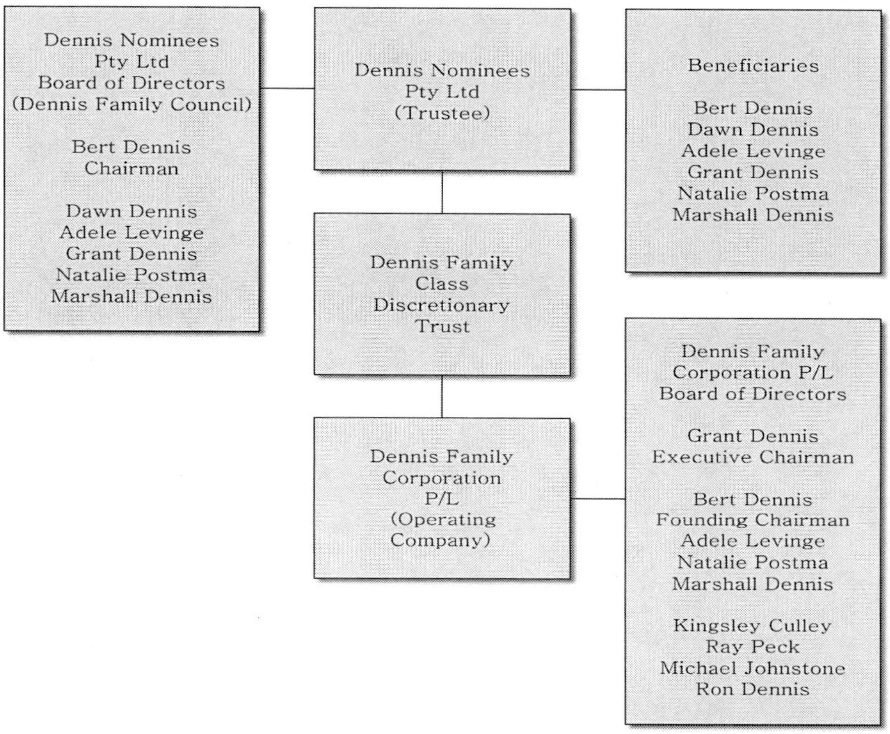

〈그림 1〉 데니스 가족기업 Dennis Family Corporation

직원도 가족처럼

데니스 기업은 직원들이 자신을 기업 일부로 느낄 수 있도록, 지역사회에 혜택을 주는 사회적 책임을 성실히 수행한다. 데니스 가족의 가치관은 단지 직원들을 위한다는 가식적인 표현이 아니라, 직원도 가족처럼 똑같이 여긴다는 것이다. 즉 가족의 개방성, 투명성 및 이익공유제도 등을 통하여, 모든 직원이 가족의 핵심 가치관을 실천하도록 하는 데 있다. 그리고 기업에 대한 충성도가 높은 직원을 구하는 것은 기업 전문화 과정에서 결정적인 부분이라 생각한다. 따라서 직원들의 기업에 대한 기여의 감사로 다음과 같은 규정을 만들었다.

- 이익의 50%는 직원에게 나누어준다.
- 안전, 사람, 제품, 이익을 우선으로 여긴다.
- 데니스 가족학교를 설립하여 모든 직원에게 지속적인 학습이 이루어지도록 한다.
- 우수한 직원에게 대한 인센티브로 해외연수의 기회를 제공한다.

· 회계 및 재무제표는 모두 공개(open book)한다.
· 직원과 관련된 자선사업을 상당히 중히 여긴다.

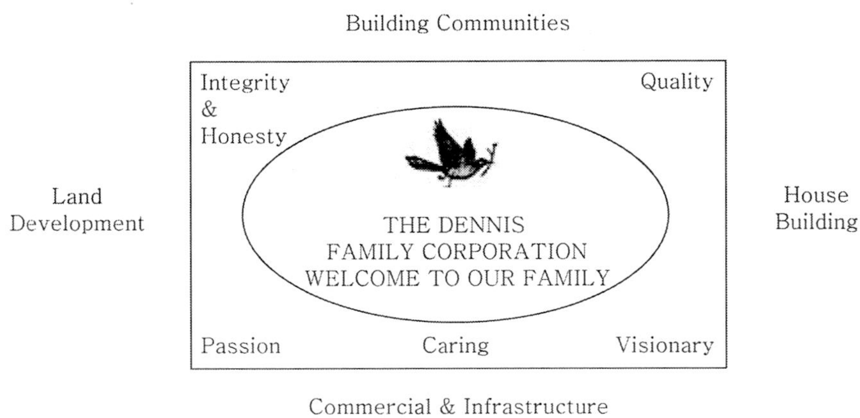

〈그림 2〉 데니스 가족기업의 가치관

(자료: Justin Craig and Ken Moores, Ph.D(2008). 강의자료;남영호(2010), "가족기업의 승계계획과 가족회의의 관련성에 관한 연구", 대한경영학회, 23(3), pp. 1461-1480.)

✤ 토론

1. 데니스 기업이 호주에서 가업승계에 성공한 기업으로 인정받는 이유는 무엇일까?

2. 데니스 기업처럼 가족기업이 전문경영화 하려면 어떻게, 무엇을 준비하여야 할까요?

3. 여러분이 직접 창업하여 성공한 후 가업승계를 고려하고 있다고 가정하자. 이때 필요한 가족사명서를 직접 한번 작성해 보자.

◆ 사례 9

다이수 집단(台塑集团) 왕영칭(王永庆) 가족의 가업승계

다이수 집단(台塑集團)은 1954년 대만에서 왕영칭(王永慶)과 왕영자이(王永在)라는 두 형제가 공동창업을 하면서 시작되었다. 플라스틱 공업부터 시작하여 다원화 전략에 의해 현재는 석유화학·섬유·방직·전자상품·운수·중공업·에너지·자동차·바이오기술·의료·교육 등 여러 분야로 사업 영역을 확장하였다. 또한 해외시장에 투자하여 현재 해외 30여 개 지점이 있으며 미국, 인도네시아 및 홍콩 등지에서 6개 지점을 추가 설립하였다. 2012년 다이수 집단의 재무 상황을 살펴보면, 총자본 8,308억 대만달러, 총자산 29,718억 대만달러, 총매출액 22,763억 대만달러, 종업원 수 10만 명 이상으로 보고되었다. 다이수 집단(台塑集團)은 대만의 2대 주요 민영기업으로서 대만의 석유화학 분야와 경제발전에 중요한 지위를 차지하고 있으며, 다이수 집단의 창업자는 '대만 경영의 신'이라는 별명을 가지고 있다. 다이수 집단(台塑集團)은 대표적인 가족기업이며 가족구성원들이 기업에서 대부분의 중요한 역할을 차지하고 있다. 한편 가족구성원의 수가 많으므로 그 관계망이 매우 복잡하여 가업승계가 쉽지 않은 어려움이 있다.

첫 번째 가업승계 준비 : 장남 왕원양(王文洋)

왕원양(王文洋)은 왕영칭(王永慶)의 장남으로 1951년 4월 2일에 태어났다. 그는 큰 기대를 받으며 13세에 영국에서 유학하고 17세에 영국 런던대학교 로열아카데미에 들어간다. 그 후에 그는 물리와 기업관리 석사학위를 취득하였으며 24세에 화학공학 박사학위를 취득하였다. 왕원양(王文洋)은 졸업 후 바로 가족기업에 입사하지 않고 미국에서 취직했으며 뛰어난 성과를 냈다. 1978년 미국 텍사스 주에서 석유화학 공장 건설에 참여하기도 했다. 그때 그는 자신의 관리 재능과 능력에 대하여 아버지와 할머니로부터 인정을 받을 수 있었다. 이후 할머니의 부탁으로 1980년 대만에 돌아와 가족기업에 입사하였다. 입사 후 처음에는 남아 플라스틱 회사의 과장으로 발령받았으며, 현장관리 교육부터 담당하기 시작하였다. 10년이 넘게 흐른 후 왕원양(王文洋)의 성과가 뛰어나자 다이수 집단(台塑集團)의 관리부서로 보직을 옮기게 되었다.

그러나 1995년 왕원양(王文洋)의 혼외정사 사실이 발각되면서 가족의 명성에 좋지 않은 영향을 끼치게 되었고, 이로 인해 아버지와 관계가 나빠지게 되었다.

게다가 왕영칭(王永慶)에게 또 다른 배우자가 있었기 때문에 가족의 갈등이 더욱 악화할 수밖에 없었다. 결국 왕원양(王文洋)은 이런 사건과 갈등들로 인해 다이수 집단(台塑集團)을 떠나게 되었다. 그는 퇴사 후 스스로의 힘으로 '홍른 집단(宏仁集團)'을 창업하였는데, 홍른 집단의 원활한 운영으로 인해 가족기업을 승계할 생각이 없어지게 되었다. 이로 인하여 결과적으로 다이수 집단(台塑集團)의 첫 번째 가업승계 계획은 실패하게 되었다.

두 번째 가업승계 계획 : 7인의 의사결정 팀

다이수 집단은 다른 수많은 민영기업과 마찬가지로 내부관리제도가 완벽하지 않았고, 관행대로 기업을 관리하거나 의사결정을 하고, 창업자 혼자 중요한 의사결정을 내리는 등 여러 가지 문제점을 가지고 있었는데, 첫 번째 가업승계 실패 이후 경영 일각에서 이러한 사실을 인식하게 되었다. 다이수 집단 경영진은 가족구성원과 전문경영자로 구성되어 함께 중요한 의사결정을 하는 팀인 '7인의 의사결정 팀'을 만들었다. 의사결정 팀원의 선택 기준은 '혈연에 상관없이 성과위주로 판단하여 능력 있는 사람이 가업을 승계함'이다. '7인의 의사결정 팀'의 팀원은 각각 이지촌(李志村), 오흠인(吳欽仁), 양조린(楊兆麟), 왕원연(王文淵), 왕문조(王文潮), 왕서화(王瑞華) 및 왕서유(王瑞瑜)이다. 왕영칭(王永慶)과 왕영자이(王永在)는 의사결정 팀으로 인하여 서서히 의사결정 과정에서 빠지게 되었고, 2006년 6월 정식으로 '7인의 의사결정 팀'이 다이수 집단의 최고의사결정 부서로 공표되었다.

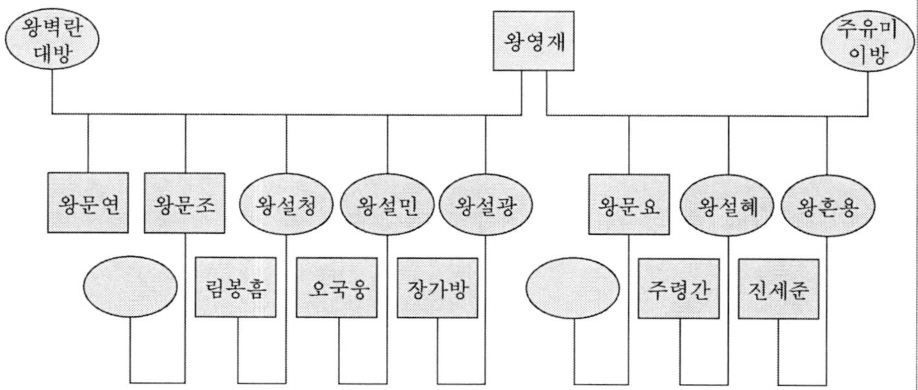

왕영재 가계도

왕원연(王文渊)을 중심으로 한 '7인의 의사결정 팀'은 첫 번째 가업승계의 과정 중 발생한 문제들을 거울삼아 창업자가 기업 내부에 미칠 수 있는 영향을 최소화하려고 노력하였다. 마침내 2007년 성공적으로 가업승계를 이뤄낼 수 있었는데, 그것은 전문경영자를 임용하는 것이었다.

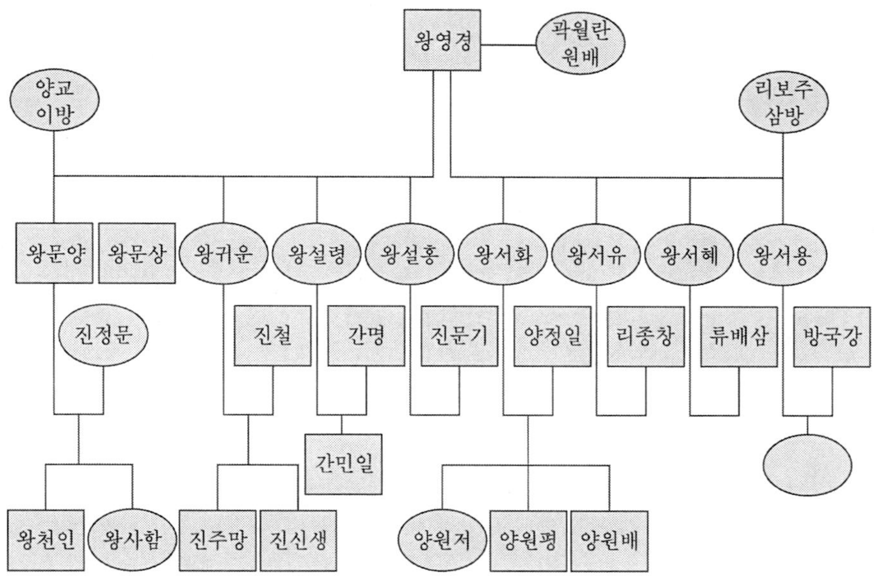

왕영경 가계도

(자료: 2013 Index for Healthy Chinese Family Business, ZheJiang University Press, pp. 88-91.)

✣ 토론

1. 첫 번째 가업승계가 실패한 원인을 곰곰이 생각해 보자.

2. 두 번째 가업승계가 성공한 원인은 무엇일까요? 또한 가업승계의 성공 요인은 무엇일까요?

제 4 부

가족기업의 미래

제11장 장수기업과 컨설팅

학습내용

이 장에서는 장수기업의 정의와 현황 그리고 이의 경영성과를 알아본다. 나아가 장수기업의 비결을 나라별로 나누어 고찰하고자 한다. 끝으로 장수기업을 위한 가족기업의 컨설팅을 살펴보고자 한다.

제 1 절 장수기업의 본질

1. 기업환경과 장수기업

현대기업은 경영환경의 복잡화, 다양화, 개성화로 기업수명이 점점 단축되고 있다. WTO체제와 FTA의 급증으로 기업들은 더 이상 한 국가의 보호를 받지 않고 무한경쟁을 하는 환경이 조성되었다. 더욱이 인터넷과 스마트 폰 같은 정보통신기술의 급격한 발달은 세계화의 속도를 촉진하고 있어 이로 인한 기업 간 경쟁은 국경을 넘어서 일어나고 있다. 또한 상거래의 주권이 기업에서 소비자에게로 넘어가는 소비자주권 시대가 도래하여, 현대기업이 생존하기 위해서는 가격, 품질, 서비스, 디자인 등 다양한 영역에서 차별적인 가치를 제공하기 위해 노력해야만 한다. 나아가 산업간 융합화로 경쟁의 영역이 확장되어 과거에는 경쟁 관계가 아닌 기업들이 서로 경쟁하는 시대가 되었다. 새로운 기술혁신과 쏟아져 나오는 정보에 적응하는 기업만이 생존하게 되었다. 빅 데이터, 자율주행 자동차, 알파고, IOT, 웨어러블, 증강현실(AR)과 혼합현실(MR) 등 새로운 용어가 봇물 터지듯 쏟아져 나오므로, 이에 적응하기 위한 융합과 통섭을 통한 창의적 인재가 중요하게 되었다. 이처럼 기업을 둘러싼 경영환경의 지속적인 변화와 악화는 기업수명의 단축으로 연결되어 장수기업 경영의 어려움은 점점 더 가중될 수 있을 것이다. 또한 우리나라 경제가 성숙기에 진입하면서, 중소·중견 창업 세대의 급격한 고령화[1])와 존경받는 기업문화의 필요성이 제기되고 있다.

1) 모 금융기관의 조사에 의하면 60세 이상 CEO의 비율이 11.3%(2008), 13.0%(2010), 14.1%(2012)로 증가하고 있다고 한다.

2. 장수기업의 의의

사람은 누구나 오래 살고 싶어 하는 욕망 때문에 '불멸의 신화'를 동경한다. 기업도 사람과 마찬가지로 오래 생존하기를 원하는데, 이는 기업의 수명이 오래될수록 매출액, 순이익 등 경영성과가 양호하기 때문이다. 일반적으로 장수기업은 "장기적으로 존속하는 기업"을 의미하지만, 기업의 객관적, 공식적으로 정해진 구체적인 수명은 없고, 각 국가의 역사적 배경과 경제 환경에 따라 다양하게 규정하고 있다. 장수기업이 전 세계에서 제일 많은 일본은 장수기업을 "100년 이상 존속하고 있는 기업"으로 정의하고 있으며,[2] 선진국에서는 200년 이상 된 기업도 상당수 존재하고 있다. 우리나라에서는 보통 업력 30년 이상 된 기업을 장수기업으로 여기는데,[3] 대부분 장수기업은 가족이나 친인척 등에게 경영권이 승계된 2代 이상의 가족기업이다.

최근 개정된 "중소기업진흥에 관한 법률" 제2조 10 의2호에 의하면 "명문장수기업이란 장기간 건실한 기업 운영으로 사회에 이바지한 바가 크고, 세대를 이어 지속적인 성장이 기대되는 중소기업"으로 정의하고 있다. 세대를 이은 중소기업이므로 명문장수기업에 해당되는 기업은 가업(家業) 즉 가족기업(家族企業)에 한정하고 있으며, 기업의 사회적 기여도와 경제적 기여도, 기업의 가치, 연구개발 등이 큰 기업으로 한정하고 있음을 알 수 있다.[4]

---

2) 일본에서는 100년 이상 기업을 '시니세(老鋪)'라 하며 "전의 사람이 하고 있던 것을 동일하게 한다는 의미로 선조의 가업을 지속하는 것"을 뜻한다.

3) 중소기업협동조합중앙회(2005), "가업승계기업의 경영특성 및 애로실태조사". p. 5.

4) "중소기업진흥에관한 법률" 제 62조의 4, 명문장수기업의 요건에 의하면 다음과 같다. 명문장수기업은 건설업, 부동산업, 금융업, 보험 및 연금업, 금융 및 보험 관련 서비스업 등 대통령령으로 정하는 업종에 해당하지 아니하는 기업으로서 다음 각호의 요건을 모두 갖추어야 한다.

1. 사업을 개시한 날부터 45년 이상 주된 업종의 변동 없이 계속 사업을 유지하여 온 기업. 이 경우 사업 개시와 계속 유지에 관한 세부 사항은 대통령령으로 정한다.
2. 기업의 경제적·사회적 기여도가 대통령령으로 정하는 기준에 해당하는 기업

[소사례] 구두약은 말표, 바둑알은 신광

○구두약의 대명사 '말표 구두약'

구두약의 대명사로 통하는 말표 구두약은 군납 사업자였던 고 정두화 말표산업(옛 태양사) 대표가 만들었다. 구두닦이들이 미제 구두약을 사용하는 것을 보고 직접 만들기로 했다. 군납사업 때 인연을 맺은 박태준 포스코 명예회장(당시 25사단 참모장)이 당시 유명했던 일본 '3H 구두약'으로부터 기술을 전수할 수 있도록 다리를 놓아줬다. 덕분에 정 대표는 1967년 최초로 국산 구두약을 내놓았다. 말표라는 이름도 박 회장이 지어줬다. 당시엔 말가죽 구두를 최고로 쳤다.

2대 정연수 대표, 3대 정홍교 대표로 가업이 이어지면서 화장품과 자동차용품 등으로 사업 영역을 넓혔다. 본업인 구두약은 옛날보다 질이 좋아지면서 국내에선 수요가 줄었지만 비포장도로가 많은 러시아 몽골 등에서 말표 구두약 인기가 높아지고 있다.

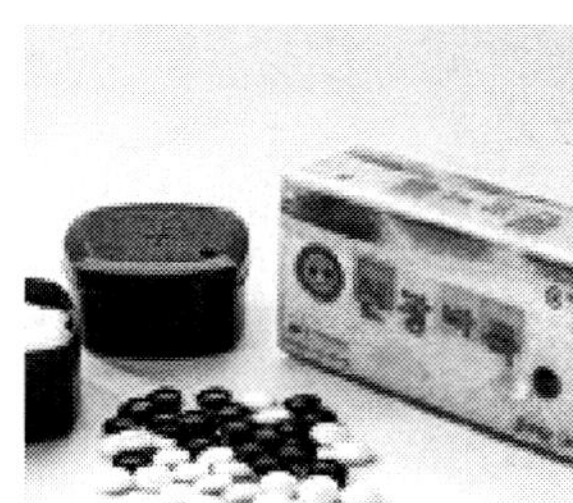

○ 국내 최초의 바둑알 신광바둑

충북 금산면에 있는 신광바둑은 대전의 한 단추공장에 다니던 허복래 회장이 1946년 설립했다. 당시 조남철 국수가 단추공장에 찾아와 "바둑알을 만들어 달라"고 했다. 신광바둑은 국내 최초로 바둑알을 생산하기 시작했다.

---

3. 기업의 브랜드 가치, 보유 특허의 수준, 제품의 우수성 등이 대통령령으로 정하는 기준에 해당하는 기업
4. 기업의 총매출액 중 연구개발비가 차지하는 비중이 대통령령으로 정하는 기준에 해당하는 기업

조훈현 서봉수 등 프로기사들의 주요 대국엔 모두 신광바둑알을 썼다. 1997년 외환 위기는 오히려 기회였다. 퇴직자들이 기원에 몰리면서 바둑알 품귀 현상을 빚었다. 신광바둑은 중국 지난시에 공장을 세웠다.

허 회장의 뒤를 이어 셋째 아들 허윤구 대표가 가업을 물려받았다. 허 대표는 태국 등 한류 열풍이 부는 해외에 판매하는 데 주력하고 있다. 컬러 바둑알, 10만 원대 음이온 바둑알 등 제품을 다양화했다. 손 세정제 등 생활용품도 생산하고 있다. 그는 "바둑과 건강 분야를 접목한 새로운 시장을 개척할 계획"이라고 말했다.

○ 160년 된 4대 옹기장이

충남 예산군 오가면 오촌리의 전통예산옹기는 4대에 걸쳐 160년 동안 옹기를 굽고 있다. 천주교를 믿다 박해를 피해 1855년 충남 예산으로 온 1대 황춘백 씨가 옹기공방을 세웠다. 2대 황동원, 3대 황충길 씨에 이어 4대 황진영 전무가 회사를 이끌고 있다. 대를 이어가면서 '남들 보기에 괜찮더라도 우리 눈에 조금이라도 흠이 있는 제품은 그 자리에서 모두 깬다'라는 원칙을 지키고 있다. 옹기는 미세한 구멍을 통해 숨을 쉬면서 내용물의 열과 특성을 보존하는 우리 조상의 최고 발명품이라는 게 이들의 설명이다.

○ 신진금고, 고령기와…

신진금고는 일본인이 운영하는 금고 공장에서 기술을 배운 고 이준용 회장이 1945년 세웠다. 1960년대 산업화 바람으로 은행 지점과 부자들의 금고 수요가 늘면서 회사 덩치가 커졌다. 가정용 금고보다 높은 기술력이 요구되는 은행용 대여금고 시장에서 점유율 60%를 차지하고 있다. 2대 이재원 대표에 이어 '스포츠 에이전트'의 꿈을 접은 아들 동희 씨가 3대 승계를 준비 중이다.

경북 고령군 개진면의 고령기와는 1953년 설립된 이후 고령토로 기와를 만들고 있다. 김영하 창업자에 이어 2대 김은동 회장, 3대 김병주 대표에 이르렀다. 전통 한식 기와와 현대식 기와를 하루 3만 장씩 생산할 수 있는 설비를 갖췄다.

(자료: 한국경제 2015-02-18 A16면)

제2절 장수기업의 현황 및 경영성과

1. 해외 장수기업의 현황

맥킨지 컨설팅사는 미국의 S&P 500대 기업의 평균 수명을 분석한 결과 1920~30년대에는 S&P 리스트(90개 기업)의 연평균 교체율이 1.5%였으나, 1998년에는 10%에 근접하고 있다고 보고 있다. 일본은 80년대 이후 급격한 엔고로 기업의 부도가 연발하자 일본경제신문사가 기업의 수명을 조사한 바 있다. 1896년부터 1982년까지 일본 100대 기업의 흥망성쇠를 조사한 결과, 한 기업이 번창하여 우량기업으로 남아 있는 기간은 30년이 채 못 되는 걸로 나타나, 기업수명 30년 설이 일반화되었다.

구체적인 업력을 기준으로 했을 때 업력 200년 이상 된 장수기업은 총 57개국에서 7,212개 사가 있으며, 이 중 일본이 가장 많은 3,113개 사(43.2%), 독일 1,563개 사(21.7%), 프랑스 331개 사(4.6%) 등의 순이다. 이 중 일본은 업력 1천 년 이상 기업이 7개 사, 500년 이상 39개, 100년 이상 기업은 2만 2,219개 사로 알려져 있다(제국데이터뱅크, 2010).

〈표 11-1〉 해외 장수기업의 현황(업력 200년 이상)

구분	일본	독일	프랑스	영국	네덜란드	기타	합계
기업수 (개)	3,113	1,563	331	315	292	1,598	7,212
비중 (%)	43.2%	21.7%	4.6%	4.4%	4.0%	22.2%	100.0%

자료: 한국은행(2011), 일본의 가업승계 현황 및 시사점

〈표 11-2〉는 세계에서 가장 오래된 가족기업 상위 10개 사에 대한 자료이다. 현재 가장 오래된 가족기업은 일본에 소재하고 있는 "호시료칸"(www.ho-shi.co.jp)이란 호텔로 서기 718년 창업하여 현재 호시 46대가 경영하고 있다. 또한 이탈리아가 10개 사 중에서 6개 사로 제일 많으며, 숙박업, 와인 관련업(포도원, 유리 등)이 주류를 이루고 있다.

2. 국내 장수기업의 현황

우리나라는 근대적인 기업의 역사가 짧아 100년 이상 기업은 두산(1896년 설립), 동화약품(1897년), 몽고식품(1905년) 등 극소수에 불과하다. 중소기업중앙회의 자료에 의하면 업력 60년 이상 기업은 법인기업 184개 사(64.8%), 개인 기업 100개 사(35.2%)로 합계 284개 사에 불과하다. 업력 30~59년 기업은 법인기업 8,784개 사, 개인 기업 64,569개 사로 합계 73,353개 사로 전체 기업의 1.4%로 나타나고 있다(〈표 11-4〉 참조). 한편 대한상공회의소(2006b)의 조사에 의하면 국내기업의 평균연령은 평균 23.8세이며, 이를 세분하면 거래소 상장 기업 32.9세, 코스닥 16.7세로 나타나고 있다. 우리나라의 기업 역시 기업의 교체율이 극심한데, 1985년 매출액 100대 기업에 포함되었던 기업이, 25년이 지난 2010년에는 불과 32개 기업만 존재하고 있어, 기업의 교체율이 심함을 잘 보여주고 있다(〈표 11-3〉 참조).

〈표 11-2〉 세계에서 가장 오래된 가족기업

순번	회 사 명 (국가)	설립 연도	업종	창업가문 (세대수)
1	法師(호시료칸)(일본)	718	숙박업	호시(46)
2	Fonderia Pontificia Marinelli(이탈리아)	1000	주물업(종)	Marinelli (30)
2	Château de Goulaine(프랑스)	1000	포도원, 박물관	Goulaine
4	Barone Ricasoli(이탈리아)	1141	와인, 올리브유	Ricasoli
5	Barovier & Toso(이탈리아)	1295	유리제조	Barovier & Toso(20)
6	Hotel Pilgrim Haus(독일)	1304	숙박업	Andernach
7	Richard de Bas(프랑스)	1326	종이	
8	Torrini Firenze(이탈리아)	1369	금세공업	Torrini
9	Antinori(이탈리아)	1385	포도주	Antinori(19)
10	Camuffo(이탈리아)	1438	조선업	Camuffi(18)

자료: www.familybusinessmagazine.com
주: 일본 오사카의 콩고구미(金剛組)라는 건설회사는 서기 578년 창업되어 콩고 가문 40대가 경영하고 있었던 세계 최장수기업이었다. 그러나 2006년 GWA에 인수합병되어 지금은 그 자리를 호시료칸에게 물려주게 되었다.

〈표 11-3〉 우리나라의 연도별 매출액 100대 기업

	1985	1990	1995	2000	2005	2010
1985	100	78	62	50	36	32
1990		100	74	58	43	36
1995			100	68	53	43
2000				100	68	54
2005					100	79

자료: 중소기업연구원

〈표 11-4〉 우리나라의 업력별 활동기업 수(영리, 비영리 포함)

구분	합계	5년미만	5~9년	10~19년	20~29년	30~59년	60년 이상
소계 (비중)	5,379,538 (100)	2,691,710 (50.0)	1,262,200 (23.5)	1,077,430 (20.0)	274,561 (5.1)	73,353 (1.4)	284 (0.0)
개인	4,925,810 (91.6)	2,486,026 (92.4)	1,151,969 (91.3)	967,116 (89.8)	256,030 (93.3)	64,569 (88.0)	100 (35.2)
법인	453,728 (8.4)	205,684 (7.6)	110,231 (8.7)	110,314 (10.2)	18,531 (6.7)	8,784 (12.0)	184 (64.8)

자료: 중소기업중앙회, 한국중견기업연합회(2014), 『명문장수기업 확인제도 공청회』, p.18.

3. 우리나라 장수기업의 경영성과

우리나라 장수기업의 경영성과(2012년)를 영리법인 기업체를 중심으로 살펴보면 다음과 같다. 업력 30년 이상 기업수의 비중은 불과 2.1%이나, 자산의 49.2%, 매출액의 38.7%에 달해 전체 기업에서 차지하는 부분이 상당함을 알 수 있다. 이는 2006년 대한상공회의소[5]의 조사에 의한 매출액 비중 40.1%와 비슷하게 나타나고 있음을 알 수 있다. 즉 우리나라 업력 30년 이상의 장수기업은 전체 기업에서 차지하는 기업 수는 미미하나, 매출액, 자산 등 재무 안정성과 성장성을 나타내는 지표는 양호하며 비중 역시 상당 부분 차지함을 알 수 있다.

한편 중소기업협동조합중앙회(2005)의 조사에 의하면 '경영자의 높은 애사심 및 책임감'과 같은 요인이 경영실적에 직접 영향을 끼쳐 장수기업의 강점으로 나타나고 있다고 한다. 특히 현 경영자의 63.5%가 경영권을 승계한 후 '회사의 규모가 커졌다'('매우 커졌다' 21.2%, '다소 커졌다' 42.3%)라고 응답했으며, 규모가 줄어든 곳은 11.7%에 불과하다고 한다. 따라서 기업의 경영실적을 높여 장수기업이 되려면,

5) 대한상공회의소 보도자료(2006), "코참비즈 기업 DB로 본 국내기업의 특성", p. 2.

책임감과 애사심이 뛰어난 가족구성원을 CEO의 자리에 앉히는 것이 중요하리라 여겨진다.

〈표 11-5〉 우리나라 영리법인 기업체 업력별 주요 현황(2012년)

(단위: 개, 십억원)

구분		기업수(%)	자산(%)	매출액(%)
전산업	전체	478,024(100)	7,244,383(100)	4,089,554(100)
	5년미만	192,763(40.3)	1,009,576(13.9)	471,167(11.5)
	5~9년	127,282(26.6)	614,326(8.5)	457,965(11.2)
	10~19년	126,879(26.5)	1,373,791(19.0)	1,064,786(26.0)
	20~29년	21,085(4.4)	680,598(9.4)	513,730(12.6)
	30~39년	6,811(1.4)	733,579(10.1)	510,536(12.5)
	40~49년	2,316(0.5)	997,698(13.8)	565,967(13.8)
	50~59년	653(0.1)	1,008,755(13.9)[1)]	294,263(7.2)
	60년이상	235(0.0)	826,060(11.4)[1)]	211,140(5.2)

주 : 1) 50년 이상 구간에 금융업의 자산 42.6% 집중에 따른 영향.
자료: 중소기업중앙회, 한국중견기업연합회(2014), 『명문장수기업 확인제도 공청회』, p. 19.

제3절 장수기업의 비결 및 경영

일반적으로 가족기업은 다른 기업들에 비해 두 배 이상 오랜 기간 생존하는데, 이런 장수기업은 그렇지 않은 기업에 비해 경영성과도 뛰어남을 알 수 있었다. 여기서는 장수기업이 되기 위한 비결이 무엇인지, 이 비결을 실천에 옮기기 위해 어떻게 경영을 해야 하는지를 알아보고자 한다.

1. 서구 장수기업의 비결

1) 데니 밀러의 4C

데니 밀러 등(2005)은 북미를 중심으로 오랜 기간 존속(평균 수명 104년) 한 대기업으로 해당 업계의 선도기업에 해당되는 40개의 가족기업[6])을 선정하여 이들 기업의 장수 비결과 경영을 연구하였다. 그 결과 이들에게는 공통으로 네 가지의 가장 큰 추진 원동력이 있는데, 이는 바로 지속성(continuity), 공동체(community), 관계성(connection), 지휘·통제(command)이며 이를 보통 "4C"라 부른다.

• 지속성(continuity): 꿈을 좇는 것

장수 가족기업(long-lived FCBs)들은 중요한 임무를 지속적이고 열정적으로 행하여 왔다. 장수 가족기업은 임무를 완수하기 위해 이에 필요한 능력을 키워왔고 오랫동안 많은 투자를 해 왔다. 그리고 가족들은, 기업을 꿈을 이루기 위한 수단으로 인식하였으므로, 기업의 건강과 지속성을 유지하기 위해 노력하였다. 이들은 기업의 자원들을 조심스럽게 관리하였고 장기적 이익과 기술 전수에 힘을 쏟았다. 단기적 전술과 분기별 이익은 그들의 머릿속에선 그리 중요한 것이 아니었다.

• 공동체(community): 조직을 하나로 묶는 것

성공한 가족기업들은 임무를 수행하기 위해, 조직을 결집력 있는 마치 하나의 종족처럼 같은 팀을 이룰 것을 요구한다. 이들은 직원들을 하나로 통합하기 위해 특정 가치를 내세우고, 이러한 가치들은 우월한 것이라며 직원들을 교육시키고, 충성, 독창성, 협력 등을 끌어내기 위

6) 카길, 벡텔, 미쉐린, 홀마크, 뉴욕타임스, 팀켄, 피델리티, 인베스트먼트, WL, 고어, 에스티 로더, SC 존슨, LL 빈, 월마트, 타이슨 푸드, 이케아 등이며, 공개기업과 비공개기업의 비중은 절반 정도임.

해 노력하며 직원들의 욕구를 잘 충족시켜 준다. 복지를 강화하며 자유로운 분위기와 창의성, 협동을 장려한다. 관료제의 규칙과 재무적인 유인책 등은 부차적이다.

• 관계성(connection): 좋은 이웃과 네트워크 구축

많은 위대한 가족기업들은 사업 동료, 고객, 더 큰 사회 등의 이해관계자와 좋은 이웃 즉 선린의 관계와 동반자가 되기 위해 노력한다. 장수기업은 영속적이고 개방적인 자세를 견지하며 지속적인 관계를 중요시하며 이런 좋은 관계를 형성하고자 노력한다. 관계성의 요소로 인정 많은 동반자 되기, 고객의 욕구에 반응하고 염려하기, 네트워크를 형성하고 지속해서 연락하기, 지역사회에서 훌륭한 시민 되기 등이며 이를 몸소 실천하고자 노력한다.

• 지휘 · 통제(command): 독립적인 의사결정

가족기업 리더들은 주로 기업을 혁신하거나 환경에 적응할 때 빠르고 독창적인 방법으로, 그리고 독립적으로 판단하고 행동하기를 원한다. 지휘 · 통제의 요소로 빠르게 행동하기, 창의적으로 행동하기, 용감하게 행동하기, 끊임없이 쇄신하기, 다양하며 응집력 있는 최고경영진 구성 등을 들 수 있겠다. 이들은 주로 구성원들에게 자유롭게 개방적으로 대화할 수 있고 의사결정을 내릴 수 있는 권한이 부여된 팀과 함께 일을 진행한다. 많은 일반기업과는 달리, 가족기업의 리더들은 주주의 압박에서 벗어난다.

위의 4C와 구성요소 들이 올바르게 섞이거나 "배열"된다면 이는 장수 가족기업의 생명력의 원천이 된다. 나아가 이는 단 몇 년이란 짧은 기간이 아니라, 많은 경우 한 세기 이상 기업의 전략을 뒷받침하고 경쟁우위의 원천으로 작용한다. 이 4C를 잘 조합한 가족기업들은, 그들이 사용할 수 있는 전략에 따라 우선순위를 다르게 정하기도 한다.

그리고 그 차이를 메우거나 잠재적인 힘을 기르기 위해, 또는 다른 것에 의한 효과를 상쇄하기 위해 행위들을 조합하기도 한다. 〈표 11-6〉은 위의 내용을 요약한 것이다.

〈표 11-6〉 4C의 개관

	우 선 순 위	실 천 방 안(행동)
지속성: 꿈을 좇는 것	영구적이며, 가치있는 임무들을 추구한다. 건강하게 오래 살아남는 기업을 만들려고 한다.	의미있는 임무를 수용한다. 핵심능력을 배양하기 위해서는 희생과 인내력 있는 투자가 필요하다; 조심스러운 권한행사; 장기적 이익과 기술 전수에 힘을 쏟는다.
공동체: 조직을 하나로 묶는 것	협동적이고 남을 배려하는 문화, 헌신적이고 동기부여가 된 직원들을 육성한다.	호소력 있는 가치 강조; 끊임없는 사회화 교육; 잘 계몽된 "복지국가"를 창조; 팀워크와 주도를 자유롭게 할 비공식성 육성; 끈기와 인내로 평범함을 거부
관계성: 네트워크 구축으로 좋은 이웃되기	장기적으로 회사를 유지하기 위한 외부 단체들과 영속적인 윈-윈 관계를 형성	주요 고객·공급자들과 긴밀한 협력관계 형성; 넓은 네트워크 구축; 고객과 긴밀한 유대관계 유지; 지역사회에 관대하게 행동.
지휘·통제: 독립적인 의사결정으로 자유롭게 행동하고 적응	용기 있고 다양한 의견, 활기찬 회사를 만들기 위해 자유로운 분위기 유지	빠르게, 대담하게, 독창적으로 행동; 다양하고 힘 있는 최고경영층 형성

자료: Miller, Danny, Isabelle Le Breton-Miller(2005), 『Managing for the long run: lessons in competitive advantage from great family businesses』, *Harvard Business School*, p. 34.

2) Mckinsey Quarterly

세계적인 컨설팅업체인 맥킨지사는 Mckinsey Quarterly(2010)에서 장수 가족기업의 비결을 5가지로 언급하고 있다.

① 가족(family): 가족 포럼, 가족 정책, 가족 서비스

② 소유권(ownership): 주주협약, 지주회사, 소유권에 대한 법적 선언

③ 지배구조(governance & business portfolio): 기업의 지배구

조, 동태적인 포트폴리오(기업의 포트폴리오, 자본구조, 조직구조, 신규사업개발)

④ 부의 관리(wealth management): 투자사무실, 전통적인 자산과 신규자산의 기회 개발, 지배구조

⑤ 법인(foundations): 가족의 소유권에 대한 법인의 관리, 제3의 법인

2. 일본 장수기업의 비결

일본은 전 세계에서 장수기업이 제일 많은 나라로 알려져 있다. 앞에서 살펴본 것처럼 일본에는 200년 이상 된 장수기업이 3,113개 사(전 세계의 43.2%)로 전 세계에서 가장 많으며, 세계에서 가장 오래된 가족기업인 "호시료칸"도 일본에 소재하고 있다. 일본은 장수기업을 시니세(老舗: 오래된 점포란 의미)라 일컫는데, 시니세란 "규모는 작지만, 업력이 100년을 넘는 유서 깊은 업체"를 말한다.

일본 장수기업의 비결은 여러 가지가 있지만, 무엇보다도 먼저 '노렌'을 들 수 있을 것이다. 노렌은 일본어로 우리말에 해당되는 정확한 번역은 없지만, 신용과 비슷하다고 하는데, 예를 들면 200년 된 우동집 입구에 놓인 천에 기록된 글귀를 떠올리면 좋을 것 같다. 이 글귀에는 고객을 대하는 창업주의 경영철학으로 정신자세, 서비스 정신 등이 오늘날까지 전통으로 이어져 오고 있음을 알 수 있다. 창업한 기업이 가업(家業)이 되기 위해 개인 기능(상품취급기술)과 관계 기능(네트워크)이 필요하며, 여기에다가 노렌이 가미되면 경쟁력이 생겨 노포 즉 장수기업이 된다고 한다(카토 츠가사, 2010).

아사히신문은 일본 장수기업의 강점을 신용(73.8%), 전통(52.8%), 지명도(50.4%), 지역사회와의 유대(43.1%), 두터운 신뢰(37.5%)를 들고 있다.[7)]

7) 아사히신문출판, 100년을 이어가는 기업의 조건.

[소사례] '양자승계' 100년 노포기업의 장수 비결

3대째부터 개방적 가업승계, 벤처보다 폐쇄성 덜해

장수기업의 숫자와 규모는 일본이 타의 추종을 불허한다. 창업 100년을 넘긴 일본의 장수기업, 이른바 '노포(老鋪) 기업'은 그 숫자만 2만 개를 웃돈다. 상위 10개국 모두를 다 합쳐도 1위인 일본의 절반에도 미치지 못한다. 일본에서 70주년 등 특별한 분기점에 달한 기업은 무려 13만5,292개나 된다. 이 중 383개가 상장 기업이다(제국데이터뱅크).

노포 기업에 대한 조명과 주목은 단순한 전통 사랑, 자부심 그 이상이다. 가령 주간동양경제 최근호에서는 취업 유망 후보 회사로 노포 기업을 지목했다. 장수기업의 존속 기반을 확인함으로써 후속 세대에 직장 선택의 폭을 넓혀주기 위해서다. 건실한 사업모델임에도 불구하고 노포 기업의 승계 곤란이 확산되는 것도 감안했다.

100년을 넘긴 기업 중 2016년이 기념 해인 곳의 선두 주자는 창업 450주년의 니시가와산업이다. 침구류 전반을 커버하는 도매 업체로, 2015년 3월 기준 344억 엔의 매출을 기록했다. 전국 백화점을 비롯해 전문점 등에서 판매되며 직원은 약 1,000명이다. 회사는 전국시대였던 1566년 창업한 업계의 유명한 터줏대감이다. 원래는 19세 창업자가 구멍가게에서 모기장·활을 팔며 대를 이었지만 1887년 이불을 판매 아이템에 추가한 게 주력 사업이 됐다. 현재는 그룹사로 6개의 자회사가 있다. 다각화로 건강 기기, 보석·귀금속, 실내장식, 건설공사, 섬유 수출 등을 커버한다.

의식주·소재 분야 기업이 대다수

뒤이어 히게타장유는 1616년 창업, 올해 400주년을 맞이한 간장 제조사다. 교토에서 창업했지만, 곧 도쿄로 옮김으로써 전국구 사업 체계를 갖췄다. 수도권에서는 가장 오래된 간장 제조 메이커다. 2015년 3월 기준 206억 엔의 매출을 올렸고 국내외 30개의 관련 회사를 보유했다. 의식주와 함께 장수기업 사업모델 중 빠지지 않는 게 소재다. 이 분야에서 올해 350년 역사를 맞은 장수기업은 유아사상사다. 1666년 개업한 소재 관련 특화 회사로 4,417억 엔(2015년) 매출에 75억 엔의 당기순이익을 거뒀다.

이 밖에 올해가 기념해야 할 특별한 연도인 회사는 많다. 미쓰이스미토모은행과 삿포로 맥주가 2016년 140주년에 이름을 올린 명문 장수 기업이다. 1876년 창업했으니 30년을 1세대로 치면 무려 5세대에 걸쳐 살아남았다. 창업 100년이 장수기업을 가르는 기준이고 노포 기업의 절대다수가 중소기업이란 점에서 이들 거대기업의 장기 생존은 남다른 특별함을 갖는다. 산케이신문도 최근 장기 생존에 성공한 거대기업 중 2016년이 남다른 기념 해인 몇몇 기업을 소개해 화제를 모았다. 2016년 이들 기업을 통해 장수 조건을 찾아본 것이다.

그렇다면 일본이 세계에서 가장 많은 장수기업을 가지게 된 배경은 뭘까. 먼저 장수기업을 매년 분석·발표하는 도쿄상공리서치(2014년 보고서)에 따르면 노포 기업 90%는 중소기업이다. 소유·지배 구조로 봤을 때는 창업자 일족 경영(Family Business)이 기업 수로는 95%, 고용 측면에서는 70%를 차지한다. 일족 경영이 업적 측면에서 일반기업보다 낫다는 연구 결과 때문에 최근 구미 선진국에서도 가족경영의 기법 연구에 공을 들이고 있다. 물론 문제도 많다. 후계자 선정 기준부터 혈족 분쟁, 연고주의, 인사 적폐, 감시 결여, 사유화(공사혼동) 등이 그렇다. 다만 장기 업력을 가진 노포 기업은 대부분이 이를 극복해 내면서 가족경영의 단점을 장점으로 승화했다. 즉 장기 관점에서 건전 경영, 인재 육성, 제품 개발, 시장 개척 등에서 단결과 인내를 발휘했다. 양보다 질을 중시하면서 자사 브랜드의 파워를 지켜내는 경영 방침도 고수했다.

또 다른 노포 기업의 특징은 직원과 고객의 동시 중시다. 안으로는 직원을 가족처럼 챙기되 밖으로는 사회 공헌, 고객 신뢰 및 사회 자본화에 성공했다. 경영 이념은 가훈·사시로 문서화돼 있지는 않아도 후계 전승과 일상 경영을 통해 실천했다. 특히 직원은 권한 이양과 동기부여가 공통적이다. 이 밖의 분석도 많다. 학계를 비롯해 많은 분석가가 장수기업의 출현 배경을 분석해 왔는데, 대체적으로 다음과 같은 공통적인 결과가 도출된다.

우선 안정 기반이다. 주지하듯이 일본은 극동의 섬 국가다. 외부 침략은 물론 도쿠가와 막부부터는 전쟁 경험도 거의 없다. 전란이 계속된 불안정한 국가에서는 사업 지속과 시장 창출이 곤란하다. 국민성도 관련이 있는데, 요컨대 장기 지속성에 대한 선호다. 회사·가업을 승계해 대를 이어 고객 관계를 중시하는 가치관이 뿌리 깊다. 무엇보다 집중력의 장인정신을 둘러싼 사회적인 존경심을 뺄 수 없다. 정치 권력이 장인과 제조업을 중시한 것도 장수기업의 절반 이상인 제조업의 비교 우위로 거론된다.

'외침 없는 섬나라', 사업 지속에 한몫

한계를 넘어서는 무기는 개방적인 가업승계다. 누구든지 능력·의지만 확인되면 승계 후보에 오르는 기업문화가 그렇다. 단순한 혈연 고집은 없다. 일족 경영도 적지 않지만, 한편에선 대개 3대째부터 양자 승계를 허용해 장수 DNA의 외연을 넓히는 선택이 일반적이다. '노포 토대를 쌓는 건 3대째부터의 양자'라는 말이 있을 정도다. 앞서 장수기업의 생존 전략에 주목한 주간동양경제는 노포 기업의 폐쇄적 이미지가 벤처보다 덜할 것이란 분석 결과도 내놓았다. 오너의 압도적인 정보 독점과 권력 사용은 비상장의 벤처보다 상장의 노포 쪽이 훨씬 덜하기 때문이다.

이 밖에 다수 연구를 취합한 결과 추출되는 장수기업의 공통적인 특징은 사실상 장기 경험과 지혜 축적으로 요약된다. 여기에 급속한 세계화와 경제 부침 속에서 과거의 성공 사례에 함몰되지 않고 급변하는 경영환경 변화에 유연하게 대응한 것도 한몫했다고 분석했다. 능력 초월의 과욕을 경계하고 본업 위주로 판을 유지하되 늘 분수를 지키는 사업 결정도 존속 토대가 됐다.

(자료: 한국경제 2016.1.19.; 전영수 교수)

3. 우리나라 장수기업의 비결

여기서는 중소기업협동조합중앙회(2005)가 조사한 내용을 토대로 장수기업의 장수비결을 살펴보고자 한다.

1) 기업 고유 경영비법의 보유

창업 이래 대대로 내려오는 회사 고유의 경영비법(제조기술, 판매방법, 고객관리, 경영 노하우 등)이 있는지에 대하여는 전체의 65.0%(89개)가 '보유'하고 있다고 응답하였다. 경영비법 보유기업을 규모별로 보면 종업원 10인 미만의 소상공인(72.2%)이 가장 높게 나타났으며, 업력별로는 40~50년 기업(78.9%)이 가장 높았다. 이런 경영비법을 계승·발전시키는데 경영권의 가족(친인척 포함) 승계가 적절한 방식이라고 판단하는지에 대하여는 62.0%가 '그렇다'라고 답변하였다. 그러나 경영비법을 보유하고 있는 기업(89개) 중 이를 체계적으로 기록, 문서화(매뉴얼화)하거나 전산화하여 경영 및 업무에 활용하는 경우는 41.6%(37개)에 불과하였다.

2) 장수기업의 비결

장기간 기업을 존속할 수 있었던 비결로는 '거래기업(소비자)과의 오랜 신뢰구축'이 36.7%로 종합(1순위 및 2순위 답변의 가중) 1위를 차지하였고, 다음으로 '한 우물 경영'(24.1%), '독보적인 기술유지'(17.5%), '투명경영 및 윤리경영(10.5%), '임직원의 강한 소속감'(8.5%) 등의 순이었다. 이를 좀 더 자세히 살펴보면, 제1순위의 답변에서는 '거래기업(소비자)과의 오랜 신뢰구축'(45.3%), '독보적인 기술유지'(23.4%)를 많이 꼽았으며, 제2순위의 답변에서는 '한 우물 경영'(40.1%)과 '거래기업(소비자)과의 오랜 신뢰구축'(19.7%)을 먼저 선택하였다.

〈그림 11-1〉 장수기업의 비결(종합)

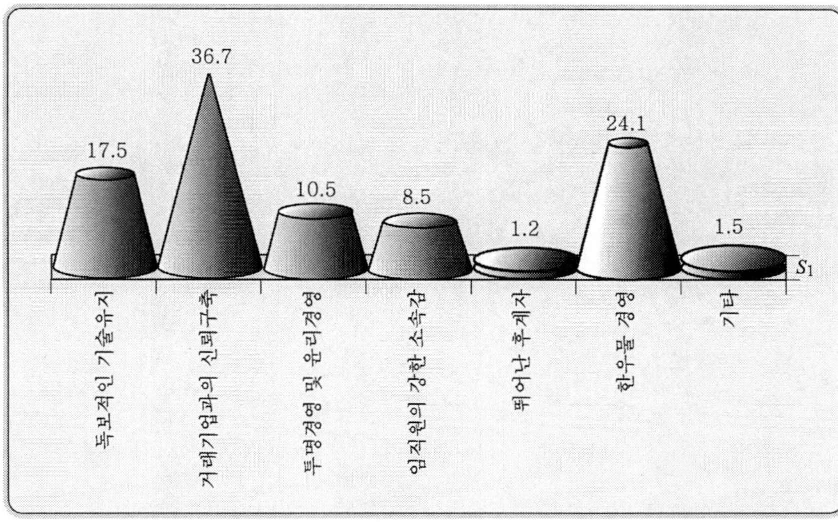

주: '종합'은 1순위=2점, 2순위=1점으로 역순위 가중치를 곱해 계산된 백분율(%)
자료: 중소기업협동조합중앙회(2005. 12), 「가업승계기업의 경영특성 및 애로실태조사」, p. 18.

4. 장수기업의 경영

장수기업은 어떻게 경영되며 우선순위로 두는 것은 무엇일까? 이에 대한 정답은 쉽지 않고 다양하겠지만, 여기서는 Miller 등(2005)의 내용을 중심으로 알아보도록 하겠다. 위대한 가족기업의 행동들은 그 무엇보다도 많은 경영자에게 널리 알려져야 한다. 가족기업은 전체적으로 위의 4C를 조화롭게 설정하였기에 성공하였다. 그들의 우선순위들과 행동들은 특정 전략에 꼭 맞았고, 상호보완적으로 균형을 이루고 잘 섞였기에 극단적인 결과를 미리 방지하였다. 가족기업의 소유권은 최고경영자들이 넓은 시야, 포괄성, 관대함 등을 가지도록 하는 경우가 많았다. 이는 기업의 장수를 위한 실제적인 무기가 될 수 있다. 이러한 무기가 없는 회사의 간부들은 단기적 이익을 원하는 주주들에게 압박을 받게 되고, 이는 한계로서 작용하기도 한다. 여기서는 먼저 장수기업이 되기 위한 전제조건들을 살펴보며, 다음으로 장수기업을 만들기 위한 전체적인 기업 철학과 조직 형태를 알아볼 것이다. 끝으로 장수 가족기업의 경영을 기능별로 접근하여 살펴본다.[8)]

1) 장수기업을 위한 전제조건

장수기업들의 간부들은 자신의 실적을 위해서가 아니라 회사를 위해 행동한다. 그들의 관심사는 회사와 모든 주주, 그리고 직원들, 고객, 그리고 더 큰 사회 등 장기적 이익이다. 궁극적으로 주주 외에 다른 이들의 이익이 보장될 때 주주들이 가장 큰 이익을 얻는 것은 다행스러운 모순이라 할 수 있다. 그러나 오늘날의 많은 주주는 본질적으로 단기적인 이익을 원하는 거래자들이다. 이들은 단기간의 빠른 성장이 기업의 장기적 건강에는 악영향을 끼치더라도 단기간 내에 수익을 키우고 이에 따라 간부들에게 수익을 배분하는 CEO를 선호한다. 이러한 자세의 기업들에게 주주들은 관심을 가지기 때문에, CEO들은 멀리 보는 태도를 보이기가 힘들다.

몇몇 가족기업들은 잠재적 CEO에 걸맞은 능력과 자세를 배양하기 위해 집중적이고 장기적인 도제제도를 사용하기도 한다. 실적에 따른 위계관계, 보직의 교대, 넓은 범위의 훈련에다가, 도제제도는 상부와 정기적인 접촉을 하고 평가를 받는다. 가장 뛰어난 후보가 가장 뛰어난 선생과 관계를 맺게 되고 많은 가르침을 받게 된다. 가장 높은 단계는 미셸린이나 모토롤라의 경우처럼, 나이 많은 간부와 함께 공동 CEO 자리를 맡아, 감독하고 관리하는 것뿐만 아니라 젊은 동료로부터 가르침을 받기도 한다. 이러한 도제제도는 유망한 후계자를 핵심 경영진으로 만들기 위한 하나의 방법이다.

가족기업의 가장 큰 재산 중 하나는 경영자들이, 세대나 또래에 상

---

8) Miller, Danny, Isabelle Le Breton-Miller(2005), *ibid*, pp. 209-233을 요약 정리한 것임.

관없이, 다른 이와 솔직하게 얘기를 나눌 수 있다는 것이다. 이들은 자신의 자리가 안전한 것을 알기 때문에, 비판적인 자세를 취하거나 나쁜 뉴스를 전달해 줄 수도 있다. 유용한 토론이 되기 위해선, 반대 의견에 처벌이나 불이익이 가해지는 일이 없을 것이라는 사실이 널리 알려져야 한다.

지배구조를 망치는 사람들에게는 수뇌부들의 행동에 기초가 되는 필수적인 자세와 정책 즉 장수 철학을 강조할 필요가 있다. 회사와 주주들에게 최선의 결과를 가져주는 용기있는 행동; 중요 사명에 대한 헌신적 노력; 능력을 키우는 것에 대한 독특한 시각 등이 그것이다. 나아가 전통적으로만 행동할 것이 아니라 미래를 위해 옳은 일을 행하고, 과감하게 행동하며, 보수지급은 장기적인 측면에서 평가하는 철학도 필요하다. 리더의 능력개발을 위해 집중적으로 경쟁자보다 더 많은 자원의 투입, 장기적인 투자 등도 고려해 보아야 한다.

장수 가족기업의 조직구조는 평등하면서도 형식적이지 않은(비공식적) 요소가 가미된 시스템을 선호한다. 평등한 조직이란 관료제적 요소가 상대적으로 적다는 것을 뜻한다. 독창성은 관료제적 흐름을 따르지 않고 다른 사람과 자유롭게 접촉이 가능할 때, 그리고 행동을 규제하는 규칙을 확인하기보다는 공통의 목적을 가지고 움직일 때 발생한다(〈표 11-7〉 참조).

장수기업은 대부분 가족기업인데 가족기업은 가족과 기업의 두 시스템이 서로 조화와 균형을 잘 이룬데 성장·발전한다고 여긴다. 따라서 가족이 망가지면 기업이 망가진다는 단순하면서도 명확한 진리, 이 진리 안에 장수기업의 해답이 있다. 나아가 '무에서 유'를 창조한 선대의 도전정신과, '유에서 새로운 유'를 창조하는 진정한 수성 정신을 이어가는 것이 기업을 장수케 하는 원동력이 될 것이다(조창배 외, 2015).

〈표 11-7〉 성공한 장수 가족기업 대 일반기업

		성공한 장수 가족기업	일반기업
지배구조	주주	장기적 소유자와 같이 행동.	단기간에 이익 내기를 원하는 거래자로서 행동.
	이사회	한 분야에 많은 투자; 충분한 정보와 자유로운 정보교환, 재정적·비재정적 결과들에 대해 관여하려는 경향이 강함.	이름뿐인 소유권; CEO에게 휘둘림; CEO가 회장직을 겸직함; 주로 재정적 결과들에 대해서만 감독.
	CEO	주로 장기적 인센티브를 통해 보수를 받음; 많은 경험과 내실있는 성과를 쌓은 내부인; 가치기준과 사명감을 중시함; 오랫동안 지위 유지.	단기적 스톡옵션 제공; 외부에서 영입; 재정적 성과의 기록; 3·4년 동안 CEO직을 맡고 돈을 벌어서 떠남.
	최고 경영팀	강한 발언권, 다양한 기능적 배경들, 다양한 세대들, 긴 재임기간.	정치적인 목적, 획일적 직무, 동일 연령집단인 경우가 많음, 짧은 재임기간.
리더의 철학		사명, 자산, 자원 등에 대한 조심스러운 태도; 외부의 목소리에 기꺼이 귀를 기울이고, 장기적인 성공을 목표로 역량개선에 투자를 아끼지 않는다.	단기간의 수익을 위해 장기적인 목표를 희생함; 사명과 능력개발보다는 언론보도와 연말 결산서의 결과가 우선시됨.
조직 설계		집단을 한데 결집시키고, 개개인들의 기술과 독창성을 최대한 끌어내기 위해 평등하고 형식적이지 않으며 직원들의 재능과 창의성을 잘 활용하여 협력적인 분위기 형성.	분화된 기능과 사업부 단위; 재무책임을 강요하기 위한 계층구조.

자료: Miller, Danny, Isabelle Le Breton-Miller(2005), *ibid*, p. 219.

2) 장수기업의 기능별 특성

〈표 11-8〉은 인적자원, 마케팅, 생산운영, 연구개발, 그리고 재무, 정보시스템 등 기능별 특성별로 성공한 장수 가족기업을 일반적인 기업의 행동과 비교한 것이다.

① 인적자원

가족기업에서 인적자원(HR)은 기업과 가족 양 시스템을 동시에 고려한 종합적인 병렬계획(parallel planning)을 수립하여야 한다. 즉 가족의 가치 기준이 조직의 정체성을 형성하며 나아가 장수기업의 기틀이 될 수 있다. 따라서 기업에서 일할 사람을 채용할 때는 뛰어난 능력을 갖춘 사람보다는 과거 고용주에 대한 충성심, 성실성, 자신이 속한 지역사회에 대한 봉사정신이 투철한 사람을 우선시하여야 한다 (Miller, Le Breton-Miller, 2005).

〈표 11-8〉 기능적 특성에 따른 성공한 장수 가족기업과 일반적인 기업의 비교

	성공한 장수 가족기업	일반적인 기업
인적자원	장기간의 경력을 추구하고 기업의 가치기준에 적합한 인재를 까다롭게 선발; 최소한의 직원고용; 해고는 자제함; 업무에 도움이 되는 많은 교육훈련과 프로그램; 일의 성취, 소속감, 경력기회 등을 통한 만족.	필요하면 고용하지만, 해고 또한 쉽게 이루어짐; 충분한 교육의 기회를 제공하지 않고 좀 더 분화되고 지루한 보직들을 만들어 냄; 금전적 유인책.
마케팅	고객을 위한 가치 추구를 기반으로 특수한 역량개발; 우수고객들과의 지속적인 관계에 투자; 인내심을 갖고 명성을 구축.	시장에서의 기회에 민감하게 반응; 빠른 성과를 가져주는 분야에 뛰어듦; 일시적인 평판에 관심.
생산/운영	독창적인 기업 모델; 능력, 효율, 품질 등의 향상을 위해 인프라 투자; 지속적인 개선 노력; 독창적인 영향력, 시각, 협력관계 구축; 허례허식이나 유행 등을 기피.	이미 효과가 검증된 기업 모델; 빠른 회수가 가능한 인프라에 투자, 매력적인 신기술이나 기술, 생산 공정 등에 투자 증가.
R&D/엔지니어링	단기간에 성과를 내는 프로젝트와 장기간의 노력이 필요한 프로젝트 동시 수행; 아이디어와 시장을 중시하는 연구 수행; 연구와 상업화 간의 균형; 불가능하게 여겨지는 새로운 일에 대한 도전과 실패도 용인.	단기간의, 시장중심적인 연구 프로젝트; 손익계산서에 의한 엄격한 책임 묻기; 지나친 상업화 추구.
재무·정보시스템	낮은 부채비율, 다량의 현금보유, 많은 재투자 등 보수적인 투자; 수익이나 비용보다 언제나 본질적인 것에 대해 관심을 가짐; 다양한 지표들 참조.	빠른 성장과 수익을 늘리기 위한 재정적 수단 강구; 재정적 수치에 도움이 되는 의사결정

자료: Miller, Danny, Isabelle Le Breton-Miller(2005), *ibid*, p. 221.

아래에 가족기업의 인적자원에서 중요하게 고려되는 4가지, 공유된 비전, 가치관, 전략적 사고, 그리고 계획을 살펴보자(〈그림 11-2〉 참조).

〈그림 11-2〉 가족과 기업의 병렬계획

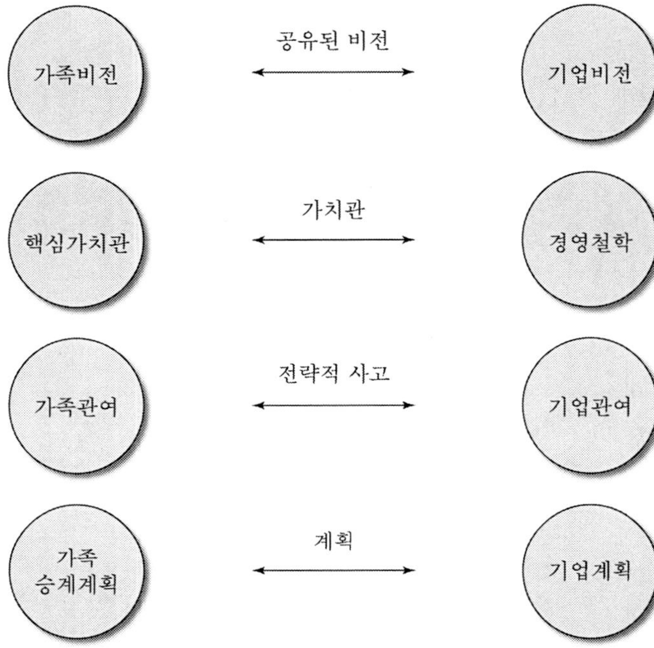

자료: Ransburg, D., Sage-Hayward, W., Schuman, A. M.(2016), *Human Resources in the Family Business*, Palgrave macmillan, p.16.

- 공유된 비전(shared future vision): 이는 서로 공유되면서 가족과 기업의 지속가능한 미래의 비전에 대한 것으로, 어떻게 하면 가족 소유권이 전략적 우위가 될 수 있는가를 고려하면서 가족과 기업 각자의 욕구를 균형 있게 유지하는가에 대한 것이다.
  - 가치관(values): 이는 병렬계획의 기초로 가족의 공유된 믿음과 가치관을 발전시키고, 나아가 기업의 가치관, 철학, 문화, 비전 등을 알리는 데 있다.
  - 전략적 사고(strategic thinking): 가족의 기대, 역량, 가치관, 그리고 욕구는 기업전략의 제휴 수단과 필터로서 작용하기도 한다. 동시에 기업과 가족은 성장을 위해 마음속에 위의 요소를 유지하면서 전략적으로 계획할 수 있다.

- 계획(planning): 이는 인지된 아이템의 실현이며 조작화이다. 혹은 어떻게 하면 가족과 기업이 장기적으로 주주를 위해 가치관, 전략, 비전 등이 측정 가능한 결과로 나타날 것인가에 대한 것이다.

② 마케팅

우수한 장수 가족기업의 마케팅은 장기적인 목표로 명성을 쌓는 데 도움이 되는 뛰어난 제품을 만들고 판매하며, 고객과 장기적인 관계를 구축하며 고객의 충성심을 높이는 데 목적이 있다. 브랜드도 마찬가지이다. 쇼핑학 창시자 마틴 린드스트롬(Lindstrom)은 성공적인 마케팅을 위해 광적인 요소의 종교적인 신념을 가진 브랜드가 필요하다고 주장하고 있다. 이를 위한 조건으로, 첫째로, 독특한 소속감으로, 구속력 있는 커뮤니티 의식이 조성되어야 하며(예: 레고는 전 세계적으로 레고 커뮤니티가 5,000개 정도 있음), 둘째로, 목표 의식이 있는 비전이 존재하여야 하며(예: 애플은 복잡한 것을 단순하게 만드는 비전),

셋째로, 리더나 숭배 대상이 존재해야 한다(예: 스티브 잡스, 미키마우스 등).[9] 브랜드는 로고, 트레이드마크의 차원을 넘어, 마켓터의 의향, 소비자의 해석, 많은 사회문화적 네트워크의 조합에 의해 연료를 공급(적재)하는 의미의 저장소이다. 가족의 이름을 딴 가족 브랜드(family brand)는 가족기업만이 가질 수 있는 특성인데, 가족 브랜드는 브랜드의 또 다른 유형이라 하지만, 가족 브랜드를 구축하는 과정은 브랜드화된 가족은 브랜드화된 제품이나 서비스와는 다르므로 추가적인 노력이 필요하다. 일반적인 제품이나 서비스와는 달리 가족 브랜드는 의미있는 시장의 신호로 창조되지 않는다는 점이다. 가족은 조직에 대한 이윤 창출이나 그 자체에 대한 배려를 넘어 의도되기 때문이다.

③ 생산・운영/연구개발

우수한 장수 가족기업의 운영은 적은 비용으로 더 많은 부가가치를 창출하고 제품과 시장의 변화에 따라 진화하는 우수한 인프라를 구축

9) 조선일보 2015.12.26.~27 Weekly BIZ.

하며, 내부 직원뿐만 아니라 외부 협력업체에도 장기적으로 도움이 되는 시스템을 구축한다.

연구개발의 경우 단기간에 성과를 내는 사업과 장기간의 노력이 필요한 사업을 동시에 수행하며, 신제품 개발이나 공정의 개선뿐만 아니라 유통, 조직구조, 협력관계 등 다양한 분야에서 자유로운 연구를 보장한다.

④ 재무 · 정보

우수한 장수 가족기업의 재무는 역량개발에 투자하고 건전성을 유지하며 향후 수년 동안 재정적으로 건실한 상태를 유지하도록 하는 데 있다. 또한 보수적인 자금운영과 과감한 투자가 특징이며, 지나치게 수익성에 집착하지 않는다.

정보의 측면에서 단기적인 수치에만 집착하지 말고 넓은 시야를 가지며 정보를 너무 세분화하지 말고 종합하며, 정보를 널리 공유하도록 정보체계를 구축한다(Miller, Le Breton-Miller, 2005).

제 4 절　가족기업의 컨설팅

1. 가족기업의 컨설팅

대부분의 가족기업 리더들은 기업경영의 많은 어려움을 지속적, 연속적으로 겪는 것처럼 느낄 것이다. 이런 어려움은 소유권이 한 명의 소유주로부터 형제 집단 등 여러 사람으로 옮겨갈 때, 또는 회사가 전면적인 구조조정이나 가파른 성장기에 다다를 때, 체제가 다른 단계로 이행될 때 주로 나타난다. 하지만, 더욱 심할 때는 이러한 현상의 두 세 가지의 변화가 동시다발적으로 일어난다. 특히 일상적인 업무 외에 추가로 나타날 경우, 많은 기업의 리더들은 외부전문가들에게 도움을 요청할 필요성을 느끼곤 한다(Gersick 외, 1997).

가족기업의 컨설팅은 다른 조직체의 컨설팅보다는 복잡하며 가족구성원들이 가족과 기업의 내막에 대해 좀 더 솔직하지 못하므로, 비가족기업의 컨설팅과는 다르다. 따라서 전통적인 기업의 컨설팅으로는 가족기업 컨설팅의 욕구를 효율적으로 충족시키기 어렵다. Bork 등(1996)은 가족기업의 컨설팅을 전문가의 충고(expert advisors)와 과정 컨설턴트(process consultants)의 두 가지로 구분하고 있다. Hilburt-Davis & Dyer(2003) 등은 Bork 등(1996)과 비슷하게 과정(process)과 내용(content) 사이의 연속선상의 스타일로 표현하고 있다(Cross, 2004).

가족기업 컨설팅의 세계에는 많은 전문가가 존재한다. 일반 경영 상담자들, 재무계획수립가들, 변호사, 은행가와 신탁 관리인, 보험업자, 기술적 전문가, 심리학자, 가족 치료사(정신과 의사 포함) 등의 도움을 받기도 한다. 하지만 많은 경우, 이러한 전문가들은 가족기업의 고객들로부터 받는 의뢰 때문에 힘들고 어려운 처지에 놓이게 된다. 그들이 도움을 요청받은 문제들(예: 자녀들의 상속이나 지분 문제, 새로운 환경에 알맞은 조직구조에 대한 요청, 형제간의 공동경영문체, 아버지의 건강이나 알코올 중독, 지분분쟁으로 인한 소송 등)은 많은 분야를 가로지르는 것들이고 그들이 알지 못하고 겪어보지 못한 개념들과 경험이 필요하기 때문이다.

1) 누구와 어떻게 접촉하는가?

먼저 가족기업 컨설턴트는 가족기업 내외의 핵심 경영자와 1 대 1로 인터뷰하기도 한다. 이러한 인터뷰를 통하여 필요한 정보수집과 더불어 문제해결을 위해 필요한 해결책을 찾기도 한다. 유명한 가족기업 전문가인 Beckhard는 창업자로부터 기업과 개개인의 전체적인 윤곽을 찾는다고 한다. 또 다른 학자들은 가족기업에 매우 적극적인 가족구성원과 만나 해결책을 찾는 것이 순서라고 주장하기도 한다. Brown은 긍정적인 피드백 및 재강화, 책임영역 등을 파악하는데 필요한 대부분 문제와 직접 관련되는 구성원 두서너 명을 함께 만나는 것이 필요하다고 주장하고 있다.

접촉 방법으로 다양한 몇 가지를 제공하고 있다. 먼저 관계되는 사람 모두 모이는 가족회의나 교육훈련장 같은 곳을 제안하기도 한다. Cox는 관계되는 가족구성원 모두를 일정한 시간과 장소에 한꺼번에 모이도록 권장하고 있다.

2) 중재

상담원들은 가족기업을 컨설팅할 때 다양한 방법을 사용한다. 중재(intervention)의 초점은 필요한 정보를 모으고 널리 퍼뜨리는 방법, 변화과정을 촉진하는 방법, 커뮤니케이션과 가족구조 및 조직구조, 가족과 기업 간의 의사소통, 소유권과 경영권, 손실과 슬픔 등이다. Hilburt-Davis & Dyer(2003)는 중재의 기본적인 프레임워크를 제시하고 있다. 그들은 과정(process)과 내용(content), 기술(technical)과 감성(emotional)이라는 중재 그리드를 제시하고 있다. 세로축은 중재의 깊이로 중재를 조직화하는데 적용되는 기술과 감성이 이에 해당한다. 예를 들면 조세 관련 세미나, 교육훈련 프로그램 등은 기술이며, 심리상담이나 갈등관리 등은 감성에 해당한다. 한편 가로축은 중재의 넓이로 과정과 내용이 이에 해당한다(〈그림 11-3〉 참조).

〈그림 11-3〉 중재 그리드

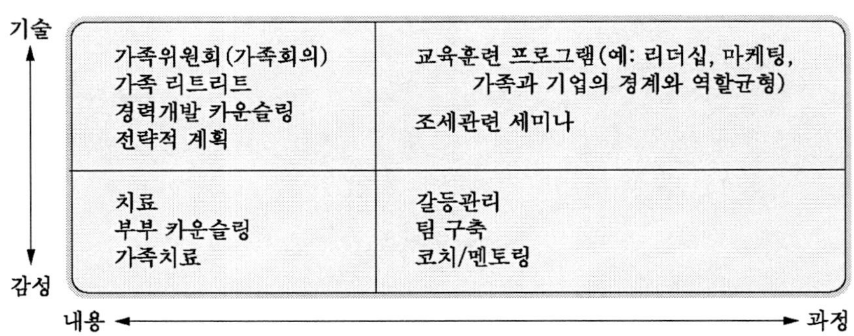

자료: Hilburt-Davis & Dyer(2003), p. 105.

3) 가족기업 컨설턴트의 유형

첫 번째 컨설턴트는 특정 분야의 전문가일 경우이다. 이들은 자신들이 가장 자신있어 하는 분야에 집중적인 상담을 제공할 수 있다. 예를 들면 세금과 재무계획, 기업전략 등의 일반적인 문제들뿐만 아니라 결혼생활의 불화 같은 가족에서 특별히 드러나는 문제들도 포함될 수 있다. 이들은 회사에 고용된 변호사나 세무사와 같은 조언자들로 보통 그들 스스로는 자신들의 일이 고객과의 "상담"이라 생각하거나 자신들이 가족기업 상담자라고 생각하지는 않지만, 이러한 카테고리 안에 들어갈 것이다. 이는 특정 문제를 해결할 수 있는 가장 빠르고 효율적인 방법이 될 수 있으며, 상담에 드는 총비용도 그리 많지 않을 것이다. 하지만 단점으로는, 전문가 개개인들의 문제에 대한 접근관점이 가족기업의 환경에는 맞지 않을 수 있다는 것이다.

두 번째 컨설턴트는 다방면에 다양한 지식을 가진 가족기업 상담가들이다. 이들은 혼자 말하는 전문가들로서, 가족기업에서 일어나는 대부분 문제에 대하여 훈련이 잘되어 있다. 이러한 상담자들은 경영교육을 받았을 수도 있지만, 집단 또는 가족 내 역동성에 대한 훈련을 받았을 수도 있다. 또는 여러 기업환경에 대한 경험을 바탕으로 하는 임상훈련을 받았을 수도 있다. 상담자는 가족 경영자뿐만 아니라 비 가족 경영자들과도 관계를 형성하기도 한다. 이들 역시 매우 포괄적이며 다방면에 폭넓은 지식을 가졌지만, 특별히 훈련받지 않은 특정 문제에 직면할 수도 있다. 이 유형의 가족기업 상담자들은 자신들이 "모두 다 할 수 있는" 능력이 되는지 알아야 한다. 다방면에 유능한 가족기업 상담자들은 그들의 능력에 대한 경계 설정과 고객들에게 현재 상황이 자신이 제어할 수 있는 범주를 넘어섰다는 사실을 말해 주는 것을 어려워하지 않아야 한다.

세 번째 컨설턴트는 상담 팀이다. 사실 상담 팀은 각기 다른 여러 명의 전문인으로 구성되어 있다. 상담 팀의 구성원들은 상담 과정의 평가와 시행에 관련해 각자 전문적인 분야를 맡는다. 가족 전문가는 가족구성원들과 인터뷰를 하고 가족위원회와 함께 일할 것이다. 경영 전략가는 경영지도자들과 이야기하고 조직의 변화를 끌어낼 것이다. 하지만, 이러한 상담 팀을 고용하면 큰 비용이 든다. 또한 효과적인 상담 팀이 되기 위해서는 극도로 잘 관리되어야 한다. 그리고 많은 가족기업은 회사 일을 직접 수행하는 경험 많은 전문가들을 이미 가지고 있다. 그리고 이런 회사 내 전문가들은 외부 상담자들을 경계하거나 싫어하기도 한다. 내·외부 전문가들 간에 좋은 협력관계 형성을 위해서는 많은 주의가 필요하다.

가장 효과적인 컨설턴트는 기업의 발달단계에 따라 다를 수도 있다. 창업 초기단계는 오너의 완벽한 통제 아래 특정 분야에 대해 적은 비용으로 상담을 해주는 개인 전문가들이 선호된다. 반면, 형제 동업 체제와 친척 협력단계의 경우, 다방면에 전문적인 지식을 가진 가족기업 상담자나 회사 문제뿐만 아니라 집단 내 역동성과 가족 발달단계의 전문지식을 가진 전문적인 팀을 고용한다면 대부분 이득을 볼 수 있을 것이다. 확장/형식화 단계의 기업들은 회사 구조, 재무, 그리고 조직 행동의 전문가들을 몹시 필요로 한다. 성숙 단계의 기업들은 여기에 더하여 전략전문가들도 많이 필요로 할 것이다.

2. 가족기업 컨설턴트의 조건

1) 일반적 특성

일반적으로 가족기업은 두 가지의 특성 때문에 전문 컨설턴트의 도움이 더욱 필요하다. 첫째로, 체제의 복잡성이다. 가족기업은 대기업보다 훨씬 복잡하다. 가족기업은 가족, 기업, 그리고 소유권의 특별한 복잡한 속성을 지니고 있기 때문이다. 예를 들면 기업과 가족 간의 고려사항에 대한 상호 연결, 공통영역에 속하는 구성원들의 변화와 성장에 대한 압박, 그리고 개인의 소유권에 대한 전략적·재정적 중요성 등이다.

둘째로, 가족기업 대부분의 상담은 감정적으로 어려움에 부닥쳐 있을 때 이루어진다. 많은 가족기업의 가족들은 사생활을 중요하게 여기고, 회사의 문제에 대해 말하는 것은 개인적·가족적 문제이므로 상시 상담원을 회사에 고용하는 것을 거부하거나 꺼린다. 결과적으로, 가족들은 그들의 고민이 정말로 손쓸 수 없을 지경에 이르렀을 때만 외부인의 도움을 요청한다. 상담원은 가족구성원 간의 손상된 관계를 개선하는 것을 도와줘야 한다는 것과 가족들이 회사와 관련된 딜레마를 해결하기 위해서는 이전과는 다른 방식의 대화 방법을 배워야 한다는 것을 의미한다. 상담자들은 가족구성원 간의 감정이 매우 좋지 않을 분위기에서도 일할 수 있는 경험과 능력을 지니고 있어야 한다(Gersick 외, 1997).

2) 가족기업 컨설턴트(상담원)가 갖추어야 할 조건

가족기업 상담은 컨설턴트의 개인적 특성과 가족기업을 효율적으로 돕는데 필요한 컨설턴트의 지식(knowledge)이다. 구체적으로 가족기업 컨설턴트(상담원)가 갖추어야 할 조건으로는 상담원 자신의 사고, 시스템적 사고와 관점, 과정, 그리고 지식 등 네 가지이다(Cross, 2004).

① **상담원의 사고**: 이는 상담원 자신이 갖추어야 할 기본적인 사고로 상담원 자신의 의식과 인식, 경험의 중요성 고취, 자신의 한계 인정, 객관성의 유지, 상담원의 믿음, 가치관, 태도, 융통성, 그리고 상담원의 인내 등이다.

② **시스템적 사고와 관점**: 이는 상담원은 반드시 가족기업 리더를 효율적으로 충고하기 위해 가족, 기업, 그리고 개인을 전체(whole)로 다루어야 한다는 것이다. 상담원은 가족기업은 복잡한 시스템이므로, 시스템적 사고와 기법을 중시하고 항상 이를 견지하고 있어야 한다. Babicky는 기업에 좋은 것은 가족에도 최상이다(what is best for the business is best for the family.)라고 주장하고 있다. 상담원들은 기업과 가족을 심층적으로 알려고 노력해야 하며 기업과 가족이 서로 어떻게 연결되어 있는지를 잘 이해하여야 한다.

③ 과정: 이는 상담원이 언제 이 시스템에 진입하고 퇴출하는지를 아는 것이 매우 중요하다고 보고 있다. 그리고 가족이 왜 상담원에게 의뢰하는지 그 이유와 상담원과 관련된 가족의 욕구가 무엇인지 알아야 한다.

④ 지식: 상담원은 최신의 지식(technical knowledge)을 유지하고 각자의 영역에서 능력을 최고도로 발휘할 필요가 있다. 이를 위해서는 가족기업과 관련되는 핵심이슈와 전문적인 추가지식을 이해하고 나아가 알고 있어야 한다. 미국가족기업협회(FFI)에 의하면 구체적으로 행동과학, 재무, 법, 그리고 경영과학의 지식이 필요하다고 한다. 행동과학(behavioral science)에는 개인과 가족의 수명주기, 가족시스템이론, 갈등관리, 성과, 출생순서, 컨설턴트의 치료와 윤리 등이 해당한다. 재무(finance)에는 재무관리의 이해와 역할, 기업가치, 주주유동성의 문제, 종업원 지주제도, 보험, 부의 관리와 투자수익률 등이 해당한다. 법(law)에는 변호사의 임무와 역할, 기업조직의 기본형태, 상속계획, 상속자의 부를 관리하기 위한 제삼자의 감성적인 효과와 수탁자의 역할, 분쟁 회피와 계약의 이해, 소유권 이전, 이익의 분배, 권한과 유동성의 공유, 매매계약 등이 해당한다. 마지막으로 경영과학(management science)에는 상담원이 가족과 기업을 위해 해야 할 일과 상담원의 역할, 전략적 계획의 개념, 기본적인 경영이론, 인적자원관리의 기본, 이사회와 자문이사의 기본 개념, 리더십 등이 해당한다(Family Firm Institute, 2003).

3. 가족기업 상담의 단계

가족기업이든 일반기업이든, 대부분의 상담은 계약, 평가, 실행, 그리고 유지의 네 단계를 거친다(Gersick 외, 1997).

(1) 계약 : 고객과 상담자는 먼저 그들이 생산적인 관계를 형성할 수 있는지 생각해 보고, 만약 그렇다면, 계약에 동의하게 된다. 첫 단계의 전체적인 임무는 상담자와 고객의 필요 간의 접점을 찾는 것과 일과

관련하여 확실하고 명백한, 하지만 유연성 있는 합의를 하는 것이다. 또한 계약단계는 상담 비용이 정해지는 단계이다. 계약단계는 보통 최초 전화접촉과 고객 지도자들과 상담자 간의 한 번 이상의 면담으로 이루어진다. 계약단계는 잠재적 고객들에게 상담자들이 정확하게, 그리고 정직하게 그들이 도와줄 수 있는지와 어떤 형태로 도와줄 것인지에 대해 말할 수 있으려면, 상담자들이 잠재적 고객들에 대해 충분히 알아야 한다. 이 작업의 중요한 것 하나는 누가 고객이냐 하는 것이다. 첫 단계인 계약에서는, 모든 이들이 신중하게 행동해야 하며 앞으로의 진행이 편안할 것인지 생각해 보아야 한다.

(2) **평가** : 컨설턴트는 고객의 체제에 대한 상세한 관찰과, 표면적·잠재적 문제들에 대한 사전 이해를 수행한다. 이 단계에서 수행해야 하는 것은 가족기업 체계에 대한 깊이 있는 이해와 요구되는 변화를 수행하기 위한 접근방법을 찾아내는 것이다. 평가단계에서 중요한 과정은 상담자와 고객 간에 협력적 관계를 형성하는 것이다. 다시 말해, 상담자는 고객에게 정보수집의 과정에서, 자신이 적극적인 동업자, 단순히 고객을 돈줄로 보는 것이 아닌, 협력자로서 일할 것을 약속해야 한다. 상담자는 고객에 대한 더 많은 정보가 모일수록 지속해서 질문들을 다듬어야 하고, 비슷한 경험에 비추어 봤을 때 선택할 수 있는 사항들을 제시해야 한다. 가족들에게 그들이 듣고 싶어 하는 것을 말하는 것은 가족들의 걱정을 줄일 수 있겠지만 상담자가 분석한 내용을 제대로 전달하지는 못한다. 상담자가 끌어낸 결론을 솔직하게 말하는 것은 가족이 수용할 수 있는 범위를 벗어날 수도 있고, 이는 상담 중단으로 이어질 수도 있다. 이럴 때, 가족기업 상담자는 다른 전문적 고문들과 같이, 상담자와 고객 모두에게 효과적이면서 정직함을 유지할 수 있는 방법을 찾아야 한다. 가족기업 상담자들에게 특히 필요한 것은, 앞서 말한 가족기업의 두 가지 특성인 심리적·구조적으로 매우 복잡하고, 상담 과정은 매우 감정적인 분위기에서 진행된다는 사실이다.

(3) **실행** : 고객과 상담자는 고객의 변화목표를 향해 함께 일한다. 실행단계에서 해야 할 것은 가족기업 체제의 변화를 끌어낼 행동들을 시작하는 것이다. 계획된 변화의 일반적 원칙은 가족기업들에 적용된다. 변화가 성공적으로 되려면, 회사 또는 가족의 구성원들은 변화의 필요성을 느껴야 한다. 핵심 지도자들은 변화에 대한 지원과 이를 지원하기 위한 적합한 자원들을 갖추어야 한다. 가족기업의 경우, 시스템의 모든 구성요소 간의 상호연결들, 각 차원에 따라 각기 다른 발달단계들, 그리고 가족, 기업, 소유권의 삼차원 모두의 변화에 대한 지원의 필요성을 결정하는 것은 상담자의 일을 마치 곡예와 같은 것으로 만든다. 변화를 추구할 때 대부분의 가족구성원은 역학관계를 잘 알아채지 못하는 변화에 대한 강력한 저항이 있음을 재인식하여야겠다.

(4) **상담의 평가와 유지** : 고객과 상담자는 프로젝트의 효율성을 평가하고, 이로부터 얻은 이익을 구조화할 방법을 찾는다. 가족기업을 상담하는 것은 매우 집중적이고 개인적인 관계를 형성하는 것이다. 오랜 기간에 걸쳐 상담 과정이 잘 진행된다면, 컨설턴트나 고객들 모두 상담 과정의 마무리를 어려워한다. 가장 최선의 경우는, 컨설턴트가 평가와 현재 진행 중인 노력을 포함하는 상담 과정의 결론을 내는 것이다. 고객과 상담자는 모두 상담 과정이 얼마나 성공적이었는지 평가하는 데 관심을 가진다. 예를 들면 다음과 같다.

- 가족과 회사 구성원들이 그들의 역할에 대해 명확하게 이해하는가?
- 시스템 내의 개개인들이 서로를 좀더 이해하고 존중하게 되었는가?
- 가족 내 의사소통이 좋아졌는가?
- 개개인들이 의사결정 과정을 과거보다 더 만족하는가?
- 개개인들이 미래에 대해 좀 더 안심하게 되었는가?
- 세 범주 모두가 주요 문제들에 관해서는 결정을 내렸고, 다음 단계로의 이행에 좀 더 준비되었는가, 그리고 새로운 도전을 받아들일 준비가 되었는가?

4. 가족치료 및 상담

가족치료는 사회복지학의 한 영역으로 가족을 시스템으로 간주할 때 즉 가족을 서로 연결된 단위의 집합체로 보며, 개인의 행동보다는 어떻게 가족이 서로에게 영향을 미치는지(가족구성원 간의 상호작용)를 고찰한다.

가족치료 및 상담은 1908년 사회사업가 리치몬드로부터 시작되었으며 그 후 여러 학자에 의해 발달하였다. 가족치료와 상담의 주요 모델은 정신역동적 가족치료, 보웬의 다세대 가족치료, 구조적 가족치료, 경험적 가족치료, 해결중심 단기가족치료, 인지행동주의적 가족치료, 교류분석적 가족치료, 이야기 가족치료, 여성주의 가족치료 등 다양하다. 자세한 사항은 〈표 11-9〉를 참조하기 바란다.

〈표 11-9〉 가족치료와 주요 해결기법

구분	주요해결기법
정신역동적 가족치료	경청, 공감적 이해, 해석 등
보웬의 다세대 가족치료	가계도, 탈삼각관계, 나의 입장, 과정질문, 코칭 등
구조적 가족치료	합류하기 또는 적용하기, 상호작용 다루기, 능력 구체화하기, 경계선 만들기, 균형 깨뜨리기 등
경험적 가족치료	심리 내적인 체계, 상호작용 체계, 원가족 체계,
해결중심 단기 가족치료	예외 질문, 기적 질문, 척도 질문, 대처 질문 등
인지행동주의적 가족치료	체계적 둔감화, 이완훈련, 행동형, 토큰 강화법, 유관계약, 타임아웃, 자기주장 훈련 등
교류분석과 가족치료	구조적 분석, 교류분석, 게임 및 라켓 감정분석, 각본분석 등
이야기 가족치료	외재화를 위한 질문, 독특한 결과를 찾기 위한 질문, 재저작을 위한 질문, 새로운 이야기 강화를 위한 질문 등

자료: 서혜석 외(2012), 「가족치료 및 상담」, 공동체./조창배 외(2015), 『가족기업의 두 번째 이야기 수성』, 서울엠, pp. 125-126.

주요용어

장수기업, 명문장수기업, 장수기업의 현황, 장수기업의 비결과 경영, 데니밀러의 4C, 병렬계획과정, 가족기업의 컨설팅, 가족기업 상담의 단계

생각하기

1. 장수기업이 왜 필요한가, 그 이유를 생각해 보자.

2. 왜 일본에는 장수기업이 많을까? 그 이유를 역사, 산업, 문화 등의 관점에서 생각해 보자.

3. 공유된 비전, 가치관, 전략적 사고, 계획이 어떻게 가족과 기업에서 상호 연결되는지를 고민해 보자.

4. 가족기업의 컨설팅은 일반기업의 컨설팅과 다른가? 다르다면 무엇이 어떻게 다르며 가족기업 컨설턴트는 어떤 조건과 자격을 갖추어야 할까?

참고문헌

대한상공회의소 연구보고서(2006a), “장수기업에서 배우는 지속성장 전략”.

대한상공회의소 보도자료(2006b), “코참비즈 기업 DB로 본 국내기업의 특성”.

서혜석 외(2012), 『가족치료 및 상담』, 공동체.

조창배 · 문혜영(2015), 『가족기업의 두 번째 이야기 수성』, 서울엠.

중소기업협동조합중앙회(2005.12), “가업승계기업의 경영특성 및 애로실태조사”.

카토 츠카사(2010), “일본 중소소매업의 경쟁력강화를 위한 제언-상업정신 시점-”, 학술세미나 발표자료, 소상공인진흥원, 2010. 11. 24. p.59.

Bork, D., Jaffe, D. T., Lane, S. H., Dashew, L. & Heisler, Q. G(1996), *Working with family businesses*, San Francisco, CA: Josey-Bass.

Cross Keith Allen(2004), *Family business consultation: A modified delphi study*, Purdue University, Dissertation.

Family Firm Institute(2003), "The body of knowledge book", *Available for members of the family firm institute*, Boston, MA..

Gersick K. E., J. A. Davis, M. M. Hampton & Ivan Lansberg(1997), *Generation to Generation: Life Cycles of the Family Business*, Harvard Business School Press.

Hilburt-Davis, J. & Dyer, W. G.(2003), *Consulting to family businesses: A practical guide to contracting, assessment and implementation*, San Francisco, CA: Jossey-Bass/Pfeiffer.

Mckinsey Quarterly(2010), *The five attributes of enduring family businesses*, January, 2010.

Miller, Danny, Isabelle Le Breton-Miller(2005), *Managing for the long run: lessons in competitive advantage from great family businesses*, Harvard Business School./ 김현정 옮김(2009), 『가족기업이 장수기업을 만든다』, 황금가지.

Parmentier, Marie-Agnès(2011), “When David met Victoria: Forging a strong family brand”, *Family Business Review*, 24(3), 217-232.

Ransburg, D., Sage-Hayward, W., Schuman, A.M.(2016), *Human Resources in the Family Business*, Palgrave Macmillan.

Reuber, A. Rebecca & Eileen Fischer(2011), “Marketing (in) the Family Firm”, *Family Business Review*, 24(3), 193-196.

제12장 가족기업의 지속가능경영과 미래

학습내용

본 장은 가족기업이 대를 이어 지속해서 유지되는데 필요한 사항을 고찰한다. 구체적으로 가족기업의 전략경영을 비가족기업의 전략경영과 비교하고, 이를 토대로 가족기업의 지속가능경영을 연마한다. 마지막으로 향후 급변하는 가족기업의 환경변화에 대한 대응책인 가족기업의 미래를 살펴보고자 한다.

제 1 절 가족기업의 전략경영

가족기업의 지속 성장을 위해 오래갈 성장전략이 필요하다. 여기서는 오래갈 성장을 위한 가족기업의 전략경영을 과정과 내용의 관점에서 고찰하고자 한다.

1. 가족기업 전략경영의 과정

기본적으로 가족기업에서 전략경영의 큰 의문은 전략경영의 과정이 가족기업과 비가족기업이 같은가? 혹은 다른가? 같다면 어떤 점이 같으며, 다르다면 무엇이 다른가? 등이다. 보통 가족기업과 비가족기업의 전략경영의 과정은 비슷하거나 거의 일치한다고 보고 있다. 일반적으로 전략경영의 과정이 암묵적으로 이루어지든 명시적으로 이루어지든 간에, 일련의 목적을 달성하기 위해 전략의 수립, 실행, 그리고 평가의 3 과정으로 이루어져 있다. 또 한 가지 같은 점은 기업의 경영성과(performance)인데, 이는 기업의 목표 달성 여부가 측정돼야 하므로, 성과조차 비슷하다고 여기고 있다.

전략경영의 관점에서 가족기업과 비가족기업의 다른 점은, 일련의 목표, 전략경영의 방법, 전략경영에의 참여자 등이다. 예를 들어 비가족기업에도 가족의 영향은 직·간접적으로 크나, 가족기업에서 오너가족(owner-family)은 전략경영의 전 과정에 직접 영향을 끼친다(Martinez & Ward, 1994).

가족기업과 비가족기업의 이런 동질성과 이질성은 가족기업 연구에 실질적으로 좋은 기회를 제공하고 있다. 동질성은 가족기업의 성과에 영향을 끼칠 요소를 제공해 주며, 이질성은 가족기업이 필요로 하는 것이 무엇인지 파악하여 조심스럽게 새로 개발하거나, 비가족기업의 경영전략의 과정과 비교해 볼 수도 있다. 본 장에서 고찰하려는 가족기업의 전략경영 과정은 일반적인 전략경영의 과정을 단순화시킨 것이다. 〈그림 12-1〉을 보면, 먼저 기업과 가족의 목표가 정해져야 하며, 정해진 목표를 달성하기 위한 전략의 수립, 수립된 전략의 실행, 나아가 전략적 대체안과 의사결정이 이루어지고 이의 평가가 되어져야 하며, 효율적인 통제과정이 필요한 곳에서 제대로 실행에 옮겨져야 한다. 조직은 기회를 극대화하고 위협을 최소화하도록 전략을 잘 수행해야 하며, 경영자는 조직이 갖고 있으며 보존하고 있는 자원, 가치관과 비경제적인 책임, 나아가 성과까지 책임지고 결정해야 한다. 결국 전략경영은 동태적이며 여러 고려 요소와 상호작용함을 알 수 있다.

이러한 체제상에서, 가족기업의 전략경영은 비가족기업의 전략경영과는 다른 것 같다. 왜냐하면 가족기업은 가장 중요한 가족의 영향력, 가족의 관심사, 가족의 가치관 등이 비가족기업에와 비교해 훨씬 더 많이 작용하며 지배적이기 때문이다. 가족의 관심사와 가치관은 기업의 목적 혹은 목표와 밀접한 관련성을 띠고 있다. 가족구성원의 관계 역시 전략에 영향을 끼친다. 가족 내의 승계는 기업의 영속성을 위해 결정해야 할 가장 중요한 전략 중의 하나이다. 의사결정의 판단기준은 기업의 목적과 대체안의 선택 등에 대한 가족의 고려사항에 의해 영향을 받는다. 전략실행 시 가족의 관여(involvement)는 그 자체의 동태성, 정치 그리고 가능성을 창조한다. 결국 가족구성원들의 관계와 그들이 비가족경영자의 역할을 어떻게 인식하는가에 따라, 의사결정과 행동을 쉽게도 할 수 있고 혹은 어렵게도 할 수 있으며, 나아가 건설적으로 평가 혹은 통제할 수도 있고 그렇지 않을 수도 있다. 핵심은 가족기업과 관계되는 모든 사람의 영향력을 잘 이해하고, 그들이 가진 잠재적인 강점을 잘 활용하고, 기업경영에 방해가 되는 약점을 어떻게 극복하는가에 달려 있다. 이런 관점에서 본다면, 이는 몇몇 학자들이 주장하고 있는 시스템이론과 밀접한 관계가 있다고 볼 수 있겠다.

〈그림 12-1〉 가족기업 전략경영의 과정

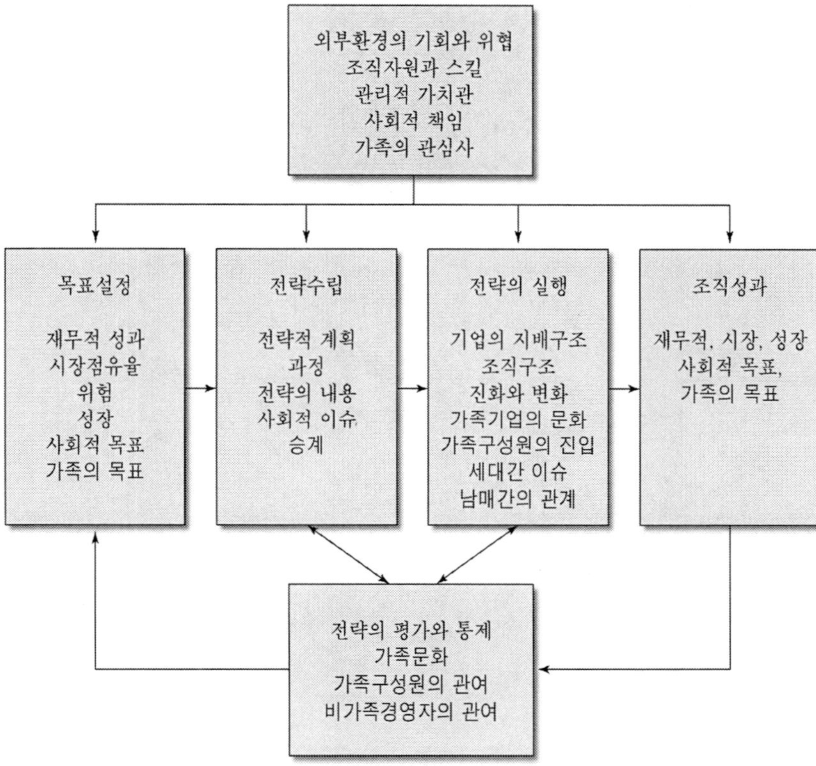

주: 굵은 글씨는 가족의 영향력이 나타나는 경우임.
자료: Sharma, P. Chrisman, J, & Chua J. H(1997), "Strategic Management of the Family Business: Past Research and Future Challenges", *Family Business Review*, 10(1), 3.

2. 가족기업 전략경영의 내용

1) 목적과 목표

가족의 관여 때문에, 가족기업의 목적(goals)과 목표(objectives)는 공개기업이나 전문경영자가 경영하는 비가족기업의 목적(목표)으로 추정되는 기업가치 극대화와는 많이 다른 것 같다. 가족기업의 목적은 학자들에 따라 다르게 설명되고 있다. 어떤 학자들은 가족기업의 목적을 가족 혹은 기업에 중점을 두어야 한다고 주장하고 있다. 또 다른 학자들은 가족과 기업 욕구의 변화에 따라 기업의 목적도 바뀐다고 주장하고 있다.

예를 들어 Ward(1987)는 가족기업의 3단계 발전모형을 제시하였다(〈표 12-1〉 참조). 1단계는 기업과 가족의 욕구가 일치하는 초기 단계로 소유경영자 즉 오너(owner-manager)가 모든 의사결정을 하는 단계이다. 2단계는 소유경영자가 여전히 통제는 하지만 자식의 성장이 중요한 변수로 작용하는 중기에 해당하는 단계이다. 그 결과 가족기업의 목적은 자식의 미래를 위한 준비가 큰 영향력을 끼쳐 변화한다. 마지막 3단계는 말기로 기업과 가족의 욕구가 혼재되어 갈등을 겪는 단계이다. 기업은 성장을 멈추고 정체되어 혁신을 요구하며, 소유경영자는 권태감을 느껴 은퇴하고 싶어 한다. 가족의 근본적인 목적은 가족의 조화(harmony)와 유지(maintenance)이며, 기업의 목적은 기업의 경제적 성과달성을 위한 가족의 욕구에 따라 변할 수 있다.

2) 전략 수립

가족기업의 전략 수립은 가족과 기업의 상호작용으로 만들어진다. Post(1993)에 의하면 성공적인 가족기업이 되기 위해서는 새로운 세대(generation)가 가족기업에 참여할 때마다 새로운 전략이 생성돼야 한다고 주장하고 있다. 즉 가족구조와 가족의 특성과 개성에 따라 새로운 전략이 나타나야 한다는 것이다. 예를 들면 가족 구성원 간의 충성심과 상호의존성을 권장하는 폐쇄적인 가족(enmeshed family)은 가족구성원 모두가 좀 더 가까워질 수 있는 전략을 선호한다. 반면 가족구성원 간의 개성과 차이를 인정하는 개방적인 가족(disengaged family)은 지리적 확장을 선호하는 것 같다(Whiteside 외, 1993). 따라서 학자들은 가족 특성과 전략 선택 간의 적합성으로서 경영성과를 조사할 필요가 있겠다.

전략적 계획과 과정에 관한 대부분의 연구는 전략적 계획의 좋은 점에 관심을 기울이고 있다. 구체적으로 가족기업의 환경탐사, 역량의 평가, 대체안의 평가와 선택, 가족의 관심사에 영향을 받는 전략의 수립 방법 등이 필요하리라 본다. 나아가 전략적 계획, 의사결정, 가족의 영향력 등에 대한 비가족기업과의 이동성과 장단점 비교, 그리고 사회적 이슈, 승계전략 등에도 관심을 가질 필요가 있다.

〈표 12-1〉 조직의 발전에 따른 가족기업의 3단계 발전모형

	1단계(초기)	2단계(중기)	3단계(말기)
기업의 업력	0~5년	10~20년	20~30년
부모의 나이	25~35	40~50	55~70
자식의 나이	0~10	15~25	30~45
기업의 목적	생존과 융통성	원가통제와 안정	시장통제와 조직의 유효성
가족의 목적	기업의 성공	자식의 성장과 발전	가족의 조화와 단합
관심있게 보아야 할 사항	오너	팀 구축과 시장 욕구	외부 욕구-기술, 공급자, 대체재, 경쟁자
분권화의 정도	전혀 없음	일상 업무	몇 가지 전략적 의사결정
오너에 의한 의사결정	기술적 의사결정을 포함한 모든 것	전략적 의사결정, 인간관계 의사결정	주로 전략적 의사결정
조직구조와 커뮤니케이션	비공식		공식
성과측정	매출액, 판매액, 주문량 등	운영 목적, 예산 대 실적, 실행 대 계획	전략적 목적, 투자수익률과 시장점유율
보수	주관적, 개인적, 변동제		객관적, 공식적, 공식화
통제 시스템	현금 흐름	예산과 예측	자산 활용, 전략적 계획, 전략적 목적 설정

자료: John L. Ward(1987), 「Keeping the family business healthy: How to plan for continuing growth, profitability, and family leadership」, Jossey-Bass, p. 21,30.

결론적으로 전략경영의 관점에서 볼 때 동일산업 내에서 가족기업의 전략은 비가족기업의 그것과 다른지, 다르다면 가족기업은 일반기업(비가족기업)처럼 수준별 전략(기능별, 사업부별, 기업별 전략)을

따르는지, 전략이 다르다면 자원, 기술, 문화 등의 차이에 기인한 건지, 가족기업도 다소간 혁신전략을 추구하는지, 가족기업과 비가족기업 간의 전략의 차이로 수익성, 성장률, 생존율 등이 다른지는 향후 많은 연구가 뒤따라야 하리라 본다.

〈그림 12-2〉 가족계획과 기업계획의 상호의존

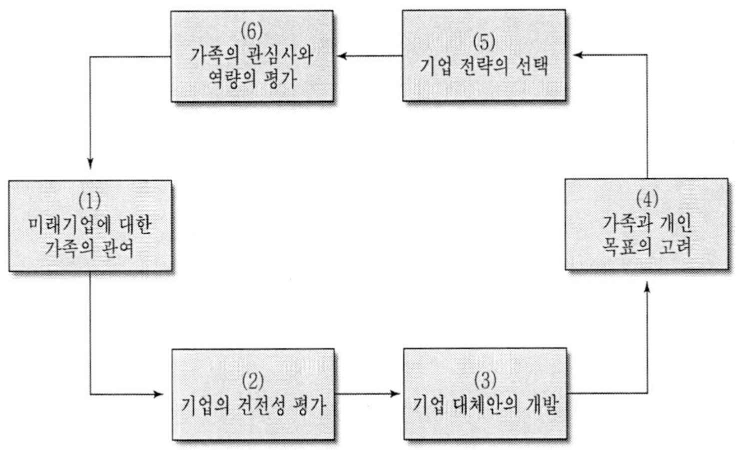

자료: Harris, D., Martinez, J. L., & Ward, J. L.(1994), "Is strategy different for the family-owned businesses?", *Family Business Review*, 7(2), 166.

3) 전략의 실행

가족기업의 전략이 효율적으로 실행되기 위해서는 비가족기업(일반기업)의 전략실행에 영향을 미치는 요소와 더불어 '가족 구성원 간의 관계'와 '가족 구성원과 전문경영자와의 관계'라는 두 가지 요소가 더 필요하다. 즉 가족기업의 지배구조, 가족기업의 문화, 가족구성원의 기업진입, 조직구조 등이 전략의 실행에 영향을 끼친다.

가족기업의 지배구조는 비가족기업의 그것과 상당히 다르다. 가족기업에 있어서, 가족과 기업은 회피할 수 없는 감정이 칡넝쿨처럼 서로 얽혀 있다. 비록 규모가 작은 소규모 가족기업이라 하더라도 효율적인 전략의 실행을 위해서는 사외이사를 지명하는 것이 좋다. 예를 들면 가족위원회(family councils), 평가위원회(review councils), 자문위원회(advisory councils) 등이 그것이다. 그런데 이런 사외이사가 과연 가족기업의 경영에 도움이 되는가에 대해서는 아직도 많은 논란이 되고 있다. 이런 논란을 잠재우기 위해서는 전문경영자 팀, 효율적인 재무계획과 통제 시스템, 그리고 전략적 계획의 도입 등으로 사외이사의 욕구를 상당히 감소시킬 수 있다(Jonovic, 1989).

가족기업의 문화에 대해 Dyer(1988)는 〈표 12-2〉처럼 네 가지 문화 즉 가족주의 문화(paternalistic culture), 방임주의 문화(laissez-faire culture), 참여주의 문화(participative culture), 그리고 전문주의 문화(professional culture)로 나누고 있다.

가족구성원의 기업진입에 대해서는 다양한 의견이 제시되고 있다. 가족 구성원은 비 가족 구성원보다 좀 더 생산적이란 견해와 그 반대인 비생산적인 견해가 병존하고 있다. 가족 구성원은 높은 보수와 특별상여금과 같은 보상시스템이 주어진다고 믿고 있으므로, 그들은 열심히 일한다고 보는 의견이 있다. 그러나 가족 구성원에 대한 감시, 감독의 어려움이나 부족 등으로 열심히 일하지 않고 다만 높은 보수만 챙긴다는 의견도 제기되고 있다.

가족기업의 조직구조는 비가족기업에 비해 좀 더 공식적인 통제에 의지하며 수평적으로 덜 차별화되어 있다. 그 결과 가족기업은 간결하면서도 반응적인 구조를 요구하는 기업이 좀 더 성공적일 수 있다. 가족기업의 조직구조, 진화, 그리고 변화 등에 관한 연구는 전문경영 제도로의 이전에 관한 것이 대부분이다. 가족기업은 성장, 가족 내 관리기술의 부족, 승계 준비, 기업의 규범과 가치관 등을 바꾸기 위해 권한을 위양하고 전문화할 필요가 있다. 하지만 공식훈련의 결핍, 경영기법에 대한 불충분한 지식, 통제권 상실에 대한 두려움, 혹은 전문화가 불필요하다는 신념, 과다한 비용 등으로 소유경영자는 권한과 통제의 위양을 꺼린다는 견해도 있다.

위와 같이 가족기업의 전략실행에는 상반되는 견해가 제기되고 있으므로 향후 이에 관한 추가적인 연구가 필요하리라 본다.

〈표 12-2〉 가족기업의 문화 유형

	가족주의 문화	방임주의 문화	참여주의 문화	전문주의 문화
관계특징	수직적(계층적)	수직적	협력적 (집단중심)	개인주의적
인간본성	근본적으로 믿을 수 없다	선하고 믿을 수 있다	선하고 믿을 수 있다	선한 것도 아니고 악한 것도 아님
진실성의 본성	창업자의 가족에게 있음	외부인에게도 자율성은 있지만, 기본적으로 창업자와 그 가족에게 있음	집단의사결정 및 참여에 있음	전문적인 규칙이나 시행 규정에 있음
환경에 대한 태도	주도적	조화적/주도적	조화적/주도적	반응적/주도적
보편주의/특수주의	특수주의	특수주의	보편주의	보편주의
인간활동의 본성	실행지향	실행지향	순응지향	실행지향
강조 시점	현재 또는 과거지향	현재 또는 과거지향	현재 또는 미래지향	현재지향

4) 전략의 평가와 통제

전략의 수립과 이의 실행 이외에 조직은 그의 목적과 목표에 대한 성과를 평가하고 통제할 적합한 관리 및 운영 메커니즘을 설정하여야 한다. 가족기업의 목적(목표), 전략, 조직구조 등이 비가족기업의 그것과 다르다면 성과 역시 다르게 평가되고 통제되어야 할 것이다. 그러나 이에 대한 문헌은 아직 나타나지 않고 있다. 따라서 전략의 평가와 통제에 관한 향후 연구로 다음과 같은 주제를 언급하고자 한다. 고 성과 가족기업과 저 성과 가족기업 간의 전략적 평가와 통제 시스템 간의 차이가 존재하는가? 존재한다면 그 원인은? 가족기업에서 사용되고 있는 지배적인 시스템은 비가족기업의 그것과 같은가 다른가? 다르다면 어떻게 다른가? 가족 구성원은 전략의 평가와 통제에 어떻게 영향을 끼치는가? 또한 그 영향은 긍정적인가 부정적인가?

제2절 가족기업의 지속가능경영

1. 가족기업의 지속가능경영

1) 지속가능경영의 개념

일반적으로 기업의 지속가능경영은 사회공헌활동을 기반으로 한다고 여기고 있다. 즉 기업의 사회적 책임, 윤리경영 등의 사회공헌활동은 기업에 부정적인 영향보다는 기업의 이미지, 이해관계자 집단, 그리고 재무성과에 긍정적이므로, 기업의 지속가능경영에 좋은 영향을 끼친다고 한다. 결국 최근 지속가능경영의 개념은 비용에서 투자의 개념으로 인식되고 있다는 의미이다.

지속가능경영의 정의는 관점에 따라 다양하다. 먼저 WCED(World Commission on Environment Development)가 처음 논의한 규범적 관점에 의하면, 지속 가능한 발전을 자연환경의 변화를 가져오는 인간행위를 평가하는 기준으로 제시하고 있다. 둘째로, Elkington(1997)은 지속가능경영을 "경제적으로 생존 가능하고 환경적으로 건전하며 사회적으로 책임이 있도록 조화로운 노력을 하는 상황(세 가지 축, Triple Bottom Line)"으로 정의하고 있다. 그는 자본주의가 지속가능하려면 7가지 측면에서 혁명적인 변화가 일어나야 하는데, ① 시장(순종에서 경쟁으로), ② 가치관(하드에서 소프트로), ③ 투명성(폐쇄성에서 개방성으로), ④ 기술수명주기(제품에서 기능으로), ⑤ 파트너십(파괴에서 공생으로), ⑥ 시간(넓은 폭에서 장기적인 기간으로), ⑦ 지배구조(배타적에서 총괄적으로). 이는 지속가능경영의 평가에 가장 널리 사용되는 지표로 사용되고 있다. 셋째로, Porter & Kramer(2011)는 기업의 경쟁력과 지역사회의 건전성은 밀접하게 상호 연결되어 있는데, 기업은 제품의 구매와 환경을 제공하는 지역사회의 성공이 필요하며, 지역사회는 고용과 부를 제공하는 기업의 성공이 필요하다고 보고 있다. 즉 사회적 가치와 경제적 가치를 동시에 창출하는 공유가치(shared value)를 창출하여야 기업은 지속경영이 가능하다고 여기는 의미이다.

2) 가족기업의 지속가능경영

가족기업은 가족과 기업의 두 축이 함께 나란히 조화를 이루며 굴려갈 때 지속경영이 가능하다. 그러므로 서로 얽히고설킨 가족과 기업의 상호영향력은 막대하다 하겠다. 그런데 기업이 가족에게 영향을 끼치는 것보다, 가족이 기업에 끼치는 영향이 더 크다는 연구가 많이 나오고 있다(Stafford 등, 1999; Olson 등, 2003). Olson 등(2003)의 연구에서 가장 중요한 발견은 가족기업이 성공하기 위해서는 오너(소유주)가 홀로 기업만을 어떻게 관리할 것인가 보단, 가족이 힘을 모아 이 난관을 어떻게 헤쳐나갈 것인가, 즉 기업의 성공은 가족이 어떻게 하는 가에 달려 있다는 것이었다. 예를 들면 경제적으로 어려우면 기업이 생존하는 한 가지 방법은 가족의 경제적 자원(가족저축, 인내자본, 가족 종업원에게 무보수나 임금 삭감 등)을 깊이 이해하고 이를 적극적으로 활용하는 것이다. 또 하나의 구체적인 예로 가족 구성원 간의 긴장이 기업에 끼치는 영향이 큰데, 가족의 긴장을 단 4%만 줄여도 기업의 매출액은 0.04%(US 400$)로 증가하였다는 것이다. 다시 말해 전 미국 가족기업의 10%가 가족의 긴장을 4% 줄이면, 미국 가족기업의 총매출액은 3억8천9백만$ 증가하게 될 것이다.

Stafford 등(1999), Olson 등(2003)은 가족기업의 지속가능경영 모델을 제시하였으며, 앞에서 살펴본 Elkington(1997)은 오래갈 자본주의를 위한 7가지 혁명적인 변화를 주장하였다. 여기서는 위의 세 가지를 혼합하여 가족기업의 지속가능경영을 위한 보편적인 방안을 고찰하고자 한다.

① 시장: 가족기업의 지속가능경영은 시장을 통하여 기업에 전달되

는데, 치열한 경쟁에서 이기기 위한 경쟁우위를 지속적으로 개발하여야 한다.

② 가치관: 가족기업은 가족의 가치관과 기업의 가치관이 밀접한 관계를 맺는데, 일반적으로 질 중시, 장기지향, 이해관계자 집단에 대한 책임, 그리고 글로벌의 가치관 등이다.

③ 투명성: 가족기업은 가족 구성원 간의 갈등 해결이 중요한데, 이를 위한 방편으로 가족회의를 통한 개방적인 의사소통을 들 수 있겠다. 특히 가업승계, 후계자와 같은 민감한 사항에 대해 열린 마음으로 터놓고 대화하는 것이 지속가능경영에 매우 필요하다.

④ 기술수명주기: 기업이 새로운 기술로 신제품을 시장에 내놓을 때 제품 생산의 처음부터 마지막까지 생산의 전 과정에 초점을 맞추어야 한다. 외부로부터 오는 환경적인 충격도 이에 포함된다.

⑤ 파트너십: 가족기업을 둘러싼 이해관계자와 동반관계를 유지하여 상호협력을 의무로 여겨야 한다. 정부, 산업, 특히 지역사회와 선린관계를 유지하고 이들과 상호 신뢰를 구축하는 것이 중요하다.

⑥ 시간: 정보전달과 같은 것은 가능한 한 빨리 전달하고, 미래의 중요한 예측과 같은 사항은 장기적인 관점이 요구된다. 가족기업의 지속가능과 장기적인 건전성은 변화를 인지하고 받아들이는 능력에 달려 있다. 또한 기업의 성과 역시 장기적(독일의 한 컨설턴트는 가족기업은 반기보고서가 아닌 세대별 보고서를 중요시해야 한다고 주장)임을 잊지 말아야겠다.

⑦ 지배구조: 가족기업은 가족과 기업을 모두 고려한 지배구조가 필요하다. 즉 가족시스템과 기업시스템이 상호작용하는 영역(인터페이스)의 존재를 이해하고, 시스템 상호 간에 잠재적인 자원의 교환을 인정하여야 한다. 나아가 가족기업의 뚜렷한 지배구

조가 존재하면 잠자고 있는 자원을 찾아내어 재배치시키기도 쉬울 것이다.

[소사례] "아워홈은 ESG 문제 기업"…백기사 요청에 자본시장도 등 돌렸다

"'장자승계'를 원칙으로 삼았던 범LG가(家) 아워홈에서 막내딸이 장남을 제치고 대표이사 자리를 꿰찬 것은 도덕성 논란이 있는 사람은 안 된다는 여동생들의 분명한 의지가 반영된 단합이었다. 외부 투자자들과 다른 주주까지 가세했다. 어쩔 수 없는 사회적 흐름이다." (전 LG그룹 계열사 대표)

전문가들은 이번 아워홈 경영진 교체를 윤리경영, 책임경영에 대한 사회적 요구가 얼마나 커졌는지를 방증하는 대표적 사례로 보고 있다. 앞서 젠더 논란이 있었던 무신사에서 창업자인 조만호 대표가 경영을 내려놓고, 대중에게 비난받던 남양유업 오너 일가가 사모펀드(PEF)에 경영권을 넘기기로 한 것도 같은 맥락이다.

▸4일 아워홈은 임시 주주총회를 열고 구지은 전 캘리스코 대표를 아워홈의 단독 대표이사로 선임했다. 장남인 구본성 부회장을 대표이사직에서 끌어내리는 데 성공한 것이다.

구 부회장의 '보복운전'이 결정타였다. 그는 지난해 9월 보복성 운전을 해 특수재물손괴, 특수상해 등의 혐의로 기소됐고 이달 3일 징역 6개월에 집행유예 2년을 선고받았다. 선고를 앞둔 시점에 주주총회 안건으로 이사 보수 한도 상향 안을 상정해 밀어붙이려고 한 점도 문제가 많다는 게 아워홈 주주들의 지적이었다.

회사 사정에 정통한 관계자는 "정기 주주총회를 열어야 한다는 법규와 회사 정관을 구 부회장이 위반한 점, 1조8,000억원대 매출을 내는 회사를 부회장 개인이 좌지우지하려고 한 점 등은 달라진 시대상에 맞지 않는 기업가라는 것을 스스로 증명한 셈"이라고 말했다.

투자은행(IB)업계도 대주주였던 구 부회장에게서 등을 돌렸다. 구 부회장은 올 초부터 경영권을 확고히 다지기 위해 우군이 될 만한 '백기사'를 수소문해왔다. IB업계에서는 재계와 사모펀드 등으로부터 신규 투자를 유치하거나 여동생들의 지분을 인수하는 방식으로 수월하게 경영권을 방어할 수 있을 것이란 전망이 많았다.

하지만 구 부회장의 보복운전 사실이 뒤늦게 알려지면서 모두 백지화됐다. 특히 최근 출자자(LP)들의 분위기는 ESG(환경·사회·지배구조) 경영에 반하는 기업에 투자하는 것을 꺼리고 있다. LP업계 관계자는 "아무리 높은 수익률이 보장된다 해도 지배구조에 문제가 있거나 사회적 물의를 빚은 경영진이 운영하는 기업엔 투자하지 않는 분위기"라고 전했다.

이 때문에 구지은 신임 대표이사가 곧장 지배구조 개선 작업을 시작할 것이란 전망이 우세하다. 또 비상장인 아워홈의 상장(IPO)을 추진할 것으로 보인다. 구 신임 대표는 이날 입장문을 통해 "최근 몇 년 동안 아워홈은 과거의 좋은 전통과 철학을 무시하는 경영을 해왔다"며 "신임 대표로서 아워홈 구성원들이 마음껏 역량을 펼칠 수 있는 좋은 회사를 만들겠다"고 밝혔다. 그는 이어 "과거 공정하고 투명했던 전통을 빠르게 되살리고 미래 성장동력을 발굴해 세계적인 기업으로 성장시키겠다"는 포부도 덧붙였다.

▸기업가 정신의 중요성이 대두되는 이유들이다. 과거엔 대기업 오너들이 '황제'처럼 군림하며 기업 경영을 좌지우지할 수 있었지만 이젠 주주들이 가만히 있지 않는 시대다.

(자료: 한국경제, 2021.6.5.)

2. 가족기업의 지속가능경영을 위한 방안

이상과 같이 가족기업은 복잡하고 다양한 문제를 갖고 있으므로 이에 따른 대응이나 해결방안이 없으면 지속적인 생존은 어렵다. 따라서 성공적이며 오래갈 가족기업을 위해 반드시 해결해야 할 도전으로 가족도전, 전략적 도전, 승계도전, 그리고 재무도전의 4가지를 언급할 수 있겠다. 물론 이들의 4가지 도전은 해당 기업과 가족의 반응에 따라 조금씩 달라질 수 있을 것이다. 여기에는 이러한 4가지 도전과 과제에 대한 구체적인 해결방안으로 가족계획, 전략적 계획, 승계계획, 그리고 재무계획을 제시하고자 한다.

1) 가족계획(family planning)

먼저 가족기업이 직면한 도전으로 가족기업만이 가진 변수인 가족에 대한 것으로 가족의 도전(family challenge)을 들 수 있겠다. 이는 가족의 문제이며 동시에 도전으로 기업의 소유권(ownership)에 관여한 가족 구성원 사이의 건설적이며 합리적인 조화가 필요하다 하겠다. 나아가 가족 구성원끼리의 진실하고 공개적인 대화 즉 가족회의(family meeting)나 가족위원회(family council)가 요구되기도 한다. 결국 이런 모든 것을 잘 수행하기 위해 가족계획이 필요하다.

[소사례] 1,000억 원을 모은 비결

어느 대기업의 성공한 CEO가 대학생들을 대상으로 강연을 하기로 했습니다. 많은 학생과 교수들은 그의 강연을 듣기 위해 몰려들었지요. 그는 평소에 강연이나 인터뷰를 하지 않는 것으로 유명했기 때문에 그 기회를 놓칠 수가 없었던 것입니다. 사람들은 그의 강연을 듣기 위해 귀를 기울이고 있었습니다. 그는 등장하자마자 칠판에 무언가를 적었습니다.

"1,000억!" 그리고 강연을 시작했습니다.
"전 재산이 아마 천억은 훨씬 넘을 것입니다."

사람들은 다 알고 있었던 사실이라 고개를 끄덕였습니다.
"여러분, 이런 제가 부럽습니까?" "네!"

여기저기서 대답이 들려왔습니다. 이 대답을 들은 그는 웃으며 강의를 시작했습니다.

"지금부터 이런 부를 거두려면 어떻게 해야 하는지 말씀드리겠습니다.

1,000억 중에 첫 번째 0은 바로 노력입니다. 그리고 두 번째 0은 믿음입니다. 세 번째 0은 관리입니다. 이것들은 부자가 되는 데 필요한 것들입니다."

사람들은 고개를 끄덕였습니다.

그럼 앞에 있는 1에 관해서 설명하겠습니다.

1은 건강과 사랑입니다.

여러분!

만일 1을 지우면 1,000억이 어떻게 되나요? 바로 0원이 되어 버립니다.

(자료: 오늘의 지식비타민 2015-11-20)

가족계획은 주로 다음과 같은 것을 미리 준비하고 계획하여야 한다.

- 귀하의 가족은 공유된 가치관과 목표를 가지고 있는가?
- 귀하의 가족이 기업을 소생시키고, 당신의 기업이 가족을 소생시킬 공유된 가치관(shared values)이 있는가?
- 귀하의 가족은 정기적으로 가족 구성원이나 관련 친척들과 만나 의논을 하는가? 귀하는 정기적으로 가족회의(family meeting)를 개최하는가?
- 귀하의 가족은 기업 지배와 관련된 상호 협의와 의논을 표현할 성문화된 서류가 개발되어 있는가?
- 기업 리더십과 더불어 가족 리더십에 역점을 두는가?
- 가족 구성원들은 기업경영과 관계없이 한 가족이란 인식을 가진다고 느끼는가?

끝으로 가족기업에서 흔히 접하는 "네포티즘(nepotism: 혈육우선주의)"은 치밀한 사전 계획에 따라 잘만 처리하면, 이는 문제가 아니라 "해결책"이 될 수도 있음을 잊지 말아야겠다.

2) 전략적 계획(strategic planning)-조직 계획

둘째로, 가족기업이 직면한 도전으로 전략적 도전(strategic challenge)을 들 수 있겠다. 전략적인 도전에 적응하기 위해서는 전략적 계획이 필요한데, 전략적 계획은 과정으로서 이에는 가족회의(family meeting), 이사회(board of director), 기업의 경쟁력(competitiveness) 등이 이에 속한다. 가족과 기업구성원 간(내)의 갈등을 해결할 지배구조 도전(governance challenge)도 여기에 포함할 수 있겠다. 결국 이런 모든 것을 잘 수행하기 위해 전략적 계획이 필요하다.

전략적 계획은 주로 다음과 같은 것을 미리 준비하고 계획하여야 한다.

- 귀하의 기업은 뚜렷한 최신의 계획을 갖고 있는가? 전략은 정기적으로 업데이트하는가? 전략은 잠재적인 가족 리더인 다음 세대에게 매력적인가? 귀하는 기업의 장기적인 잠재력을 고려할 때, 기업이 활력적이며 그 미래의 전망은 건전하다고 여기는가?
- 귀하의 기업은 능력 있는 경영 팀이 있는 명확한 조직구조로 되어 있는가? 귀하의 기업은 관리의 깊이가 적합한가? 다음 세대의 리더에게 멘토의 역할을 잘 수행할 고참의 비가족 구성원이 있는가?
- 귀하는 위험을 추구하는 외부자를 포함한 의미 있는 이사회를 갖고 있는가?

3) 승계계획(succession planning)

셋째로, 가족기업이 직면한 도전으로 승계도전(succession challenge)을 들 수 있겠다. 가업승계는 가족기업이 직면한 가장 중요하면서도 어려운 도전이며 과제로, 적절한 때에 건설적인 방법으로 이루어져야 한다. 또한 후계자는 가족 구성원 중에서 물려받을 의욕이 있으며 동시에 능력 있는 사람이라야 하며 미리 계획되고 개발돼야 한다. 결국 이런 모든 것을 잘 수행하기 위해 승계계획이 필요하다.

승계계획은 주로 다음과 같은 것을 미리 준비하고 계획하여야 한다.

- 잠재적인 후계자가 내정되어 있는가?
- 승계 후계자들을 위한 개별적인 개발 프로그램이 있는가?
- 후계자(사장)는 어떻게 선발될 것인가?
- 최고 경영자는 어떻게, 언제 교체될 것인가?
- 최고 경영자가 현재의 지위를 그만두었을 때 그 빈자리를 채울 의미 있는 활동은 무엇인가?

4) 재무계획(financial planning)

마지막으로, 가족기업이 직면한 도전으로 재무적인 도전(financial challenge)을 들 수 있겠다. 승계 이전 시 필수 불가결하게 나타나는 세법상의 과세뿐만 아니라, 기업과 가족의 욕구에 부담이 되는 가업승계의 도전을 말한다. 우리나라의 경우 가업승계 시 가장 큰 부담으로 상속·증여세를 지적하는 경영자가 대부분이다. 미국의 한 조사에 의하면 유산세에 대한 어떤 생각도 갖고 있지 않은 경우가 38%이며, 유산세에 대한 어떤 준비도 하지 않는 경우는 22%에 달하고 있다고 한다. 결국 이런 모든 것을 잘 수행하기 위해 재무계획이 필요하다.

재무계획은 주로 다음과 같은 것을 미리 준비하고 계획하여야 한다.

- 귀하는 회사로부터 귀하의 부부가 은퇴 후에 필요한 자금을 준비하였는가?
- 귀하는 유산계획(estate plans)을 끝냈는가?
  - a) 적합한 소유권 구조
  - b) 세금 최소화

c) 자선이나 기부(philanthropic)

- 이러한 계획에 대하여 이 분야의 전문가와 상세히 의논하였는가?
- 현금 유동성과 배당정책이 개발되었는가?

오래갈 가족기업이 되기 위해 각 개별기업에 적합한 도전과 과제를 잘 고려하여 미리 이에 적합한 계획을 수립하여야겠다. 그런데 이런 4가지 도전과 과제는 각자 독립적으로 나타나는 도전이 아니며, 나아가 독립적으로 수립하여 해결하여야 할 계획도 역시 아니다. 위의 4가지 계획은 모두 상호 연관되어 있으며, 밀접한 관련성을 띠고 있다. 따라서 개별적인 계획수립이 아닌 4가지를 함께 고려한 치밀하면서도 실행 가능한 계획을 수립하여야 오래갈 가족기업이 될 수 있을 것이다.

끝으로 이런 4가지 계획을 성공적으로 수행하는데 지켜야 할 5가지 원칙을 소개하면 다음과 같다.

① 도전을 선호하라—이는 쉽지 않지만, 다른 어떤 조직체라도 비슷한 어려움은 다 갖고 있다.

② 상호 이해하라—사람은 각자 다른 관점을 갖고 있다

- 우리가 가진 목표/가치관은 무엇인가?
- 우리의 차이점은 무엇인가?
- 감정이입: 상호관계의 가치

③ 대화하라—자주, 정직하게, 솔직히, 서로 존중하면서.

④ 계획을 세워라—개인의 계획, 가족의 계획, 기업의 계획

⑤ 관심을 가져라—모든 일의 과정에 관심을 가져라. 관심이 없으면, 기업에서 함께 일하기보다는 다른 사람에게 기업을 넘겨주기가 더 쉽다. 관심과 참여는 할 만한 가치가 있다.

제 3 절 가족기업의 미래

1. 미래의 환경변화와 가족기업의 영속성

1) 미래의 환경변화와 가족

현대사회는 과거와는 달리 상대적으로 지나친 경쟁사회와 평등주의, 다른 사람보단 무조건 앞서야 한다는 그릇된 가치관, 경제의 저성장과 취업의 어려움, SNS의 발달 등으로 삼포세대, 오포세대[1]란 부정적인 말이 회자하고 있다. 이로 인해 현대사회가 결혼 필요성의 약화(동거 비율증가), 늦은 결혼 시기, 한 자녀(혹은 무자녀) 낳기 등으로 인한 출산율 감소, 황혼이혼 증가 등이 현실화하고 있다. 이는 고도의 핵가족구조 혹은 1인 가족의 증대로 나타나고, 나아가 권위 보수적 가족 성향에서 민주 개방적 가족 성향으로 변화하고 있다.

가족의 기능은 정서적 기능이 중요한데, 이는 미래 가족에게 가장 중요하면서도 유일한 기능으로 강조되고 있다. 미래 가족의 구조는 다양하게 변화할 것이지만 정서적 기능만큼은 더욱 주목받을 것이며, 정서적 연대감이 약한 가족은 붕괴된 해체가족이 될 것이다. 결론적으로 한국의 미래 가족은 지속적으로 상호작용하고 유기적으로 변화하면서도 개인의 발전과 정서적 관계가 공존하는 기능이 강화되는 가족이 새로운 가족의 개념으로 자리 잡을 것으로 추측된다(양옥경, 2000).

2) 가족기업의 영속성을 위한 변화

위와 같은 미래 환경변화, 특히 가족을 둘러싼 변화에 능동적이며

---

1) 연애와 결혼, 출산을 포기한 삼포세대에다가 인간관계와 주택구매의 포기를 추가해서 만든 말

적극적으로 적응하여야 가족기업은 영속성을 유지할 것이다. 일반적으로 환경변화에 적응하는 조직체는 미래에도 지속적으로 유지 가능한데, 변화는 다음과 같은 공식에 의해 변화한다고 Poza(2007)는 주장하고 있다.

$$\text{변화 } C = D \times V \times FS \gg RC$$

C: 변화 / D: 현 상태에 대한 불만
V: 바람직한 미래에 대한 비전 / FS: 변화를 위한 첫 단계
RC: 변화에 대한 저항

즉 변화는 현재 상황에 대한 불만이나 위기로부터 시작하는데, 이러한 불만을 해소하면 나타날 미래의 비전과 변화를 실행에 옮기는 첫 단계의 내용 등으로 구성되는데, 이런 변화에 대한 실행은 변화에 대한 저항보다 훨씬 클 때 가능하다.

변화는 보통 현재(present), 과도기(transition), 그리고 미래(future)의 세 가지 과정을 거치는데, 가족기업의 영속성을 위한 변화의 과정과 각 상태에 적합한 점검사항은 다음과 같다.

(1) 미래의 상태

먼저 변화의 과정을 시작하기 전에 미래의 상태, 즉 변화가 실행될 때 나타날 비전을 정의 내려야 한다. 구체적으로 미래의 비전에 대한 정확한 시나리오를 정의 내리되, 하나는 기업을 위한 시나리오, 다른 하나는 가족을 위한 시나리오를 작성하며 구체적이고 정직하게 작성하여야 한다. 둘째로, 미래의 비전과 시나리오에 대한 정확한 정의를 내려, 불확실하고 변화에 대한 저항을 방지하는 데 도움이 되도록 한다. 셋째로, 리더는 반드시 성공한다는 긍정적인 사고로 실천을 하되, 너무 강력한 추진력보다는 구성원들을 설득시켜 유인하는 것이 도움이 될 것이다.

(2) 현재의 상태

먼저 변화를 실천에 옮겨야겠다고 생각했다면, 현재 상황에 대한 정확한 분석과 변화시킬 핵심과제를 평가, 선정하여야 한다. 둘째로, 핵심과제의 평가와 선정을 하여야 하는데, 종업원, 가족, 그리고 고객에 대한 조사가 먼저 이루어져야 한다. 그 후 변화의 필요성을 최고경영자와 가족 구성원에게 설명하고, 나아가 조직의 여러 부서와 열린 마음으로 대화와 경청을 하는 것이 필요하다. 셋째로, 핵심과제 선정 및 현재의 평가, 그리고 변화를 위한 준비도 포함돼야 한다.

〈그림 12-3〉 변화과정: 가족 - 경영 - 소유권의 관계

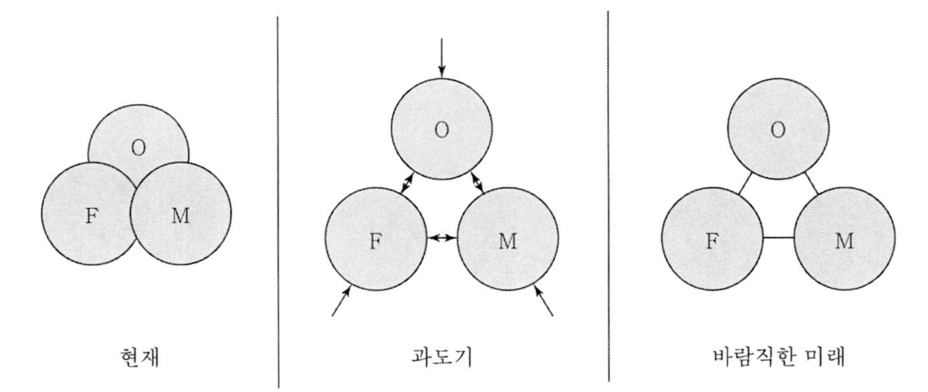

주) F: Family, O: Ownership, M: Management
자료: Poza, Ernesto. J.(2007), p. 286.

(3) 과도기의 상태

먼저 이 기간의 과업은 실행계획의 형성, 즉 실제로 실천 가능한 것으로 구성한다. 둘째로, 리더는 이러한 변화를 누구와 혹은 무엇과 함께 시작할지를 결정하여야 한다. 다시 말해 최고경영자와 함께? 가족과 함께? 오너와 함께할 것인지를 정해야 한다. 그리고 이 변화를 실행할 팀을 일시적인 팀? 혹은 새로운 팀을 구성할 것인지를 결정하여야 한다. 나아가 변화에 대한 준비가 잘된 시스템을 활용하는 것도

중요하다.

2. 가족기업의 미래

1) 가족기업의 현황과 특성[2)]

오늘날 전 세계 대부분 기업은 — 해당 기업들이 인정하든 않든 — 지역, 규모, 업종, 공개 여부 등과 관계없이 가족기업으로 분류된다. 그렇지만 불과 25년 전(1980년대 중반)만 하더라도 많은 학자는 "가족기업은 일시적인 현상이며 조만간 사라질 것"이라고 주장하였다. 하지만 "오늘날까지도(2016년 현재) 가족기업은 전 세계적으로 모든 나라에 걸쳐 꽤 많이 존재한다"라고 하버드 대학의 칸나(Tarun Khanna) 교수는 주장하고 있다. INSEAD의 블롱델(Christine Blondel) 교수에 의하면, 가족기업은 전 세계적으로 약 80% 정도라고 한다. 최근 갈랜대학교가 발간한 2015 글로벌가족기업지수(2015 Global Family Business Index from the University of St. Gallen and EY)에 의하면, 전 세계를 기준으로 "500대 가족기업(Family 500)"의 년 매출액은 총 6.5조 US$에 달하므로, 세계 3대 경제에 속할 정도로 그 규모가 충분하다고 한다. 결론적으로 가족기업은 "실질적으로 모든 업종"에서 전 세계적으로 나타나는 매우 일반적인 현상으로 보고 있다.

그럼 왜 이런 현상이 나타날까? 인시아드의 블롱델과 와튼 스쿨의 아미트(Raffi Amit) 교수는, 가족기업은 장기적으로 지속가능성에 초점을 맞춘다고 주장하고 있다. 기업가들은 가족 펀드(family funds)를 사용하여 자주 창업을 하거나, 기업을 도와주기도 하며, 그들은 (자기의) 가치(value)만을 위한 것이 아니라 (가족의) 가치관(values)을 위해 노력한다. 나아가 가족기업은 종업원의 해고보단 종

2) 이하 Knowledge@Wharton(2016), "Are family businesses the best model for emerging markets?", 2016.5.31.에 게재된 내용을 요약, 정리한 것임.

업원과 장기적인 관계를 유지하길 원한다고 한다.

그러나 가족기업은 가업승계, 네포티즘, 가족 구성원 간의 갈등, 세대 간의 의사소통 문제, 외부자본에 접근의 어려움 등의 문제가 존재한다. 더구나 "가족의 유리천장(family glass ceiling)"에 부딪쳐 낙오되는 후계자도 있다고 한다.

하지만 비가족기업이 성장과 퇴보를 경험할 동안, "가족기업은 좀 더 안정적인 것을 추구하며 경영성과도 좋다"는 연구 결과가 많이 나오고 있다.

2) 신흥시장에서 존경받는 가족기업

와튼 스쿨의 아미트에 의하면, 대규모 다국적기업의 대부분은 가족이 소유하고 있다고 한다. 예를 들어 인도의 암바니(Ambani) 형제가 소유한 릴라이언스(Reliance Industries) 콩글로머리트, GMR그룹, 그리고 유명한 타타그룹(Tata Group)은 "인도 국민의 부와 번영에, 그리고 경제개발에 놀랄만한 정도로 중요한 역할을 하고 있다". "가족기업은 가족만을 위한 것이 아니라, 인도와 여기에서 일하는 수많은 근로자를 위한 기업"이라고 한다.

터키는 가족기업과 친근한 또 다른 나라이다. 칸나교수는 터키의 갑부가 소유하고 있는 대규모 콩글로머리트인 콕 지주회사(Koc Holding)와 사반치 지주회사(Sabanci Holding)를 언급한다. 또한 전문가들은 왕성하게 성장하는 가족기업으로 알려진 신흥시장으로 필리핀과 인도네시아를 가리키기도 한다. 필리핀의 알라 가족기업(Ayala Corporation)의 산하에 알라 재단(Ayala Foundation)이 있는데, 이 재단의 비전 선언문에는, "생산적, 창의적, 자주 독립적이며 필리핀 국민에게 자랑스러운 사람들이 거주하는 지역사회를 만들자"라고 기술되어 있다.

따라서 신흥시장에서 대규모 다국적기업이 가족기업으로 성장한 요인은 기업이나 가족만을 위한 경영이 아니라, 해당 기업이 속한 국가와 그 사회의 발전을 위해 존재했기 때문으로 보고 있다.

3) 우리나라 가족기업의 미래

우리나라의 기업은 - 해당 기업이 인정하든 않든 - 크기를 불문하고 대부분이 가족기업으로 추정된다. 또한 장수 가족기업의 경영은 한 나라의 경제성장과 고용 창출 등에 지대한 영향을 끼친다고 여기고 있다. 중소기업청의 자료에 의하면, 우리나라 기업의 고용능력지수는 업력이 10년 미만 기업은 0.49인 반면, 30년 이상 40년 미만의 기업은 2.37, 60년 이상 70년 미만의 기업은 14.17로 뛰어오른다(〈표 12-3〉 참조). 또한 법인세 납부능력지수도 10년 미만 기업이 0.52인데 비해, 60년 이상 기업은 5.14나 된다.

〈표 12-3〉 기업 업력별 고용능력지수

업 력	고용능력지수
10년 미만	0.49
10년 이상 20년 미만	0.87
20년 이상 30년 미만	1.26
30년 이상 40년 미만	2.37
40년 이상 50년 미만	5.17
50년 이상 60년 미만	5.33
60년 이상 70년 미만	14.17
70년 이상	27.39

주) 고용능력지수: 평균기업 일자리를 1로 봤을 때 일자리 수
자료: 중소기업청, 동아일보 2015.10.19

결국 가족기업의 미래는 지속가능경영으로 장수기업이 되는 것에 달려 있음을 알 수 있다. 그럼 우리나라 가족기업의 지속가능경영을 위해 필요한 과제는 무엇일까. 첫째로, 가족기업 영역의 확대이다. 현재 우리나라의 경우 가족기업은 중소기업 혹은 중소·중견기업으로 한정되어 있는데, 여기에다가 재벌을 포함한 대기업까지 확대된 실질적인 의미의 가족기업을 고려할 필요가 있겠다. 하버드 대학의 칸나 교수와 와튼 스쿨의 아미트 교수는 우리나라의 재벌들이 한국의 경제성장의 발전소 역할을 담당하였지만, 경제의 여러 부문에서 자산의 집중

화와 가격의 통제로 독점을 유지(8대 재벌의 가족들이 GDP의 75% 정도 통제)하고 있어, 경쟁력에 좋지 않은 영향력을 끼치고 있다고 주장하고 있다. 결국 우리나라 가족기업의 성장과 미래를 위해서는 기존의 중소·중견기업에다가 대규모 가족기업인 재벌까지 가족기업의 영역을 확대하여, 재벌들이 가진 과제와 그 해결방안을 찾는 것이 중요할 것이다. 나아가 이의 확대는 가족기업의 창업에서 대기업으로의 성장의 사다리에도 실질적인 도움이 될 수 있을 것이다.

둘째로, 가족의 범위에 대한 정립이다. 현대사회는 늦은 결혼(혹은 결혼 기피)과 저출산(혹은 출산의 기피), 이혼(특히 황혼이혼)의 급증, 고령화 등의 요인으로 가족의 개념에 대한 재정립이 절실히 필요하게 되었다. 이로 인해 가족기업 후계자의 선정이나 교육훈련이 점점 더 어렵게 될 것 같다. 결국 시대적 변화에 적합한 가족 개념에 대한 재정립과 더불어, 후계자의 고려대상으로 현 경영자의 아들과 딸은 물론이고, 며느리나 사위를 포함하는 것도 신중히 고려해 보아야 할 것이다.

셋째로, 연구의 분석단위에 가족을 포함하는 것이다. 현재 경영학의 연구에는 조직(기업), 집단, 개인이 주요 분석단위이다. 그러나 가족기업은 가족과 기업의 양 축이 상호 균형과 조화를 이루어야 성장·발전하는 조직체이다. 결국 가족기업 연구의 분석단위는 기존의 조직(기업), 집단, 개인에다가 '가족(family)'을 포함해야 하며, 이는 가족기업의 동태성 등 실질적 발전에 도움이 될 수 있을 것이다.

넷째로, 가족기업의 이미지 제고이다. 우리나라의 경우 가족기업은 황제경영, 금수저, 네포티즘, 탈세, 불법 상속 등의 이유로 부정적인 이미지가 팽배해 있다. 가족기업이 제대로 된 인정과 취급을 받으려면, 이런 부정적인 관점에서 긍정적인 이미지로 탈바꿈하여야 한다. 이를 위해 가족기업은 정도경영을 시행하되 앞의 인도, 터키, 필리핀의 가족기업처럼, 우리나라 국민의 부와 번영, 그리고 지역사회(CSR: community social responsibility)와 근로자를 위한 기업이 되어야겠다.

다섯째로, 관련 기관의 발족이다. 가족기업의 성장과 발전에 도움이 되는 기관의 발족이 필요하다. 예를 들면 미국을 중심으로 한 FFI(family firm institute)나 유럽을 중심으로 한 FBN(family business network) 같은 기관이나 관련 학회(예: 가족기업학회)의 설립을 들 수 있겠다. FFI는 1986년에 설립하여 현재 전 세계에 회원을 두고 있는 글로벌 조직으로, 교육, 연구(Family Business Review 등), 컨설턴트 육성, 그리고 기금사업 등으로 후계자 육성, 가업승계 지원, 관련 연구자 개발 및 육성 등 종합적인 사업을 하고 있다.

〈표 12-4〉 명문장수기업 3.0

	명문장수기업 1.0 (~2005)	명문장수기업 2.0 (2006~2015)	명문장수기업 3.0 (2016~)
키워드	• 기업이윤 극대화	• 고객 중심경영	• 가족 • (지역)사회
목표	• 오너	• 오너/후계자	• 오너/후계자 • CSR
전략	• 창업/생존	• 가업승계법제화	• 지속가능경영
수단	• 기업가정신	• 가업승계지원센터설립 • 가업승계세제지원 • 가업승계특별위원회 • 가업승계기업협의회	• 관련기관발족 (예:FFI, FBI) • 명문장수기업육성 • 가족기업 이미지 제고 (예: 교육/연구확대)

주 : CSR(community social responsibility)
자료: 남영호(2015), 중소기업 3.0: 명문장수기업의 지속가능경영, 중소기업학회 추계학술발표회 발표논문.

우리나라 가족기업의 미래는 위에서 언급한 과제를 잘 인식하여 지속가능경영의 토대를 구축하는 것이 무엇보다도 중요하다. 즉 ① 상속계획과 소유권 이전을 기업과 함께 민첩하게 준비, ② 적절한 리더십 역할 수행, ③ 전략적 성장을 장려, ④ 다음 세대의 리더십 역량 개발, ⑤ 유능하고 헌신적인 비가족 관리자 채용, ⑥ 사외이사의 의견 환영, ⑦ 가족 구성원 간의 의사소통 촉진 등을 잘 수행하면 가족기업의 장래는 밝을 것이다. 〈표 12-4〉는 명문장수기업 3.0을 위한 목표와 그 전략 및 수단인데, 앞으로 미래에는 가족과 지역사회를 키워드로 오너와 후계자가 지역사회와 종업원을 위한 사회적책임을 성실히 수행할 때 가족기업의 장래는 밝을 것이다.

3. 21세기는 가족기업의 시대3)

잘 알려진 것처럼, 가족기업의 생존율은 2세대 30%, 3세대 10~15%, 4세대 3~5%에 불과하다. 이는 실망하게 하는 숫자임이 틀림없다. 그러나 어떤 형태의 기업이던 4세대까지 생존하는 기업의 비율은 얼마나 될까? 1995년~2009년에 걸쳐 공개된 기업 25,000사를 대상으로 기업의 평균 존속기간을 조사한 자료에 의하면, 기업의 생존 기간은 1세대에도 미치지 못하는, 단지 15년에 불과하다는 연구결과가 있다. 이런 자료와 비교해 보면 가족기업은 상당히 오래 존속하는 것처럼 보인다.

21세기 치열한 생존경쟁에 놓인 환경에서, 가족기업은 소유권(ownership)의 다른 관점 특히 공개기업(public companies)보다 타고난 강점을 갖고 있다. 공개기업은 규모경제에서 명확한 우위를 갖고 있었는데, 특히 필요한 자금을 모집하는 데에 적합하였다. 그러나 오늘날 기업은 더 이상 끝없는 기회를 맛볼 수 없게 되었다. 대신, 더딘 성장, 낮은 수익률, 그리고 빈번히 발생하는 경제위기 등의 격렬한 경쟁 세계에서 기업은 생존하기 위해 몸부림치고 있다. 이러한 새로운 세계에서 공개기업은 그들의 지배를 잃어가고 있는데, 미국의 경우 GDP, 노동력, 그리고 자산이 지난 사반세기 동안 50%나 하락하였다.

반면 이런 이야기는 가족기업의 경우 다르게 나타난다. 지난 세기 동안 핸디캡이었던 가족기업의 질(質, qualities)이란 특성이, 현재 모든 기업이 직면하고 있는 치열한 경쟁에 더 잘 적응할 수 있는 잠재력을 제공하며, 나아가 강력한 경쟁우위의 원천으로 판명되고 있다.

3) 이 부분은 Baron Josh가 Harvard Business Review(March 28, 2016)에 게재한 글, "Why the 21st century will belong to family businesses,"을 참고하여 정리한 것임.

특히 가족기업은 다음과 같은 다섯 가지 측면에서 지속적인 경쟁우위를 획득할 기회를 얻고 있다.

1) 종업원의 재능(talent): 장기고용에서 높은 소명 의식을 가진 직원으로

20세기 기업의 성공은 종업원을 대량으로 고용, 교육·훈련, 유지하기 위한 능력에 달려 있었다. 이것이 바로 종업원의 시대인데, 종업원들은 회사에서 오랫동안 일하는 대신 살아가는데 필요한 임금과 연금을 받았다. 그러나 지식경제 시대인 오늘날 성공은 가장 재능있는 사람을 찾아내고, 이들에게 임파워먼트를 주고, 유지하는 능력에 달려 있다. 기업은 차별적인 성과급제와 상여금을 지급하는 것보다 더 많은 것이 필요하다. 기업은 기업을 위해 일하는 종업원에게 본질적인 가치인 "높은 소명 의식(higher calling)"을 가지도록 요구하고 있다. 최근 Bain & Company의 연구에 의하면, "종업원이 열심히 일하고 싶어 하는 이유는, 높은 임금이나 빠른 승진 때문이 아니라, 근무하는 기업의 미션과 가치관 때문"이라고 한다.

가치관 기반 문화(values-based cultures)에 관한 많은 연구가 이루어졌는데, 가족은 가치관의 원천적인 집배원(carrier)이며, 기업에서 근무하는 가족은 조직문화의 틀 속에서 그들의 가치관을 만들어낼 수 있다. 가족기업에서 근무하는 종업원은 오너와 같이 직접 일을 하므로, 근무 중 뚜렷한 충성심과 오너의 가치관을 직접 경험할 수 있을 것이다.

2) 투자: 타인 자본에서 가족 전용 자본으로

규모경제에서 자본은 성공의 근원이었으며, 성공의 속도에서, 자본은 항상 필요하였다. 하지만 오늘날 경제에서 우선순위는 양적 투자에서 질적 투자로 바뀌었다. 외부 펀드는 그들에게 가치 창조(value creation)와 어긋나는 단기간의 성과를 달성하도록 압박하였다. 선두 공개기업의 CFO에 관한 연구에 의하면, 이들 CFO의 75%는 분기 이익의 목표를 달성하기 위하여 가치도 파괴하는 결정을 내림을 알았다.

가족기업은 다른 기업으로 쉽게 이전될 수 없는 가족기업만의 "전용 자본(captive capital)"을 갖고 있으므로, 위와 같은 문제는 없을 것 같다. 가족기업의 오너는 분기별 혹은 연별 성과보다는, 수십 년간에 해당하는 세대별 성과를 가끔 생각한다. 가족기업은 외부 시장에 의존하는 대신, 장기적인 관점을 추구하며 오래갈 경제적 가치의 근간에서 결정한다. 그 결과 가족 지분(family equity)은 매우 저렴한 자본비용이 되며, 주주에게 되돌려줄 것들을 걱정하지 않고, 그들 주주의 장기적인 (연간) 욕구를 찾을 수 있다. 나아가 문제가 되는 돈은 자기들 돈이므로, 돈을 쓸 때도 조심하고, 달성하기 어려운 목표에 직면하여도 가족 구성원이 모두 근검절약(엄청난 장점임) 하여 이 목표를 쉽게 달성할 수 있을 것이다.

3) 명성: 이익 추구에서 오래갈 발자취 남기기로

20세기, 기업을 통제할 수 있는 명성을 구축할 채널(신문, TV, 라디오 등)은 한정되었다. 1970년에 Milton Friedman은, 기업의 "단 하나이며 유일한 사회적 책임(社會的責任)은 그들의 이익을 증대시키는 것이다"라는 말은 비합리적이지 않았다. 그러나 21세기에 들어와 그 기준은 상당히 변하였다. 어느 고객이 나에게 해준 말이 생각난다. "과거 불만이 있던 고객은 편지를 쓰곤 했지만, 지금 고객은 불량 제품을 사진 찍어, 페이스북 등에 올리는데, 이 모든 사실은 한꺼번에 삽시간에 널리 퍼진다. 이럴 때 우리는 우리의 이미지 구축을 중요시하지 않을 수 없게 되었다."

가족기업은 "지속 가능한 발자취(sustainable footprint)"를 구축하는데 큰 재능을 갖고 있다. 가족기업은 가족과 기업이 운영되는 지역사회와 개인적인 관계가 있는데, 지역사회에서의 명성이 가족에 중요하다. 지역사회에 대한 투자는 경제적 합리성에 사회적 합리성을 더한 것과 같다. 어느 고객은 저개발지역에 호텔 콤플렉스를 구축하였는데,

그들은 지역민이 필요로 하는 식자재의 공급 대신에, 리조트용 식자재를 공급할 지역 농장에 투자하기로 하였다. 3~5년이 지나도 적자이겠지만, 20년이 지나면 여기에 투자한 자금을 모두 회수할 수 있을 것이다. 길게 보면, 지역사회와 건강한 관계 구축과 기업의 이익 추구 간의 상충관계는 간단히 사라질 것이다.

4) 조직: 복잡성 관리에서 신속한 반응으로

20세기 선두 기업은 거대한 하마였다. 포드 자동차는 자동차 시트 커버로 사용할 울을 만들기 위해 양 떼용 목초지대를 소유하는 등, 처음부터 끝까지 모든 것을 할 수 있는 완벽한 가치 사슬을 갖추었다. 그러나 21세기 거대한 조직의 과제는, 복잡하고 공룡 같은 조직을 관리하는 대신, 변화를 관리하는 것이었다. 기업은 융통성(flexibility), 적응성(adaptability), 그리고 변화하는 시장에 재빨리 적응과 행동(quick/decisive action)을 취할 수 있는 능력을 갖추는 것이 필요하게 되었다.

가족기업은 절체절명의 순간에 "재빨리 신속히 반응(rapid response)"하는데 매우 적합한 조직이다. 가족기업은 민첩하며 편평한 조직구조를 선호하는데, 이때 정보는 리더에게 재빨리 쉽게 전달되며, 결정 역시 그러하다. 또한 중요한 것부터 하찮은 의사결정까지, 최고경영층부터 하위직 종업원에 이르기까지 정보가 쉽게 전달된다. 대리로 하는 제도에 덜 익숙하였지만, 가족기업은 결정과 행동에 재빨리 직접 관여할 수 있다. 가족의 소유권으로 인한 사적 비밀은 관리자에게 시장에 대한 기대보단 전략에 초점을 맞추도록 한다. 선두 CEO에 대한 포천지의 조사에 의하면, CEO의 84%는 개인기업이 관리하기가 오히려 쉽다고 한다.

5) 지배구조: 권한의 분리에서 준비된 오너로

일반적으로 대규모 공개기업은 대주주로 구성되어 있지 않으므로,

이들의 의사결정은 평상처럼 이루어진다. 그 결과 기업의 소유권은 경제학자가 말하는 소위 "주인-대리인(principal-agent)" 문제를 초래하게 될 것이다. 전통적으로 좋은 기업의 지배구조는 지분과 관련된 보상계획이 관리 유인책과 연결되는 것이었다. 그러나 20세기 말에 급격히 인상된 임금과 엔론(Enron) 사태 같은 회계 조작, (스톡옵션을 통하여) 오너처럼 행동하는 경영자 등의 출현으로 관리제도는 실패하였다.

이러한 주인-대리인 문제는 가족기업에는 덜 심각한데, 가족기업은 "준비된 오너(engaged ownership)"를 원하기 때문이다. 단순한 사실은 수많은 주주로 이루어진 공개기업보다, 수백의 오너로 구성된 가족기업이 더 효율적으로 관리 감독할 수 있다는 것이다. 대규모 지분(소유권)을 가진 가족 구성원이 기업을 제대로 관리하면, 각 구성원에 대한 유인책은 쉽게 조정될 수 있기 때문이다.

지난 세기 동안에 공개기업이 지배적인 모델이었는데, 이는 공개기업이 일련의 특별한 경제 상황에 가장 좋은 해결책이었음을 반영한 것이다. 그러나 이러한 상황은 변해 가고 있으며, 위에서 언급한 5가지 우위의 원천을 잘 관리하는 가족기업은 21세기를 가족기업의 시대로 만들 수 있을 것이다.

주요용어

가족기업 전략경영의 과정과 내용, 가족기업의 문화, 가족기업의 지속가능경영, 가족계획, 전략적 계획, 승계계획, 재무계획, 변화의 공식, 가족기업의 미래, 가족의 유리천장, 우리나라 가족기업의 영속성을 위한 과제

생각하기

1. 가족기업의 전략경영이 일반기업(비가족기업)의 그것과 다른 점은 무엇일까요?

2. 가족기업의 지속가능경영을 위해 고려할 사항을 생각해 보자.

3. 가족기업 연구의 분석단위로 기존의 기업, 조직, 집단에 가족(family)을 첨가하여 연구가 이루어져야 한다고 한다. 이럴 때 고려할 사항은 무엇일까요?

4. 21세기는 가족기업의 시대라는 이 말에 여러분은 동의(반대)하는가? 동의(반대)한다면 그 이유는 무엇인가?

참고문헌

김정희(2015), 『오래갈 경영성과의 결정요인과 지속가능성 수준의 역할에 관한 연구』, 금오공과대학교 박사학위논문.

남영호(2015), 중소기업 3.0: 명문장수기업의 지속가능경영, 중소기업학회 추계 학술발표회 발표논문.

민재형·하승인·김범석(2015), "기업의 지속가능경영 활동이 기업의 장단기적 가치에 미치는 영향", 경영학연구, 44(3), 713-735.

양옥경(2000), "한국 가족 개념에 관한 질적연구", 한국가족복지학, 6권, 69-99.

Baron Josh(2016), "Why the 21st century will belong to family businesses," *Harvard Business Review*, March 28, 2016.

Elkington, John(1997), *Cannibals with Forks - The Triple Bottom Line of 21st Century Business*, Capstone Publishing Ltd, Oxford.

Knowledge @ Wharton(2016), "Are family businesses the best model for emerging markets?", 2016.5.31..

Martinez, Harris, D., & Ward, J. L.(1994), "Is strategy different for the family-owned businesses?", *Family Business Review*, 7(2), 159-176.

Olson, P. D., Zuiker, Danes, Stafford, Heck(2003), "The Impact of the family and the business on family business sustainability", *Journal of Business Venturing*, 18(5), 639-666.

Porter, Michael E., Mark R. Kramer(2011), "Creating shared value", *Harvard Business Review*, Jan-Feb. 1-17.

Post, J. E.(1993), "The greening of the Boston Park Plaza Hotel", *Family Business Review*, 6(2), 131-148.

Poza, Ernesto. J.(2007), 『Family Business』, Thomson South-Western.

Stafford, K., Duncan, Danes, Winter(1999), "Research model of sustainable family businesses", *Family Business Review*, 12(3), 197-208.

Ward, John L.(1987), *Keeping the family business healthy: How to plan for continuing growth, profitability, and family leadership*, Jossey-Bass.

Whiteside, M., C. Aronoff, J. Ward(1993), 「How Families Work Together」, *Family Business Leadership Series*, No. 4, Business Owner Resources.

사례연구(4)

◆ 사례 10

세계에서 가장 오래된 식품 기업: 키코만(Kikkoman)

키코만은 세계에서 가장 오래된 식품 기업이다. 1630년에 자그마한 시골 간장 회사로 출발했는데, 히데요시 수하의 어떤 병사의 부인이 발명한 비법으로 간장을 생산하면서 시작되었다. 키코만은 1868년에 간장을 수출하기 시작하여 오늘날 싱가포르, 대만, 네덜란드에 각각 한 곳씩, 미국에 두 곳의 공장을 두고 있다. 오늘날 미국의 부엌에서 가장 낯익은 간장 브랜드가 되었다.

하지만 성공이 결코 쉽게 이루어진 것은 아니었다. 가족 내부의 갈등도 많았다. 일본의 가족기업은 중국이나 서유럽처럼 혈연을 중시하는 것이 아니었기 때문에, 아들이 없거나 자식 중에서 능력 있는 사람이 없는 경우에는 사위나 입양한 아들을 후계자로 세워 사업의 영속성을 높이기도 하였다. 그래서 일본 가족기업의 정의는 다른 나라들과 차이가 꽤 있다.

키코만 기업도 예외 없이 가족연맹을 통하여 계속 경영하였다. 키코만의 복잡한 가족관계는 [그림1] 을 보면 알 수 있다. 혼인, 입양 등의 방식을 통하여 모기(Mogi), 타칸쉬(Takanshi), 호리기리(Horikiri), 이시카와(Ishikawa)라는 네 가족이 서로 간에 친족 교환(kin exchange)을 해왔다. 그러다 19세기 어느 시기부터 교환 빈도가 많이 떨어지기 시작하여 20세기부터는 이런 내부적인 혈연 연맹이 거의 사라졌다.

300년의 역사가 있는 간장 회사 키코만의 발전은 주로 4단계로 나누어서 연구되었다. 각 단계는 기업의 소유권과 경영권, 그리고 소유권과 경영권을 조화시키는 수준(levels of suitability)에서 차이가 있다.

우선 1단계는 분리의 단계이다. 17세기 말부터 1887년에 해당하는 오랫동안 기업의 소유권과 경영권은 거의 완전히 분리 운영되었다. 이런 방식은 기능의 전문성을 높여주었다. 전반적인 관리 분야는 크게 소유권, 일반관리(판매·재무·구매 등), 운영관리(생산과정), 인력관리(직원고용과 계약조건)의 네 가지로 구분되는데, 각 분야는 구별되며 다른 분야에 대하여 상대적으로 독립적이다. 인력관리 담당인 오야카타(Oyakata)는 주로 근로자 배치와 인건비 지급의 역할을 하였고, 생산관리 담당인 토지(Toji)는 생산 공정 및 기술에 집중하였고, 일반관리 담당인 반토(Banto)는 회사 내 타부서를 지원하는 프런트 오피스를 담당하며 일반 직원들의 복지에 대해서는 걱정할 필요가 없었다. 그러나 이렇게 기업의 소유권과 경영권을 완전히 분리하면서 관리 분야를 네 개로 나누어 운영하면, 소유권자가 기업 활동에 거의 직접 참여하지 않기 때문에, 직원들이 더 많이 고생하게 된다. 그래서 모든 공장 중에서 정규직과 아르바이트생이 총 수백 명밖에 안 되는 작은 규모의 공장만이 이런 복잡한 관리시스템을 활용할 수가 있었다.

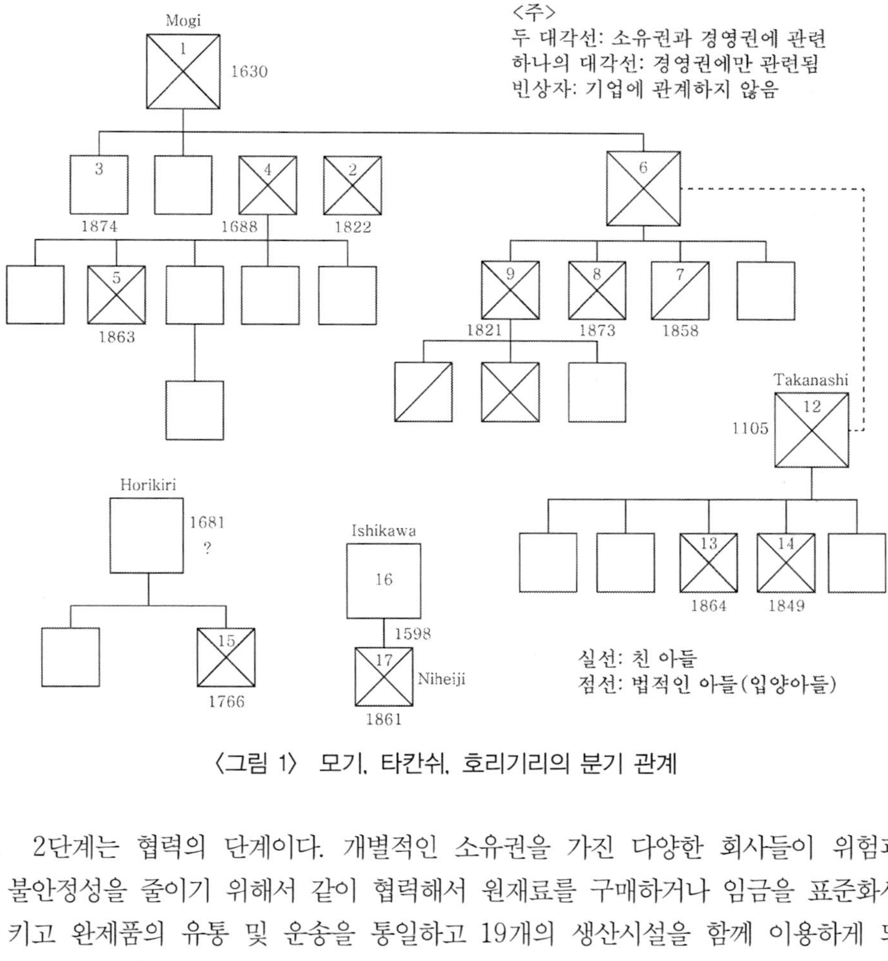

〈그림 1〉 모기, 타칸쉬, 호리기리의 분기 관계

2단계는 협력의 단계이다. 개별적인 소유권을 가진 다양한 회사들이 위험과 불안정성을 줄이기 위해서 같이 협력해서 원재료를 구매하거나 임금을 표준화시키고 완제품의 유통 및 운송을 통일하고 19개의 생산시설을 함께 이용하게 되었다. 그러나 공장마다 소유권자가 다르므로 각각 분리된 시설이나 자원을 어떻게 효율적으로 활용하는가가 당시의 직면한 문제였다. 그래서 1887년 카르텔

(Cartel)이라는 노다 쇼유(Noda Shoyu) 제조연맹을 만들었고, 이때부터 30년 동안 매년 1월 8일과 6월 20일에 정기모임을 하도록 규정하였다. 정기모임을 통하여 소유권자들은 원재료 구매, 수정 비용, 운송 일정 등의 사항을 논의하며 의사결정을 하였다. 2단계에서는 가족 간에 어떤 몇몇 중요한 부분에 대해서는 협력을 하지만, 서로 상대적인 경쟁우위를 가진 분야에 대해서는 다른 기업의 내부관리에 참여하지 않고 있었다.

3단계는 기업화 단계이다. 카르텔(Cartel)의 전체 구성원과 총자산을 다 포함하지 않고 9개 가족은 각각 혈통(descent)이나 혼인을 통하여 기업을 합병해서 주식회사를 형성했다. 그 후에 소유권자들은 대부분 이사회 구성원과 중요한 자리의 관리자가 되었다. 이때부터 주식회사의 메커니즘이 자리 잡히면서 실질적인 기업의 소유권과 경영권이 분리되지만, 완전히 분리된 것은 아니었다. 기업의 관리자 대부분은 가족 구성원이었는데 기업의 규모가 커지면서 혈연관계가 없는 가족 구성원이 경영진에 많이 들어가게 되었다. 1927년에서 1928년까지 노다 쇼유(Noda Shoyu) 회사의 직원들이 218일 동안 파업을 했고, 이 파업을 해결하는 과정에서 결과적으로 약 1,300명의 직원이 해고되었다. 해고된 직원 중 3분의 2는 다시 회사로 돌아왔지만, 이 사건으로 인해 기업 이미지가 상당히 나빠졌고, 직원들의 사기 또한 꺾이었다. 이때부터 회사는 전체 직원에게 기업의 가족 구성원들과 종업원들이 비록 혈연관계가 없지만, 정신적으로는 한 가족임을 교육하기 시작하였고, 키코만은 이 파업의 위기를 차차 극복할 수 있었다.

4단계는 민주 평등의 단계이다. 제2차 세계대전 이후 가족기업의 법률과 이념, 족보의 근원이 사라졌다. 지주회사(holding companies)는 법적으로 폐지되었다. 새로운 민주주의인 평등주의 정신의 영향으로, 전통적인 가부장적 태도와 정책이 약화하였다. 직원에 대한 의료 기회, 주택 보조금, 연간 임금 인상, 직무 안전성 등의 혜택은 차별 없이 평등하게 이루어졌다. 또한 가부장적 사례금이 아니고, 공정하게 직원의 권리를 보호해야 했다. 모기(Mogi) 가족과 타카나쉬(Takanashi) 가족은 이러한 방식을 통하여 기업 내에서 자신들의 위치와 명성에 대하여 경쟁하고 있었지만 제2차 세계대전으로 인하여 심한 경쟁은 진행하지 않았다. 그리고 회사 내 가족 구성원의 고용과 승진에 대하여 더는 가부장적인 의무나 권리에 의해 결정되는 일이 없도록 가족 구성원들이 기업 내에서 서로 더, 솔직하게 말해서, 경쟁하게 했다. 전후에 협정을 통하여 대부분 경우 가족 내 각 세대 중에서 아들이나 나이가 제일 많은 사람은 기업에 입사할 수 있도록 결정하였다. 그중에 9분의 2의 가족들은 이런 규칙을 지키지 않고 우회하려고 하였지만, 일단 한 번 이 과정을 통과한다면 아들이 기업의 가족 소유 상태를 계속 유지할 수 있었기 때문에 이런 상황이 쉽게 바뀌지 않았다.

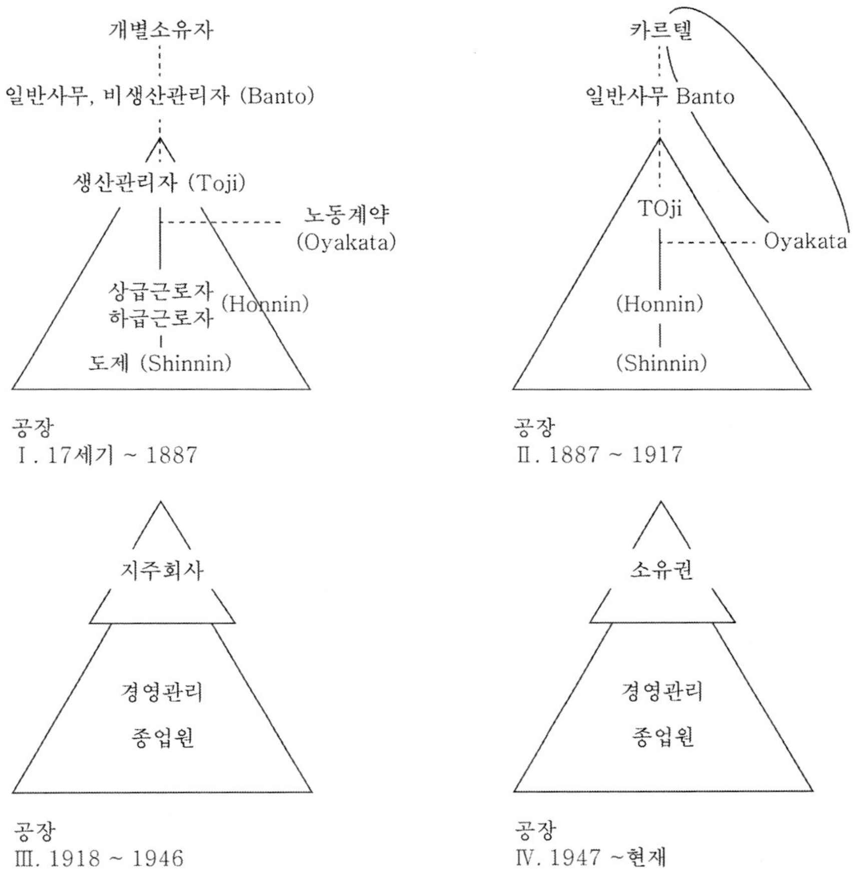

〈그림 2〉 기업의 발전에 따른 연도별 조직구조의 변화

키코만이 300년의 역사로 접어들던 1900년대 초에 가족은 여러 계파로 나뉘었다. 이는 1917년 "모기 가족사명서"를 채택하게 되는 계기가 된다. 키코만의 가장 큰 문제는 여러 지사로부터의 쏟아져 들어오는 요구사항을 조정하는 것이었다. 키코만의 쇼토밍은 쇼토쿠의 교서를 본뜬 모기 가족사명서를 채택해서 권력 분쟁으로 인해 가족 간 분열과 갈등이 생기는 것을 막기 위해 다른 견해들을 통합·발전시켰다. 이는 가족기업 내부의 화합을 살려낸 모범적인 사례가 될 것이다. 20세기 초 모기 가족 교서를 채택함으로써 지사들이 만든 제품의 일관성과 호환성을 높였다. 모기 가족사명서는 8개의 지사 가족이 채택했는데 1917

년 이들의 합병을 통해 오늘날의 키코만이 만들어졌다. 키코만의 모기 가족사명서에는 창업자의 정신과 가족의 신념이 깃들어 있으며, 그것은 모든 기업 활동의 중심이 되고 있다. 17개 조로 이루어진 이 가족사명서는 회사의 운영 시스템 전반에 대한 중요한 내용을 다루면서 지금까지 지켜지고 있다. 여러 조문 가운데 3개 조문이 특별히 중요한데, 다음과 같다.

제1조 모든 가족 구성원은 평화를 원한다. 서로 싸우지 말고 항상 존중하라.

제8조 친절을 말하는 혀는 모든 것을 평화롭게 한다.

제16조 결정하기 전에 관련된 사람들과 항상 의논하라.

〈참고문헌〉

1. Fruin, W. Mark, "The Family as a Firm and the Firm as a Family in Japan: The Case of Kikkoman Shoyu Company Limited", In Aronoff, C. E., J. Astrachan, J. L. Ward(1996), 『Family Business Source Book Ⅱ』, *Business Owner Resources*, pp.670-685.

http://news.naver.com/main/read.nhn?mode=LSD&mid=sec&sid1=101&oid=050&aid=0000030563.

✤ 토론

1. 키코만의 4단계 발전단계를 다시 한번 생각해 보자.

2. 키코만은 모기, 타칸쉬, 호리기리, 이쉬카와라는 네 가족으로 이루어진 기업이다. 깃 코만의 성공 요인은 무엇일까?

◆ 사례 11

뚝심 있는 외길 인생에 간을 더하다: 몽고식품(주)

우리나라 음식문화의 특징 중 하나는 발효음식이 발달하여 있다는 점이다. 발효음식은 '장'으로 만들어 음식 재료로 이용하는 방법이 대표적. 고추장, 된장은 물론 간장도 손꼽히는 '장'이다. 이 중 간장을 만드는 일은 예로부터 한 가정의 중요한 연례행사였으며 '간장 맛이 좋아야 음식 맛을 낼 수 있다'라는 생각에 재료 선정에서부터 저장 등 관리에도 세심한 주의가 필요했다. 어렵고 힘든 시절, 주부들의 일손을 덜어주며 100년이 넘는 시간 동안 사랑받아온 브랜드가 있다. 바로 몽고간장으로 유명한 몽고식품(주)이다.

100년, 발효식품 외길을 걷다

사람은 만으로 예순 살이 되는 해에 환갑잔치를 치른다. 평균수명이 길어진 요즘에는 그 의미가 많이 퇴색됐지만, 여전히 인생의 한 주기를 잘 마친 것을 축하한다는 뜻이 담겨 있다. 그러나 기업들의 평균수명은 사람들보다도 훨씬 짧다. 30년만 지나도 장수했다는 소리를 들을 정도. 자본주의 도입이 늦은 데다 한국전쟁으로 폐허가 됐었던 우리나라에서는 무사히 환갑잔치를 하는 기업은 극소수에 불과하다. 이러한 여건에도 불구하고 눈에 띄는 기업이 있다. 1905년에 태어나 올해로 109세가 되는 몽고식품은 국내에 몇 안 되는 명문 장수기업이다. 몽고식품의 전신은 일본인 야마다 노부스케가 마산시 자산동에 세운 산전장유공장이다. 근처 식료품 가게 점원이었던 故 김홍구 창업주는 가게에 간장을 대주던 산전장유에 스카우트되며 장유업계에 첫발을 디뎠다. 사장의 신임을 받아 공장 지배인까지 오른 후 해방 이후 적산으로 분류된 산전장유를 매입, 몽고장유공업사(이하 몽고장유)로 재탄생시켰다. 1971년, 세상을 떠난 김홍구 창업주의 뒤를 이어 장남 김만식 회장이 몽고장유를 이끌었다. 1987년 사명을 몽고식품으로 바꾸고 이듬해에 창원공장을 지었다. 생산과 유통을 분리하기 위해 1999년 몽고유통을 설립하고 2001년에는 부설 장류기술연구소를 만들며 끊임없이 변화의 계기를 마련해 왔다.

"할아버지가 몽고식품의 기틀인 기술력에 초점을 맞추셨다면, 아버지는 그것을 기본으로 경영철학을 만드셨죠. 특히 마케팅이나 디자인을 차별화해 몽고식품이 수도권으로 진출하는 데 큰 역할을 하셨답니다. 현재 저는 두 분이 일궈놓은 몽고식품을 한 단계 더 발전시킬 수 있는 방법을 찾고 있어요. 앞으로 제게

남겨진 큰 숙제죠."

몽고식품의 '몽고'는 고려 시대 몽고군이 일본 정벌을 위해 편성한 여몽 연합군이 마산에 주둔하면서 식수 조달을 위해 판 우물 '몽고정蒙古井'에서 따온 이름이다. 몽고정은 가뭄과 홍수에도 물이 줄거나 불어나지 않았으며 특히 칼슘량이 풍부하여 최고의 수질이었다고 전해진다. 1988년 창원으로 공장을 옮긴 뒤부터는 공장 내 지하수를 사용하고 있지만 회사의 근간이 되는 '몽고'라는 명칭은 버리지 않고 지금까지 쓰고 있다.

명문 장수기업의 비밀은, 바로 현장에 있다

간장 기업의 장손으로 태어난 김현승 대표는 할아버지와 아버지의 영향으로 어렸을 때부터 자연스럽게 간장과 인연을 맺었다. 간장에 밥을 비벼 먹기도 부지기수. 집도 공장 안에 있다 보니 그에게 있어 간장을 만드는 일은 단순히 '일'이 아닌 '일상'이었다. 초등학교에 다니기 시작하면서부터는 공장에서 일하는 분들을 따라 배달하러 다니거나 잔심부름을 하기도 했다. 그렇게 시간이 흘러 서울에 있는 대학교에 진학하게 되었고, 방학 때면 아르바이트를 하기 위해 공장으로 내려오곤 했다. "잠시 일하는 거였지만, 재미도 있고 시간도 잘 가고 좋더라고요. 또 시장으로 배달 나가면 시장 상인 분들이 어찌나 친자식처럼 잘해주시는지 마냥 즐거웠죠. 하지만 시간이 지날수록 가업을 잇겠다는 생각은 점점 엷어지더라고요."

다른 일하고 싶었고, 나름의 계획도 있었다. 요리를 좋아해 요리 공부도 해보고, 차에 관심이 많아 자동차 튜닝 숍도 열고 싶었다. 아버지 김만식 회장에게 자신의 꿈을 이야기했더니 돌아온 답변은 단 한 마디였다. '쓸데없는 소리 말고 내려와서 간장통이나 씻어라'.

그리고 얼마 지나지 않은 1994년 1월, 그는 운명처럼 몽고식품에 입사해 영업부터 일을 시작한다. 입사 후 신규거래처를 뚫기 위해 동분서주했고, 때로는 고객이 뿌린 간장을 온몸에 뒤집어쓰기도 했다. 그야말로 혹독하게 밑바닥부터 배웠다. 그리고 얼마 지나지 않아 마케팅, 무역 등 단계별로 업무 영역을 넓혀갔다. 가족경영을 하는 다른 기업들과는 다르게 김만식 회장은 장남 김현승 대표를 비롯한 삼 형제를 철저하게 경쟁시켰고, 판매유통을 맡은 김승현 대표가 제조를 맡은 둘째 동생과의 경쟁에서 승리를 거둬 1999년 대표이사에 올랐다. 자연스럽게 대를 물리던 당시 가족경영 기업과는 사뭇 달랐다. 몽고식품이 성공적인 가업승계를 이룬 기업으로 평가받는 이유이기도 하다. 역사와 신뢰를 바탕으로 승승장구하던 몽고식품은 1997년 중소기업 고유 업종이 해제되면서 큰 위기를 맞게 된다.

"시쳇말로 대기업 간장이 쏟아져 나올 수 있는 상황이었어요. 존폐의 기로까지 생각해야 하는 심각한 상황이었죠. 그때 생각해낸 것이 대형할인매장 공략이었어요. 의견이 분분한 가운데 혹여나 실패하더라도 한번 해보고 포기하자는 기류가 형성되었죠."

그 전략은 성공했고 결과적으로 몽고식품이 전국적으로 유통망을 넓히는 데 큰 힘이 됐다. 당시 영업 현장을 직접 뛰어다녔던 김현승 대표는 위기를 기회로 살린 그때의 경험이야말로 지금의 자신을 만들었다고 말한다. 현장을 통해 위기를 넘긴 사례는 또 있다. 몽고간장은 발효식품이다 보니 여름철이면 빈번히 품질 사고가 발생했다. 그는 향후 회사의 존폐가 달린 위험 요소라 직감했다.

곧바로 생산 현장에 대형에어컨을 설치하고, 반도체 클린룸처럼 위생시설에 대폭 투자해 안전하고 깨끗한 생산이 이뤄질 수 있도록 했다. 하나둘 늘어가는 대형에어컨을 두고 대표가 에어컨 회사와 어떤 관계가 있는 것 아니냐는 직원들의 오해를 받을 정도였다고. 결과는 대만족이었다. 오랜 방식을 고수하며 변화를 받아들이지 않던 직원들도 근무환경이 좋아지자 생산량은 눈에 띄게 늘어났다. 그래서일까. 그는 보고서보다 현장을 중시한다. 지금도 직접 해외 음식 박람회를 다니며 경향을 공부하고 몽고식품을 알리는 데 적극적이다. 더 놀라운 일은 해외 박람회 현장에서다.

"사실 긴장하면 서양 사람들은 잘 모르잖아요? 그렇다 보니 말로 설명하는 것에 한계가 있었죠. 그러던 중 '음식을 만들어 보여주는 건 어떨까'라는 생각에 동·서양 사람들이 모두 즐겨 먹는 버섯을 이용해 요리를 만들어 선보였죠. 버섯을 먹기 좋게 썬 후 프라이팬에 올리브유를 넣고 볶다가 몽고간장을 넣으면 끝이에요. 레시피는 간단하죠?"

박람회에서의 반응은 그야말로 폭발적. 그 이후로 우리나라를 대표하는 불고기, 잡채 등 간장을 이용한 음식을 직접 만들어 해외 바이어들의 입맛을 사로잡는 중이다. 이러한 노력과 최근 한류 바람이 더해져 미국, 중국, 유럽, 호주, 동남아 등지로 간장을 수출하며 글로벌 기업으로 성장하고 있다.

세계인들의 입맛을 사로잡는 스테디셀러

"몽고식품이 100년 넘게 사랑받을 수 있었던 이유는 무척 간단합니다. 그동안 수많은 유혹의 손길이 있었지만 오로지 '맛에 대한 진정성'만을 생각했죠. 그것이 곧 지금의 몽고식품을 있게 한 원동력이기도 하지요."

맛과 관련된 일화가 있다. 경상도에서만 알려져 있던 몽고식품이 전국적으로 명성을 날리게 된 것은 故 박정희 前 대통령 시절 청와대로 납품되면서다. 박 대통령과 결혼해 대구에 살면서 몽고간장을 이용하던 故 육영수 여사는 그 맛을 잊지 못해 청와대 납품 간장을 몽고 송표간장으로 바꾼 것이다. 그러자 청와대 사람들이 마산에 내려와 대뜸 공장을 둘러보자고 했다. 당시 화학간장이 많아 의심의 눈초리를 보낸 것. 하지만 이들은 연구실 문을 열어 보고 비로소 고개를 끄덕이며 돌아갔다. 부글부글 끓고 있는 간장을 직원들이 직접 작대기로 젓고 있는 모습을 본 것이다.

몽고식품의 또 다른 힘은 '사람에 대한 믿음'이다. 근면과 신뢰를 바탕으로 한 경영 전략은 곧 브랜드와 제품에 대한 평가로 이어졌다. 몽고식품은 거래처와 한 해 두 해가 아니라 100년을 거래한다는 마음가짐으로 임했다. 이와 관련된 일화가 있다. 1996년 대형할인마트를 적극적으로 공략하던 몽고식품은 킴스클럽과도 인연을 맺는다. 그러던 중 1998년 IMF로 인해 상황은 급변한다. 킴스클럽에 납품하던 기업들은 진열된 상품까지 모조리 회수해 가는 초유의 사태가 벌어진 것이다. 그런데 유독 몽고식품에서는 아무런 움직임이 없었다.

"오히려 킴스클럽 관계자분이 전화를 주셨더라고요. 저는 이렇게 말했죠. '어려울 때 서로 돕는 게 바람직한 거 아니냐'고요. 우리는 계속 거래하겠다고 말했습니다. 처음에는 미심쩍게 여기던 킴스클럽도 어느 정도 시간이 지나서야 마음을 열더군요. 그렇게 해서 지금은 둘도 없는 최고의 파트너가 되었죠."

고객에 대한 믿음 또한 빼놓을 수 없다. 진간장 하나를 사더라도 엄청난 대우를 받고 있다는 인심을 심어주기 위해 노력했고 그들은 단골이 되었다. 그 이면에는 100년을 한결같은 맛으로 고객들의 입맛을 사로잡은 몽고식품의 노력이 있었다.

현재 몽고식품은 제품의 30% 정도가 최고급(최고급) 제품들로 프리미엄 시장 공략을 위한 제품 개발에 박차를 가하고 있다. 특히 몽고 송표간장을 비롯해 복분자 간장, 대추 간장은 이미 서울 강남권을 중심으로 인기가 높다. 하지만 이게 끝이 아니다. 김현승 대표는 간장과 더불어 고추장과 된장 등 사업 품목 다각화에도 적극적이다. 이것이야말로 향후 몽고식품의 200년, 300년을 책임질 힘이라고 생각하기 때문이다. 오늘도 전국 곳곳, 세계 곳곳의 현장을 뛰어다니며 몽고식품을 알리고 있는 김현승 대표. 앞으로도 오로지 정직한 '맛'으로 경쟁하겠다는 그의 배짱 두둑한 목소리가 더욱 듬직하게 들린다.

(자료: 『징검다리』 Summer 2014. Vol 56, 중소기업청)

✤ 토론

1. 몽고간장이 100년 이상 장수기업으로 성장해온 요인을 생각해 보자.

2. 앞으로 몽고간장이 치열한 국내·외 경쟁에서 우위를 차지하는 데 필요한 성장전략은 무엇일까요? 명문장수기업의 관점에서 논의해 보자.

◆ 사례 12

신발 팔아 콜로세움 복원: 토즈 그룹

'미스터 이탈리아' 토즈그룹 디에고 델라 발레 회장

"길이 막혀서 조금 늦었네요. 미안합니다. (웃음)" 분명 조금 전에 그의 전용 헬리콥터가 머리 위를 지나 회사 건물 옆으로 사뿐히 내려앉는 걸 봤는데, 문을 열고 들어선 토즈(Tod's)의 디에고 델라 발레(Valle·63) 회장은 이런 농담을 했다.

디에고 델라 발레의 별명은 '미스터 이탈리아(Mr. Italy)'다. 나라 발전을 위해 종종 거금을 쾌척하고, 정치인들에겐 쓴소리를 아끼지 않는 기업인이라는 이유로 이런 별명이 붙었다. 그가 이끄는 토즈 그룹은 작년 한 해 동안만 10억 3,700만 유로(약 1조3,676억 원)를 벌어들였다. '토즈' '페이' '로저 비비에' 같은 패션 브랜드를 거느린 회사다.

이탈리아 전통에 기대 성장

전통적인 제화(製靴) 마을로 유명한 이탈리아 레 마르케(Le Marche)에서 나고 자란 디에고는 1975년 무렵 볼로냐대 법학과를 중퇴하고 할아버지(필리포)와 아버지(도리노)가 이어왔던 가업을 잇기 시작했다. 1980년대 초반엔 '토즈'라는 이름을 붙여 지금의 회사로 키워냈다. 이제 토즈는 이탈리아 콜로세움 복원을 위해 3,600만 달러(약 416억 원)를 지원하고, 밀라노 라 스칼라 극장에 후원금 775만 달러(약 90억 원)를 내는 이탈리아 대표 기업이다. 토즈의 후원으로 콜로세움은 최근 외관 복원을 마쳤고 다음 달 그 모습을 처음으로 언론에 공개할 예정이다. 디에고 회장은 이탈리아 레 마르케와 밀라노, 카프리, 미국 뉴욕과 프랑스 파리에 저택을 갖고 있다. 토스카나 지역 유명 축구팀 ACF 피오렌티나의 구단주이기도 하다.

지난달 이탈리아 레 마르케 브란카도로에 있는 토즈 본사에서 디에고 회장을 만났다. 이 회사의 주소는 '비아 필리포 델라 발레 1번지'. 이곳 길 이름도 디에고 회장 할아버지 이름을 딴 것이다. 그는 "품질이 뛰어난 제품을 만들어 성실히 돈을 벌고, 그 돈으로 지역 주민들을 먹여 살리고, 그렇게 한 나라를 행복하고 풍요롭게 하는 것이 우리가 해야 할 일"이라고 말했다.

이탈리아 토즈 그룹의 디에고 델라 발레 회장은 사람을 금방이라도 꿰뚫어 볼 듯 날카로운 눈빛을 지녔다. 그는 누구든 한 번이라도 만난 사람의 이름과 얼굴을 잊는 법이 없다고 했다. 실제로 디에고 회장은 8년 전 서울에서 스치듯 만난 것을 기억하고 이렇게 말했다. "서울에서 만나고 두 번째군요."

이탈리아에서 번 돈 이탈리아 위해 쓴다

토즈 본사와 맞붙어 있는 공방(atelier) 입구엔 자그맣고 낡아빠진 나무 의자가 하나 있다. 디에고의 할아버지 필리포가 앉아 구두를 만들던 의자다. "이 의자에서 토즈가 출발했다고 해도 과언이 아니죠." 이 회사 홍보 담당 오스카 나폴리타노가 설명했다.

22세에 구두 공방 물려받아

22세에 할아버지와 아버지가 운영하던 이 구두 공방을 물려받은 디에고는 뉴욕 여행을 갔다가 '캐주얼 스타일'에 눈을 떴으며 포르투갈 전통 가죽 신발을 발견했다. 동그란 고무 돌기가 신발 밑창에 박혀 운전할 때 발이 미끄러지지 않도록 해줄 뿐 아니라, 언제 어디서나 편하고도 우아하게 신을 수 있는 신발이었다. 디에고는 이를 본떠 작은 자갈 모양의 고무(gommini) 133개를 신발 밑창에 촘촘히 박은 신발을 새로 제작했고 '고미노(Gommino)'라고 이름 붙였다. 이 신발을 뻔한 광고로 알리는 대신, 피아트 그룹 아넬리 회장이나 고(故) 영국 다이애나 왕세자빈 등에게 신기면서 홍보했다. 전략은 적중했다. 제품이 날개 돋친 듯 팔리기 시작했고 매출은 가파르게 상승했다. 이탈리아 작은 신발 공방이 기업으로 거듭나게 된 얘기의 시작이다.

직원들 잘 보살피는 건 의무

디에고 회장은 그러나 "전략보다 중요한 것이 품질이고, 뛰어난 품질의 제품을 만들려면 우리는 결국 사람 손에 의존할 수밖에 없다"라고 했다.

이 회사 공방엔 장인 900여 명이 일한다. 샘플로 신발 하나를 완성하기까지 보통 반나절이 걸리는데, 가죽을 손질하고 잘라내고 바느질할 구멍을 뚫고 실로 꿰매는 모든 과정을 손으로 한다. 대량생산을 할 때는 기계를 쓰지만, 그 기계마저 대부분 수동(手動)이다. 가령 바느질 기계는 장인이 종일 그 앞에 붙어 앉아 손으로 눈금을 맞추면서 돌려줘야 제대로 신발이나 가방이 꿰매어지는 식이다. 디에고 회장은 "이곳 레 마르케 지역처럼 전통적으로 신발 장인을 길러내는 곳에서나 구현할 수 있는 기술"이라면서 "이탈리아 사람들의 손기술, 아름다움을 감별하는 남다른 능력, 성실함과 낙천적인 성격, 이런 것들이 집약돼 하나의 제품이 완성된다"라고 했다. "우리는 이런 이탈리아의 전통 기술에 기대어 성장한 회사이니 그렇게 번 돈을 이탈리아 부흥을 위해서 쓰는 것이 당연하다"라는 주장이다.

콜로세움 복원처럼 이탈리아 문화재 보호를 위해서 지속적으로 기금을 내는 것도 비슷한 이유라고 했다. "콜로세움은 이탈리아의 상징입니다. 그 콜로세움이 지진 같은 자연재해에 시달리고 오랜 세월의 흔적을 안으면서 원형을 잃었어요. 그것을 제대로 복원하는 데 우리 회사가 참여할 수 있다면 그건 오히려 영광 아닐까요?" 디에고 회장은 "기업인이라고 돈을 벌고 기업 덩치를 키우는 데만 힘을 써선 안 된다. 그 기업을 유지하려면 결국 사람이 필요하다. 그 직원들이 뿌리내리고 사는 고장, 지역, 사회, 국가까지 돌봐야 제대로 된 기업"이라면서 "이 사실을 깨닫지 못한 기업은 잘될 수가 없다"라고 말했다.

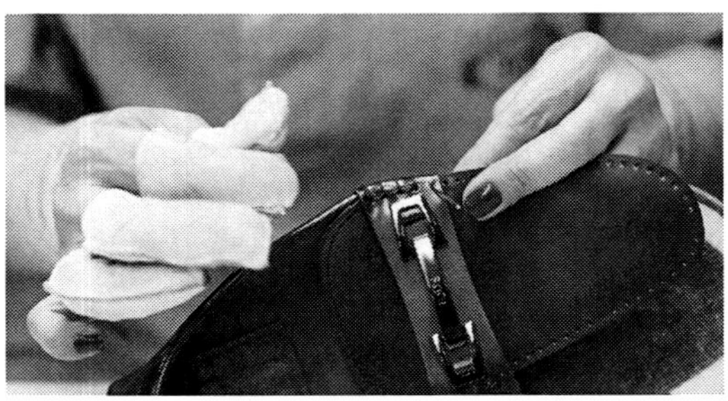

의무는 의무다

토즈 그룹은 1989년 사내 어린이집을 만들었다. 이탈리아 기업으로선 처음이었다고 했다. 이날 둘러본 어린이집은 채광 좋은 흰색 건물에 자리 잡고 있었다. 놀이터가 웬만한 동네 공원보다 넓었고, 그곳에 모인 28명의 아이는 선생님 5명의 지도를 받아 삼삼오오 그림을 그리고 만들기도 했다. 교육과 야외 활동, 점심 급식까지 모두 무료다. 토즈 그룹은 또한 2008년부터 직원들과 그 가족이 여가를 즐길 수 있도록 한 사람당 매년 1,400유로(184만원) 정도의 가족 지원금을 주고, 취학 자녀가 있는 직원에겐 도서 구매비를 전액 지원하고 있다. 직원과 그 가족들이 아플 때 수술 비용, 치과 치료 비용도 전액 지원한다. 디에고 회장은 "우리는 가족기업으로 시작했다. 회사가 잘 돌아가려면 직원들이 안정적으로 일을 할 수 있어야 하는데, 그러려면 그들의 가족 또한 행복해야 한다"라면서 "직원과 회사가 서로를 존중하는 것, 서로를 인간관계로 생각하는 것, 그것은 의무"라고 말했다. "그게 왜 의무냐"고 묻자 그는 어깨를 으쓱하며 대답했다. "의무니까 의무지요. (웃음)"

"좋은 기업은 좋은 상품을 만들고 그걸로 이윤을 내는 기업이에요. 이익을 내지 못하면 직원들을 고생시키고 좋은 상품을 만들지 못하면 고객을 힘들게 하니까요. 그렇다면 좋은 기업은 어떻게 되느냐. 직원들을 덜 고생시키면서 그들의 뛰어난 역량을 잘 활용해 좋은 상품을 만들고 이걸 잘 팔아서 이윤을 내면 되는 겁니다. 그러려면 직원들을 잘 보살펴야 하죠. 결국 이건 의무이고 사명인 거예요. 돈을 벌고 싶다면 말이죠. (웃음)"

디에고 회장은 베를루스코니 총리와 같은 정치인들을 향해 종종 쓴소리하는 인물로도 알려져 있다. 그는 이 부분에 대해서 말을 아꼈으나 "정부와 정치가 해야 할 일은 명확하다"라고 했다. "우리처럼 큰 기업이 아닌 작은 회사들은 정부가 도와줘야 잘 커나갈 수 있다. 이 영세 기업들이 복잡한 서류 문제나 법률문제로 골치를 앓으면서 에너지를 빼앗기지 않도록 절차를 간소화해 주고, 이들을 위한 지원책을 끊임없이 내놔야 한다. 작은 회사들은 특히 직원들을 위한 보험이나 복지를 제대로 챙기기 쉽지 않으니 정부가 대신 챙겨줘야 한다." 그는 "정치인들은 서민들의 삶을 돌봐야 한다. 그게 임무이고 기본인데, 현실에선 그걸 다들 종종 잊는 모양"이라고도 덧붙였다.

전 세계가 시장, 그러나 나는 시골 사람

전용기를 타고 전 세계를 돌아다니는 디에고 회장이지만 그는 "틈나는 대로 집에 박혀 쉬는 걸 가장 좋아한다"라고 했다. 그는 "스마트폰과 인터넷 때문에 세상이 많이 바뀌었지만, 과연 그 덕에 우리가 더 나은 세상으로 나아가고 있는 건지 잘 모르겠다"라면서 "요즘 사람들은 인터넷 언어엔 능한데, 그만큼 인간 본연의 언어는 잃고 있는 것 같다"라고 했다. "손으로 무언가를 만지고 느끼는 것, 땀 흘려 무언가를 만드는 것, 사람들과 함께 밥을 먹는 것, 가족들과 같이 시간을 보내는 것…. 그런 것이 인간 본연의 언어 아닌가요? 이 진짜 언어를 놓치는 기업이 과연 오래갈 수 있을까요?"

그는 "전 세계가 나의 시장이지만, 나는 그저 이곳 레 마르케 사람일 뿐"이라고 했다. "이곳에 진짜가 있으니까. 단순하고 간결한 삶, 걸어 다닐 수 있는 골목, 대를 이어 같은 일을 하는 사람들…. 적어도 이곳에선 가짜가 없습니다."

그를 만나고 나니 보수(保守)의 진짜 의미가 뭔지 알 것도 같았다.

(자료: 조선일보 2016.6.11. 인터뷰, B4)

✤ 토론

1. 토즈그룹은 전 세계를 대상으로 신발을 팔은 돈으로 이탈리아를 위해 쓴다고 한다. 이에 대해 여러분은 어떻게 생각하는가? 또한 이는 기업의 성장에 도움이 될까요?

2. 토즈그룹 디에고 회장의 경영철학을 곰곰이 생각해 보고, 이것이 기업의 성장과 장수기업에 어떤 영향을 끼치는지를 논의해 보자.

찾아보기

(ㄱ)

(ㅈ)

[저자 약력]

• 남영호

건국대학교 경영학과, 동대학원 석·박사과정 경영학과(경영학박사)를 졸업하고, 미국 조지아주 Kennesaw State University의 Family Enterprise Center에서 가족기업에 관한 체계적인 연구를, 호주 Bond University의 Australian Center for Family Business에서 가족기업 분야의 지평을 넓혔다. 건국대학교 학생복지처장, 사회과학대학원장, 창의융합대학원장, 국제경상교육학회 회장(현 글로벌경영학회), 대한경영학회 회장 등을 역임했으며, 가족기업의 자원, 승계계획, 후계자 육성, 지배구조 등에 관심을 보이고 있다. 주요 논문으로는 "Characteristics and Key Success Factors in Family Business"외 수십 편이 있으며, 저서 『대박창업 성공경영(건국대학교 출판부, 2008)』, 역서 『가업승계의 패러독스와 해법(한울아카데미, 2011)』 등이 있다. 현재 (사)가족기업학회 초대 회장으로 활동 중이며, 건국대학교 인문사회융합대학 경영학과 교수, 한국가족기업경영연구소(www.familybiz.or.kr) 소장직을 수행하고 있다.

가족기업경영(제2판)

2026년 2월 20일 중판인쇄
2026년 2월 25일 중판발행

저 자 남 영 호
발행인 유 성 열
발행처 형지사
서울특별시 영등포구 신길로 40길 20
전화 (02) 849-6157(代)·2820/833-6091
FAX (02) 849-0817
등록 제318-2005-000030호

파본은 바꾸어 드립니다. 값 30,000원

http://www.chongmok.co.kr

ISBN 979-11-5908-051-7(93320)